XINKUAN DIANDONG QICHE
JIEGOU YUANLI YU WEIXIU
TUJIE SHOUCE

新款电动汽车结构原理与维修图解手册

瑞佩尔 主编

化学工业出版社
· 北京 ·

图书在版编目（CIP）数据

新款电动汽车结构原理与维修图解手册/瑞佩尔主编.—北京：化学工业出版社，2022.8

ISBN 978-7-122-41273-7

Ⅰ.①新… Ⅱ.①瑞… Ⅲ.①电动汽车-结构-图解②电动汽车-车辆修理图解 Ⅳ.①U469.72-64

中国版本图书馆 CIP 数据核字（2022）第 067945 号

责任编辑：周 红　　文字编辑：陈小滔 朱丽莉

责任校对：赵懿桐　　装帧设计：王晓宇

出版发行：化学工业出版社（北京市东城区青年湖南街 13 号 邮政编码 100011）

印　　刷：三河市航远印刷有限公司

装　　订：三河市宇新装订厂

787mm×1092mm 1/16 印张 17½ 字数 443 千字 2022 年 9 月北京第 1 版第 1 次印刷

购书咨询：010-64518888　　售后服务：010-64518899

网　　址：http://www.cip.com.cn

凡购买本书，如有缺损质量问题，本社销售中心负责调换。

定　　价：99.00 元

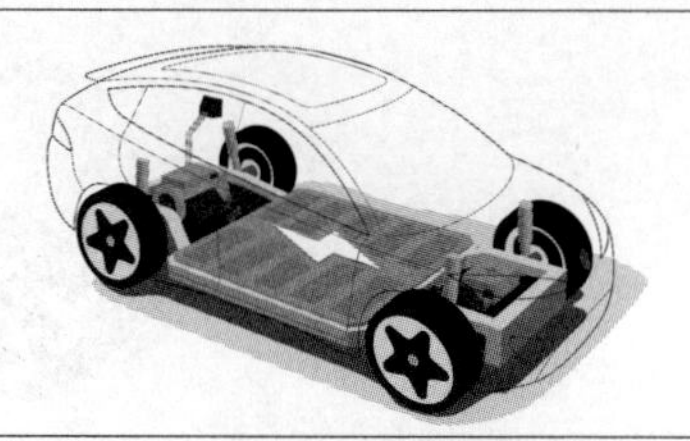

前言

PREFACE

新能源汽车是指采用非常规的车用燃料作为动力来源（或使用常规的车用燃料，但采用新型车载动力装置），综合车辆的动力控制和驱动方面的先进技术，形成的技术原理先进、具有新技术和新结构的汽车。目前在我国新能源汽车主要指可外接充电的纯电动汽车（EV）与插电混动汽车（PHEV）这两大类型。

可以说汽车的“新能源时代”已经全面来临，不论是汽车制造产业、服务行业，还是每一个汽车消费者，都不得不面对它，迎接它的到来。为了方便新能源汽车售后服务技术工作的开展，为广大技术工作者提供新能源汽车方面的技术资讯，我们特组织编写了《新款电动汽车结构原理与维修图解手册》一书。

本书按品牌车型定位及消费群体划分，主要从中高端电动汽车、网约用电动汽车、代步经济型电动汽车三个层次选取销量和保有量最多、技术先进且具有代表性的车型。

根据车型市场销量及保有量调查，本书遴选以下主流车型：中高端车型以比亚迪汉EV、秦PLUS DM-i、蔚来ES6、小鹏P7、理想ONE为代表，网约车型以广汽Aion S、帝豪EV Pro、北汽EU5为代表，代步经济车型以五菱宏光MINI EV、欧拉黑猫、奇瑞小蚂蚁、科莱威CLEVER为代表。

本书仅介绍所选车型的电动化系统，也即“电池、电驱、电控”三电技术，并将与高压系统相关的内容划分为八大章节：动力电池系统、车载充电系统、电池管理系统、高压配电与安全这四章介绍高压电源；驱动电机、电驱系统这两章介绍电驱系统；温度管理系统、整车控制器这两章介绍电控技术。内容主要分为结构原理与诊断维修两部分。结构原理重点介绍所选车型各系统的技术特性、参数，系统构成，功能原理，电路图解，等等；维修方面主要讲解总成部件的拆装、检测参数、端子定义、维修方法及系统故障码解读，等等。

本书内容系统全面，既有结构原理与系统功能介绍，又有部件拆装技术与电气检测数据，还有故障码解读与电路图解。所有技术数据均来自厂家一线，真实可信。本书既可作为汽车院校新能源汽车专业的教辅资料，也可作为从事新能源汽车领域的工程技术人员、售后维修技术人员的专业参考资料使用。

本书由瑞佩尔主编，此外参加编写的人员还有彭启凤、周金洪、朱如盛、刘滨、彭斌、章军旗、满亚林、李丽娟、徐银泉、陈棋、孙丽佳、周方、王坤、朱胜强。在编写过程中，参考了大量相关车型生产厂商的技术文献和网络信息资料，在此，谨向这些资料信息的原创者们表示由衷的感谢！

囿于编者水平，及成书之匆促，书中疏漏在所难免，还请广大读者朋友及业内行家多多指正。

编者

目录

CONTENTS

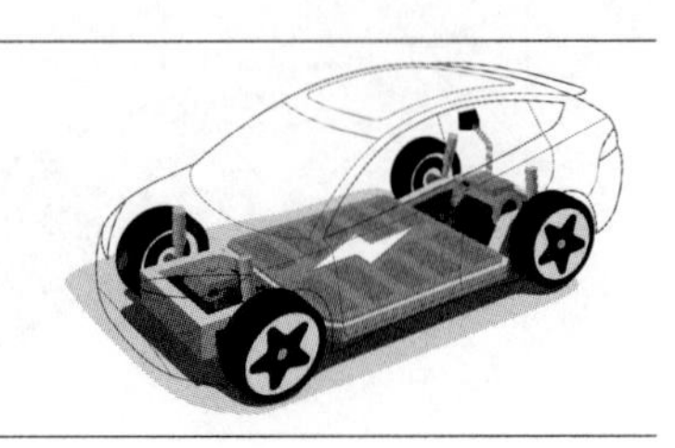

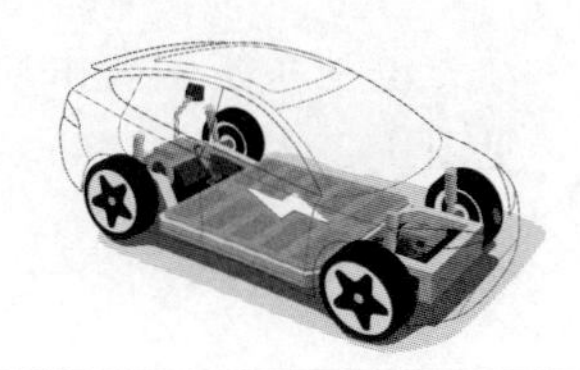

第1章 动力电池系统

1.1 动力电池结构原理

1.1.1 电池组成形式

动力电池模组放置在一个密封并且屏蔽的动力电池箱里面，动力电池系统使用可靠的高低压接插件与整车进行连接，一般安装于车辆的底盘下方，见图1-1。系统内的电池管理系统（Battery Management System，BMS）实时采集各电芯的电压值、各温度传感器的温度值、电池系统的总电压值和总电流值，电池系统的绝缘电阻值等数据，并根据BMS中设定的阈值判定电池系统工作是否正常，并对故障实时监控。动力电池系统通过BMS使用CAN与整车控制器（Vehicle Control Unit，VCU）或充电机之间进行通信，对动力电池系统进行充放电等综合管理。

图1-1 动力电池模组的安装位置

动力电池系统也接收和储存由车载充电机、发电机、制动能量回收装置和外置充电装置提供的高压直流电，并且为驱动电机控制器、DC/DC转换器、空调压缩机、PTC（电加热器）等高压元件提供高压直流电。

动力电池系统主要由动力电池模组、电池管理系统、动力电池箱及辅助元器件四部分组成，见图 1-2。

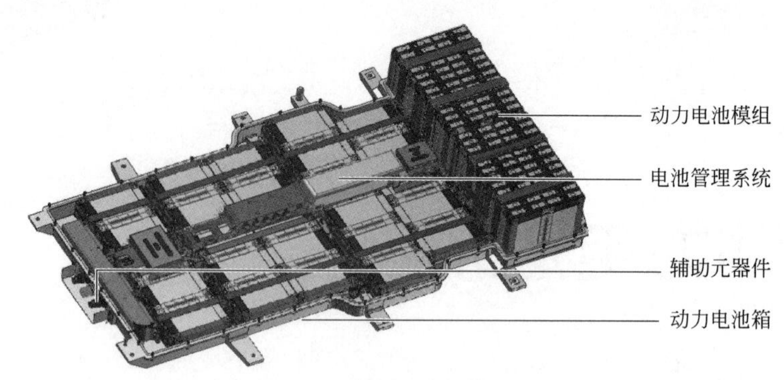

图 1-2　动力电池系统组成

电池单体是构成动力电池模块的最小单元，一般由正极、负极、电解质及外壳等构成，可实现电能与化学能之间的直接转换。电池模块是一组并联的电池单体的组合，该组合额定电压与电池单体的额定电压相等，是电池单体在物理结构和电路上连接起来的最小分组，可作为一个单元替换。模组是由多个电池模块或单体电芯串联组成的一个组合体，见图 1-3。

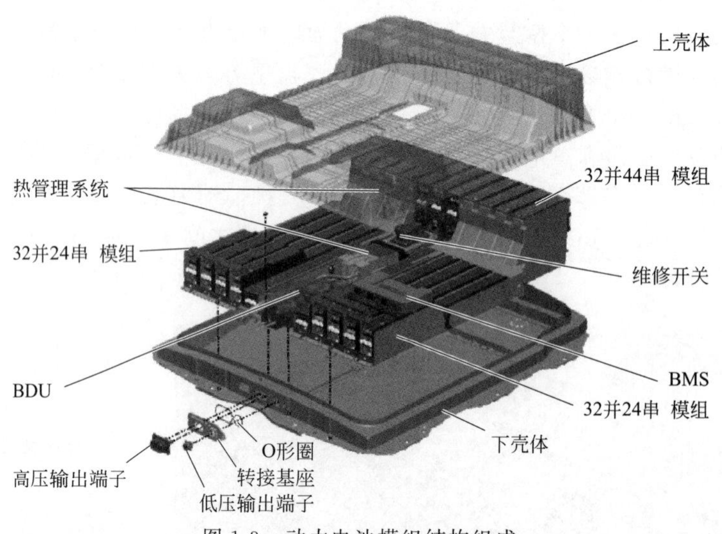

图 1-3　动力电池模组结构组成

动力电池箱是支撑、固定、包装电池系统的组件，主要包含上盖和下托盘，还有辅助元器件，如过渡件、护板、螺栓等，动力电池箱有承载、保护动力电池组及电气元件的作用。

电池箱体用螺栓连接在车身地板下方，其防护等级为 IP67，螺栓拧紧力矩为 80～100Nm。整车维护时需观察电池箱体螺栓是否有松动，电池箱体是否有破损或严重变形，密封法兰是否完整，确保动力电池可以正常工作。在外观上，电池箱体外表面颜色要求为银灰或黑色，哑光，如图 1-4 所示；电池箱体表面不得有划痕、尖角、毛刺、焊缝及残余油迹等外观缺陷，焊接处必须打磨圆滑。

电池模组辅助元器件主要包括动力电池系统内部的电子元器件（见图 1-5），如熔断器、继电器、分流器、接插件、紧急开关、烟雾传感器等，维修开关以及电子元器件以外的辅助元器件，如密封条、绝缘材料等。

图 1-4　动力电池箱体

图 1-5　动力电池模组内部辅助元件

1.1.1.1　比亚迪汉 EV 动力电池包结构

汉 EV 采用比亚迪新研发的刀片式磷酸铁锂电池，电池包外观及尺寸如图 1-6 所示。

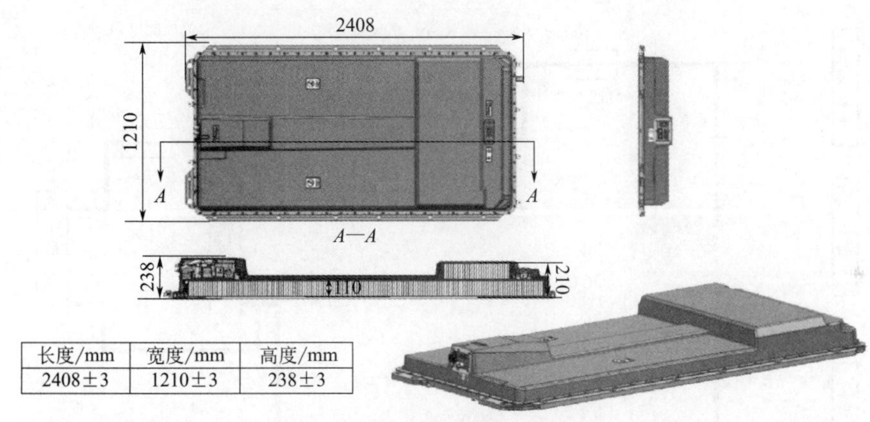

长度/mm	宽度/mm	高度/mm
2408±3	1210±3	238±3

图 1-6　汉 EV 电池包外观及尺寸

电池包集成了动力电池及电池管理器，总电压为 569.6V，电量为 76.9kWh，电池包内部结构如图 1-7 所示。

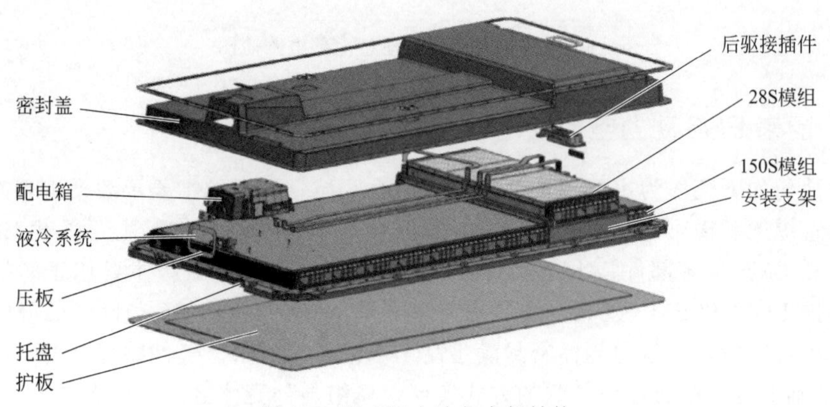

图 1-7　汉 EV 电池包内部结构

HVSU（高压监控模块）的主要功能有电流采样，总电压/烧结检测，漏电检测；BIC的主要功能有电池电压采样，电池均衡，等等；动力电池采样线的主要功能是连接电池管理控制器、HVSU和BIC，实现三者之间的通信及信息交换。电池管理控制器、HVSU安装位置如图1-8所示。

图1-8　汉EV电池管理控制器安装位置

电池包内部电路如图1-9所示。

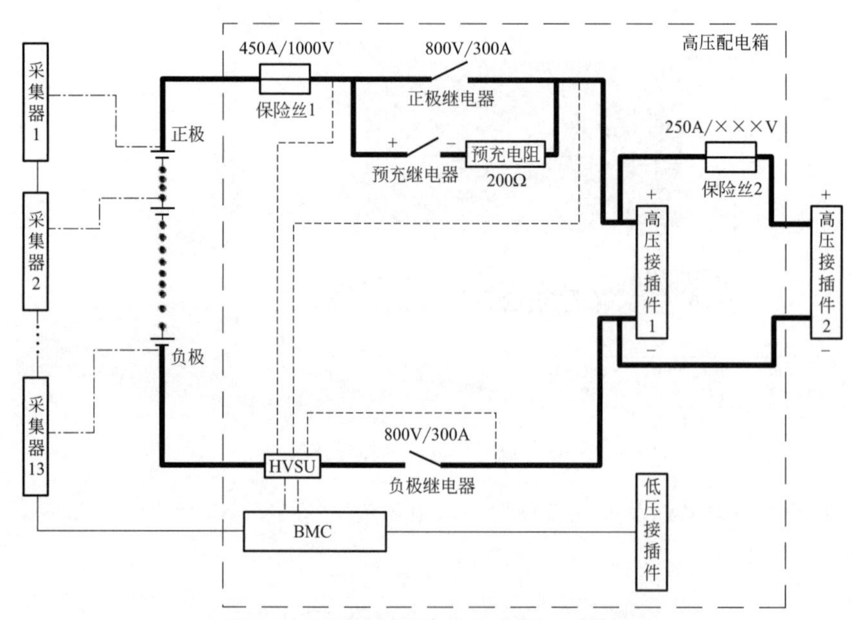

图1-9　汉EV动力电池包内部电路简图

1.1.1.2　蔚来ES6动力电池结构

动力电池包的下壳体为主要承重件，分为两个区域，大区域主要承载模组和冷却板等零件，中间布置纵梁和横梁以加强壳体强度，小区域为维修测试区域，主要承载EDM（电源分配单元）和BMS等零部件；上壳体分为大盖板和小盖板，大盖板主要用于防护模组，小盖板用于防护EDM和BMS区域，大盖板与下壳体通过密封胶进行密封，小盖板与下壳体通过密封垫进行密封，电池包壳体密封满足高压水枪或高温水蒸气冲刷标准IP6 K9K。系统共有32个基础电池模组通过串并联的方式实现，模组与外壳体之间的固定是通过螺纹连接，

每 4 个模组共用 1 块冷却板，系统共有 8 块独立的冷却水板。电池管理系统、电源分配单元、高低压电气连接接口、冷却连接接口均布置在电池包的一侧。动力电池包结构分解如图 1-10 所示。

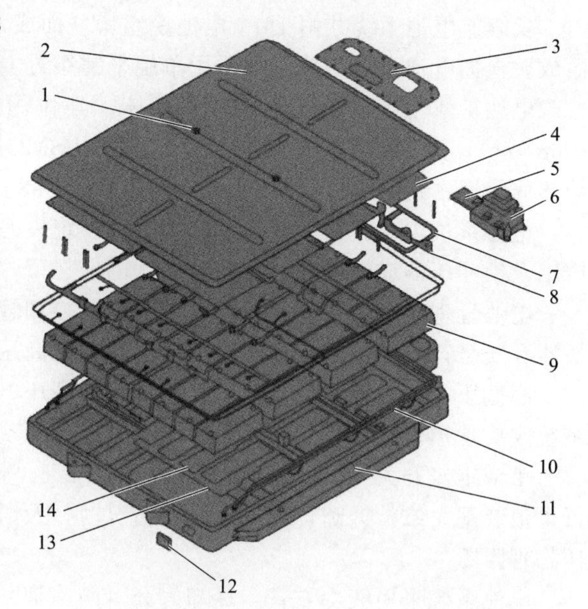

图 1-10 蔚来 ES6 动力电池包组成部件

1—顶部套筒；2—顶板；3—前盖板；4—防火垫；5—电池管理系统；6—电源分配单元；7—密封垫；8—铜排；9—模组；10—冷却水管；11—电池底壳；12—泄压阀；13—冷却板；14—导热垫

动力电池包高压系统回路由继电器、熔断器（也称保险）、母线、分流器及快换连接器等组成，为了满足动力电池包的寿命和安全可靠使用要求，BMS 需要进行电池功率管理，BMS 根据电池包温度、电压、使用寿命等条件计算当前电池的充放电功率限值。电池包继电器用于连接或断开电池包高压系统与整车高压回路，是高压系统关键零部件，包括主正继电器、主负继电器和预充继电器。

1.1.1.3 小鹏 P7 动力电池系统

动力电池分为长续航版本及标准续航版本，长续航版本成组方式为 2P96S 共 192 颗电芯，标准续航版本为 4P96S 共 384 颗电芯。两驱车型动力电池包安装位置如图 1-11 所示。

四驱车型动力电池包安装位置如图 1-12 所示。

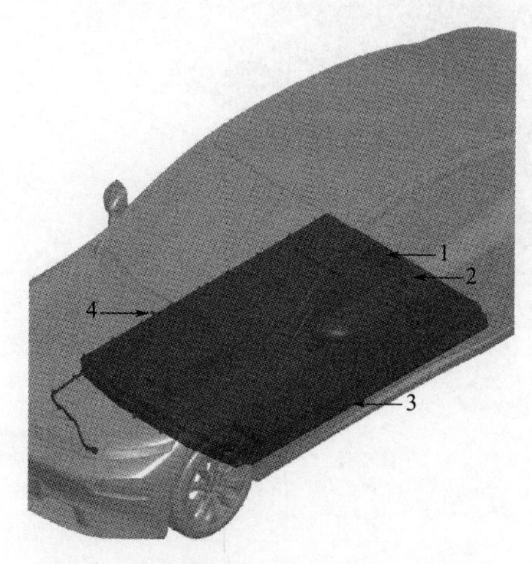

图 1-11 小鹏 P7 两驱车型动力电池包

1—两驱前电池线束；2—手动维修开关；3—电池包；4—等电位铜排总成

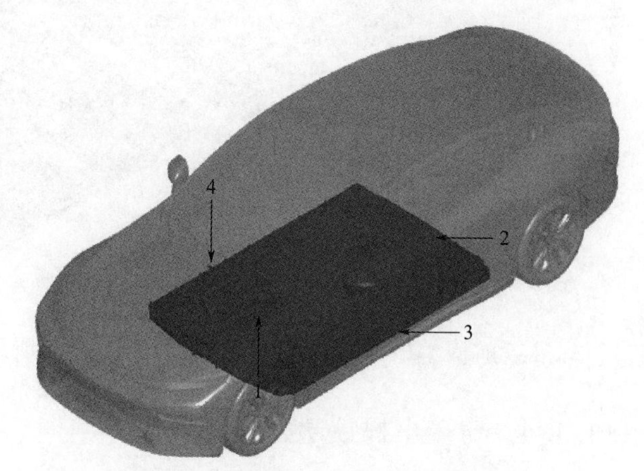

图 1-12 小鹏 P7 四驱车型动力电池包

1—四驱前电池线束；2—手动维修开关；3—电池包；4—等电位铜排总成

电池系统主要由电池模组、电池箱体、辅助支架、电池管理系统、高低压电气系统（高压配电盒、高压铜排总成、低压线束总成）以及热管理系统（液冷板总成、水管总成）构成。

长续航电池系统共由16个电池模组串联而成，标准续航电池系统由24个电池模组串联而成，根据电池系统的外形，采用单层平铺布置。

电池箱体主要包括上箱体、下箱体，其作用是为其内部的零部件提供支撑、固定和IP68防护。为达到轻量化效果，上箱体使用SMC复合材料，下箱体采用铝型材拼焊，上下箱体间使用密封垫进行密封，保证电池系统IP68防护。

电池系统内设置辅助支架，起到提升系统模态、固定其他零部件的作用。辅助支架采用铸铝及铝冲压的成形方式，在保证强度的前提下，最大程度进行轻量化设计。

电池管理系统负责锂离子动力电池的监控和管理，估算动力电池状态，保证电池系统的性能和安全，满足整车控制的通信需求，并对高压接触器等执行部件进行控制。

高低压电气系统是新能源汽车的神经，高压电气系统主要承担能量传递功能，低压电气系统主要承担信息传递功能。

手动维修开关（Manual Service Disconnect，MSD），用于动力电池系统主回路。在进行电池装配、维护拆卸，或出现紧急情况时，及时断开MSD能够迅速断开主回路，形成高压物理阻断。

电池系统采用液冷方式。冷却媒介（防冻液）通过冷却水管流入模组内部的水冷管路，为电池进行加热或冷却。

长续航版本电池系统零部件分解如图1-13所示。

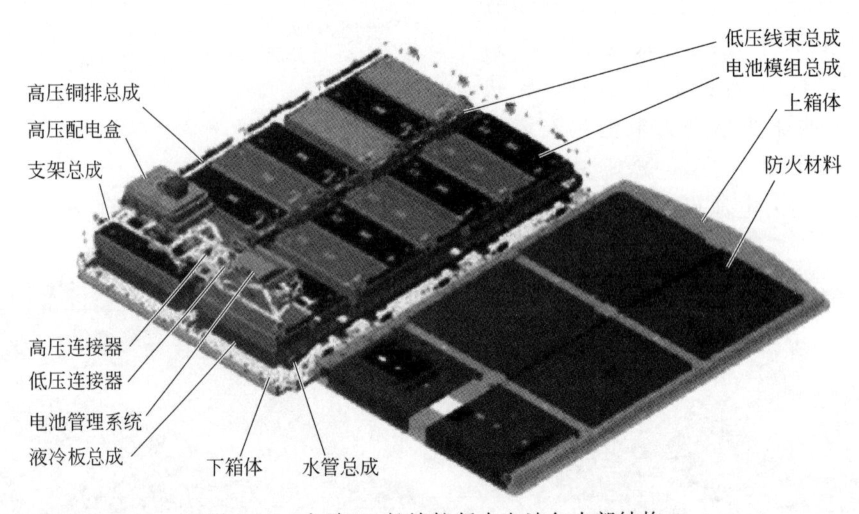

图1-13 小鹏P7长续航版本电池包内部结构

标准续航版本电池系统零部件分解如图1-14所示。

1.1.1.4 奇瑞小蚂蚁动力电池总成

eQ1采用三元电池包，电池包里面集成了以下部件：电池单体，自动断开系统（Auto Disconnect System）或BDU（Battery Distribute Unit），集中式电池管理系统（Battery Management System）。BMS管理系统包括：1个电池控制单元（Battery Control Unit），4个电池监测单元（Battery Monitor Unit）。电池额定电压为333V，能量大于或等于40.2kWh。电池包接口部件分布如图1-15所示。

eQ2动力电池包结构如图1-16所示。

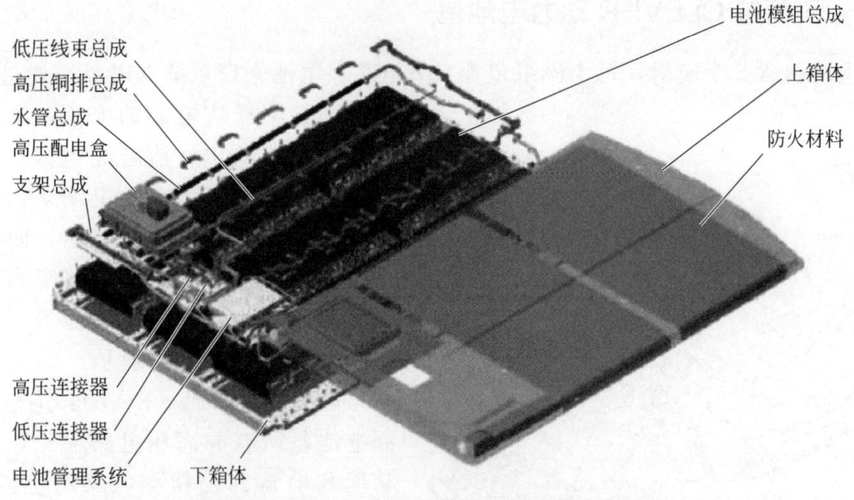

图 1-14　小鹏 P7 标准续航版本电池包内部结构

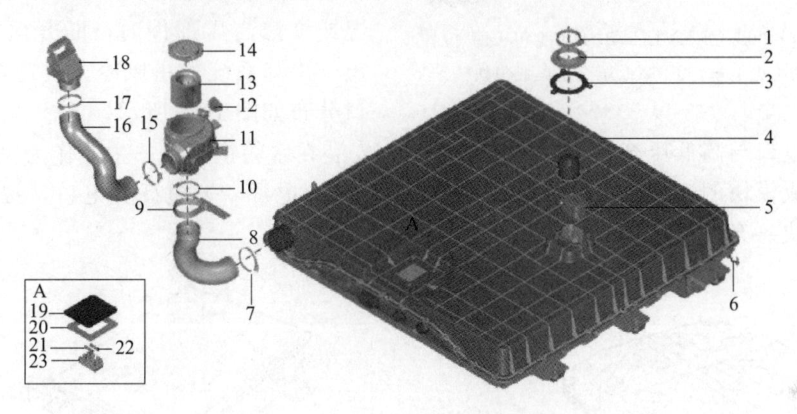

图 1-15　eQ1 动力电池包组成

1—蜗杆卡箍；2—风道密封圈；3—密封圈压板；4—电池组总成；5—MSD 熔断器端；6—搭铁线；7—蜗杆卡箍；8—电池包出风管；9—出风道支架；10—蜗杆卡箍；11—风机蜗壳；12—风机继电器；13—离心风叶；14—风机电机；15—蜗杆卡箍；16—风机出风管；17—蜗杆卡箍；18—出风口；19—熔断器维修口盖板；20—熔断器维修口密封圈；21—慢充熔断器（20A）；22—加热 PTC 熔断器（20A）；23—2 芯熔断器底座

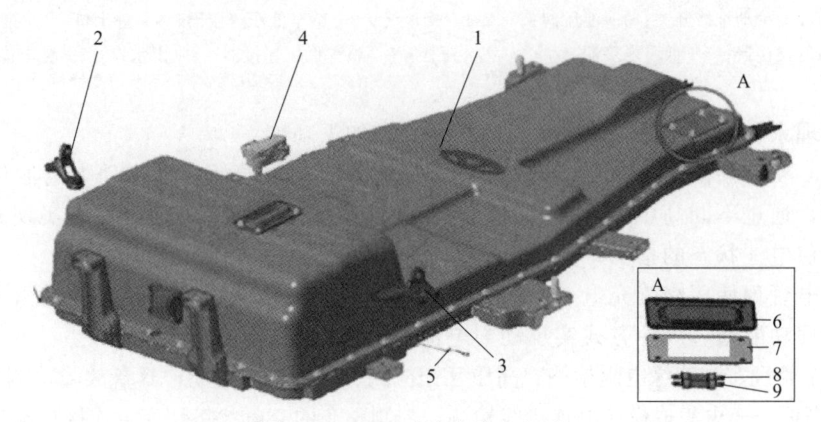

图 1-16　eQ2 动力电池包组成

1—电池组总成；2—电池包左固定支架；3—电池包右固定支架；4—MSD 熔断器端；5—搭铁线；6—维修口盖；7—维修口盖密封垫；8—慢充熔断器（20A）；9—加热 PTC 熔断器（10A）

1.1.1.5 科莱威 CLEVER 动力电池包

电池模块包含 5 个模组，每个模组包含 8 节电芯。电池管理系统（BMS）通过采集电池包内部各个模块电芯的电压、温度以及母线电流等信息，评估电池包状态，实时估算电池包剩余电量、纯电续驶剩余里程、寿命状态等，管理车载充电，向整车控制器提供电池包信息，响应整车高压回路通断命令，从而给整车提供能源。动力电池包安装位置如图 1-17 所示。

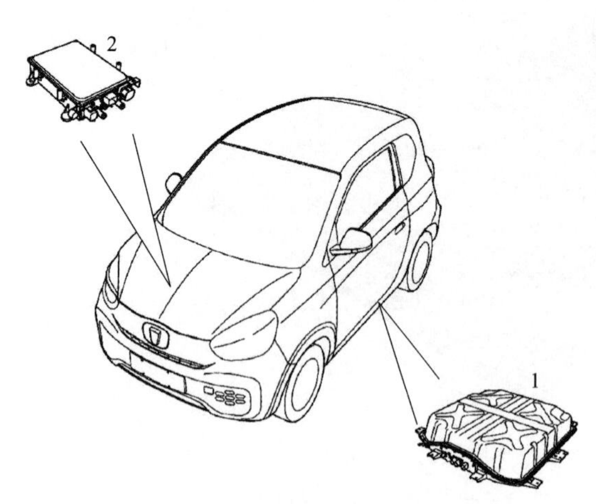

图 1-17　科莱威 CLEVER 动力电池包安装位置

1—动力电池包；2—高低压充电集成模块

电源分配单元（EDM）：通过继电器控制电池包所有的高压电路输出，具有预充功能和电流冗余检测（莱姆电流传感器）功能。手动维修开关（MSD）用于紧急情况或维修高压部件时，断开电池包高压输出。冷却系统采用风冷方式冷却。EDM 接口分布如图 1-18 所示。

慢速充电口与高低压充电集成模块相连接，安装在水箱横梁上，主要作为民用电供给高低压充电集成模块的连接端口，将民用电的 220V 交流电源，通过此充电口，提供给高低压充电集成模块。充电模块端子分布如图 1-19 所示。

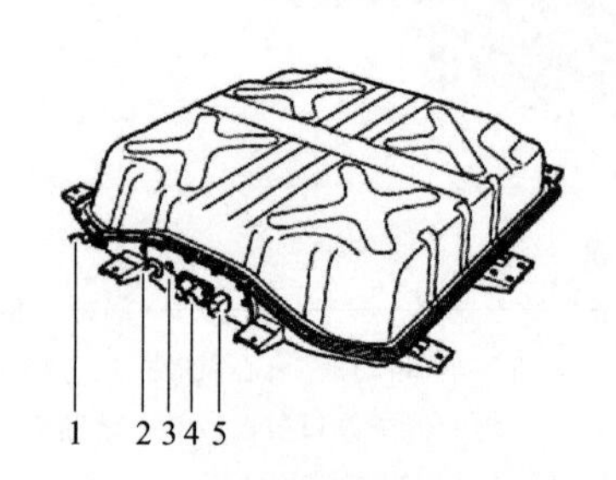

图 1-18　科莱威 EDM 接口分布

1—接地线；2—手动维修开关；3—泄压阀；4—高压连接器；5—低压连接器

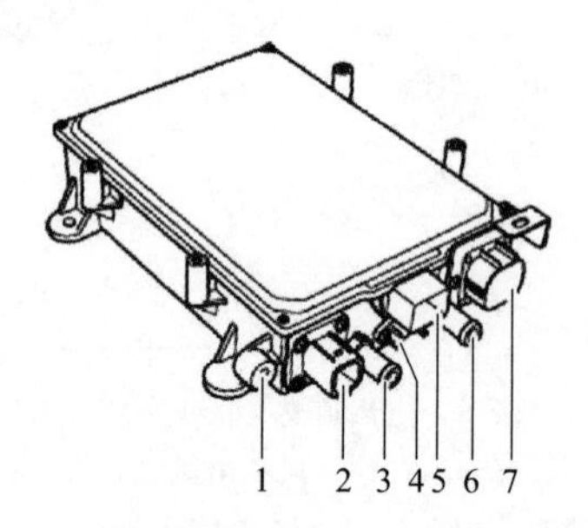

图 1-19　科莱威高低压充电集成模块接口分布

1—接地线；2—整车低压连接器；3—进水口；4—正极电缆连接螺栓；5—整车低压连接器；6—出水口；7—整车高压连接器

电池管理系统框图如图 1-20 所示，BMS 具有如下功能：

独立的 CAN 网络，分别与整车、高低压充电集成模块通信。提供动力电池包的状态给整车控制器，通过不同高压继电器的通断，实现各个高压回路的通断，使其实现充放电管理和动力电池包电池状态的指示。

车载充电管理使用交流充电（慢充）接口，通过高低压充电集成模块为动力电池包进行充电。热管理功能通过风冷方式实现动力电池包的热管理。

高压安全管理实现绝缘电阻检测、高压互锁检测、碰撞检测功能，具备故障检测管理及处理机制。实现高低压充电集成模块的连接线检测，控制整车的充电状态和充电连接状态灯的指示。

充电工况下基本工作原理是交流电经过充电集成模块（CCU）内部的滤波、整流、校正、升压或降压之后转化为高压直流和低压直流电，分别给动力电池及低压蓄电池进行充电。

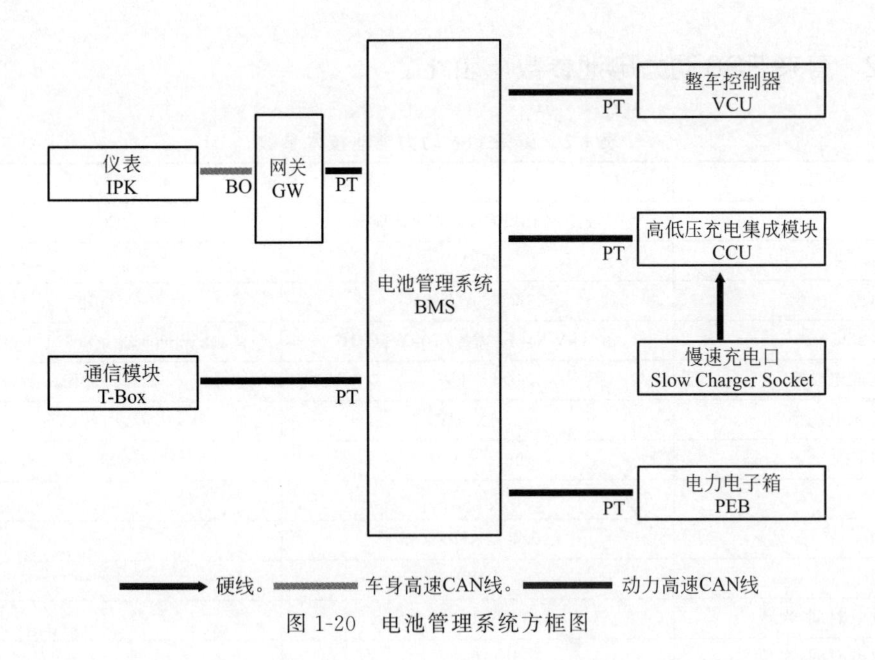

图 1-20　电池管理系统方框图

行车工况下动力电池内部的高压直流电，经过滤波、整流、降压之后转化为 12V 低压电，给蓄电池供电。高压安全提供输出反接保护、高压端口残压控制、故障自关断功能。热管理以水冷方式进行冷却。

1.1.2 电池包技术参数

1.1.2.1 比亚迪汉 EV 动力电池参数（表 1-1）

表 1-1　比亚迪汉 EV 电池包性能参数

指标	参数	备注
设计容量	135Ah	(25±3)℃,CC 方式 2.00～3.75V,0.5C 充放 设计要求容量≤实际容量≤设计要求容量×1.05
额定电压	569.6V	3.2V/cell
充电截止电压	667.5V	3.75V/cell
放电截止电压	356V	2.0V/cell
标准充电电流	27A	0.2C/23℃
最大充电电流	210A	≥120kW
标准放电电流	27A	0.2C/23℃
最大持续放电电流	135A	≥77kW
峰值放电电流	663A	≥378kW(脉冲放电功率),20～45℃,持续时间 5s
充电温度	−20～+55℃	
放电温度	−30～+60℃	
储存温度	−20～+35℃	短期储存(0～3 月),20%～60% SOC
	−20～+30℃	长期储存(3 月以上,1 年以内),30%～60% SOC
储存湿度	5%～90%	

1.1.2.2 蔚来 ES6 动力电池参数（表 1-2）

表 1-2 蔚来 ES6 动力电池技术参数

项目	参数	
车型	HFC6483ECEV-W 84kWh	HFC6483ECEV-W 70kWh
额定电压	350V	—
总电压范围	268.8～403.2V	TBD
总能量@25C	(71.4kWh@1/3C)/(70kWh@1C)	(70kWh@1/3C)/(67.2kWh@1C)
最大峰值放电功率	>550kW	>550kW
最大峰值充电功率	>120kW	>120kW
放电窗口 SOC	95%～5%	TBD
总质量	525kg	—
使用寿命	10 年/200000km	—
防护等级	IPX7	—
交流充放电时间/次数	12000h/10000 次	—
直流充放电时间/次数	500h/10000 次	—

1.1.2.3 小鹏 P7 动力电池性能参数（表 1-3）

表 1-3 小鹏 P7 动力电池性能参数

项目		参数	
		长续航版	标准续航版
动力电池总成	型号	TPLi0808-346	TPLi0708-350
	串并联	2P96S	4P96S
	额定容量/Ah	234	202
	额定能量/kWh	80.87	70.78
	额定电压/V	345.6	350.4
	充电温度范围/℃	−20～55	−20～55
	放电温度范围/℃	−30～55	−30～55
	最大允许持续充电电流/A	336	333
	最大允许持续放电电流/A	234	202
	防护等级	IP68	IP68
	质量/kg	490±14	450±13
模组	串并联数	2P6S	4P4S
	额定容量/Ah	234	202
	额定电压/kWh	21.6	14.6
	质量/kg	23.4	14.6
电芯	类型	三元	三元
	额定电压/V	3.6	3.65
	电压范围/V	2.8～4.2	2.5～4.2
	额定容量/Ah	117	50.5

1.1.2.4 北汽 EU5 动力电池包参数（表 1-4）

表 1-4 北汽 EU5 动力电池参数

项目	参数
整车型号	BJ7000C505-BEV
电动汽车储能装置种类	三元锂离子电池
储能装置单体型号	ELE897
储能装置单体的标称电压/V	3.65
储能装置单体生产企业	宁德时代
储能装置总成生产企业	北京晋莱德
储能装置最小板块型号	PMHNCM150
储能装置组合方式	1P98S
成箱后的储能装置型号	PNCM-310-150-358
储能装置总成标称电压/V	357.7
储能装置总成额定输出电流/A	150
动力蓄电池总成标称容量/Ah	150
储能装置总储电量/kWh	53.6
储能装置总成质量/kg	380
车载能源管理系统型号(包括软件和硬件)	BMS-C40-S008/H 001
车载能源管理系统生产企业	北京新能源
电池比能量密度/(Wh/kg)	151.4
最高允许动力电池温度/℃	60
动力蓄电池单体比能量/(Wh/kg)	205

1.1.2.5 五菱宏光 MINI EV 动力电池参数（表 1-5）

表 1-5 宏光 MINI EV 动力电池参数

车型	单体型号	单体电压/V	总质量/kg	总能量/kWh	总电压/V	总容量/Ah	输出电流/A
LZW7004EVJDJ	ISP21/115/103(24)EA	3.7	92	9.2	96	96	160
LZW7004EVJDAG	ISP21/115/103(24)EA	3.7	125	13.8	96	144	160
LZW7004EVJDAK	IFP28148115A-52Ah	3.2	90	9.3	90	104	170
LZW7004EVJDAM	IFP28148115A-52Ah	3.2	122	13.9	90	156	170
LZW7004EVPDJ	ISP21/115/103(24)EA	3.7	92	9.2	96	96	160
LZW7004EVPDAK	IFP28148115A-52Ah	3.2	90	9.3	90	104	170
LZW7004EVPDAG	ISP21/115/103(24)EA	3.7	125	13.8	96	144	160
LZW7004EVPCAM	CB1P0	3.2	125	13.8	106	131	160
LZW7004EVPKAM	IFP28148115-50Ah	3.2	119	13.4	90	150	160
LZW7004EVQEAW	GSP54174145F/150Ah	3.2	147	16.3	109	150	150

续表

车型	单体型号	单体电压/V	总质量/kg	总能量/kWh	总电压/V	总容量/Ah	输出电流/A
LZW7004EVPDBA	L173F163	3.22	134	14.7	90	163	170
LZW7004EVPDBB	L160F100	3.2	94	9.3	93	100	170
LZW7004EVPKAK	IFP28148115-50Ah	3.2	88	9.6	96	100	160
LZW7004EVA4KAK							
LZW7004EVPHAM	CB79148102EA	3.22	118	13.9	103	135	160
LZW7004EVWEAW	GSP54174145F/150Ah	3.2	147	16.3	109	150	150
LZW7004EVPEAK	GSP42173130F/100Ah	3.2	94	9	90	100	160
LZW7004EVPCAK	CB3S0	3.12	88	9.2	100	92	160
LZW7004EVJCAM	CB1P0	3.2	125	13.8	106	131	160
LZW7004EVA4CAM							

1.2 动力电池维修

1.2.1 动力电池包拆装

1.2.1.1 比亚迪秦 PLUS DM-i 动力电池包拆装

若确定动力电池有问题需要维修，请按以下步骤拆卸更换。

① 将车辆退电至 OFF 挡，断开 12V 蓄电池负极，等待 5min。

② 拆除各连接线束。

a. 整车退电至 OFF 挡。

b. 断开低压蓄电池负极。

c. 打开前舱盖，拔掉前舱电控总成端的直流高压母线接插件，并等待 5min。

d. 使用电压测量工具确认拔开的高压母线间电压在安全电压范围（小于 60V DC）。接插件应用绝缘胶带进行绝缘密封，防止短路及进入异物。

③ 用冷媒充注机在前舱回收冷媒。

④ 用举升机将整车升起到合适的高度。

⑤ 使用专用的举升设备托着电池包。

图 1-21　拔下电子膨胀阀控制插件

⑥ 拆下隔热罩，移走隔热罩后使用专用的举升设备托着电池包。

⑦ 拔下电子膨胀阀控制插件，使用内六角扳手拆卸膨胀阀紧固件，然后拔下膨胀阀，如图 1-21 所示，拆卸时需注意防护冷媒溅射。

⑧ 拆下直流母线插件紧固件（M6 螺栓），拔下插件。拆下电池信息采样通信线接插件。

⑨ 使用 18mm 套筒卸掉托盘周边紧固件，卸下动力电池包。

⑩ 佩戴绝缘手套，用万用表测试更新的动力电池包母线是否有电压输出，没有电压输出就更换装车。

⑪ 佩戴绝缘手套，将新的动力电池包放到装电池包举升设备上。

⑫ 举升过程中，使用工具做导向，使电池包安装孔位对准。

⑬ 佩戴绝缘手套，安装托盘的紧固件，力矩135Nm。

⑭ 佩戴绝缘手套接上电子膨胀阀。

⑮ 佩戴绝缘手套，接动力电池包直流母线接插件，然后接电池信息采样通信线接插件。

⑯ 重新标定SOC，上电确认、车辆无故障后返修完毕，入库要求车辆SOC≥30%，如SOC<30%，需进行充电。

⑰ 打开前舱，充注冷媒。

1.2.1.2 小鹏P7动力电池包拆装

动力电池包紧固件力矩参数如表1-6所示。

表1-6 小鹏P7动力电池包紧固件力矩参数

紧固位置	规格	拧紧力矩/Nm
锁紧电池包至车身两侧螺栓	六角法兰面螺栓M10×50	70
预紧并锁紧电池包中部螺栓至车身	六角法兰面螺栓M10×125	70
紧固等电位铜排总成至车身及电池包	六角法兰面自排屑搭铁螺栓M6×16	10
	六角法兰面螺栓M6×20	10
连接低压线束及高压线至电池包	六角法兰面螺栓M5×16	5
安装检修口盖至车身后地板	六角法兰面螺母M6	8
连接高压线束至电池包	六角法兰面螺母M6	5
装配两驱前电池线束至车身	六角法兰面螺母M6	6
装配四驱前电池线束至车身	六角法兰面螺母M6	6

进行高压系统维修作业前，穿戴好绝缘保护设备，包括绝缘手套、绝缘鞋和面罩。电池包如果长时间在炽热的环境中会导致性能下降。烤漆时，注意在70℃的温度下不要超过30min，在80℃温度下不要超过20min。若因为电池包问题进行更换BMS或者更换电池包，更换后需要在BMS控制器中重新写入VIN信息。

① 关闭所有用电器，车辆下电。

② 断开蓄电池负极极夹。

③ 拆卸手动维修开关。

④ 排放冷却液。

⑤ 拆卸前舱底部护板总成。

⑥ 拆卸前舱底部护板电池包安装支架总成。

⑦ 拆卸备胎池护板总成。

⑧ 拆卸备胎池护板电池包安装支架总成。

⑨ 拆卸左/右后轮导流板。

⑩ 拆卸左/右侧裙板总成。

⑪ 拆卸电池包。

a. 旋出电池包高压线束固定螺母（箭头A）。

b. 断开电池包高压线束连接插头（箭头 B）。如图 1-22 所示，螺母拧紧力矩为 5Nm。

c. 如图 1-23 所示，脱开固定卡扣（箭头 A），沿箭头 B 方向揭开后座椅下隔音垫总成 1。

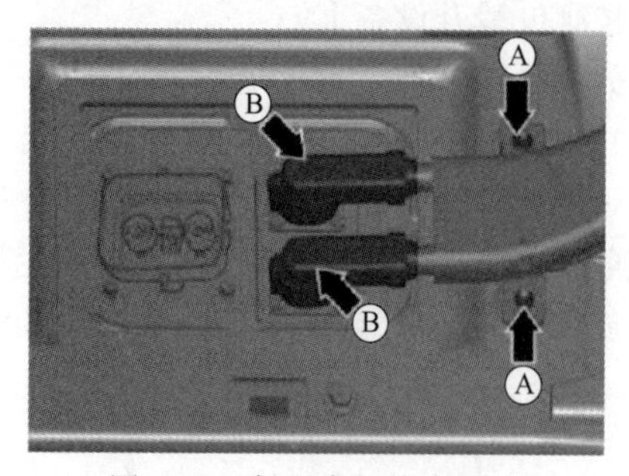

图 1-22 断开高压线束插头

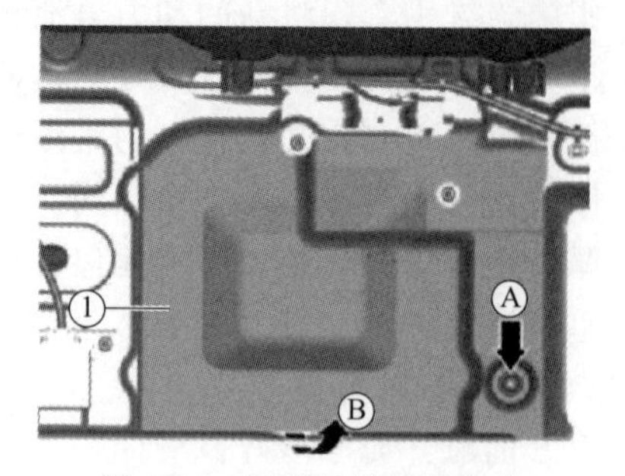

图 1-23 揭开后座椅隔音垫

d. 旋出固定螺母（箭头），拆下检修口盖组件 1，如图 1-24 所示。螺母拧紧力矩 8Nm。

e. 如图 1-25 所示，旋出固定螺栓（箭头 A），拆下电池包高压接插件 1。

f. 断开电池包低压连接插头（箭头 B、箭头 C），螺栓拧紧力矩 5Nm。

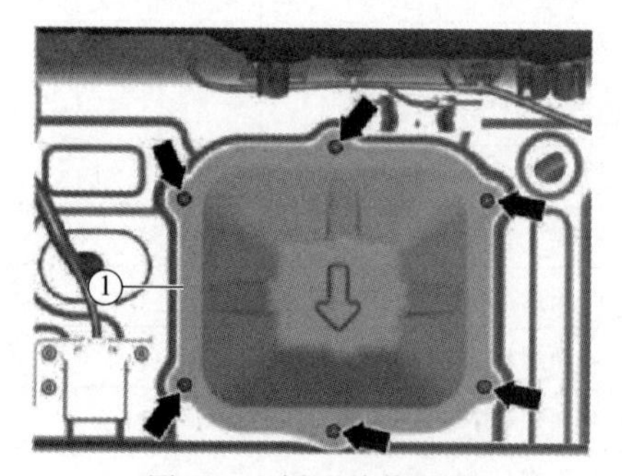

图 1-24 拆下检修口盖

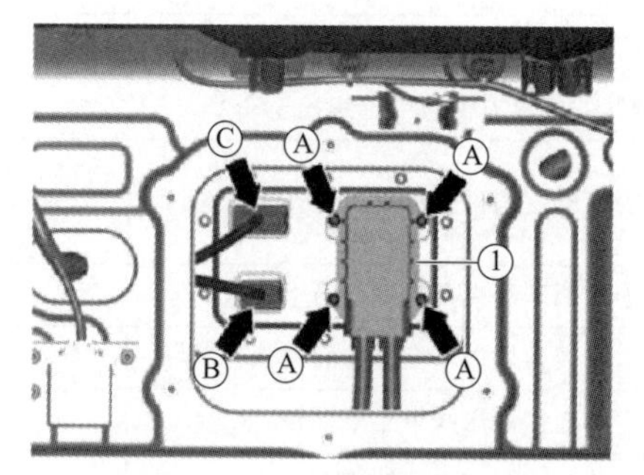

图 1-25 断开低压连接插头

g. 如图 1-26 所示，松开固定卡箍（箭头 A），脱开电池出水管 1 与电池包连接。

h. 松开固定卡箍（箭头 B），脱开 Chill 出水管 1 与电池包连接。

提示： 拆卸水管前，将接收冷却液的容器放置电池出水管和 Chill 出水管下面。

i. 旋出固定螺栓（箭头），取出等电位铜排总成 1，如图 1-27 所示。螺栓拧紧力矩为 10Nm。

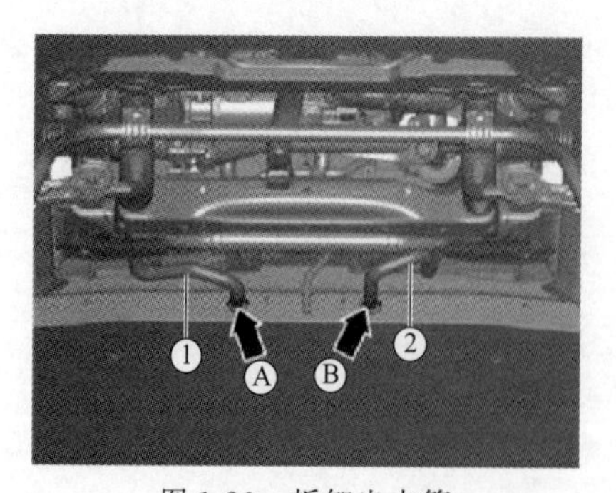

图 1-26 拆卸出水管

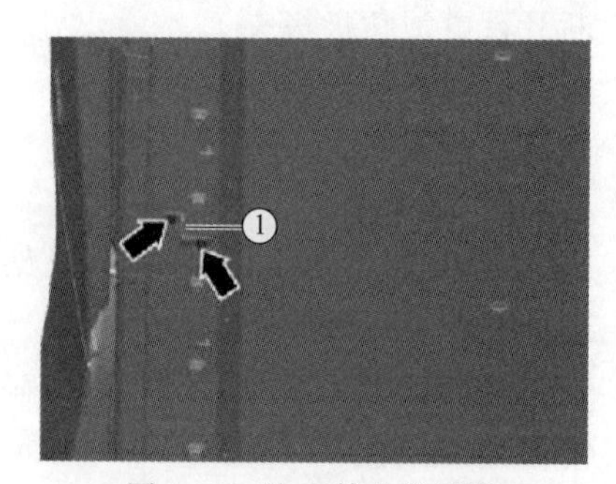

图 1-27 取出等电位铜排

j. 使用电池包拆装工具 1 支撑电池包 2。

k. 如图 1-28 所示，旋出电池包固定螺栓（箭头 A、箭头 B）。

l. 调节电池包拆装工具 1 缓慢地放下电池包 2，螺栓拧紧力矩为 70Nm。

注意车下操作，穿戴好安全帽、安全鞋和手套。使用电池包拆装工具支撑电池包时，注意观察电池包是否支撑稳定。电池包移出整车时，严禁接近升降车，防止侧滑掉落伤人。

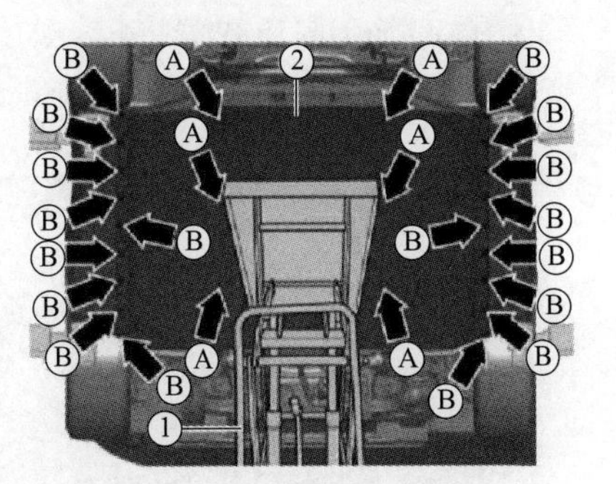

图 1-28 拆下电池包

安装程序以倒序进行，同时注意下列事项。

— 按规定力矩紧固电池包固定螺栓。

— 安装完成后，加注冷却液。

— 如更换电池包，用诊断仪进行“BMS 整包更换”。

— 如只是更换了 BMS 模块，则用诊断仪进行“模块更换”。

— 在使用诊断仪做“模块更换”操作结束时，诊断仪会报写入值与读取值不一样的故障提示，此提示可忽略。

— 如果“模块更换”操作失败，则需要进入 BMS“标识”，把所有旧数据读取并记录，在 BMS 的“参数写入”逐一写入，再把 VCU 的“参数写入”操作写入。

1.2.1.3 蔚来 ES6 动力电池包拆装紧固力矩

动力电池包安装在整车底盘下方，使用 10 个安装点与车身连接，包括前后以及侧边梁 8 个 M18 卡口螺栓和贯穿电池包内部的 2 个 M10 螺栓，另外还有两个 $\phi30$ 定位孔以使电池包能够准确快速安装。为了满足电池包运输的要求，在电池包侧边梁上有 4 个 $\phi12$ 吊耳孔。动力电池包具有快换功能，快换接口包括电气接插件和水管快换接头，具备 IP67 防护等级。电池包拆装紧固力矩参数如表 1-7 所示。

表 1-7 蔚来 ES6 动力电池包拆装紧固力矩

紧固点	拧紧力矩/Nm	紧固点	拧紧力矩/Nm
螺栓-动力电池包外围	110	螺母-EDM 与 Busbar 连接处	9.5
螺栓-动力电池包中间	35	螺母-EDM 与电池包下壳体	6
电池包螺栓-底部锁止外齿圈	25	螺钉-电快换插头与 Busbar 连接处	9.5
螺栓-侧围铸造安装支架	40	螺母-接地线与电池包下壳体	6
螺栓-侧边安装支架总成	9	螺钉-电快换插头与 EDM	14
螺栓-铸造盒总成	9	螺栓-电池包前盖板	9.5
电池包-通孔螺塞	40	螺钉-水快换插头	9.5
螺母-BMS 与电池包下壳体	6	螺栓-防爆阀	8.5

1.2.1.4 奇瑞小蚂蚁动力电池总成拆装

① 将车由举升机托起。

② 将专用的电池组总成拆卸支撑平台放入车身底部。

③ 将举升机慢慢放下，以接触到电池组总成底面为止。

④ 拆卸整车高压线束护板，如图 1-29 所示。

⑤ 按顺序拔掉高压线束接插件及信号线接插件，如图 1-30 所示。

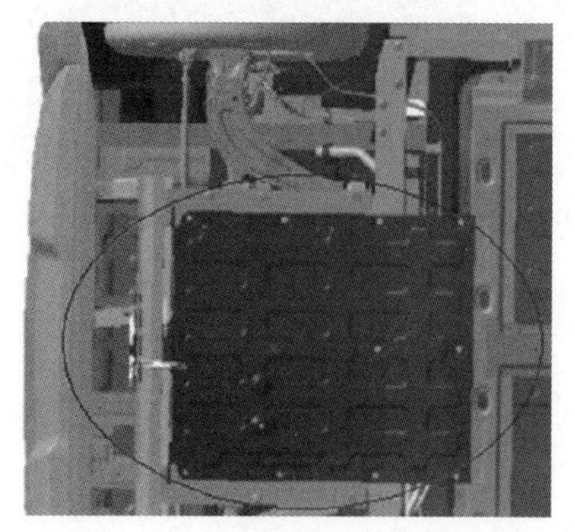

图 1-29 拆卸整车高压线束护板

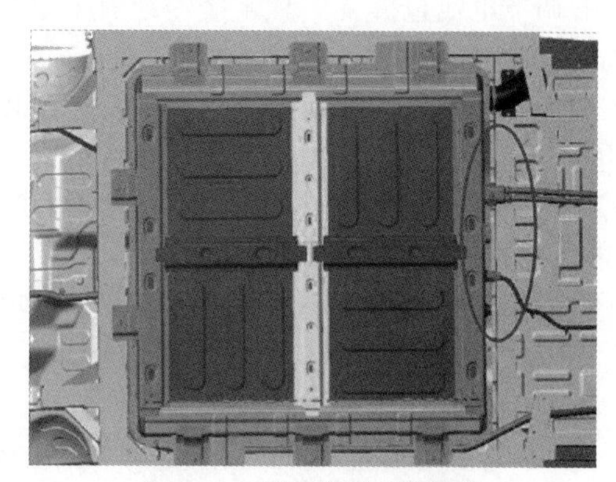

图 1-30 拔下高低压接插件

⑥ 拆下电池包与车身之间连接的接地线，如图 1-31 所示。

⑦ 使用 19＃套筒扳手将电池组总成与整车固定的 8 个 M10×1.25 六角头螺栓和锥形弹性垫圈组合件拆卸掉，如图 1-32 所示。力矩为 70Nm±6Nm。

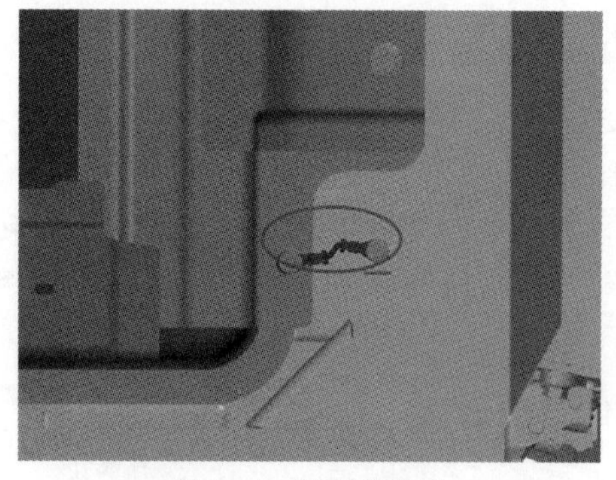

图 1-31 拆下接地线

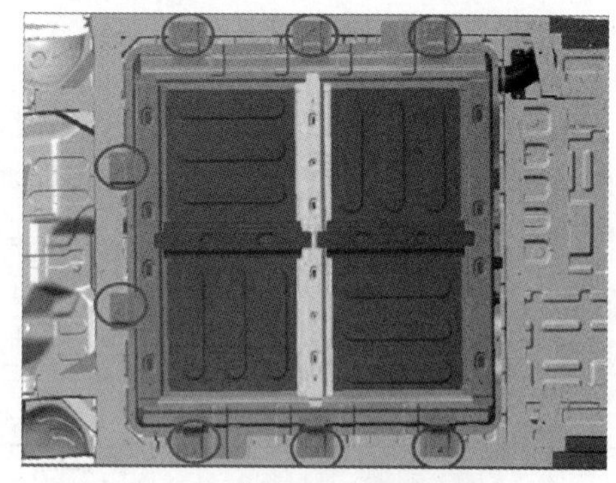

图 1-32 拆卸电池包紧固螺栓

⑧ 使用十字螺丝刀拆卸电池组与出风管道的固定卡箍，如图 1-33 所示。

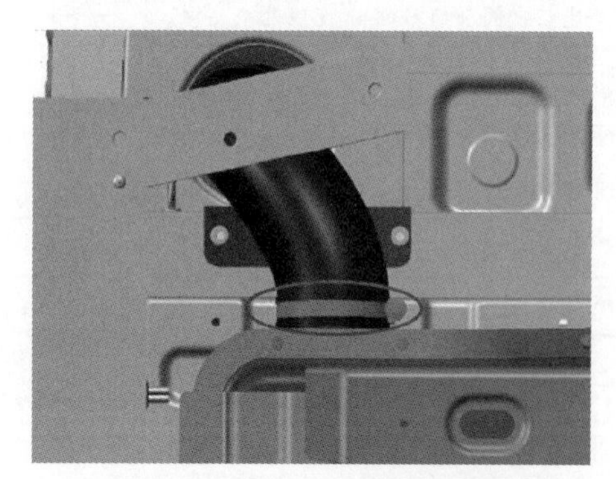

图 1-33 拆卸出风管固定卡箍

⑨ 升起举升机后，推出电池组总成拆卸支撑平台，完成电池组总成的拆卸。

安装按与拆卸相反的顺序进行。

1.2.1.5 欧拉黑猫动力电池包拆装

欧拉黑猫动力电池包安装位置如图 1-34 所示。

拆卸与安装步骤如下所述。

① 关闭点火开关。

② 断开电池安全开关。

③ 断开蓄电池负极。

④ 断开蓄电池正极。

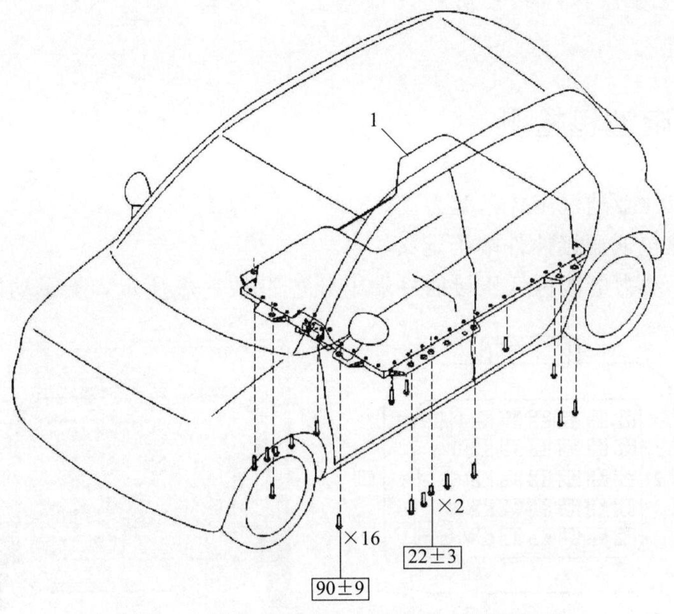

图 1-34　欧拉黑猫动力电池包总成安装位置

⑤ 拆卸电池包前端护板。

⑥ 先断开动力电池包低压接插件，再断开动力电池包高压接插件（图 1-35）。用绝缘胶带缠好接插件，做好绝缘防护。

⑦ 妥善支撑动力电池包总成。

⑧ 拆下 2 个螺栓，如图 1-36 所示。

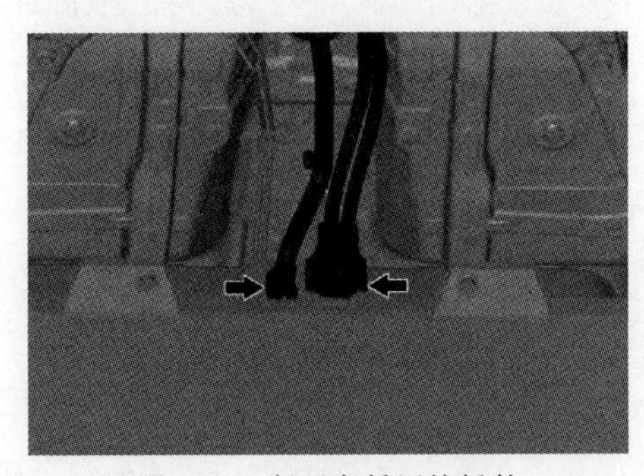
图 1-35　断开高低压接插件

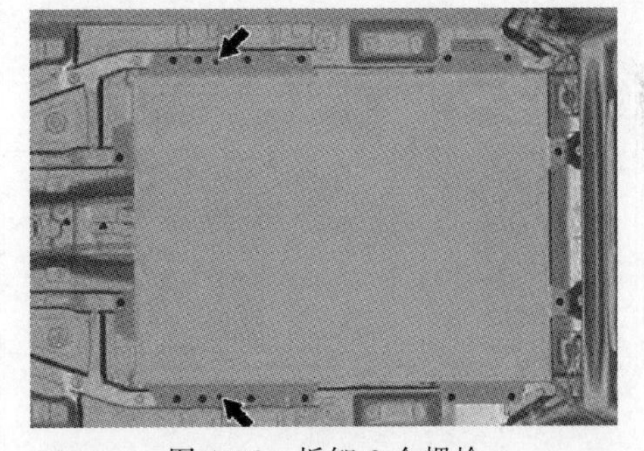
图 1-36　拆卸 2 个螺栓

⑨ 拆下 16 个螺栓，如图 1-37 所示。拆下电池包后，必须清理螺纹孔内的螺纹紧固胶胶痕。

⑩ 缓慢降下动力电池包总成。把拆下的零部件置于干净安全的地方，防止零部件磕碰。

⑪ 按与拆卸相反的顺序进行安装，但注意以下事项。

— 安装前清除螺栓螺纹内的胶痕。

— 安装前检查螺栓是否有裂痕、磨损、螺纹牙滑扣等现象，若有，则更换新螺栓。

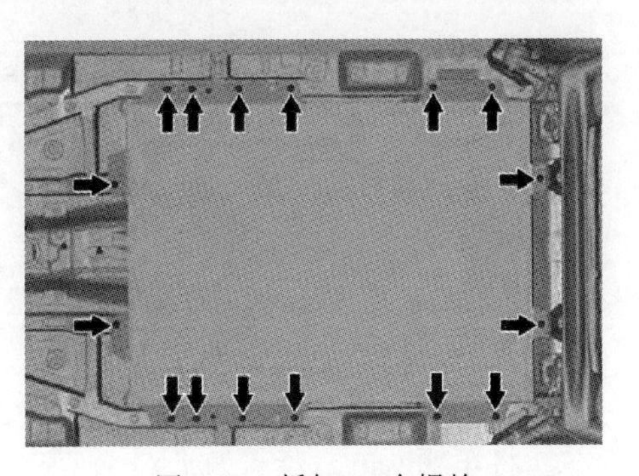
图 1-37　拆卸 16 个螺栓

— 安装前向螺栓涂抹螺纹紧固胶（推荐型号：乐泰 271、乐泰 2701、乐泰 263、天山 1262）。

1.2.2 动力电池包检测

本小节内容以比亚迪汉 EV 车型为例。

（1）动力电池包低压接插件端子定义

比亚迪汉 EV 动力电池包低压接插件端子分布如图 1-38 所示，端子功能定义见表 1-8。

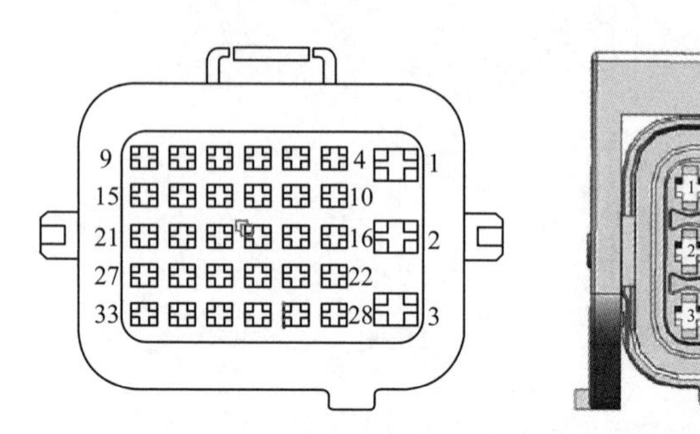

动力电池包端低压接插件投影图　　整车线束端接插件投影图

图 1-38　低压接插件端子分布图

表 1-8　低压接插件端子定义

序号	接口定义	序号	接口定义	序号	接口定义
1	NC	12	IG3 输出	23	12V 常电 GND
2	NC	13	高压互锁输入 1	24	直流充电负极接触器
3	NC	14	直流充电口温度 1＋	25	CC 信号
4	12V 常电	15	直流充电 CAN-H	26	直流充电辅助电源原理 A＋
5	IG3 电	16	IG3 电 GND	27	NC
6	电池子网 CAN-H	17	动力网 CAN-H	28	NC
7	电池子网 CAN-L	18	高压互锁输出 1	29	IG3 电
8	直流充电 CAN-L	19	（VTOV)接触器控制	30	OBC-BMC 信号
9	直流充电 CAN 屏蔽	20	直流充电口温度 2＋	31	直流充电负极接触器
10	动力网 CAN-L	21	直流充电口温度 1－/2－	32	CC2 信号
11	动力网 CAN 屏蔽地	22	碰撞信号	33	NC

（2）动力电池包漏电检测方法

① 准备所需工具如下。

a. 万用表，需内阻 10MΩ、精确度三位半（含）以上。

b. 100kΩ 以上电阻（推荐 1MΩ）。

c. 比亚迪 E80060 放电设备。

② 将车辆断电，步骤如下。

a. 车辆电源退电至 OFF 挡静置 5min。

b. 断开低压蓄电池负极。

c. 断开动力电池正负极母线。

③ 使用比亚迪 E80060 放电设备给电池包低压供电。

④ 测量动力电池输出母线正极端子对托盘电压 $V_{正}$，如图 1-39 所示。

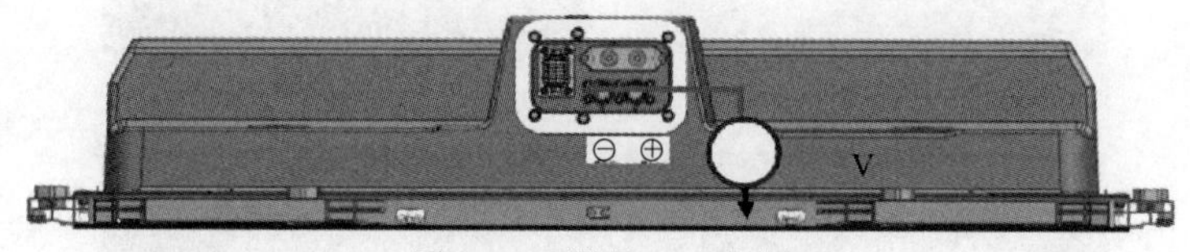

图 1-39　测量 $V_{正}$ 电压

⑤ 测量动力电池输出母线负极端子对托盘电压 $V_{负}$，如图 1-40 所示。

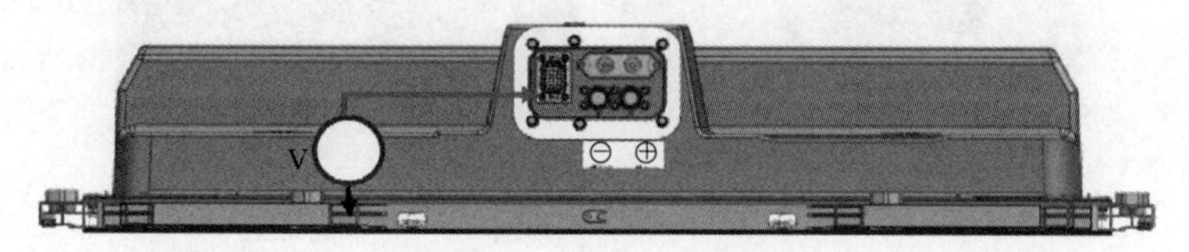

图 1-40　测量 $V_{负}$ 电压

⑥ 比较 $V_{正}$ 和 $V_{负}$，选择电压绝对值大的进行下一步，电压高的极柱对地电压记录为 V_1，电压低的对地极柱电压记录为 V_0。(例如 $V_{正}>V_{负}$)

⑦ 在万用表正负表笔之间连接电阻 R（100kΩ 以上电阻，推荐 1MΩ）重测 V_1，测得结果记录为 V_2，如图 1-41 所示。

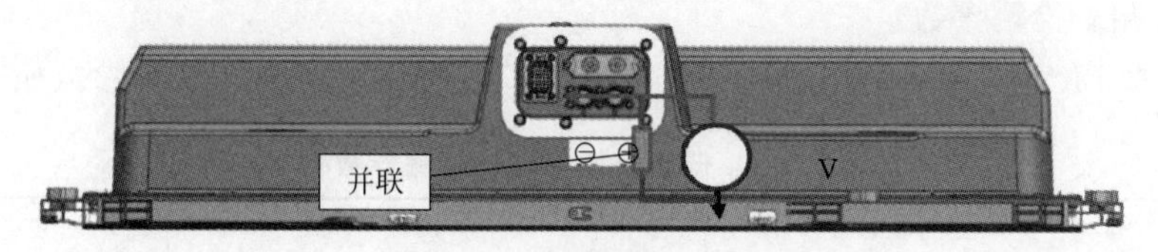

图 1-41　并联电阻后测量

⑧ 按照以下公式计算绝缘阻值。

$$\frac{\dfrac{V_1-V_2}{V_2}\times R\times\left(1+\dfrac{V_0}{V_1}\right)}{\text{电池包最大工作电压}}>500\Omega/V \qquad \text{不漏电}$$

$$\frac{\dfrac{V_1-V_2}{V_2}\times R\times\left(1+\dfrac{V_0}{V_1}\right)}{\text{电池包最大工作电压}}\leqslant 500\Omega/V \qquad \text{漏电}$$

注： 电池包最大工作电压＝车辆铭牌上动力电池系统额定电压×1.15。

⑨ 漏电检测举例见图 1-42。

根据公式计算：(266.4－266.3)÷266.3×1009000×(1＋62.9÷266.4)÷(330×1.15)＝1.234Ω/V＜500Ω/V，故为漏电。

(3) 无电压输出故障检修

① 将车辆断电，步骤如下。

a. 车辆电源退电至 OFF 挡静置 5min。

(a) 正极对地266.4V

(b) 负极对地62.9V

(c) 并联电阻1.009MΩ

(d) 并联电阻后正极对地266.3V

图 1-42　测量电压、电阻

b. 断开低压蓄电池负极。

c. 断开动力电池正负极母线。

② 使用比亚迪 E80060 放电设备给电池包低压供电。

③ 测量动力电池输出母线正、负极端子之间电压，无电压及小于 2/3 额定电压则表明内部回路异常。

（4）低压端子检测参数

汉 EV 车型 BIC 通信、BMS 通信、充电、互锁等通信接插件端子测量参数如表 1-9 所示。

表 1-9　低压接插件端子检测参数

端子号	端口名称	测量工况	正常值
4	12V 常电	任何挡位	9～16V
5	IG3 电源	ON 挡	9～16V
8	直流充电 CAN-L	直流充电	1.5～2.5V
9	直流充电 CAN 屏蔽地	始终	小于 1V
10	动力网 CAN-L	ON 挡	1.5～2.5V
11	动力网 CAN 屏蔽地	始终	小于 1V
12	直流充电正/负极接触器电源(IG3)	ON 挡	9～16V
13	高压互锁输入 1	ON 挡	PWM 脉冲信号
14	直流充电口温度 1+	ON 挡	0.5～200kΩ
15	直流充电 CAN-H	直流充电	2.5～3.5V
16	IG3 电 GND	始终	小于 1V
17	动力网 CAN-H	ON 挡	2.5～3.5V
18	高压互锁输出 1	ON 挡	PWM 脉冲信号
19	(VTOV)接触器控制	直流 VTOV 放电	断开状态:9～16V 吸合状态:小于 1V

续表

端子号	端口名称	测量工况	正常值
20	直流充电口温度2+	ON挡	0.5～200kΩ
21	直流充电口温度1−/2−	配合引脚14、20测试	
22	碰撞信号	ON挡	PWM脉冲信号
23	12V常电GND	始终	小于1V
24	直流充电正极接触器控制	直流充电	断开状态:9～16V 吸合状态:小于1V
25	CC信号	交流充电	小于2.9V
26	直流充电辅助电源唤醒A+	直流充电	9～16V
29	IG3电源	ON挡	9～16V
31	直流充电负极接触器控制	直流充电	断开状态:9～16V 吸合状态:小于1V
32	CC2信号	直流充电	2.1～3.0V

1.2.3 电池包故障排除

本节以奇瑞小蚂蚁为例，讲解动力电池包的故障排除方法。

电池系统支持在线诊断：当电池系统发生故障时，电池包将存储故障。同时支持离线诊断：通过诊断仪与BMS通信读取故障码。

电池系统包括以下几类故障：整车系统相关故障，电池包故障（无需拆包故障，需拆包故障），充电系统故障，其他故障（无DTC码：Diagnostic Trouble Code历史故障码）。

电池系统支持的故障码列表如表1-10所示。

表1-10 电池系统支持的故障码

序号	故障码名称	故障码	故障可能原因	故障现象
1	整车放电环路互锁异常	P1B87	① 放电相关高压接插件松动或拔出 ② VCU故障 ③ MSD故障 ④ 电池包内部故障 ⑤ 整车线束故障	① 整车不能Ready ② 行车过程中断电
2	整车充电环路互锁异常	P1B88	① 充电相关高压接插件松动或拔出 ② 缆上控制盒故障 ③ 整车线束故障 ④ 电池包内部故障	充电不能进行或异常
3	电池包风扇1异常	P0A81	① 风扇内部故障 ② 风扇接触器故障 ③ 整车线束问题 ④ 电池包内部故障	电池维护灯点亮
4	BMS供电电源高	P0A8E	① 车载低压电池电压低 ② 整车线束故障 ③ 电池包内部故障	充电时风扇不转
5	BMS供电电源低	P0A8D	① 车载低压电池电压高 ② 整车线束故障 ③ 电池包内部故障 ④ DC/DC异常	充电不能进行或中止

续表

序号	故障码名称	故障码	故障可能原因	故障现象
6	高压熔断器故障	P0A95	充/放电电流过大	高压放电熔断器:不能行车 仪表上电压<10V 慢充熔断器:不能充电
7	非充电状态电池单体低温故障	P1B8A	外部环境温度过低	车辆不能 Ready 车辆不能充电
8	非充电状态电池单体高温故障	P1B8B	① 外部环境温度过高 ② 大电流引起电池过热	① 车辆不能 Ready ② 行车中断
9	正极接触器粘连故障	P0AA1	大电流使接触器粘连	车辆不能 Ready
10	负极接触器粘连故障	P0AA4	大电流使接触器粘连	车辆不能 Ready
11	电池包总压采样回路故障	P1B8E	振动/线未连接	电池维护灯亮
12	电池包总压严重过低故障	P1B8F	① 过放电 ② 电池包内部故障	① 车辆不能 Ready ② 车辆行驶断开
13	电池包总压严重过高故障	P1B90	① 过充电 ② 电池包内部故障	① 故障报警 ② 禁止高压回路接触器闭合
14	电流采样异常	P0ABF	① 电流传感器内部故障 ② 电流采样回路故障	限制充放电功率
15	车载充电状态电池单体低温故障	P1B92	外部环境温度过低	停止车载充电并开始给电池加热
16	充电状态电池单体高温故障	P1B93	外部环境温度过高	停止车载充电
17	电池包预充接触器控制线开路	P1B95	接触器控制线圈断线	① 车辆不能 Ready ② 车辆行驶断开
18	电池包预充接触器控制线短路到地	P1B97	接触器控制线圈对地短路	① 车辆不能 Ready ② 车辆行驶断开
19	SOC 过低故障	P0A7D	电量低	① 车辆不能 Ready ② 仪表上电量只剩一格
20	电池单体电压严重过高故障	P1B00	① 过充电 ② 电池包内部故障	① 上报故障信息 ② 禁止对电池进行充/放电
21	电池单体电压严重过低故障	P1B01	① 过放电 ② 电池包内部故障	① 车辆不能 Ready ② 车辆行驶断开 ③ 不能充电
22	电池单体电压采集线断线	P1B02	单体电压采样线断线	① 车辆不能 Ready ② 车辆行驶断开 ③ 不能充电
23	电池单体一致性偏大警告	P1B03	电池一致性变差	无
24	电池单体温升过快故障	P1B04	① 电池内部短路 ② 过电流 ③ 电池包内部其他故障	① 车辆不能 Ready ② 车辆行驶断开 ③ 不能充电
25	总线过流故障	P1B05	① 电池包内部高压短路 ② 过电流 ③ 电池包内部其他故障	限制充放电功率
26	主接触器异常断开损伤故障	P1B06	车辆长时间使用或误操作	① 车辆不能 Ready ② 车辆行驶断开
27	放电回路严重漏电	P1B07	① 电池包绝缘异常 ② 其他高压部件绝缘异常	① 车辆不能 Ready ② 车辆行驶断开
28	充电回路严重漏电	P1B08	① 绝缘异常 ② 其他高压部件绝缘异常	① 不能充电 ② 充电停止
29	充电电流异常	P1B09	① 车载充电机故障 ② 电池包内部故障	仪表显示充电电流>10A

续表

序号	故障码名称	故障码	故障可能原因	故障现象
30	充电电压异常	P1B0A	① 车载充电机故障 ② 电池包内部故障	不适用
31	电池包正极接触器控制线对地短路	P1B16	接触器控制线圈对地短路	① 车辆不能 Ready ② 车辆行驶断开
32	电池包正极接触器控制线开路	P1B17	接触器控制线圈断线	① 车辆不能 Ready ② 车辆行驶断开
33	电池包正极接触器控制开关过流、过温保护	P1B18	接触器控制线圈对 12V 电源短路	① 车辆不能 Ready ② 车辆行驶断开
34	电池包负极接触器控制线短路到地	P1B19	接触器控制线圈对地短路	① 车辆不能 Ready ② 车辆行驶断开不能充电
35	电池包负极接触器控制线开路	P1B1A	接触器控制线圈断线	① 车辆不能 Ready ② 车辆行驶断开 ③ 不能充电
36	电池包负极接触器控制开关过流、过温保护	P1B1B	接触器控制线圈对地短路	① 车辆不能 Ready ② 车辆行驶断开 ③ 不能充电
37	电池包快充接触器控制线短路到地	P1B1C	接触器控制线圈对地短路	不能快充
38	电池包快充接触器控制线开路	P1B1D	接触器控制线圈断线	不能快充
39	电池包快充接触器控制开关过流、过温保护	P1B1E	接触器控制线圈对地短路	不能快充
40	电池包慢充接触器控制线短路到地	P1B1F	接触器控制线圈对地短路	不能慢充
41	电池包慢充接触器控制线开路	P1B20	接触器控制线圈断线	不能慢充
42	电池包慢充接触器控制开关过流、过温保护	P1B21	接触器控制线圈对地短路	不能慢充
43	电池包预充接触器控制开关过流、过温保护	P1B22	接触器控制线圈对地短路	不能 Ready
44	电池包加热元件接触器控制线短路到地	P1B23	接触器控制线圈对地短路	不能慢充
45	电池包加热元件接触器控制线开路	P1B24	接触器控制线圈断线	不能慢充
46	电池包加热元件接触器控制开关过流、过温保护	P1B25	接触器控制线圈对地短路	不能慢充
47	1 号 BMU 故障	P1B3D	BMU 内部故障	① 不能 Ready/慢充/快充 ② 行车/慢充/快充中断
48	2 号 BMU 故障	P1B3E	BMU 内部故障	① 不能 Ready/慢充/快充 ② 行车/慢充/快充中断
49	3 号 BMU 故障	P1B3F	BMU 内部故障	① 不能 Ready/慢充/快充 ② 行车/慢充/快充中断
50	4 号 BMU 故障	P1B40	BMU 内部故障	① 不能 Ready/慢充/快充 ② 行车/慢充/快充中断
51	5 号 BMU 故障	P1B41	BMU 内部故障	① 不能 Ready/慢充/快充 ② 行车/慢充/快充中断
52	电池包高压加热器故障	P1B4E	PTC 故障	不能充电
53	充电机高压输出欠压故障	P1B51	充电机故障	慢充异常或停止

续表

序号	故障码名称	故障码	故障可能原因	故障现象
54	充电机高压输出过压故障	P1B52	充电机故障	慢充异常或停止
55	充电机高压输出回路短路故障	P1B53	充电机故障	慢充异常或停止
56	充电机交流电输入欠压故障	P1B54	充电机故障	慢充异常或停止
57	充电机交流电输入过压故障	P1B55	充电机故障	慢充异常或停止
58	充电机过温故障	P1B56	充电机故障	慢充异常或停止
59	充电机 12V 低压输出欠压故障	P1B57	充电机故障	慢充异常或停止
60	充电机 12V 低压输出过压故障	P1B58	充电机故障	慢充异常或停止
61	充电机输出电流故障	P1B59	充电机故障	慢充异常或停止
62	充电机未检测到电池包或电池电压过低故障	P1B5A	电池包故障 充电机故障	慢充异常或停止
63	电池包正负极反接故障	P1B5B	电池包故障 充电机故障	慢充异常或停止
64	正极接触器控制回路对电源短路	P1B5C	接触器控制线圈对 12V 电源短路	① 不能 Ready ② 行车中断
65	主负接触器控制回路对电源短路	P1B5D	接触器控制线圈对地短路	① 不能 Ready ② 行车中断
66	预充接触器控制回路对电源短路	P1B5E	接触器控制线圈对 12V 电源短路	① 不能 Ready ② 行车中断
67	慢充接触器控制回路对电源短路	P1B60	接触器控制线圈对地短路	不能慢充充电或充电停止
68	快充接触器控制回路对电源短路	P1B62	接触器控制线圈对地短路	不能快充充电或充电停止
69	加热元件接触器控制回路对电源短路	P1B64	接触器控制线圈对地短路	不能慢充充电或充电停止
70	加热元件 PTC 接触器粘连故障	P1B65	大电流使接触器粘连	不能慢充充电或充电停止
71	温度采样线对地短路	P1B66	温度采样线对地短路	行车限制放电功率不能充电
72	温度采样线对电源短路	P1B67	温度采样线对 12V 电源短路	行车限制放电功率不能充电
73	电流采样线对电源短路	P1B68	① 电流传感器内部故障 ② 电流采样回路故障	行车/充电限制放电功率
74	BMS CAN 通信故障	U0073	① CAN-H 或 CAN-L 对电源短路 ② 整车线束问题 ③ 整车 CAN 网络问题 ④ 电池包内部问题	① 不能 Ready/慢充/快充 ② 行车/慢充/快充中断
75	BMS 与 VCU 通信异常	U0293	① CAN 总线线束断路 ② VCU 故障 ③ 电池包内部问题	① 不能 Ready ② 行车中断
76	BMS 与 CM 通信异常	U0296	CAN 总线线束断路	不能慢充或慢充停止
77	1 号 BMU 与 BMS 通信异常	U1003	CAN 总线线束断路	① 不能 Ready/慢充/快充 ② 行车/慢充/快充中断
78	2 号 BMU 与 BMS 通信异常	U1004	CAN 总线线束断路	① 不能 Ready/慢充/快充 ② 行车/慢充/快充中断
79	3 号 BMU 与 BMS 通信异常	U1005	CAN 总线线束断路	① 不能 Ready/慢充/快充 ② 行车/慢充/快充中断

续表

序号	故障码名称	故障码	故障可能原因	故障现象
80	4号BMU与BMS通信异常	U1006	CAN总线线束断路	① 不能Ready/慢充/快充 ② 行车/慢充/快充中断
81	5号BMU与BMS通信异常	U1007	CAN总线线束断路	① 不能Ready/慢充/快充 ② 行车/慢充/快充中断
82	BMS与快充设备通信异常	U1012	CAN总线线束断路	① 不能Ready/慢充/快充 ② 行车/慢充/快充中断
83	BMS与电流传感器通信故障	P1B6C	CAN总线线束断路	限制充放电功率
84	加热过程电池温差过大故障	P1B6F	至少一个PTC未工作	充电或充电停止
85	电池单次加热时间过长故障	P1B70	① PTC故障 ② 充电机故障	充电或充电停止
86	加热器操作电压异常	P1B71	① 充电机高压输出故障 ② 电池包内部故障	充电或充电停止
87	加热过程中电池飞温故障	P1B72	至少一个PTC有故障	充电或充电停止
88	绝缘检测模块注入波形电压异常	P1B73	绝缘检测模块硬件故障	① 不能Ready/慢充/快充 ② 行车/慢充/快充中断
89	绝缘检测模块注入波形周期异常	P1B74	绝缘检测模块硬件故障	① 不能Ready/慢充/快充 ② 行车/慢充/快充中断
90	车载充电CP信号异常	P1B75	充电枪CP信号线断线	充电或充电停止
91	电池箱进风口温度采样线对电源短路	P1B76	温度采样线束对12V电源短路	仪表电池维护灯点亮
92	电池箱进风口温度采样线对地短路	P1B77	温度采样线束对地短路	仪表电池维护灯点亮
93	电池箱进风口温度采样线断路	P1B78	温度采样线束断路	仪表电池维护灯点亮
94	电池箱出风口温度采样线对电源短路	P1B79	温度采样线束对12V电源短路	仪表电池维护灯点亮
95	电池箱出风口温度采样线对地短路	P1B7A	温度采样线束对地短路	仪表电池维护灯点亮
96	电池箱出风口温度采样线断路	P1B7B	温度采样线束断路	仪表电池维护灯点亮
97	风扇故障	P1B9C	风扇故障	记录故障
98	充电机低温故障	P1B9E	充电机低温故障	记录故障
99	风扇及其回路故障	P1B85	① 接触器线圈短路 ② 电路MOS管控制能力不足	仪表电池维护灯点亮
100	LINK电压采样回路故障	P1B8D	采样回路异常	延时断开继电器
101	预充失败故障	P1B96	① 预充电阻损坏 ② 预充回路断线	不能预充

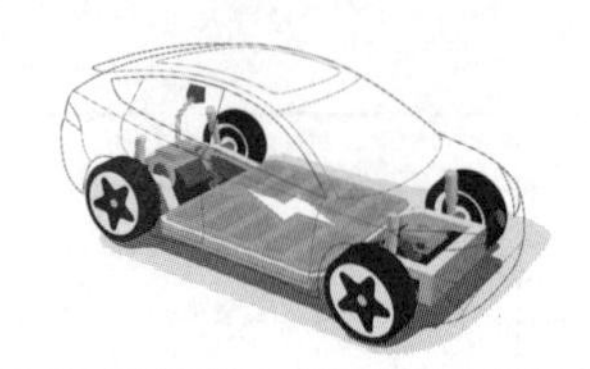

第2章 车载充电系统

2.1 车载充电系统结构原理

2.1.1 车载充电系统组成与功能

车载充电系统包括低压蓄电池充电系统即DC/DC转换器，与高压充电系统（车载充电机与直流充电元件）。

电动车辆的高压充电系统具有交流充电和直流充电两种功能。其中交流充电包括充电桩充电和家用电源充电两种方式，每种充电方式均可选择普通模式、长程模式、长寿模式和低温充电四种模式。

交流充电口安装在车辆LOGO处，如图2-1所示，直流充电口安装在车身左后侧（位置和外观类似燃油车的油箱口盖）。也有的车型交流、直流充电口布置在一起，如图2-2所示的比亚迪e5。充电时，根据选择的充电类型，连接交流充电插头或者直流充电插头到相应的充电插座，连接正确后开始充电。充电口连接后形成检测回路，当出现连接故障时，VCU可以检测该故障。

图2-1 交流充电连接方式（江淮iEV7S）

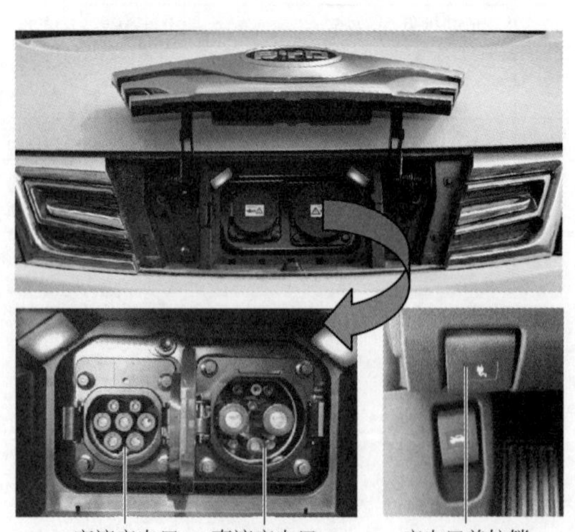

图2-2 交流与直流充电口位置（比亚迪e5）

充电口的端子连接定义，以比亚迪 e5 为例，如图 2-3 所示。

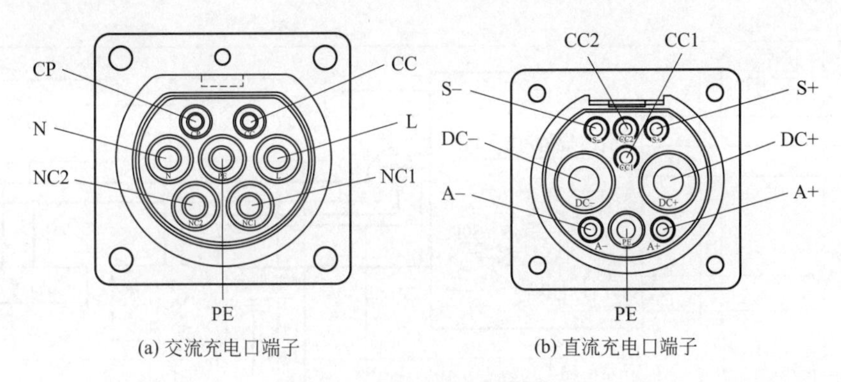

(a) 交流充电口端子　　(b) 直流充电口端子

图 2-3　交直流充电端子定义

L—A 相；CC—充电连接确认；NC1—B 相；CP—充电控制；NC2—C 相；N—中性线；PE—地线；DC＋，DC－—直流充电正、负极；A＋，A－—低压辅助电流正、负极；CC1—车身接地（1kΩ±30Ω）；CC2—直流充电感应信号；S＋，S－—通信线，CAN（H）

交流充电控制（流程图如图 2-4 所示）：当 VCU 判断整车处于充电模式时，吸合 M/C 继电器，根据动力电池的可充电功率及车载充电机的状态，向车载充电机发送充电电流指令。同时，车载充电机吸合交流充电继电器，VCU 吸合系统高压正极继电器和高压负极继电器，动力电池开始充电。

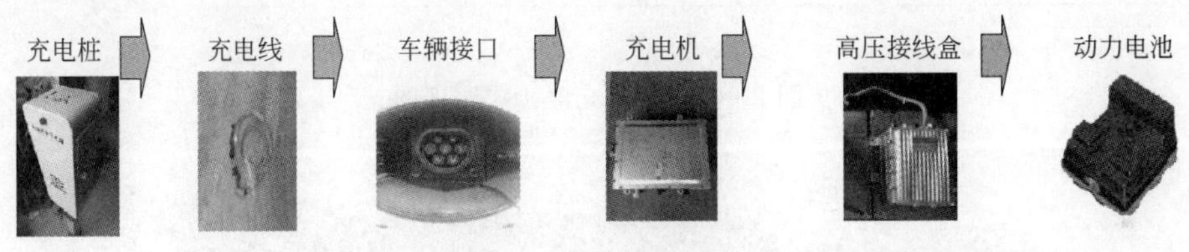

图 2-4　交流充电流程

直流充电控制（流程图如图 2-5 所示）：当直流充电设备接口连接到整车直流充电口时，直流充电设备发送充电唤醒信号给 VCU，VCU 吸合 M/C 继电器，根据动力电池的可充电功率及车载充电机的状态，向直流充电设备发送充电电流指令。同时，VCU 吸合直流充电继电器、系统高压正极继电器和高压负极继电器，动力电池开始充电。

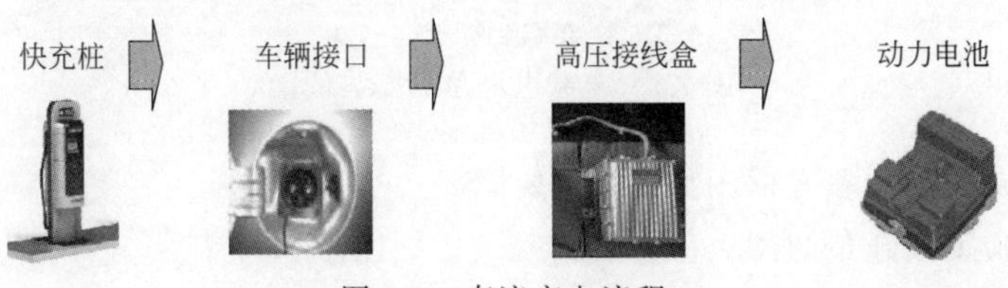

图 2-5　直流充电流程

以江淮新能源车型为例，交流充电与直流充电的连接电路如图 2-6 所示。

2.1.1.1　比亚迪秦 PLUS DM-i 车载充电系统

本车充电系统主要是通过家用插头和交流充电桩接入交流充电口，通过车载电源总成将家用 220V 交流电转为直流高压电给动力电池进行充电。车载电源总成安装位置如图 2-7 所示。

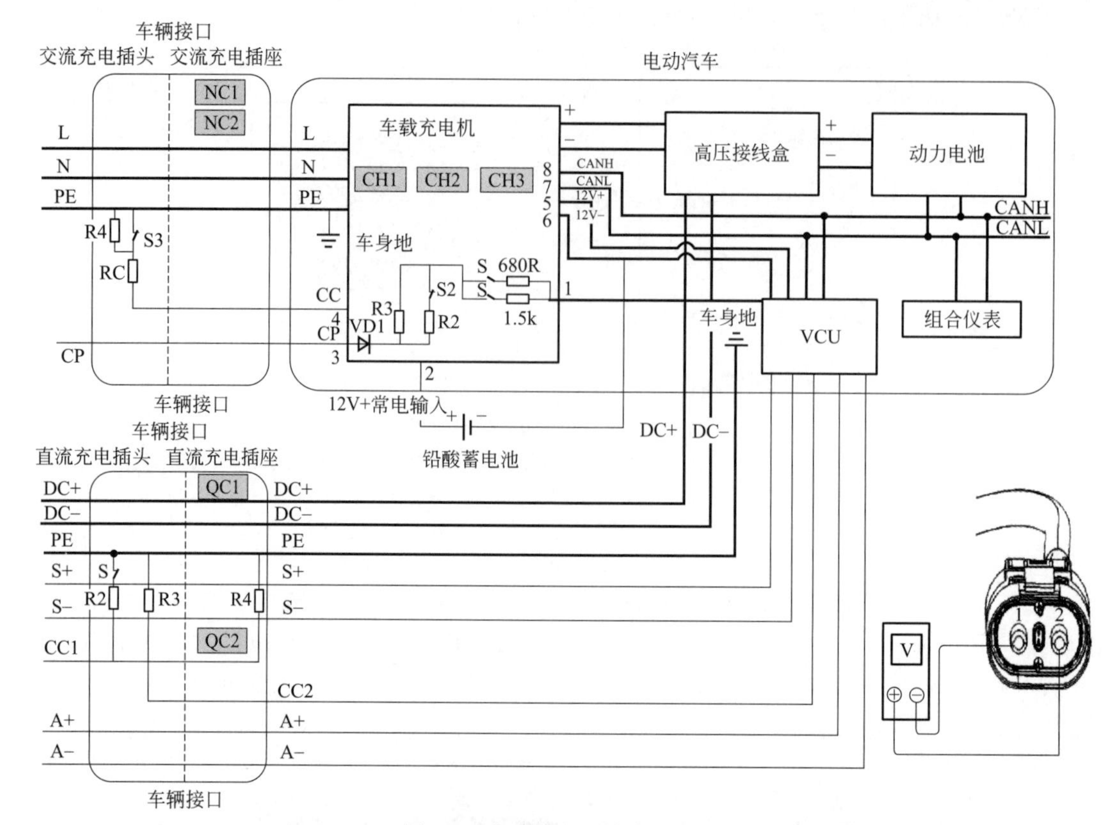

图 2-6　交直流充电接线原理图

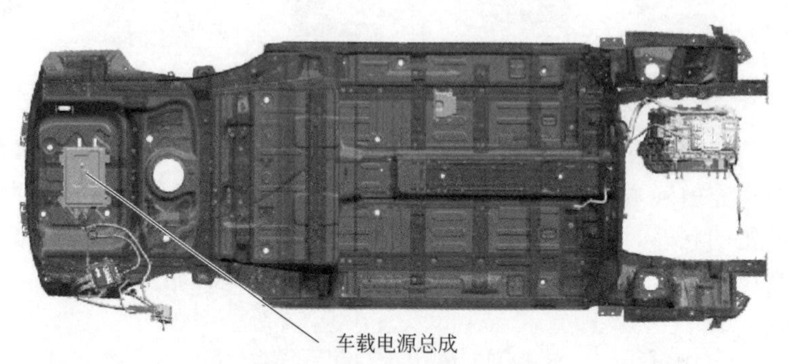

图 2-7　车载电源总成安装位置

车载电源总成系统原理方框图如图 2-8 所示。

车载电源总成接口分布如图 2-9 所示。

2.1.1.2 蔚来 ES6 高压充电系统

交流充电包含三个阶段，分别是充电准备、充电进程和充电结束。

充电准备指的是根据用户需求确定的交流充电模式、上电、控制电子锁和控制车辆不移动等过程。当交流充电插头接入时，VCU 被唤醒并检测来自交流充电插座的交流 PWM（脉冲宽度调节）信号，如果未接收到 PWM 信号，VCU 进入休眠状态。交流充电插头接入后，如果未接收到车辆解锁信号，则上锁交流充电插座电子锁，并在显示屏上显示充电线插

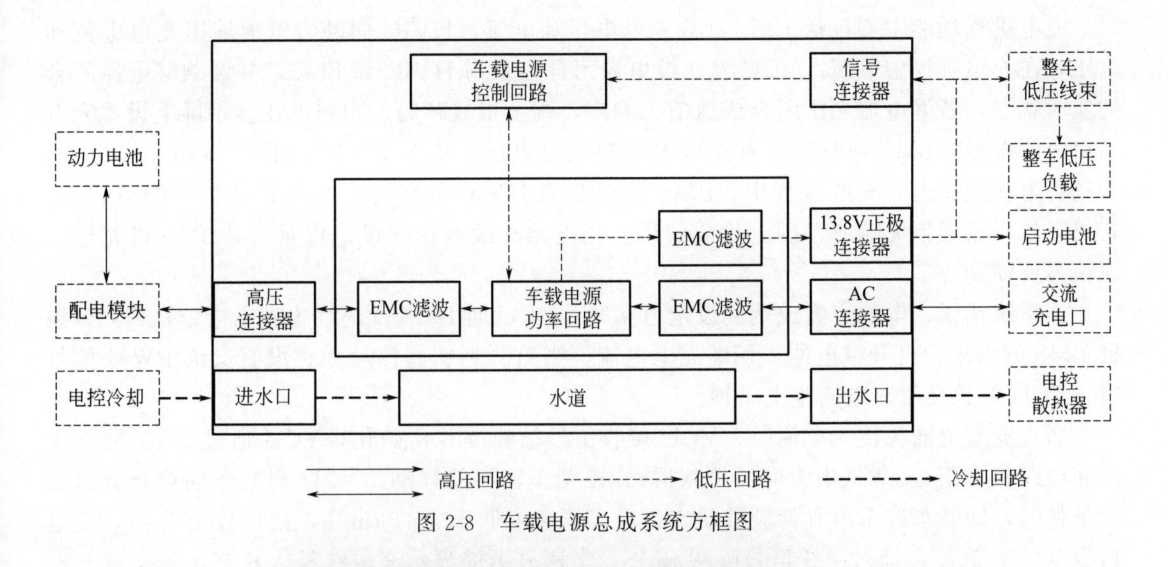

图 2-8　车载电源总成系统方框图

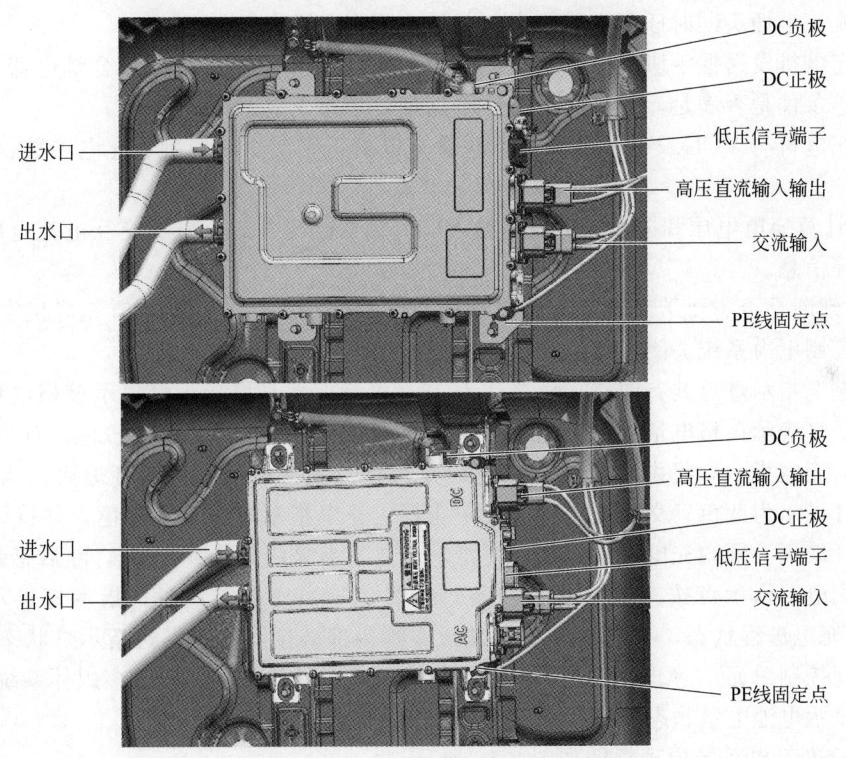

图 2-9　车载电源总成接口分布

入状态；若交流充电插头和直流充电插头同时接入车辆，则显示屏显示充电线插入状态，并提示移除交流充电插头。车辆只可以在“驻车状态”或“车内有驾驶员状态”下进行充电，VCU 判断车辆符合交流充电条件时，即驻车或车内有驾驶员状态，且车辆速度低于 3～5km/h，挡位处于 P 挡，充电口温度低于 85℃，唤醒 BMS、PEU 和 HVIC 等电力系统。当电力系统无错误反馈时，VCU 通过 CAN 网络唤醒 HVIC。HVIC 初始化和自我诊断，若出现错误，充电错误灯将被点亮，并上报故障码，VCU 控制禁止充电。若无故障信息，车辆进入充电进程。

充电进程功能主要包括 BMS 计算充电电压和电流，HVIC 向动力电池输出充电电流和电压，在充电进程中诊断。VCU 发送继电器闭合指令到 HVIC 和 BMS，并监测继电器闭合的实时状态，若继电器无法闭合或通信无响应，则上报故障码。用户可在显示屏上设置充电结束时的电量，BMS 判断并计算充电电流和充电电压，指令 HVIC 按设定输出充电电流，为动力电池包充电。充电过程中，BMS 持续监测 HVIC 的状态，并对其进行唤醒或休眠，若出现错误或通信无响应，则上报故障码。当电池充满或达到设定电量时，BMS 将充电完成信号反馈到 VCU。

当系统错误、电池充满或达到设定电量时，VCU 向 BMS 发送终止充电指令，HVIC 根据 BMS 的需求，打开继电器，切断充电电流。当监测到钥匙信号，且没有交流 PWM 信号时，VCU 解锁交流充电插座电子锁。

当直流充电插头接入车辆时，VCU 接收信号被唤醒并初始化，VCU 通过 CAN 网络发送充电线状态至 CGW（中央网关控制器），控制车辆不能移动。VCU 判断车辆符合直流充电条件时，即驻车或车内有驾驶员状态，且车辆速度低于 3～5km/h，挡位处于 P 挡，充电口温度低于 90℃，通过硬线信号唤醒 BMS。车辆显示屏显示充电线插入状态，若交流充电插头和直流充电插头同时插入车辆，提示移除交流充电插头。

直流充电机发送握手协议信号至 VCU。VCU 发送指令至 BMS，接合继电器。VCU 监测直流充电条件是否满足，如果充电条件不满足，禁止充电。

直流充电机与 VCU 交互同步信息，包含充电机识别、车辆识别、充电参数、同步时间等信息。

BMS 计算充电电压和电流，并发送给 VCU。VCU 与直流充电机交互电池电压、温度、充电状态等信息。

VCU 判断是否需要结束充电，控制 BMS 打开继电器。VCU 与直流充电机交互充电静态信息，控制电力系统关闭，结束充电。

直流充电指示灯总共有四格，每格代表 25%电量，常亮格指示灯表示该格电量已充满，闪烁格指示灯表示该格电量正在充电中。当直流充电时，指示灯显示为橙色；直流充电完成或中止后，充电指示灯将由橙色变为蓝色，并持续点亮 10s 后，指示灯熄灭。当交流充电时，指示灯显示为蓝色；交流充电完成或中止后，充电指示灯显示为蓝色，并持续点亮 10s 后，指示灯熄灭。预约充电设置完成后，指示灯显示为绿色并待续 5min，随后指示灯关闭，直到开始充电，指示灯按充电模式和状态进行显示。当充电错误时，指示灯显示为红色。VCU 监测充电进程状态，并通过 LIN 网络（本地内部链接网络）发送指示灯状态和颜色到充电指示灯控制单元。BMS 通过 CAN 网络发送电池电量状态，CDC（多媒体系统主机）控制显示屏显示电池电量状态。

蔚来 ES6 充电系统原理框图如图 2-10 所示。

2.1.1.3 小鹏 P7 车载电源系统

小鹏 P7 支持交流充电（含预约充电）、交流放电与直流充电，交流充（放）电口布置在车辆的左后侧，直流充电口布置在车辆的右后侧。

交流充电口由交流充电高压线束连接到 OBC（车载充电机），OBC 由正负直流充电高压线束连接到动力电池。充电时，OBC 将交流充电桩前出的 220V 交流电转换成直流电给动力电池充电。交流放电口与交流充电口共用，将电池高压直流电，通过 OBC 转换为 220V 交流电，通过放电枪输出。

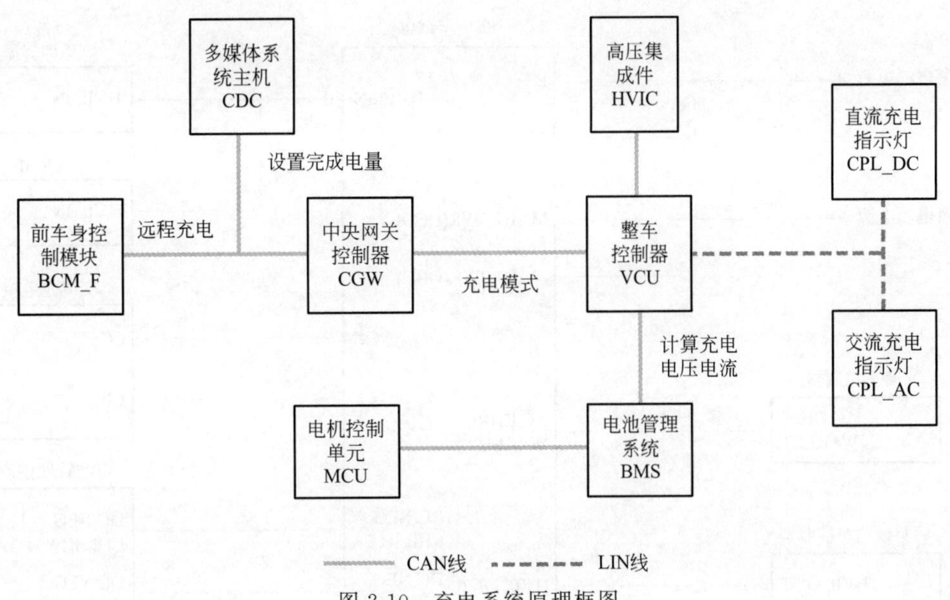

图 2-10　充电系统原理框图

直流充电口由直流充电高压线束连接到动力电池。充电时，BMS 与直流充电桩进行交互，直流充电桩输出直流电给动力电池充电。

车载电源系统部件分布如图 2-11 所示。

如图 2-12 所示为三合一车载电源电路简图。

车辆在 IG OFF 或 IG ON 下都可以进行充电，在车辆解锁状态下，点按大屏充电口盖开关打开充电口盖，插入充电枪进行充电。

车辆在充电过程中，可以上电开空调。如果空调功率较大，充电功率较小，则可能会造成电池包放电。

车辆支持预约充电，可通过大屏或者手机 APP 设置预约模式，在预约状态下，预约时间未到禁止充电。预约充电时需要使用 CP 信号为常值 PWM 的交流桩。

车辆在充电过程中可以锁车，锁车后仪表不再显示充电信息，可以通过充电桩查看充电状态，并且锁车后，车辆的充电指示灯也会一直闪烁，直至充电完成。

图 2-11　车载电源系统部件分布

1—直流充电线束；2—三合一接地线束总成；3—集成式车载电源；4—单相交流充电线束；5—后电驱动系统 IPU 搭铁线束；6—车载电源三合一高压线束；7—后电机线束

车辆支持交流放电，插入放电枪后，点击大屏允许放电按钮，车辆即可将电池包直流电转换为 220V 家用交流电，使用电器功率限制为 2kW 以下。电池电量低于 30%的车辆，禁止放电操作。

（1）交流充电控制策略（控制原理框图见图 2-13）

① 插入交流充电枪，连接正常后，OBC 被交流充电桩发送的 CP/CC 唤醒，OBC 判断 CC、CP 正常后，通过硬线输出 12V 唤醒 VCU。

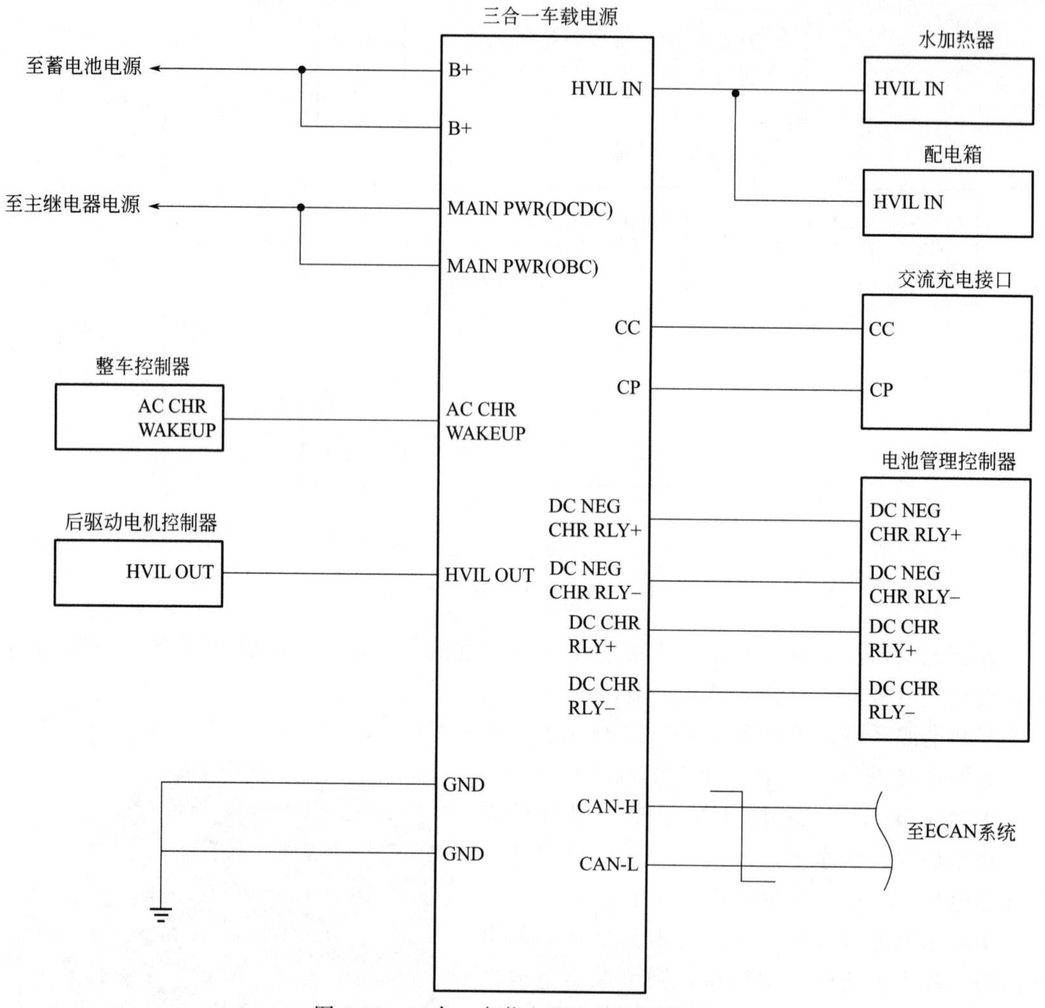

图 2-12　三合一车载电源电路原理简图

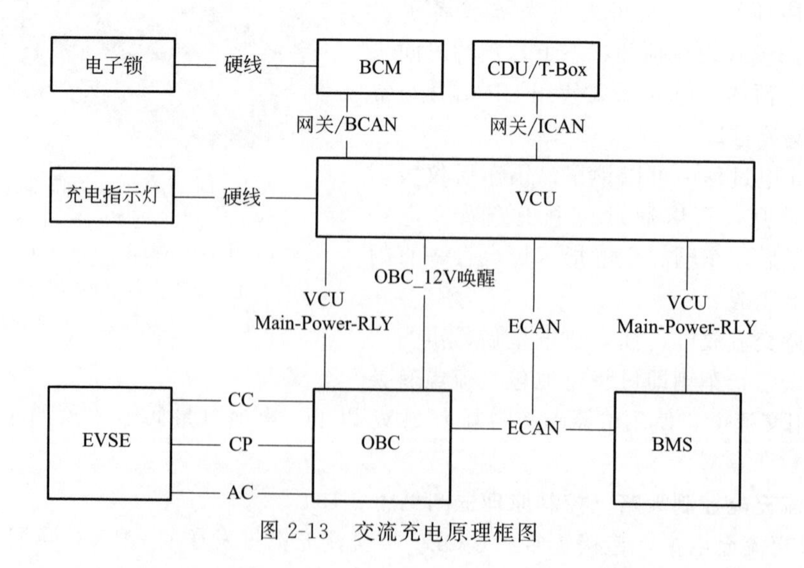

图 2-13　交流充电原理框图

② VCU 被唤醒后，吸合主继电器 MainPower_Rly 唤醒各 ECAN 控制器，同时唤醒大屏。VCU 控制高压上电，判断可充电后发送充电使能给 BMS。

③ BMS 接收到 VCU 发送的充电使能后，给 OBC 发送充电使能，并根据电池状态与充电桩输出能力给 OBC 发送请求充电电流与电压。

④ OBC 接收到 BMS 的充电使能后启动充电，并根据 BMS 发送的请求充电电流与电压，将电网输出的 220V 交流电转换成直流电给动力电池充电。

(2) 直流充电控制策略（控制原理框图见图 2-14）

① 插直流充电枪，连接正常后，直流充电桩输出 12V 辅助电源唤醒 BMS。BMS 被唤醒，判断可充电后，通过硬线输出 12V 唤醒 VCU。VCU 唤醒后，吸合主继电器 MainPower_Rly 唤醒各 ECAN 控制器，同时唤醒大屏。VCU 控制高压上电，判断可充电后发送充电使能给 BMS。

② BMS 与直流充电桩进行交互，BMS 根据电池状态发送充电需求电压与电流给直流充电桩，直流充电桩根据 BMS 发送的充电需求电压与电流，输出直流电给动力电池充电。

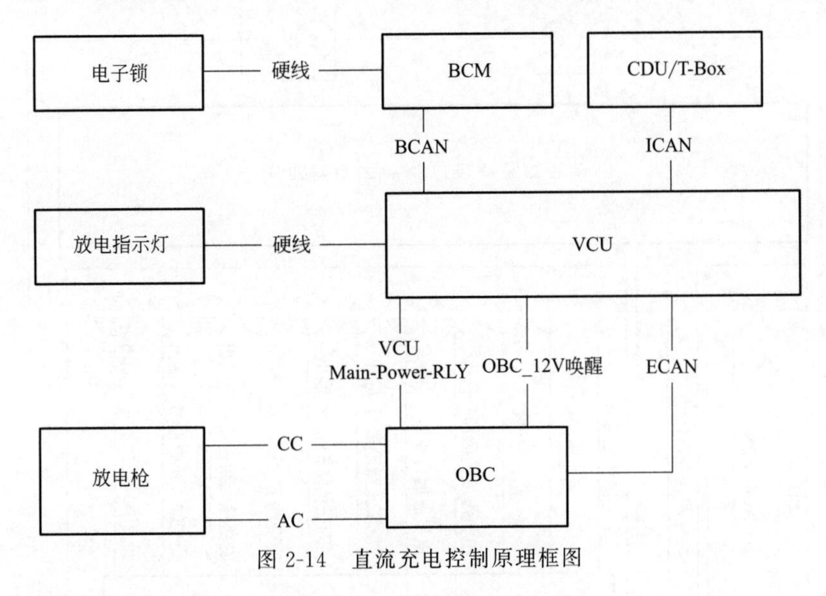

图 2-14　直流充电控制原理框图

2.1.1.4　理想 ONE 发电机与充电系统

减速器通过齿轮带动发电机齿轮进行驱动，发电机开始工作。发电机将动能转换成电能为车辆提供电流，并在发动机运行时为蓄电池充电。发电机输出取决于发动机转速。

双电机控制器可以驱动电机，能够响应 VCU 的 CAN 指令信号满足整车的控制需求，并配合整车完成主动放电等特殊功能。双电机控制器除具备过流、过载、过压、欠压、缺相等基础保护功能外还集成了能量回馈、限功率输出等特色功能。

交流发电机为车辆提供电流，并在发动机运行时产生电流。当电池管理系统检测到蓄电池及动力电池电量不足时，电池管理系统通过 CAN 网络发送信号至发电机控制器，发电机控制器接通发电机发电，电流通过发电机控制器调节电流后为蓄电池充电。发电机将发出的交流电转换为直流电为蓄电池及动力电池充电。双电机控制器发电机控制部分原理简图如图 2-15 所示。控制器技术参数见表 2-1。

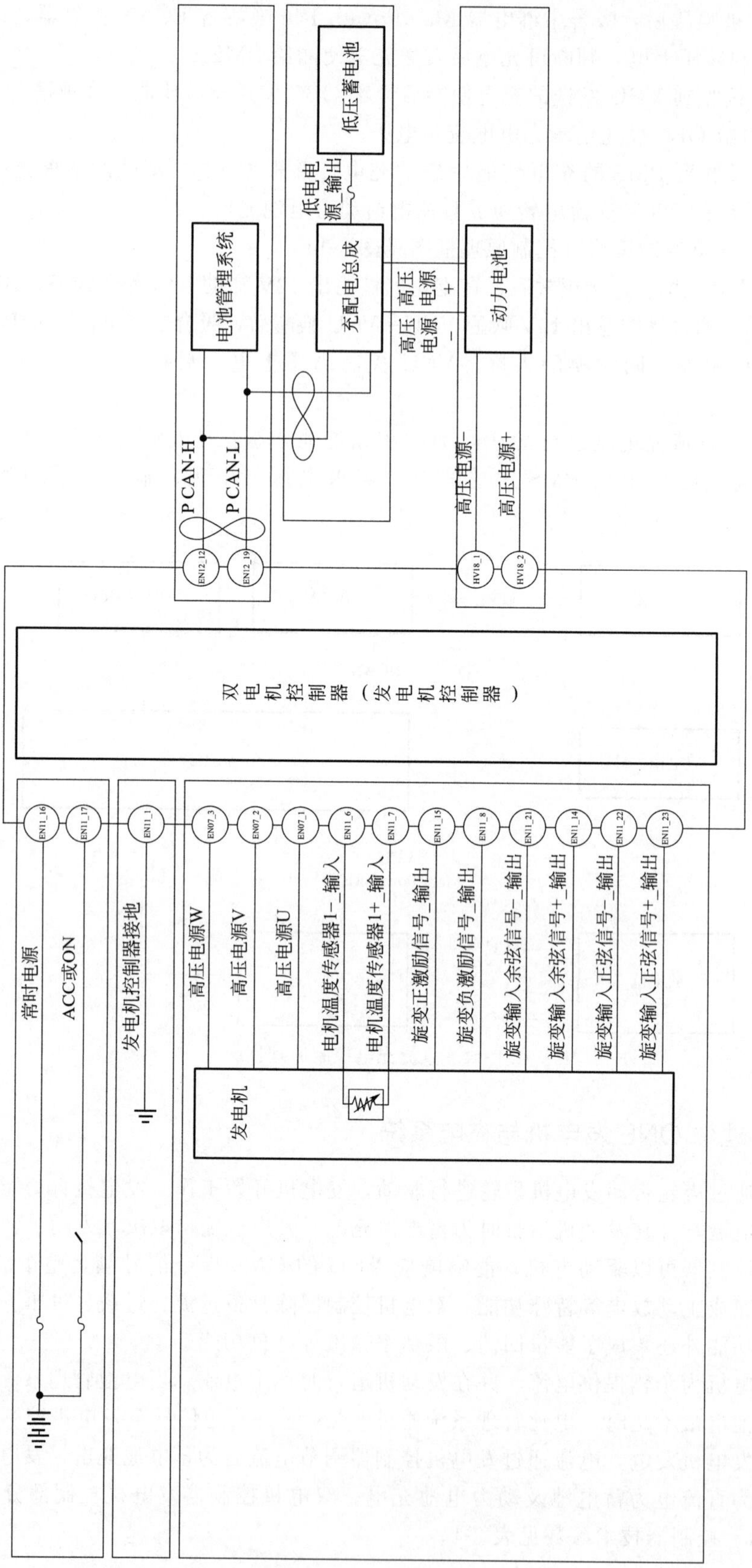

图 2-15　双电机控制器原理简图

表 2-1　双电机控制器技术参数

项目	规格
发电模式额定输出电压/V	350
发电模式额定输出转矩/功率	95Nm/50kW
控制器输入电压范围/V(DC)	230～420(满功率输出)
额定输入电压/V(DC)	336
额定输出电流/A	202.5
峰值输出电流/A	405@350V DC
峰值电流运行时间/s	30
载频范围/kHz	2～10(常态 10kHz)
最高控制器效率/%	≥98
最高输出频率/Hz	1200
冷却液温度/℃	－40～65(满功率输出)
工作环境温度/℃	－40～70(满功率输出),70～80(降额输出)

当充电枪插入充电接口时，充配电总成与电池管理系统通过 CAN 网络通信，确认是交流或是直流充电，电池管理器将电池充电状态通过 CAN 网络反馈至仪表显示。当电池管理系统检测到电池电量不足时，将通过 CAN 网络发送信号至双电机控制器，双电机控制器启用发电机给动力电池充电。

充电状态下，BCU 判断并输出“充电状态”信号，VCU 若收到“充电状态＝启动充电”，则 VCU 结合其他条件判断并输出“高压上下电命令”，BCU 响应“高压上下电命令”信号控制正、负、预充继电器。其他状态下 BCU 响应“高压上下电命令”信号控制正、负、预充继电器。充配电总成原理框图如图 2-16 所示。

BCU 收到“高压上下电命令”为上电后依据如图 2-17 进行上电控制。继电器闭合顺序不做强制要求。

在高压上电的预充电过程中，预充电容两端电压值和电池电压差小于 10V 且持续 100ms，则认为预充电完成，闭合正继电器，延时 Topenprecon＝50ms（TBD）后断开预充继电器；若在 Tprecharge ＝1000ms（TBD）时间内，电压未达到设定值，预充失败，断开继电器。若在预充过程中，BCU 收到“高压上下电命令”为下电，BCU 就断开主正/主负继电器，进行下电处理。

在以下任何一种条件成立时，BCU 需进行高压下电操作，切断高压输出：BCU 接收到 VCU 发出的下电指令，BCU 接收到碰撞信号，BCU 检测到 1 级或 2 级报警。

BMS 从接收到碰撞信号到完全断开高压接触器时间不能超过 30ms（TBD）。若因粘连导致 BCU 不能切断高压，可将电池最大输出功率设置为 0。BCU 需诊断如下继电器故障：正继电器粘连故障，正继电器开路故障，负继电器粘连故障，预充继电器开路故障，预充继电器粘连故障。

2.1.1.5　奇瑞小蚂蚁充电系统

eQ1 充电系统部件安装位置如图 2-18 所示。

车载充电机技术参数如表 2-2 所示。

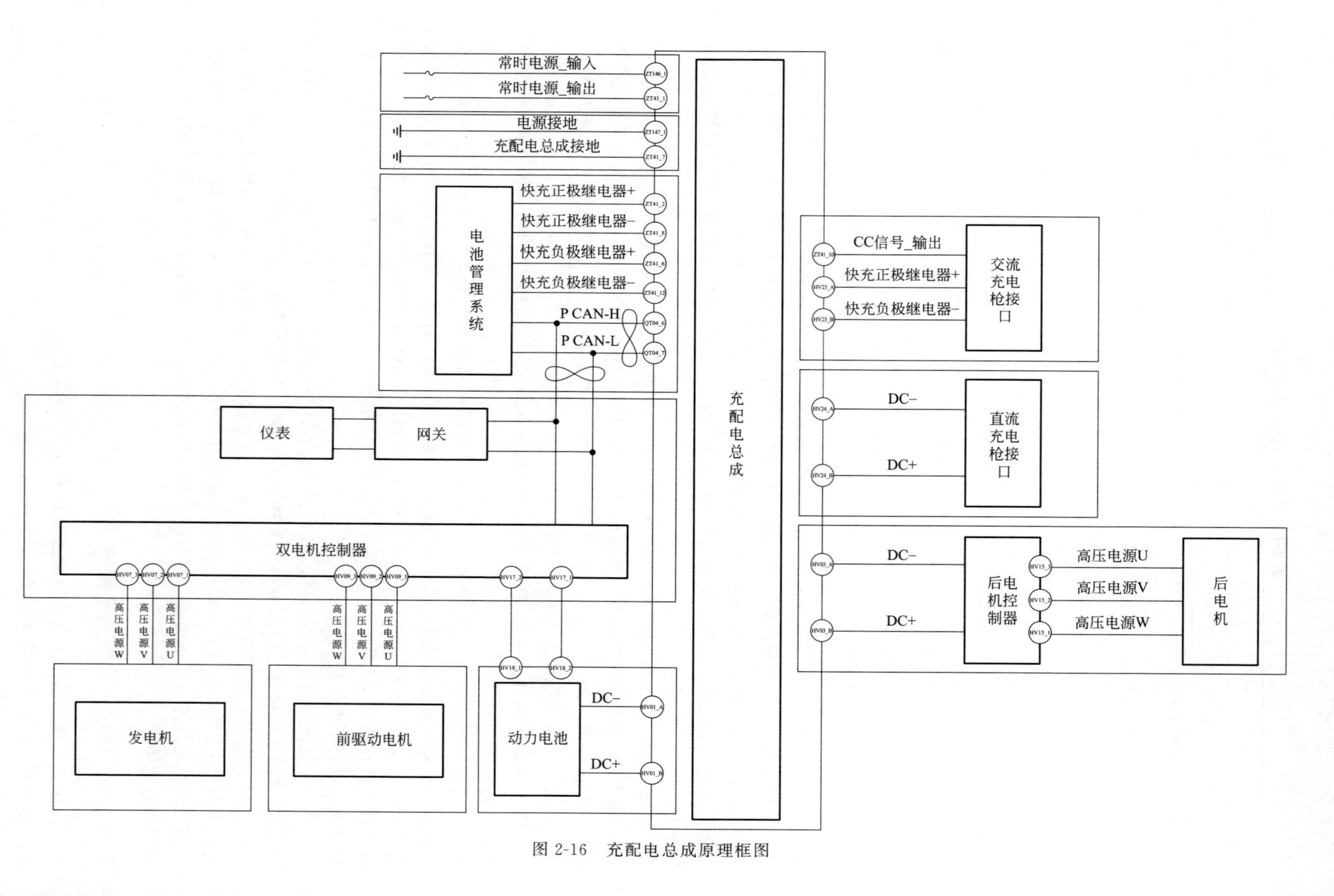

图 2-16 充配电总成原理框图

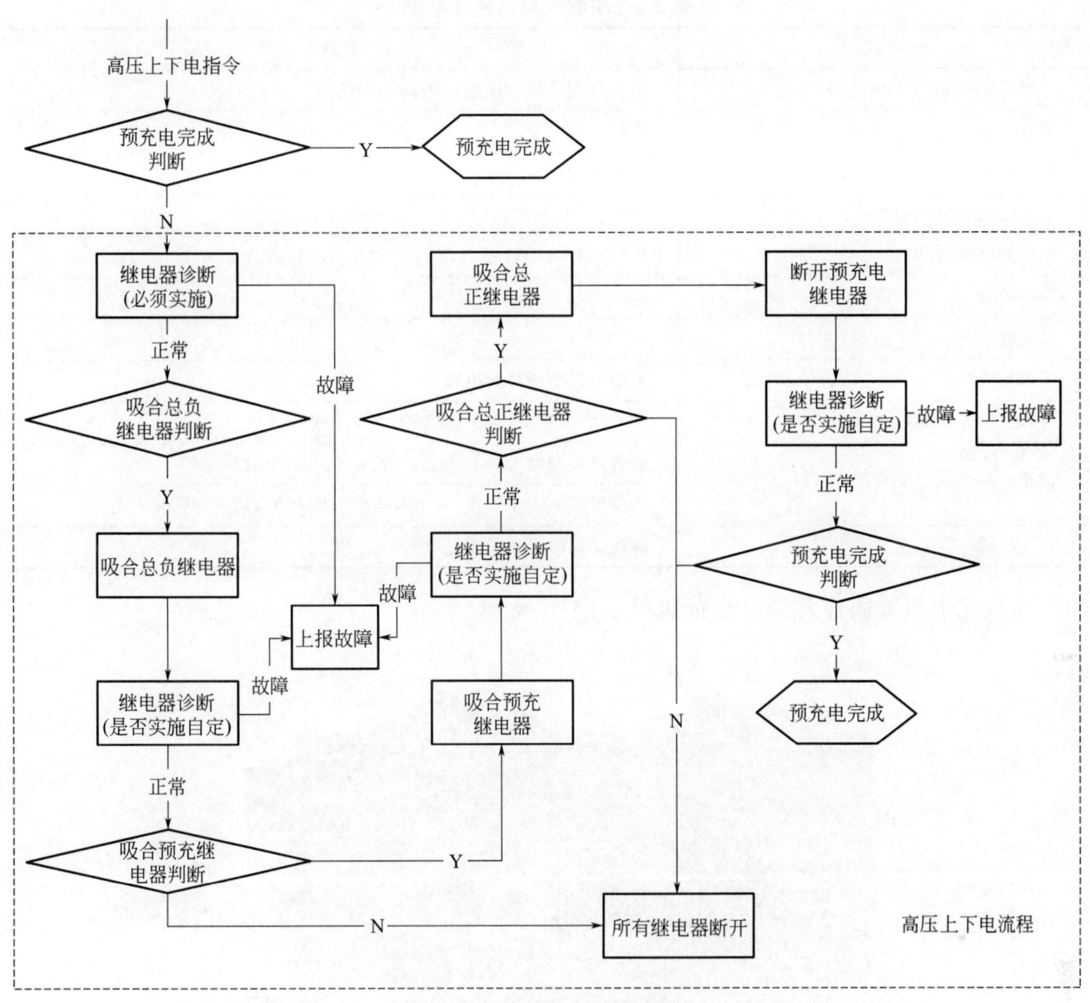

图 2-17　高压上下电流程图

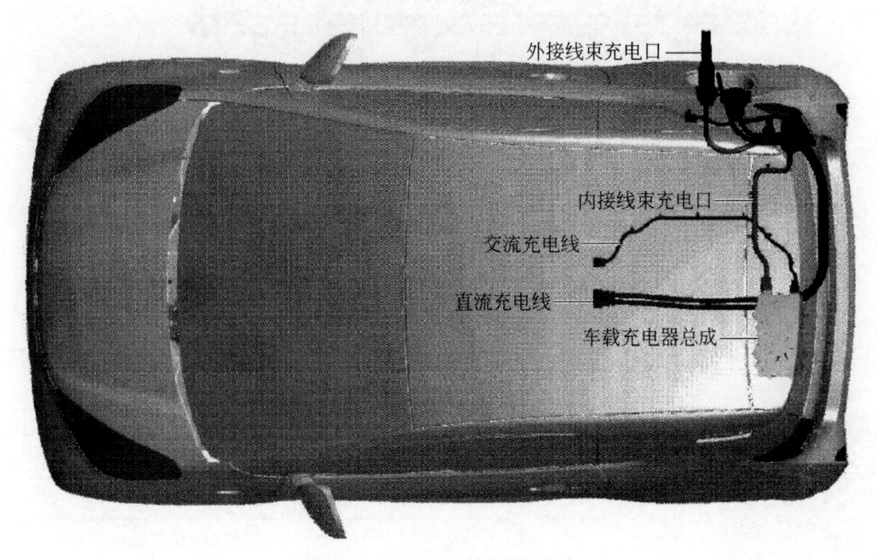

图 2-18　充电系统部件分布

表 2-2　车载充电机技术参数

项目	参数
外形尺寸/(mm×mm×mm)	342×232×110,误差≤±2mm
质量/kg	≤8.5
输入电压范围/V(AC)	176～264
输出电压输出/V(DC)	280～420
额定输出功率/kW	2.5(285～310V)、3.1(310～395V)、1.4(395V 以上)
功率因数	＞0.99
最高效率/%	≥93
输出反接保护	电池反接不损坏充电机
输入过压欠压保护	输入＜155VAC 和＞285VAC 停机保护
过热保护	允许环境温度 50～65℃降功率运行,＞65℃过温保护
	当温度降至安全温度(充电器内部温度 95℃)后自动恢复充电
短路保护	输出短路时自动关闭充电机

车载充电机紧固件及接口分布如图 2-19 所示。

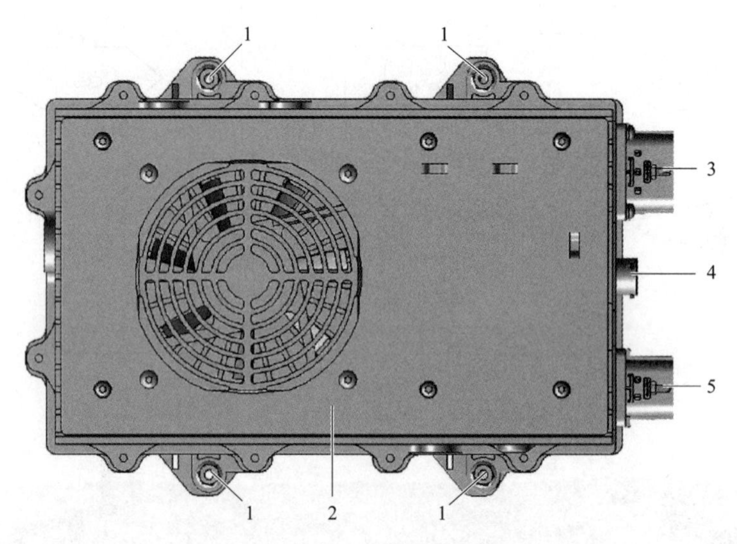

图 2-19　车载充电机紧固件及接口分布

1—全金属六角法兰面锁紧螺母；2—车载充电机总成；3—220V 电源输入接插件，与充电器电源输入端连接；4—充电控制信号接插件，与整车低压线缆连接；5—高压输出接插件，与电池包慢充输入线连接

车载充电机各接插件端子分布及功能定义如表 2-3 所示。

表 2-3　车载充电机连接端子定义

插件	端子号	功能定义
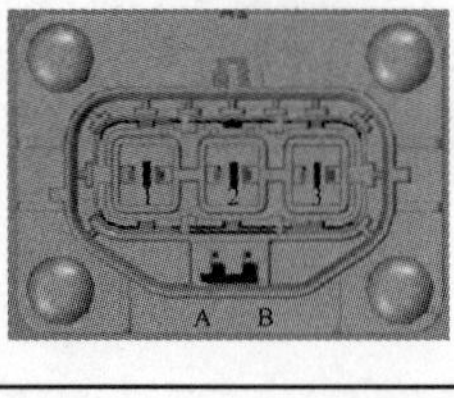	1	L(火线)
	2	N(零线)
	3	E(地线)
	A	CP 进(环路互锁进)
	B	CP 出(环路互锁出)

续表

插件	端子号	功能定义
	A	CP1(环路互锁进)
	B	CM Supply(充电器电源)
	C	CAN-H
	D	Power GND(功率地)
	E	CAN-L
	F	Lgnition Charger(充电点火信号)
	G	CP2(环路互锁出)
	1	正(高压输出正极)
	2	负(高压输出负极)
	A	CP 进(环路互锁进)
	B	CP 出(环路互锁出)

交流充电口接插件分布如图 2-20 所示，技术参数见表 2-4，端子定义见表 2-5。

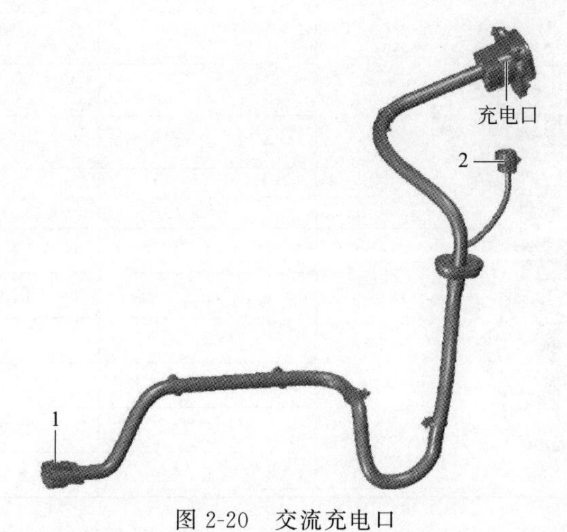

图 2-20　交流充电口

1—220V 高压输出接插件，与车载充电机接插件连接；2—信号接插件，与整车低压线缆连接

表 2-4　交流充电口技术参数

项目	参数
额定电压(AC)/V	250
额定电流/A	16
工作温度/℃	－40～70
存储温度/℃	－40～90
塑件阻燃	UL 94V-0
机械寿命	10000 次
插拔力/N	＜100
防护等级	充电枪、充电座插合 IP55
	充电枪、充电座各自配合防护盖 IP54

续表

项目	参数
绝缘电阻/MΩ	＞20(500V DC)
介电强度	2000VAC 50Hz 1min 无闪络、击穿
充电指示灯	BMS 控制实现充电指示

表 2-5　交流充电口连接端子定义

插件	端子号	功能定义
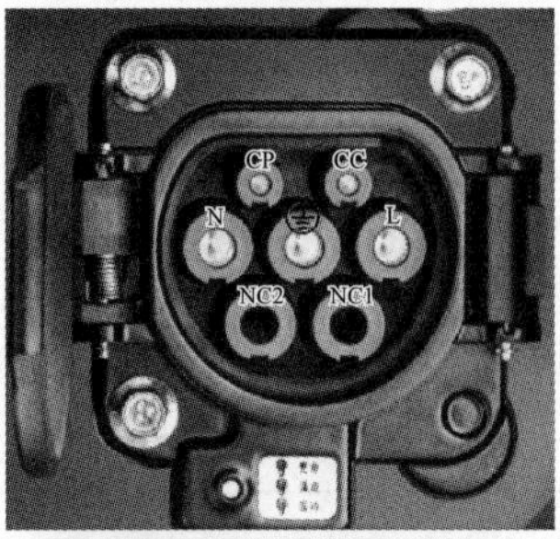	CP	CP 信号
	CC	CC 信号
	N	零线
	L	火线
	⏚	地线
	NC1	—
	NC2	—
	1	L(火线)
	2	N(零线)
	3	E(地线)
	A	CP 进(环路互锁进)
	B	CP 出(环路互锁出)
	1	KL30_supply (30 电源)
	2	LED_R (红色指示灯驱动)
	3	CC
	4	CP
	5	LED_G (绿色指示灯驱动)
	6	KL30_supply_GN (30 地)

直流充电线接插件分布如图 2-21 所示，接插件端子分布及功能定义见表 2-6。

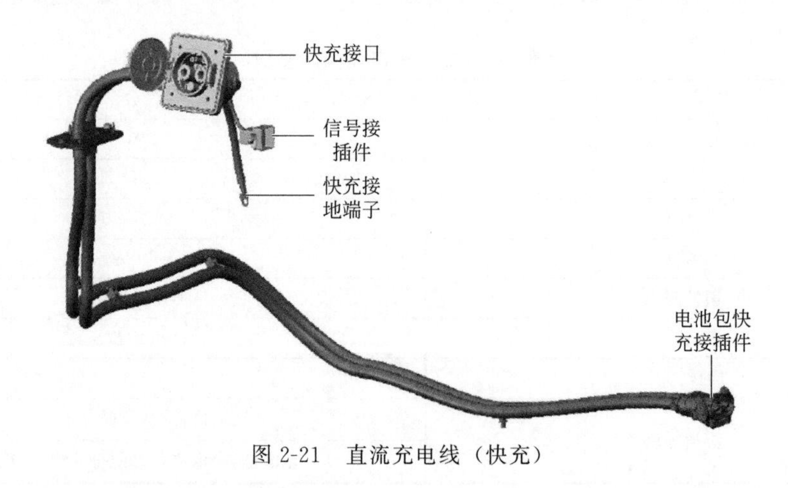

图 2-21　直流充电线（快充）

表 2-6　直流充电线接插件端子分布与功能定义

插件	端子号	功能定义
	DC＋	750V 125A，直流电源正，连接直流电源正与电池正极
	DC－	750V 125A，直流电源负，连接直流电源正与电池负极
	⏚	保护接地(PE)，连接供电设备地线和车辆电平台
	S＋	0～30V 2A，充电通信 CAN-H，连接非车载充电机与电动汽车的通信线
	S－	0～30V 2A，充电通信 CAN-L，连接非车载充电机与电动汽车的通信线
	CC1	0～30V 2A，充电连接确认
	CC2	0～30V 2A，充电连接确认
	A＋	0～30V 2A，低压辅助电源正，连接非车载充电机为电动汽车提供的低压辅助电源
	A－	0～30V 2A，低压辅助电源负，连接非车载充电机为电动汽车提供的低压辅助电源
	1	A＋，低压辅助电源正，1.5A，电源
	2	CAN-L/S－/通信，双绞线
	3	CAN-H/S＋/通信
	5	CC2 充电连接确认 1，0.02A(模拟)
	6	A－，低压辅助电源负，1.5A，电源
	9	热敏电阻 1，0.02A(模拟)
	10	热敏电阻 1 地，0.02A(模拟)
	11	热敏电阻 2，0.02A(模拟)
	12	热敏电阻 2 地，0.02A(模拟)

车辆插头和车辆插座在连接过程中触头耦合的顺序为：保护接地，充电连接确认（CC2），直流电源正与直流电源负，低压辅助电源正与低压辅助电源负，充电通信，充电连接确认（CC1）。在脱开的过程中则顺序相反。

2.1.1.6　欧拉黑猫充电系统

充电系统主要由车载充电机、充电电缆、交流充电插座、直流充电插座、DC/DC 组成，其主要功能是给动力电池包和 12V 蓄电池充电。充电系统通过高压配电盒与其他高压部件连接，高压配电盒的电路连接如图 2-22 所示。

车载充电机集成了充电机、DC/DC、高压配电盒，其中下层是车载充电机和 DC/DC 部分，上层是高压配电盒部分。OBC（车载充电机）原理框图如图 2-23 所示。

充电系统有快充和慢充两种充电方式，采用快充方式给电动汽车充电时，必须使用直流充电插座；采用慢充方式给电动汽车充电时，必须使用交流充电插座。

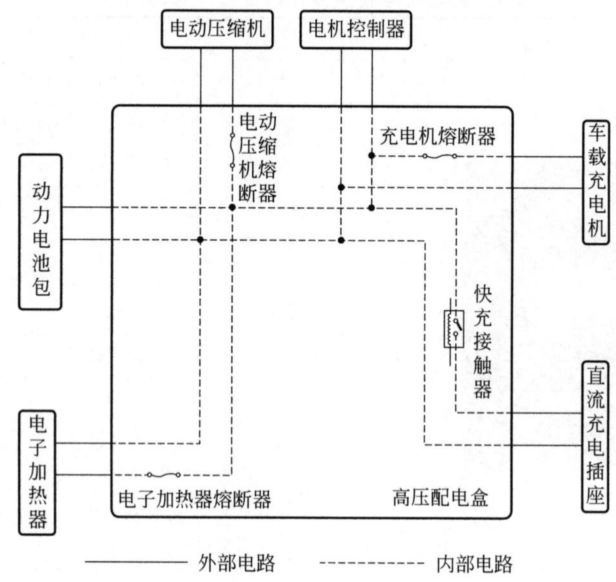

图 2-22　高压配电盒电路结构

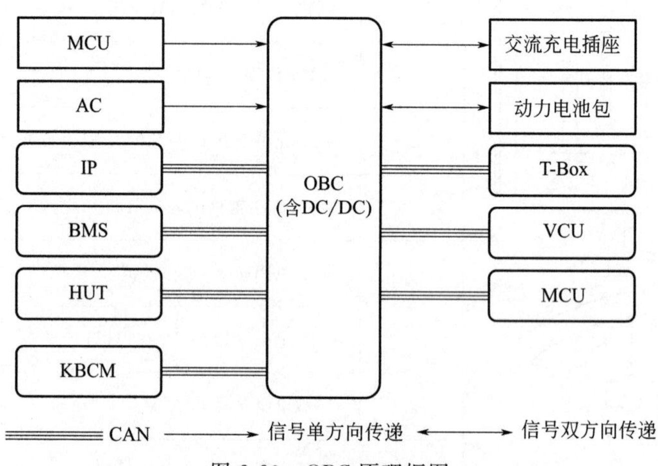

图 2-23　OBC 原理框图

快充方式：电网中的电能被直流充电桩转换成直流电，经过直流充电插座和高压配电盒给动力电池包充电。充电流程如图 2-24 所示。

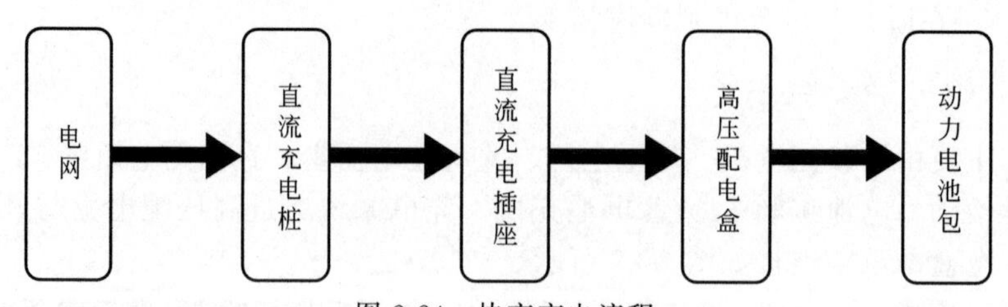

图 2-24　快充充电流程

慢充方式：电网中的交流电，经过充电电缆传送到车载充电机，由车载充电机将交流电转换成直流电，最后经过高压配电盒给动力电池包充电。充电流程如图 2-25 所示。

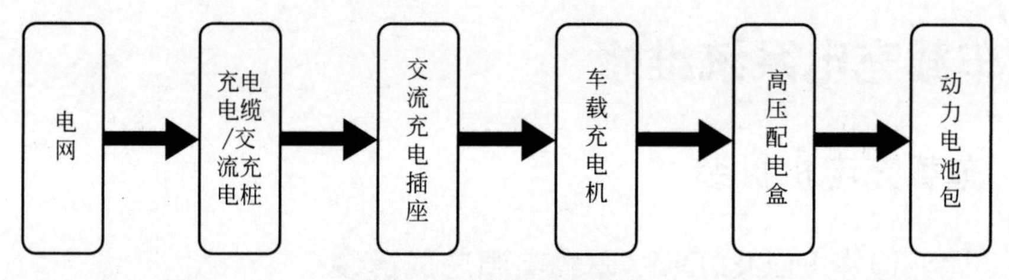

图 2-25　慢充充电流程

DC/DC 给 12V 蓄电池充电：动力电池包中的高压直流电经过高压配电盒到达 DC/DC，由 DC/DC 将高压直流电转换成 12V 左右的低压直流电给蓄电池充电。充电流程如图 2-26 所示。

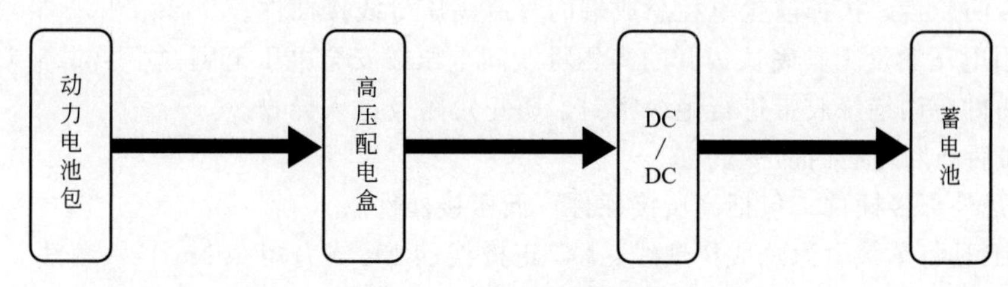

图 2-26　DC/DC 充电流程

2.1.2　车载充电系统电路

扫码查阅车载充电系统电路。

2.1.2.1　比亚迪汉 EV 充配电系统电路（图 2-27）

2.1.2.2　比亚迪秦 PLUS DM-i 车载充电系统电路（图 2-28）

2.1.2.3　蔚来 ES6 充电系统电路（图 2-29、图 2-30）

2.1.2.4　小鹏 P7 充电系统电路（图 2-31）

2.1.2.5　理想 ONE 充电系统电路（图 2-32）

2.1.2.6　吉利帝豪 EV Pro 充电系统电路（图 2-33~图 2-36）

2.1.2.7　五菱宏光 MINI EV 充配电总成电路（图 2-37）

2.1.2.8　欧拉黑猫车载充电机电路（图 2-38）

2.1.2.9　科莱威 CLEVER 充电控制系统电路（图 2-39）

2.2 车载充电系统维修

2.2.1 车载充电机拆装

2.2.1.1 比亚迪秦 PLUS DM-i 车载电源总成拆装

秦 PLUS DM-i 车载电源总成由盒盖、盒体、电源装置等组成。

① 拆卸维修前准备工作如下。

a. 点火开关置于 OFF 挡。

b. 断开蓄电池负极，再断开前电控母线接插件，等待 5min 以上。

c. 打开前舱盖，拔掉前舱电控总成端的直流高压母线接插件。

d. 使用电压测量工具确认拔开的高压母线间电压在安全电压范围（小于 60V DC）。

e. 接插件应用绝缘胶带进行绝缘密封，防止短路及进入异物。

f. 拆卸后备厢左后内饰板。

② 断开外部接插件，包括高压接插件，低压接插件。

③ 用工具将车载电源总成搭铁线、DC 正极线的 M8（力矩 20Nm）六角法兰面螺母松开，并将固定车载六角法兰承面带齿 M8（力矩 20Nm）螺栓拧下。

④ 使用水管钳拧下水管，堵好水管口。

⑤ 将车载电源总成轻轻取出。

⑥ 装配时戴上手套，把车载电源总成放置在后备厢上，孔位对正，对角拧上，再打力矩，最后将搭铁线、DC 正极线固定好。

⑦ 将高压接插件对准防错角度对接好。

⑧ 将低压接插件对接固定好。

注意事项：操作员操作时应戴好手套，以免碰伤。拔插高压接插件时，穿戴绝缘手套。安装前确保车载电源总成外观清洁，表面不应有划痕。

2.2.1.2 小鹏 P7 车载电源总成拆装

小鹏 P7 车载电源总成紧固部位力矩如表 2-7 所示。

表 2-7 车载电源总成紧固件安装力矩

紧固位置	规格	拧紧力矩/Nm
安装三合一接地线束总成至后备厢	六角法兰面自排屑搭铁螺栓 M8×20	20
	六角法兰面螺栓 M8×16	12
连接地板线束至三合一	六角法兰面螺栓 M8×16	12
连接后电机控制线束总成至三合一	粗杆六角法兰面螺栓 M6×25	6
装配三合一车载电源支架	六角头螺栓和 L 型平垫圈组合件 M6×16	6
装配集成式车载电源三合一至车身	六角法兰面螺栓-加大系列 M10×25	35
安装直流充电线束至车身后侧围右侧	六角法兰面螺母 M6	4
	六角法兰面自排屑搭铁螺栓 M6×16	10
	内六角花形沉头螺钉 M6×25	6

续表

紧固位置	规格	拧紧力矩/Nm
安装交流充电线束到车身后侧围左侧	内六角花形沉头螺钉 M6×25	6
安装车载电源三合一高压线束	六角法兰面螺母 M6	4
连接高压线束至电池包	六角法兰面螺母 M6	5
分装后电机线束至后驱电机控制器总成	接线盒上盖螺栓 MS(自带)	3
	接线拧紧螺栓 MS(自带)	20
	内六角花形圆柱头螺钉 M6×16×2	8
装配后电驱动系统 IPU 搭铁线束	六角法兰面螺栓-加大系列 M8×16	20
装配后 IPU 搭铁线束至车身	六角法兰面自排屑搭铁螺栓 M8×20	20

① 如更换集成式车载电源，先使用诊断仪进行“模块换件准备”操作程序。

② 关闭所有用电器，车辆下电。

③ 断开蓄电池负极极夹。

④ 拆卸手动维修开关。

⑤ 排放冷却液。

⑥ 拆卸后备厢盖板总成。

⑦ 拆卸集成式车载电源。

a. 断开集成式车载电源连接插头（箭头 A、B 所指处），如图 2-40 所示。

b. 如图 2-41 所示，断开集成式车载电源低压连接插头（箭头 A）。

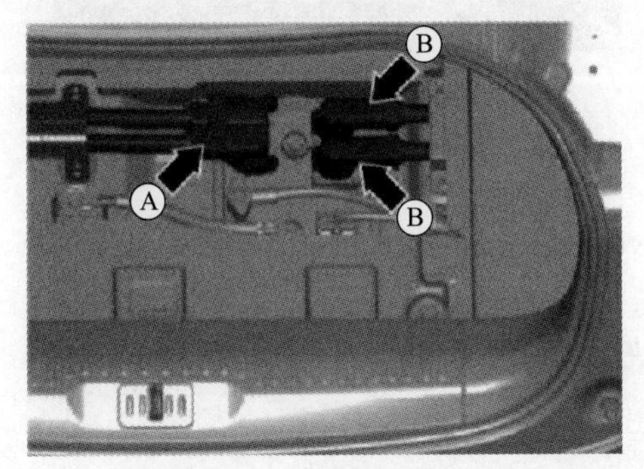

图 2-40　断开连接插头

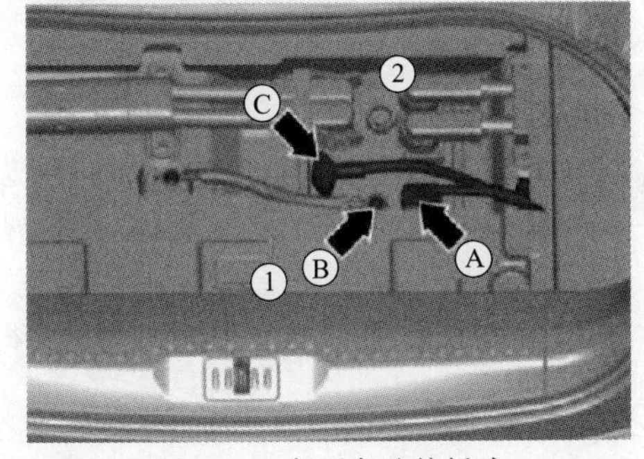

图 2-41　断开各连接插头

c. 旋出三合一接地线束总成 1 固定螺栓（箭头 B）。

d. 揭开低压电池正极电源线护罩，并旋出低压电池正极电源线 2 固定螺栓（箭头 C）。螺栓拧紧力矩 12Nm。

e. 拆卸备胎池护板总成-前。

f. 拆卸备胎池护板总成-后。

g. 断开集成式车载电源连接插头（箭头），如图 2-42 所示。

h. 如图 2-43 所示，旋出后电机线束 1 固定螺栓（箭头 A）。

i. 断开后电机线束 1 与集成式车载电源连接插头（箭头 B）。

j. 松开固定卡箍（箭头 C），脱开后 IPU 进水管 2 与集成式车载电源连接。

k. 松开固定卡箍（箭头 D），脱开过渡胶管 3 与集成式车载电源连接。螺栓拧紧力矩 6Nm。

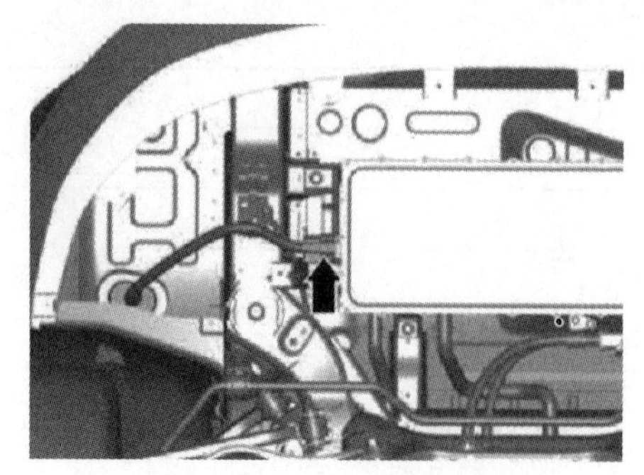

图 2-42　断开连接插头

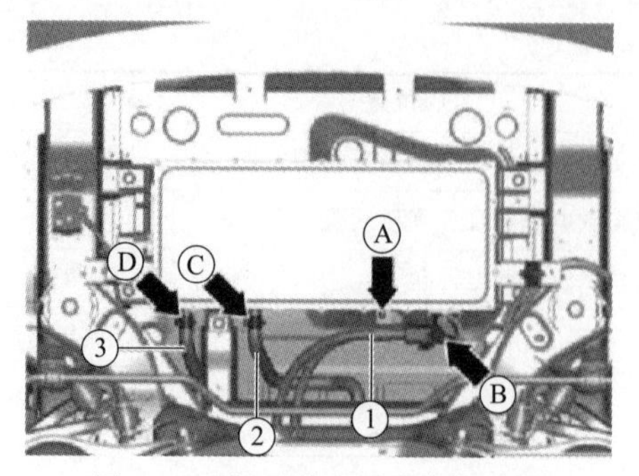

图 2-43　断开后电机线束与水管

l. 如图 2-44 所示，旋出固定螺栓（箭头），取出三合一车载电源支架（1）。

m. 旋出固定螺栓（箭头），取出三合一车载电源支架（2）。螺栓拧紧力矩 6Nm。

n. 如图 2-45 所示，使用举升装置支撑集成式车载电源 1。

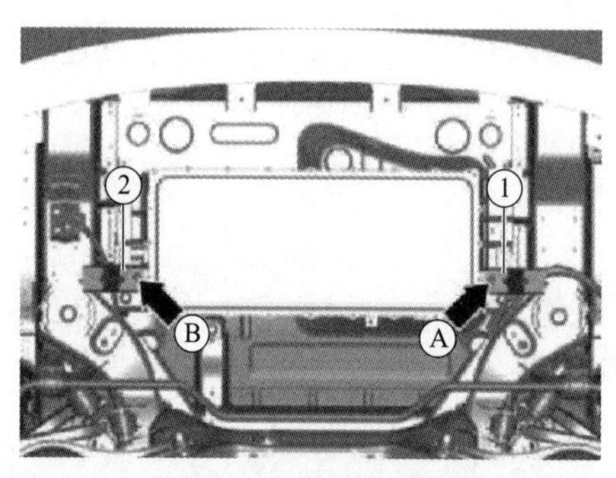

图 2-44　取出固定螺栓

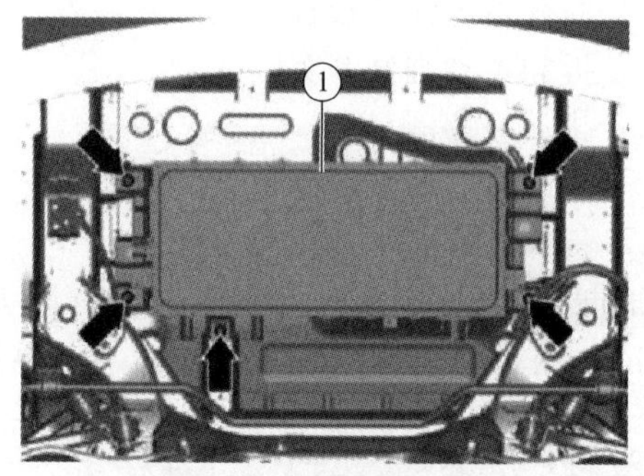

图 2-45　拆下紧固螺栓

o. 旋出集成式车载电源固定螺栓（箭头）。

p. 拆下集成式车载电源 1。螺栓拧紧力矩 35Nm。

⑧ 安装程序以倒序进行，同时注意下列事项：

如果更换了集成式车载电源，需要进行“模块更换”操作程序。

2.2.1.3　广汽 Aion S 双向集成电源系统拆装

（1）准备工作

① 排放冷却液。

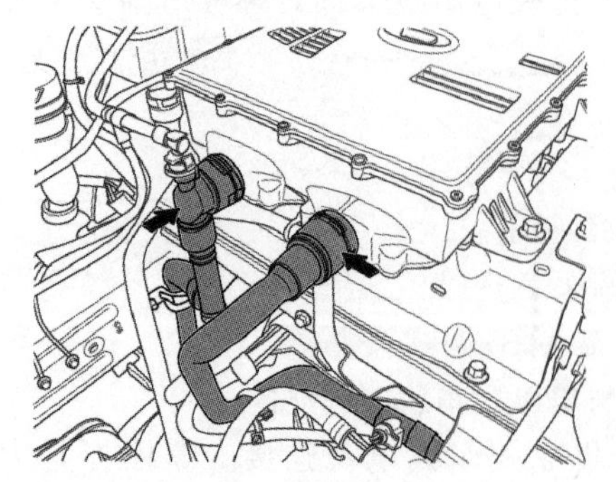

图 2-46　断开冷却水管

② 断开蓄电池负极。

③ 拆卸手动维修开关插头。

④ 拆卸整车控制器支架。

（2）拆卸 6.6kW 双向集成电源系统

① 断开与 6.6kW 双向集成电源系统连接的水管，如图 2-46 所示。

② 断开 6.6kW 双向集成电源系统接插件，如图 2-47 所示。

③ 使用 13mm 套筒拆卸 6.6kW 双向集成电源系统的搭铁螺栓，断开搭铁线束。

④ 使用13mm套筒拆卸6.6kW双向集成电源系统的正极线螺栓，断开正极线束。

⑤ 使用10mm套筒拆卸6.6kW双向集成电源系统固定螺栓，如图2-48所示，取下6.6kW双向集成电源系统。

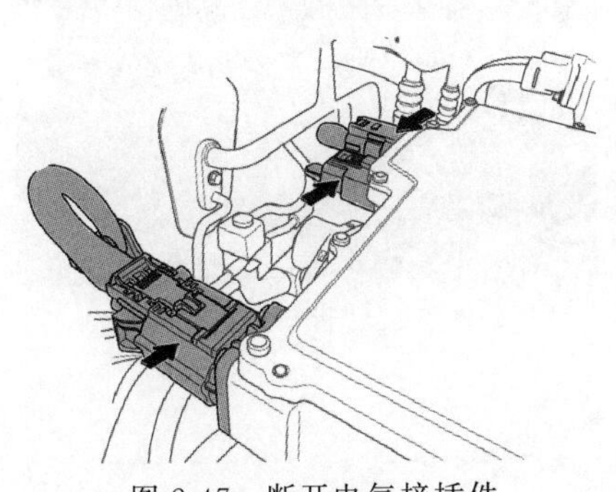

图2-47 断开电气接插件

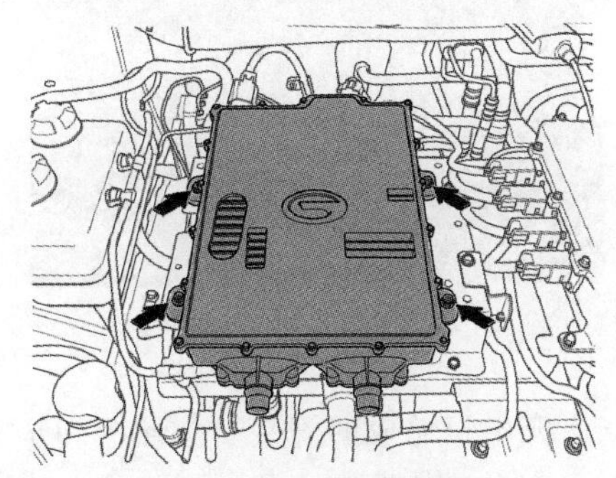

图2-48 拆卸固定螺栓

(3) 安装6.6kW双向集成电源系统

① 使用10mm套筒安装6.6kW双向集成电源系统固定螺栓。

② 连接6.6kW双向集成电源系统正极线，使用13mm套筒安装固定螺栓。力矩要求：20～24Nm。

③ 连接6.6kW双向集成电源系统的搭铁线，用13mm套筒安装固定螺栓。力矩要求：20～24Nm。

④ 连接6.6kW双向集成电源系统接插件。

⑤ 连接与6.6kW双向集成电源系统连接的水管。

(4) 安装整车控制器支架

(5) 安装手动维修开关插头

(6) 连接蓄电池负极

(7) 加注冷却液

2.2.1.4 奇瑞小蚂蚁充电机总成拆装

(1) 拆卸后备厢地毯总成（如图2-49所示）

(2) 拆卸后检修口盖板总成（如图2-50所示）

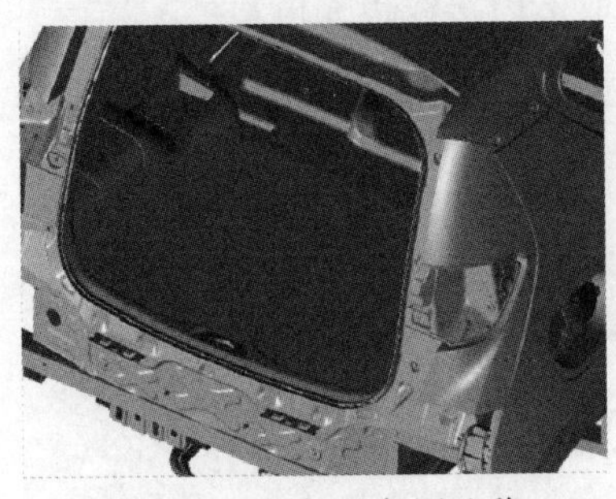

图2-49 拆卸后备厢地毯

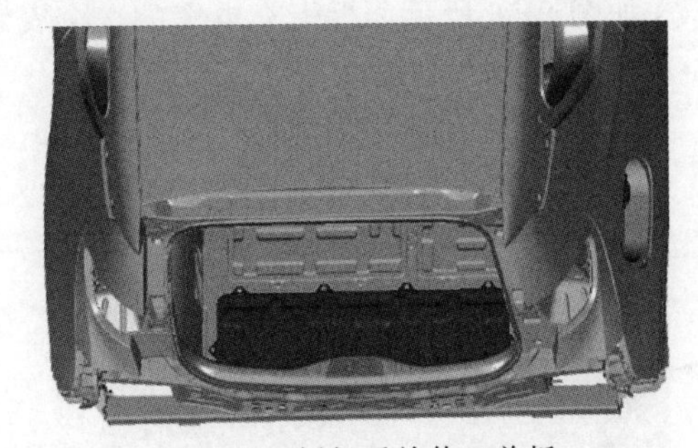

图2-50 拆卸后检修口盖板

(3) 拔下充电机总成上的三个接插件（如图2-51所示）

(4) 用扳手拆下充电机总成的四个固定螺母（如图2-52所示，力矩10Nm±1Nm）。

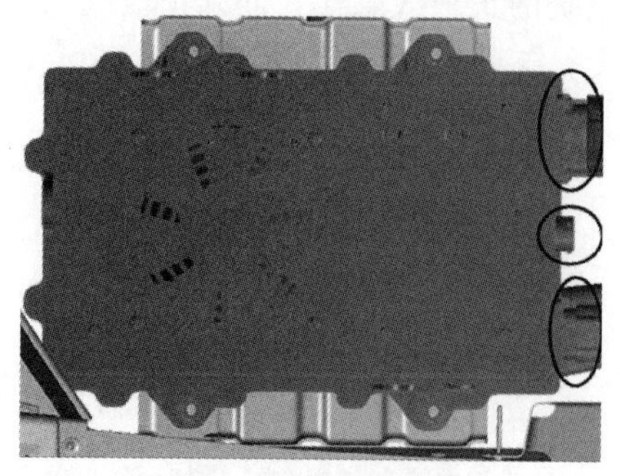
图 2-51　取出电气接插件

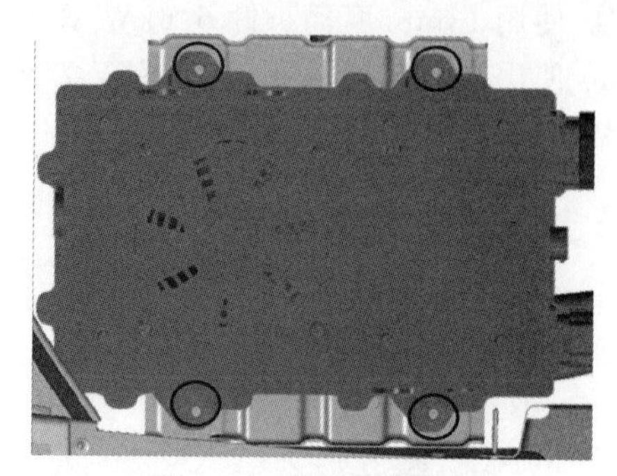
图 2-52　拆下固定螺母

（5）充电机总成的安装（按照拆卸步骤的倒序进行）

（6）充电口的拆卸步骤

① 拆卸后备厢地毯总成。

② 拆卸后检修口盖板总成。

③ 拆卸右侧围下护板总成，如图 2-53 所示。

④ 拔下内接线束充电口与充电机总成的插件。

⑤ 拆卸充电口线束护套及各位置卡扣，如图 2-54 所示。

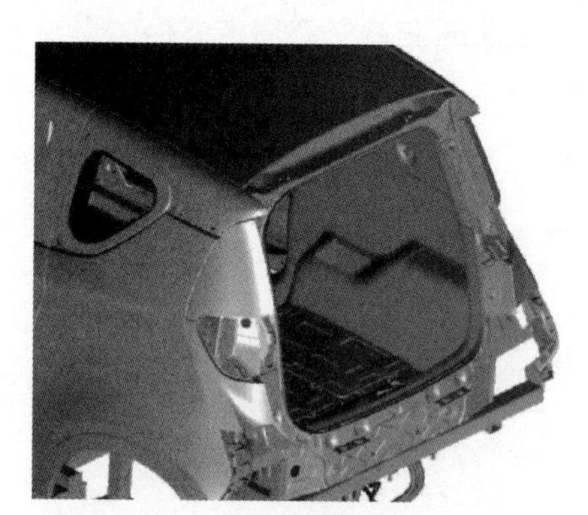
图 2-53　拆卸右侧围下护板

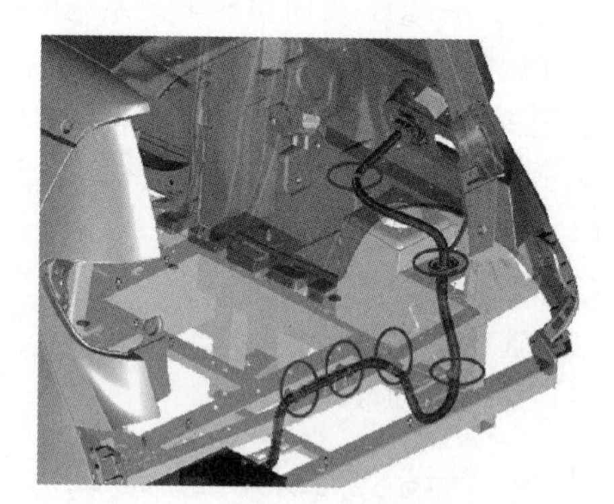
图 2-54　拆卸线束各位置卡扣

⑥ 拔下充电口信号线插件，如图 2-55 所示。

⑦ 如图 2-56 所示，拆下充电座的 3 个安装螺栓，取下内接线束充电口。

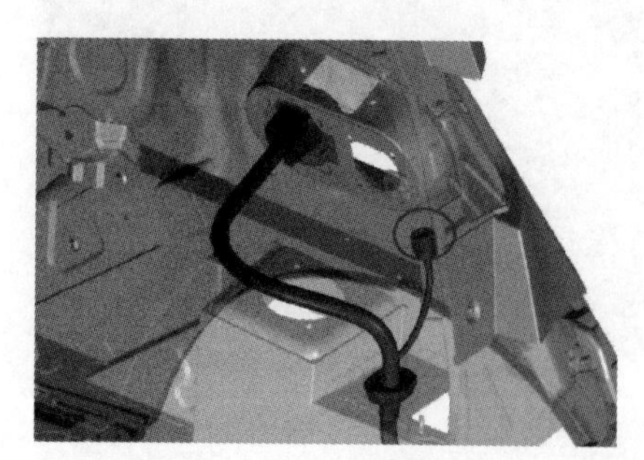
图 2-55　拔下信号线插件

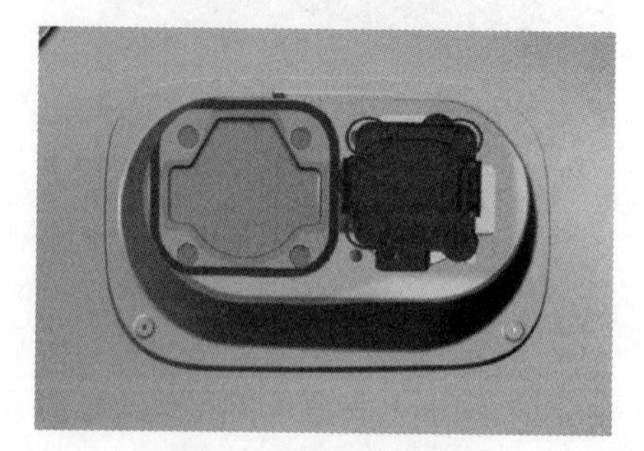
图 2-56　拆下安装螺栓

（7）按与拆卸相反的顺序安装充电口各部件

2.2.1.5 欧拉黑猫车载充电机拆装

① 关闭点火开关。

② 断开电池安全开关。

③ 断开蓄电池负极。

④ 断开蓄电池正极。

⑤ 回收冷却液。

⑥ 断开1个线束接插件，如图2-57所示。注意用绝缘胶带缠好接插件，做好绝缘防护，后面步骤拆下的插件也须如此操作。

⑦ 拆下2个螺母和线束固定点，如图2-58所示。

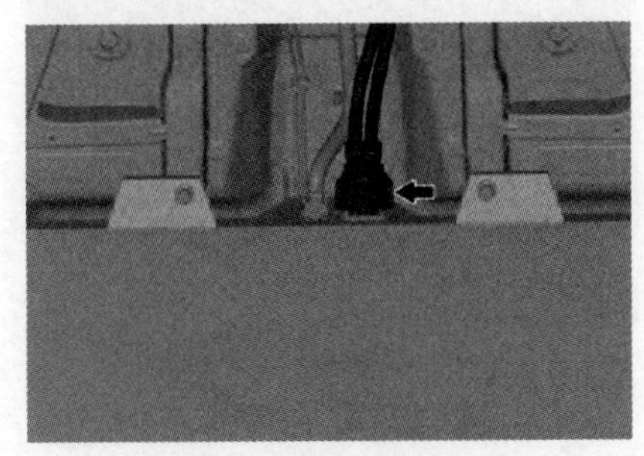

图2-57 拆卸线束接插件

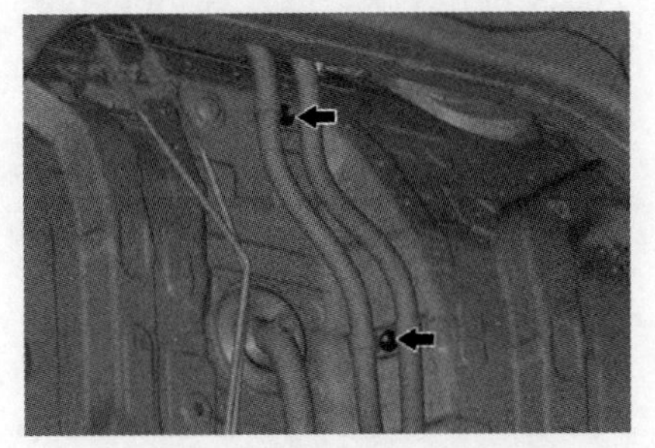

图2-58 拆卸线束固定夹螺母

⑧ 拆卸12V蓄电池。

⑨ 断开1个固定点，如图2-59所示。

⑩ 揭开DC/DC正极线束橡胶护套，如图2-60所示。

图2-59 断开固定点

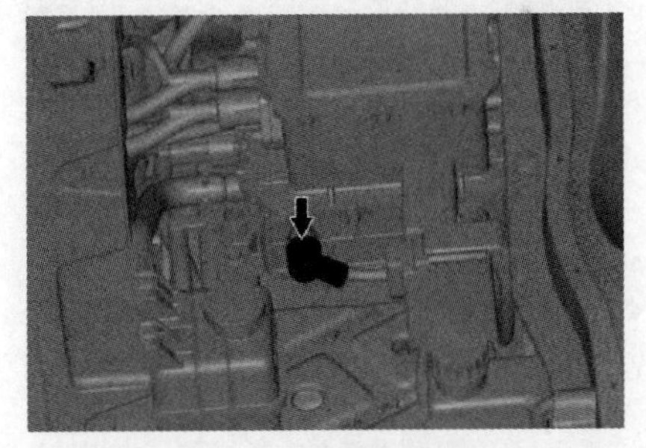

图2-60 揭开护套

⑪ 拆下1个螺栓，如图2-61所示。

⑫ 断开DC/DC正极线束。

⑬ 断开1个接插件，如图2-62所示。

⑭ 断开1个接插件，如图2-63所示。

⑮ 拆下1个螺栓，如图2-64所示。

⑯ 断开车载充电机搭铁线，用绝缘胶带缠好接插件，做好绝缘防护。

⑰ 断开1个接插件，如图2-65所示。

⑱ 断开1个接插件，如图2-66所示。

⑲ 断开1个接插件，如图2-67所示。

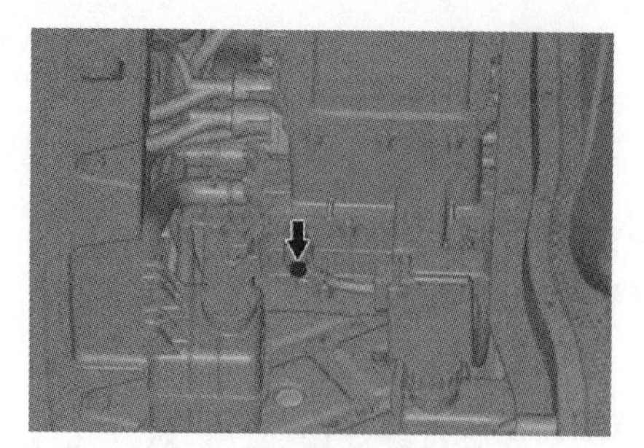

图 2-61　拆下固定螺栓

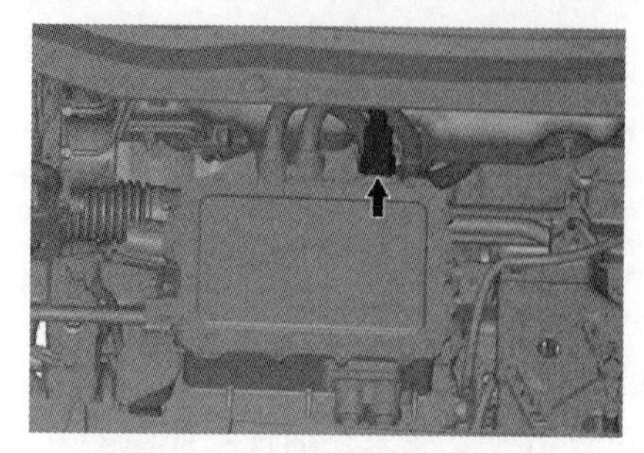

图 2-62　断开接插件位置一

图 2-63　断开接插件位置二

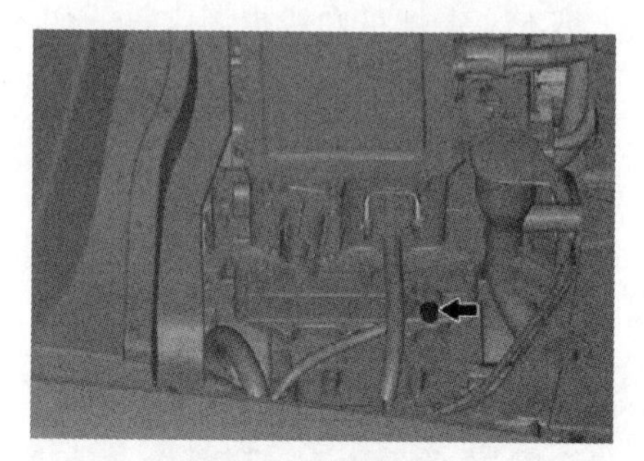

图 2-64　拆下螺栓

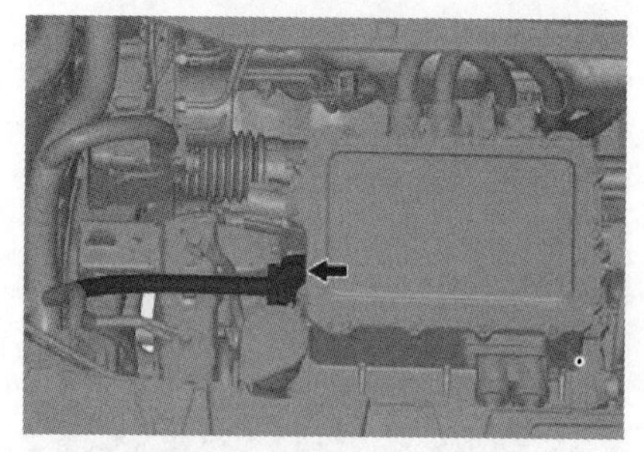

图 2-65　断开接插件位置三

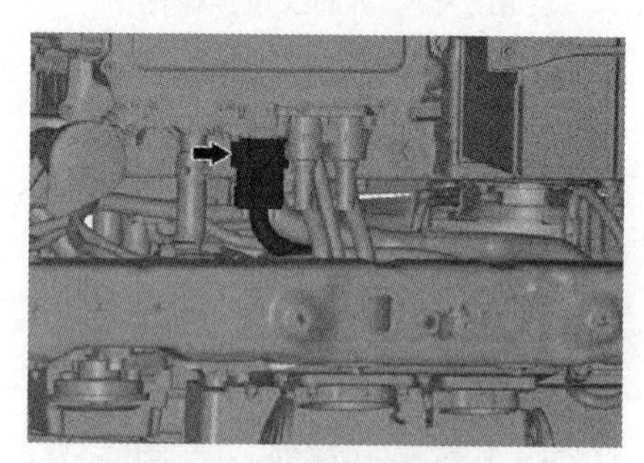

图 2-66　断开接插件位置四

⑳ 拆卸散热器格栅。

㉑ 拆卸 4 个螺栓，如图 2-68 所示。

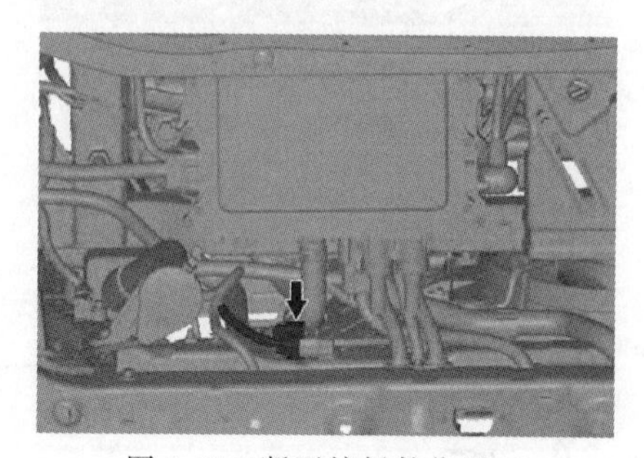

图 2-67　断开接插件位置五

图 2-68　拆卸充电接口紧固螺栓

㉒ 拆卸 4 个螺栓，如图 2-69 所示。

㉓ 拆卸 4 个螺栓，如图 2-70 所示。

图 2-69　拆卸直流充电接口面板螺栓

图 2-70　拆卸直流充电接口螺栓

㉔ 断开 2 个管路，如图 2-71 所示。断开管路之前，做好防护措施，防止冷却液溅到零部件上。断开管路后，应完全密封两端接口，避免杂物进入。

㉕ 拆下 4 个螺栓，如图 2-72 所示。

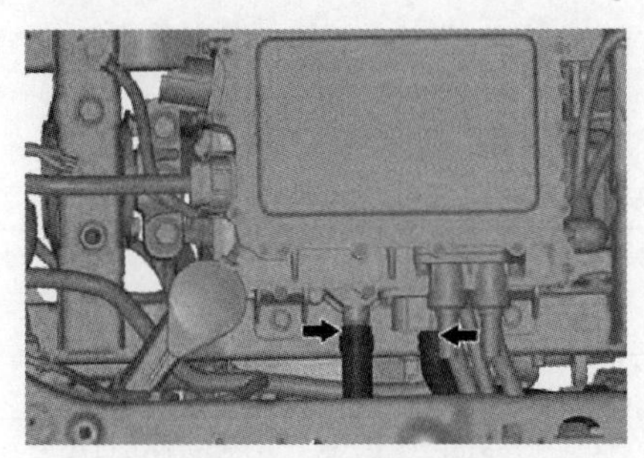
图 2-71　断开管路

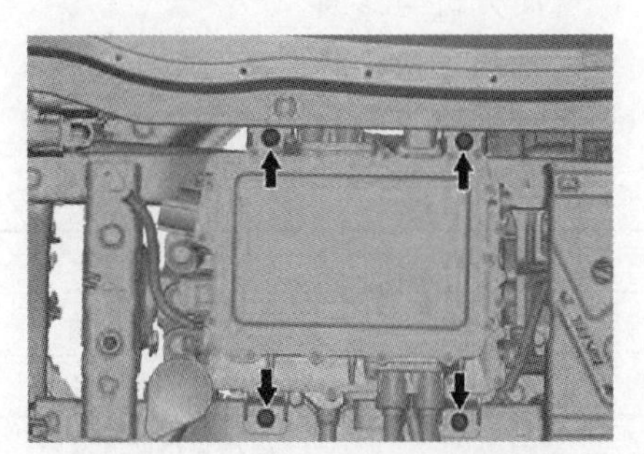
图 2-72　拆卸车载充电机紧固螺栓

㉖ 拆下车载充电机。

按与拆卸相反的顺序安装各部件，并按规定力矩值拧紧紧固件，如表 2-8 所示。

表 2-8　紧固件拧紧力矩

名称	紧固零部件	拧紧力矩/Nm	数量
螺栓	直流充电插座与直流充电插座支架	10	4
螺栓	交流充电插座与充电插座支架	10	4
螺母	直流充电插座支架与充电插座支架	10	4
螺栓	充电插座支架与车身	10	4
螺栓	车载充电机与车身横梁	23±3	4
螺母	充电机接电池包高压线束总成与车身底板	6	2

2.2.2　车载充电系统故障诊断

2.2.2.1　比亚迪秦 PLUS DM-i 车载电源系统故障诊断

秦 PLUS DM-i 车载电源系统低压信号端子分布如图 2-73 所示。

当车辆出现充电故障时，可按如下流程进行诊断。

① 检查启动电池电压：标准电压值为 11～14V。如果电压值低于 11V，应充电或更换启动电池。

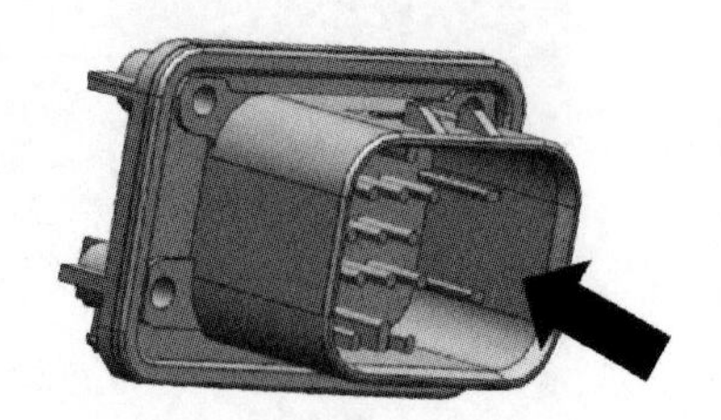

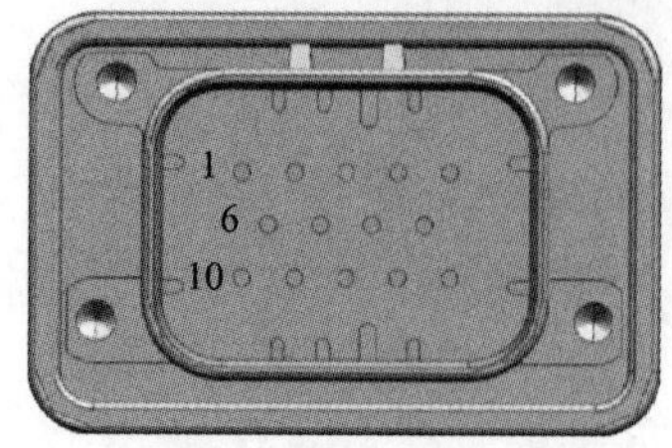

图 2-73 车载电源系统低压接插件端子分布

2—CAN-H；3—CAN-L；4—放电触发信号；5—GND（车身地）；6—充电连接信号；
7—L 相温度检测；10—OFF-12V-1；11—OFF-12V-2；12—GND（车身地）；13—CC；14—CP

② ON 挡下使用 VDS 可以扫描车载电源总成的模块信息。

③ 当有故障码时参考故障码表，如表 2-9 所示，按提示检测相应的可疑部位或电路。

④ 全面分析与诊断。

⑤ 维修或更换车载电源总成。

⑥ 测试确认故障是否排除。

表 2-9 车载电源系统故障码及含义

序号	故障码	故障定义	序号	故障码	故障定义
1	P157016	交流侧电压低	24	P157F11	交流输出端短路
2	P157017	交流侧电压高	25	P158011	直流输出端短路
3	P157100	高压输出断线故障	26	P158119	放电输出过流
4	P157219	直流侧过流	27	P158200	H 桥故障
5	P157218	直流侧电流低	28	P15834B	MOS 管温度高
6	P157216	直流侧电压低	29	P158798	充电口温度严重过高
7	P157217	直流侧电压高	30	P158900	充电口温度采样异常
8	P157300	风扇状态故障	31	P158A00	电锁异常
9	P157400	供电设备故障	32	P151100	交流端高压互锁故障
10	P157513	低压输出断线	33	U011100	BMC 通信超时
11	P157616	低压供电电压过低	34	U015500	组合仪表通信超时
12	P157617	低压供电电压过高	35	U024500	多媒体通信超时
13	P157713	交流充电感应信号断线故障	36	P151500	水温传感器故障
14	P157897	充放电枪连接故障	37	P15FD00	冷却水温高
15	P15794B	电感温度高	38	U014087	BCM 通信超时
16	P157A37	充电电网频率高	39	U011181	BMC 报文数据异常
17	P157A36	充电电网频率低	40	U015587	组合仪表报文数据异常
18	P157B00	交流侧过流	41	U024587	多媒体报文数据异常
19	P157C00	硬件保护	42	U014081	BCM 报文数据异常
20	P157D11	充电感应信号外部对地短路	43	U011182	BMC 循环计数器异常
21	P157D12	充电感应信号外部对电源短路	44	P15FE00	主控与子模块通信故障
22	P157E11	充电连接信号外部对地短路	45	P15FF00	内部温度传感器故障
23	P157E12	充电连接信号外部对电源短路	46	P1EC000	降压时高压侧电压过高

续表

序号	故障码	故障定义	序号	故障码	故障定义
47	P1EC100	降压时高压侧电压过低	57	U010300	与 ECM 通信故障
48	P1EC200	降压时低压侧电压过高	58	U011000	与驱动电机控制器通信故障
49	P1EC300	降压时低压侧电压过低	59	U012200	与低压 BMS 通信故障
50	P1EC400	降压时低压侧电流过高	60	U011100	与 BMC 通信故障
51	P1EC500	降压时低压侧负电流	61	U014000	与 BCM 通信故障
52	P1EC600	降压时高压侧电流过高	62	U014100	与 VCU 通信故障
53	P1EC700	降压时硬件故障	63	P1ED317	低压启动电池电压过低
54	P1EC800	降压时低压侧短路	64	P1ED316	低压启动电池电压过高
55	P1EC900	降压时低压侧断路	65	P153B00	放电系统漏电
56	P1EE000	散热器过温			

2.2.2.2 小鹏 P7 充电机（三合一车载电源）故障诊断

小鹏 P7 充电机低压信号线接插件端子分布如图 2-74 所示，端子定义见表 2-10。

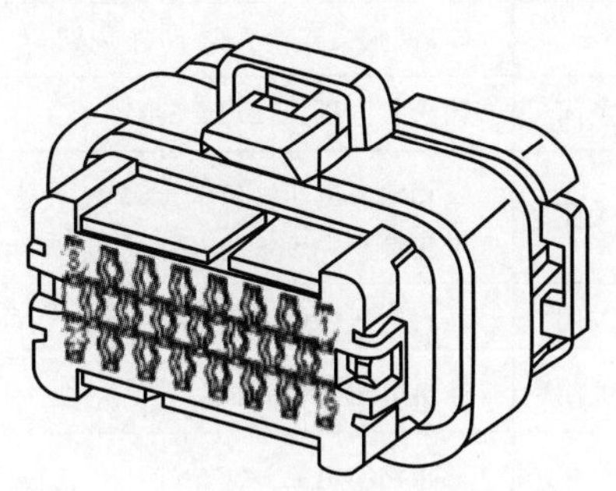

图 2-74 低压信号线接插件端子分布

表 2-10 低压信号线接插件端子功能定义

端子号	端子定义	电流(最大)/A	信号类型
1	低压输入正	7.5	常电
2	低压输入负		接地
3	ECAN-H		
4	ECAN-L		
6	OBC 唤醒		唤醒电源
7	高压互锁输入		
8	高压互锁输出		
9	快充正继电器控制正		
10	快充正继电器控制负		
11	交流充电接口 CC 信号		
12	交流充电接口 CP 信号		
13	DC/DC 低压输入正	5	KL87 电源
14	OBC 低压输入正	5	KL87 电源

续表

端子号	端子定义	电流(最大)/A	信号类型
15	快充负继电器控制正		
16	快充负继电器控制负		
17	低压输入正	7.5	常电
18	OBC 低压输入负		接地

当用诊断仪读取到系统故障码时，可按表 2-11 所示的提示进行诊断排除。

表 2-11　充电机故障码及原因

故障码	故障码定义	故障码设置条件	可能故障原因
U2F1017	诊断过压	电压大于 16V,持续时间大于 3s	供电电压过高
U2F1116	诊断欠压	电压小于 9V，持续时间大于 3s	供电电压过低
U2F0288	ECAN 关闭	3 次连续 BUSOFF	CAN 线路故障
U2F3087	与 VCU 丢失通信	VCU 报文连续丢失 10 个周期	VCU 或 CAN 线路故障
U2F3187	与 BMS 丢失通信	BMS 报文连续丢失 10 个周期	BMS 或 CAN 线路故障
U2F5087	与 CGW 丢失通信	CGW 报文连续丢失 10 个周期	CGW 或 CAN 线路故障
P140017	由于输入电压过高 OBC 关闭	输入相电压≥(274±5)V	外部电网过压或检测电路异常
P140116	由于输入电压过低 OBC 关闭	三相输入电压≤(180±5)V 单相输入电压≤(80±5)V	外部电网欠压或检测电路异常
P140217	由于输出电压过压 OBC 关闭	输出电压≥(460±5)V	外部负载过压或检测电路异常
P140316	由于输出电压欠压 OBC 关闭	输出电压≤(190±5)V	外部负载欠压或检测电路异常
P140419	直流输出电流过高	三相输出电流≥36A 单相输出电流≥24A	充电机电路故障
P140517	12V 常电电压过高	12V 常电电压＞16V,持续 200ms	12V 电池过压或检测电路异常
P140616	12V 常电电压过低	12V 常电电压＜9V，持续 200ms	12V 电池欠压或检测电路异常
P140707	CC 异常	CC 无连接或者半连接	充电枪故障或者 OBC 检测电路异常
P140803	CP 异常	CP 占空比＞90%或者 CP 占空比＜7%	充电桩故障
P140904	LLC 上报故障	LLC 上报故障	OBC 内部故障
P141004	PFC 上报故障	PFC 上报故障	OBC 内部故障
P141119	AC 过流	在充电机正常逆变开机后,AC 端电流大于 10A,持续 5min 保护;AC 侧电流大于 12A,立马保护	OBC 内部故障
P14149A	充电机内部低温停机	OBC 铝基板温度低于 40℃	温度传感器异常或低温保护
P14164B	充电机内部高温停机	OBC 内部温度高于 85℃	温度传感器异常或者散热异常
P141709	高压互锁异常	充电回路互锁断开	交流连接器或直流连接器连接异常

2.2.2.3 广汽 Aion S 集成电源系统故障诊断

广汽 Aion S 充电线束分布如图 2-75 所示。

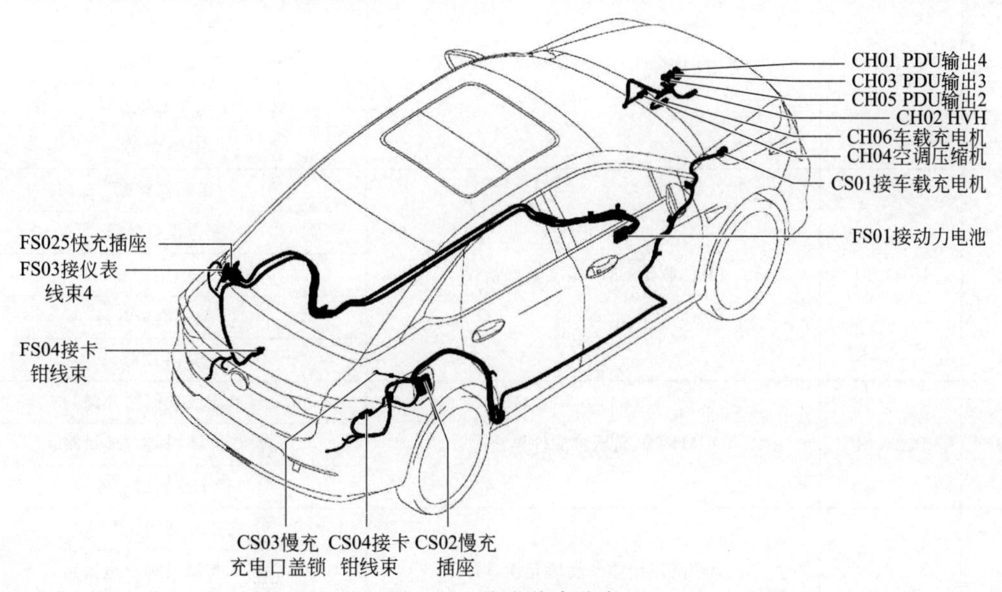

图 2-75 充电线束分布

当用诊断仪读取到系统故障码时，可按表 2-12 的提示进行诊断排查。

表 2-12 充电系统故障码及可能原因

序号	故障码	故障码描述	可能原因
1	U108087	DC/DC 与 VCU 通信异常	ECAN 通信线路异常
			DC/DC 故障
			整车控制器故障
2	U108081	DC/DC 收到 VCU 报文数据错误	ECAN 通信线路异常
			DC/DC 故障
			整车控制器故障
3	U108086	DC/DC 收到 VCU 要求输出电压超范围	ECAN 通信线路异常
			DC/DC 故障
			整车控制器故障
4	U108187	OBC 与 VCU 通信异常	ECAN 通信线路异常
			车载充电机故障
			整车控制器故障
5	U108181	OBC 收到 VCU 报文数据错误	ECAN 通信线路异常
			车载充电机故障
			整车控制器故障
6	U108186	OBC 收到 VCU 报文数据无效	ECAN 通信线路异常
			车载充电机故障
			整车控制器故障

续表

序号	故障码	故障码描述	可能原因
7	U011187	OBC与BMS CAN通信报文丢失故障	熔断器熔断
			充电设备故障
			CAN通信线束故障
			车载充电机故障
			BMS故障
8	U041281	OBC收到BMS报文数据错误	熔断器熔断
			充电设备故障
			CAN通信线束故障
			车载充电机故障
			BMS故障
9	P224001	HVDC高压接插件异常	高压互锁回路开路
			高压互锁引脚对地短路
			整车控制器故障
10	P224101	AC高压接插件高压互锁异常	高压互锁回路开路
			高压互锁引脚对地短路
			整车控制器故障
11	P224017	单相AC输入软件过压保护	交流电网过压
			充电设备故障
			车载充电机故障
12	P22E016	放电AC软件欠压保护	负载异常
13	P22E017	放电AC软件过压保护	负载异常
14	P22E019	放电AC软件过流保护	负载异常
15	P224016	AC输入软件欠压保护	过载
			欠压
16	P224038	充电时AC侧频率异常	充电设备故障
			车载充电机故障
17	P224119	AC输入软件过流保护 ErrLvl1	内部故障
18	P224019	AC输入软件过流保护 ErrLvl2	内部故障
19	P22E038	放电时AC侧频率异常	内部故障
20	P224217	OBC高压AC输出硬件过压	内部故障
21	P224317	OBC充电输出软件过压	内部故障
22	P22E317	OBC放电高压输入软件过压	内部故障
23	P224116	OBC充电高压输出欠压	内部故障
24	P22E116	OBC放电高压输入欠压	内部故障
25	P224419	OBC充电高压输出硬件过流保护 ErrLvl1	内部故障
26	P224519	OBC充电高压输出硬件过流保护 ErrLvl2	内部故障
27	P224619	OBC放电高压输入硬件过流保护	内部故障

续表

序号	故障码	故障码描述	可能原因
28	P224719	OBC 充电高压输出软件过流保护 ErrLvl1	内部故障
29	P224819	OBC 充电高压输出软件过流保护 ErrLvl2	内部故障
30	P224919	OBC 放电高压输入软件过流保护	内部故障
31	P22E417	DC/DC 低压输出硬件过压保护 ErrLvl1	蓄电池故障
			内部故障
32	P22E517	DC/DC 低压输出硬件过压保护 ErrLvl2	蓄电池故障
			内部故障
33	P22E617	DC/DC 低压输出软件过压保护 ErrLvl1	蓄电池故障
			内部故障
34	P22E717	DC/DC 低压输出软件过压保护 ErrLvl2	蓄电池故障
			内部故障
35	P22E616	DC/DC 低压输出软件欠压保护 ErrLvl1	蓄电池馈电
			低压负载过重
			内部故障
36	P22E716	DC/DC 低压输出软件欠压保护 ErrLvl2	蓄电池馈电
			低压负载过重
			内部故障
37	P22E013	DC/DC 低压输出断路告警保护	DC/DC 低压输出线路断路
			内部故障
38	P22E419	DC/DC 低压输出硬件过流 ErrLvl1	低压供电线路负载过重
			内部故障
39	P22E519	DC/DC 低压输出硬件过流 ErrLvl2	低压供电线路负载过重
			内部故障
40	P22E619	DC/DC 低压输出软件过流保护 ErrLvl1	低压供电线路负载过重
			内部故障
41	P22E719	DC/DC 低压输出软件过流保护 ErrLvl2	低压供电线路负载过重
			内部故障
42	P22E411	DC/DC 低压输出短路 ErrLvl1	低压输出短路
			内部故障
43	P22E511	DC/DC 低压输出短路 ErrLvl2	低压输出短路
			内部故障
44	P229098	OBC 过温	环境温度多高
			运行时间过长
			冷却液不足
			冷却系统故障
			内部故障
45	P226042	Flash 故障	数据读取/存储异常

续表

序号	故障码	故障码描述	可能原因
46	P226142	EEP 检测数据错误	数据读取/存储异常
47	P220017	KL30 输入过压	蓄电池过压
			内部故障
48	P220016	KL30 输入欠压	蓄电池欠压
			内部故障
49	P221301	水温温度传感器电路故障	内部故障
50	P221601	高压直流侧电压传感器电路故障	内部故障
51	P221701	低压输出直流侧电压传感器电路故障	内部故障
52	P224216	OBC 交流输入低压降功率	交流电网欠压
			充电设备故障
			车载充电机故障
53	P22E817	OBC 输出电压过压降功率	充电设备故障
			高压线束绝缘故障
			车载充电机故障
54	P22E816	OBC 输出电压欠压降功率	充电设备故障
			高压线束绝缘故障
			车载充电机故障
55	P224517	DC/DC 输入过压降功率	蓄电池过压
			内部故障
56	P224516	DC/DC 输入欠压降功率	蓄电池过压
			内部故障
57	P22E916	DC/DC 输出过压降功率	低压过载
			内部故障
58	P224E17	充电时 AC 侧过压硬件保护	交流电网过压
			充电设备故障
			车载充电机故障
59	P221901	高压 DC 侧互锁传感器故障	内部互锁传感器故障
60	P221A01	高压 AC 侧互锁传感器故障	内部互锁传感器故障
61	P229198	内部环境过温导致 OBC 降功率	内部环境过温
			内部故障
			冷却系统故障
62	P229298	内部环境过温导致 DC/DC 降功率	内部环境过温
			内部故障
			冷却系统故障
63	P229398	OBC 过温降功率	内部故障
			冷却系统故障
64	P229498	DC/DC 过温降功率	内部故障
			冷却系统故障

续表

序号	故障码	故障码描述	可能原因
65	P225298	DC/DC 过温	内部故障
			冷却系统故障
66	P22914B	LLC 单元过温	内部故障
			冷却系统故障
67	P22924B	环境温度过温	内部故障
			冷却系统故障
68	P22934B	PFC 单元过温	内部故障
			冷却系统故障
69	P22944B	DC/DC 过温	内部故障
			冷却系统故障
70	P224F19	原边 CT 过流	内部故障
71	P224E1C	预充失败	内部故障
72	P224D16	DC/DC 高压硬件欠压保护	内部故障
73	P22E111	逆变输出短路	内部故障
74	P229016	充电时 PFC 启动失败	内部故障
75	P224617	BULK 硬件过压	内部故障
76	P224717	BULK 软件过压	内部故障
77	P224716	BULK 软件欠压	内部故障
78	P229029	OBC 自检失败	内部故障
79	P224029	原副边通信失败	内部故障
80	P229087	内 CAN 通信超时	内部故障
81	P22901C	PVCC 电压过压	内部故障
82	P224F17	辅助电源过压	内部故障
83	P224F16	辅助电源欠压	内部故障
84	P229104	DC 启动自检失败	内部故障
85	P225016	PVCC 电压欠压	内部故障
86	P229E92	兜底故障码 DC/DC	未知故障
87	P229F92	兜底故障码 OBC	未知故障
88	P225017	DC/DC 高压硬件过压	动力电池过压
			车载充电机故障
89	P225117	DC/DC 的 HVDC 输入软件过压	动力电池过压
			车载充电机故障
90	P225116	DC/DC 的 HVDC 输入软件欠压	高压线束绝缘故障
			动力电池欠压
			车载充电机故障
91	U007388	节点离线	总线故障

续表

序号	故障码	故障码描述	可能原因
92	P22E011	充电时输出短路	充电设备故障
			车载充电机故障
93	P22901A	绝缘耐压异常	AC 线绝缘故障
			充电设备故障
			车载充电机故障
94	P229019	漏电流检测异常	AC 线漏电
			充电设备故障
			车载充电机故障
95	P229491	DC/DC 低温	环境温度过低

2.2.2.4 五菱宏光 MINI EV 充配电模块总成故障诊断

五菱宏光 MINI EV 充配电模块总成低压信号线接插件端子分布如图 2-76 所示，端子定义见表 2-13。

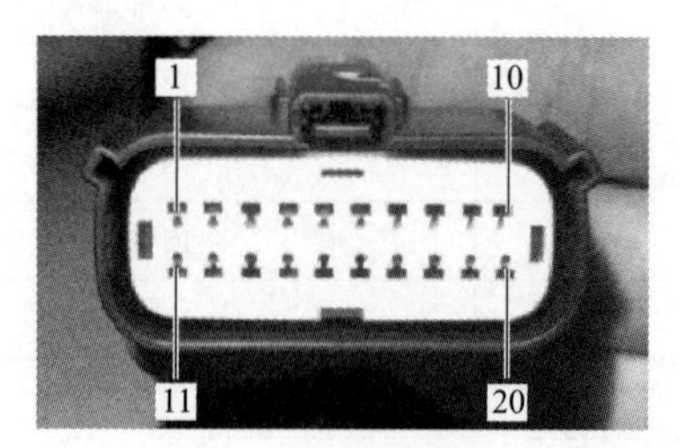

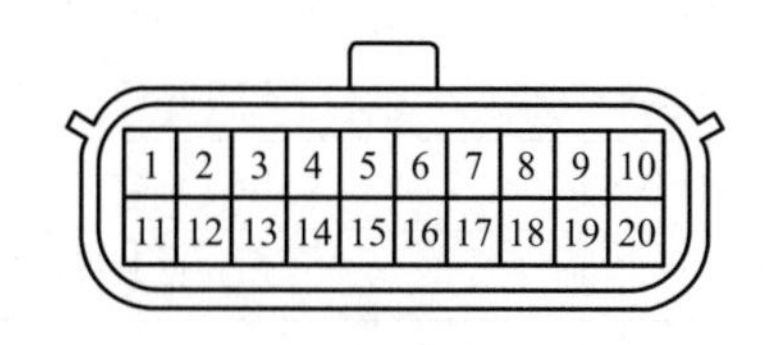

图 2-76　低压信号线接插件端子分布

表 2-13　低压信号线接插件端子定义

端子	导线颜色	线径/mm²	功能信号
1	—	—	预留(非 BCM)
	RD(红色)	0.5	IGN 电源(BCM)
2	GN(绿色)	0.5	PDU 中加热器继电器 IGN 电
4	BU/WH(蓝色/白色)	0.5	B+电源
5	GN(绿色)	0.5	充电控制确认信号
6	YE/GN(黄色/绿色)	0.75	充电连接确认信号
11	GN/BK(绿色/黑色)	0.5	PTC 加热高挡控制
12	BU/YE(蓝色/黄色)	0.5	PTC 加热低挡控制
14	BK(黑色)	0.5	接地
17	RD/BU(红色/蓝色)	0.5	高压互锁信号−
	BU(蓝色)	0.5	
18	OG/GN(橙色/绿色)	0.5	高压互锁信号+
19	WH(白色)	0.5	CAN-L
20	YE(黄色)	0.5	CAN-H

充电系统相关故障码及含义如表 2-14 所示。当使用诊断仪读取到故障码时，可参考表 2-14 进行故障判断。

表 2-14　充电系统故障码及含义

故障码(DTC)	故障码含义
P170416	输入欠压
P170417	输入过压
P170900	自检故障
P190304	上电初始化自检故障
P191013	交流输入电压掉电
P191016	交流输入电压欠压
P191017	交流输入电压过压
P191136	交流输入频率低
P191137	交流输入频率高
P192016	PFC 电路(内部升压电路)输出电压欠压
P192017	PFC 电路(内部升压电路)输出电压过压
P192114	PFC 电路(内部升压电路)输出短路
P191213	输出开路
P191216	输出欠压
P191217	输出过压
P19221C	PFC 电路(内部升压电路)硬件软启失败
P191314	输出短路
P191319	输出过流
P192363	PFC 电路(内部升压电路)软件软启失败
P191463	输出软启超时
P19301C	电池未接入
P193116	电池电压低
P193117	电池电压高
P194201	风扇故障
P195216	内部辅助电源欠压
U007300	CAN 总线关闭(BUS OFF)
U1A0081	来自 BMS 的充电电流请求信号报文 $284 无效
U1A0087	来自 BMS 的充电电流/电压请求信号报文 $284 丢失
U1A0181	来自 BMS 的充电电压请求信号报文 $284 无效
U1A0787	来自 BMS 的电池包慢充继电器状态报文 $295 丢失
U260087	来自 IC 的车辆行驶里程信息报文 $120 丢失
P170211	过温警告
P170311	过温故障
P194329	CC 异常
P194429	CP 异常
P100016	电源电压低
P100017	电源电压高
P170516	输出欠压
P170517	输出过压
P170518	输出开路
P170721	输出过流
P170812	输出短路
P171016	PFC 欠压
P171017	PFC 过压
P171216	内部辅助电源欠压
P171217	内部辅助电源过压
P172201	DC/DC 输出过压
P172202	DC/DC 输出欠压
P172203	DC/DC 输出过流
P172204	DC/DC 自检故障
U190287	来自 VCU 的整车运行模式、整车充电请求报文 $155 丢失
U190387	来自 VCU 的剩余续驶里程、SOC 低报警指示、整车当前电压、总电流报文 $4C5 丢失
U190487	来自 VCU 的电机超速指示、SOC 值、电机当前转速、车速报文 $36A 丢失
U190687	来自 VCU 的 DC/DC 使能信号、空调系统故障、真空泵频率报文 $4C7 丢失
P19504B	OBC 内部温度过温告警
P19514B	OBC 内部温度过温故障
P196016	输入电压欠压
P196017	输入电压过压
P196216	输出电压欠压
P196217	输出电压过压
P196314	输出短路
P196319	输出过流
P150000	过温警告

续表

故障码(DTC)	故障码含义	故障码(DTC)	故障码含义
P150001	过温故障	P1A0312	直流输出短路故障
P150002	输入过压	P1A0316	直流输出欠压故障
P150003	输入欠压	P1A0317	直流输出过压故障
P150004	输出过压	P1A0421	直流侧过流
P150005	输出欠压	P1A054B	过温关机保护
P150006	输出过流	P1A064B	过温降额保护
P150007	自检故障	P1A0700	自检故障
P150008	DC/DC 输出过压	P1A2116	DC/DC 输出欠压故障
P150009	DC/DC 输出欠压	P1A2117	DC/DC 输出过压故障
P150010	DC/DC 输出过流	P1A2212	DC/DC 自检故障
P1A0116	交流输入欠压故障	P1A2219	DC/DC 输出过流故障
P1A0117	交流输入过压故障		

2.2.2.5 奇瑞小蚂蚁充电系统故障诊断

(1) 无故障码的充电故障排除

1) 不能慢充

① 慢充点火无效。BMS 没唤醒，不能进行慢充。故而，如果没有其他故障现象，但不能慢充时，可以对慢充点火信号进行确认，确定充电机是否输出 12V 点火信号。

② 慢充 CC 信号无效。BMS 不进入慢充模式，不能进行慢充。故而，当慢充点火信号有效，但不能慢充时，可观察仪表上是否显示有充电枪插入。如果没有，可以先确认电池包的 CC 输入信号是否正常，定位故障在电池包内部还是外部，如果是电池包输出异常，送至电池包供应商进行处理。

③ 充电机不进入 Ready 状态。当物理信号都有效，但如果充电机不进入 Ready 状态，BMS 不会进入慢充模式。故而，可以通过上位机确认充电机是否能进入 Ready 模式，如果不能进入 Ready 模式，请排查充电机。

④ CAN 线束异常。

2) 不能快充

① 快充协议不匹配。当前 eQ1 快充协议仅支持国标，由于各快充桩实现的协议不一样，故如果不能快充，快充协议有可能不匹配。

如果该充电桩跟其他的 eQ1 已能充电，说明协议能匹配。

② 快充 CC 异常。当无法快充时，可打开钥匙（保持快充枪连接），观察仪表上充电枪连接指示灯 ■ 是否点亮。

③ 快充点火异常。如果快充设备提示无法与 BMS 进行通信，首先排查快充点火信号是否有效。

方法 1：连接快充枪，选择开始充电，同时用上位机监控整车 OBD 是否有 BMS CAN 消息发出。如果有，则该信号正常。

方法 2：可用导线将车上小电池正极连接到 VFC1-A+，小电源负极连接 VFC1-A−，然后用上位机监控整车 OBD 是否有 BMS CAN 消息发出。比如：可用诊断仪尝试读取电池系统故障码，若通信成功，则说明点火信号正常；如果该信号不正常，则分别排查整车线束与电池包。

④ CAN线束异常。如果快充设备提示无法与BMS进行通信，则打开钥匙再次尝试进行快充。若仍不能进行快充，且充电枪连接指示灯已点亮，而快充桩仍提示无法与BMS进行通信，则排查快充CAN线束（VFC1-S＋，VFC1-S－）是否正常，包括：VFC1-S＋，VFC1-S－从快充口到V2BLVH是否导通；VFC1-S＋，VFC1-S－与整车地是否短路；VFC1-S＋，VFC1-S－与整车12V是否短路。

3）不能Ready

① 整车点火无效。整车点火无效，BMS没唤醒。故而，如果没有其他故障现象，但不能行车时，可以对整车点火信号进行确认，确定钥匙上电时整车点火到电池包端是否为12V。

② BMS不能进入Ready状态。整车控制器不下发闭合指令，整车不能进入Ready。故而，如果没有其他故障现象，但不能行车时，可以确认BMS是否已进入Ready状态，整车控制器是否下发了闭合指令。

③ 快充/慢充CC异常。当快充/慢充CC为有效信号时，BMS不闭合继电器。此时仪表上■点亮。故而，当车辆不能进入Ready时，可确认是否有快充/慢充充电枪插入或BMS是否认为检测到该信号。

4）预充失败

具体现象：打开钥匙后，能听到继电器声音，但仪表上显示动力电池连接断开，并且动力电池故障指示灯点亮。

① 把MCU上DC/DC及空调压缩机高压插件熔断器拔掉，重新上电，观察故障是否消失。如消失，则排查DC/DC及空调压缩机。

② 如进行步骤①后无法定位故障，则更换MCU。重新上电，观察故障是否消失。如消失，则排查MCU。

③ 如进行步骤②后无法定位故障，则更换电池包或电池包内BDU，观察故障是否消失。如消失，则排查电池包。如果指示灯全部不亮，请检查输入220V电源是否正常。

（2）有故障码的故障排除

通过诊断仪与BMS通信读取故障码。充电系统故障码列表如表2-15所示。

表2-15 充电系统故障码

序号	故障名称	DTC故障码	故障直接原因	故障可能原因	故障现象	充电插座充电指示灯状态	是否更换充电机
1	充电机高压输出欠压故障	P1B51	CM处于开机状态，且输出电压低于280V时，报输出欠压故障	充电机故障，等3s重新上电看是否清除故障	慢充异常或停止	不亮	故障未清除，更换充电机
2	充电机高压输出过压故障	P1B52	输出电压高于430V时，确认3s或者输出电压高于450V时立即报输出过压故障	充电机故障，需重新上电解锁	慢充异常或停止	不亮	故障未清除，更换充电机
3	充电机高压输出回路短路故障	P1B53	输出电压低于50V，且输出电流大于2A时，报输出短路故障	充电机故障，等20s重新上电看是否清除故障	慢充异常或停止	不亮	故障未清除，更换充电机

续表

序号	故障名称	DTC故障码	故障直接原因	故障可能原因	故障现象	充电插座充电指示灯状态	是否更换充电机
4	充电机交流电输入欠压故障	P1B54	输入电压低于155V时报输入欠压故障	充电机故障	慢充异常或停止	不亮	更换充电机
5	充电机交流电输入过压故障	P1B55	输入电压高于285V时报输入过压故障	充电机故障	慢充异常或停止	不亮	更换充电机
6	充电机过温故障	P1B56	模块PFC温度大于100℃时一级过温，大于105℃时二级过温，大于115℃时过温保护	充电机故障	慢充异常或停止	不亮	更换充电机
7	充电机12V低压输出欠压故障	P1B57	12V开机且输出电压低于7.8V报12V输出欠压故障	充电机故障	慢充异常或停止	不亮	更换充电机
8	充电机12V低压输出过压故障	P1B58	12V输出电压高于16V报12V输出过压故障	充电机故障	慢充异常或停止	不亮	更换充电机
9	充电机输出电流故障	P1B59	采样到实际输出电流大于给定电流0.4A以上时报输出电流故障	充电机故障，等20s重新上电看是否清除故障	慢充异常或停止	不亮	故障未清除，更换充电机
10	充电机未检测到电池包或电池电压过低故障	P1B5A	充电机开机前检查到输出端电压小于225V时，报电池未连接或电池电压过低	①电池包没有连接 ②充电机故障	慢充异常或停止	不亮	确认电池包连接正常，故障未清除，更换充电机
11	充电机风扇故障	P1B9C	风扇损坏或者堵转	①充电机故障 ②风扇故障	慢充异常或停止	不亮	更换风扇故障未清除，更换充电机
12	BMS与CM通信异常	U0296	BMS持续4s未接收到CM的CAN报文，5s内没有接收到系统下发的CAN报文，MCU重新初始化CAN模块，第二个5s仍然没有接收到BMS下发的报文，报CAN通信故障	①充电机故障 ②BMS未发送CAN报文	慢充异常或停止	不亮	检查BMS是否下发CAN报文，如果有，请更换充电机

（3）充电机散热风扇维修

1）充电机风扇自身故障判定

① 有充电故障且充电过程中车载充电机风扇未正常工作。

② 观察充电机风扇是否被异物卡住，若有异物卡住，用镊子将异物取出。

③ 若还未能正常工作，用上位机或故障诊断仪读取故障码时，若读取到充电机风扇故障，可更换充电机风扇。

2）车载充电机风扇的更换

① 如图2-77所示，装锁风扇，锁螺钉应按序号进行对角锁合，保证安装到位。

② 将风扇转接头对接拧紧，如图2-78所示。

③ 用扎带将风扇转接头固定在风扇盖板上，如图2-79所示。

④ 将风道盖板锁紧在模块上，锁螺钉应按序号进行对角锁合，保证安装到位，如图2-80所示。

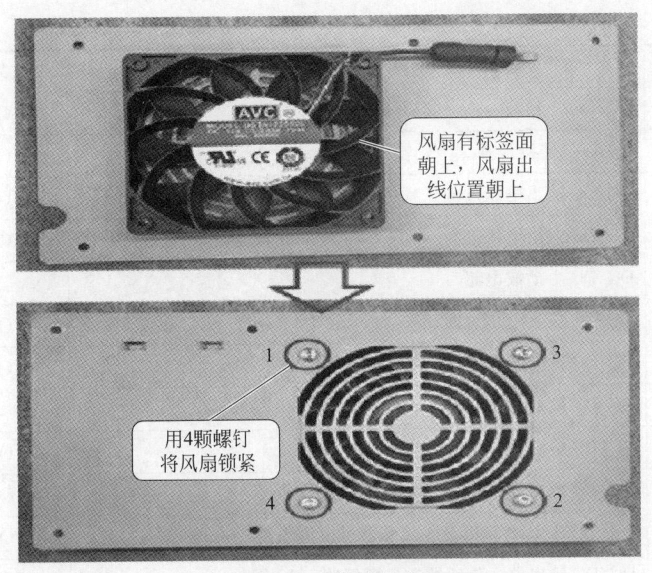

图 2-77　装锁风扇

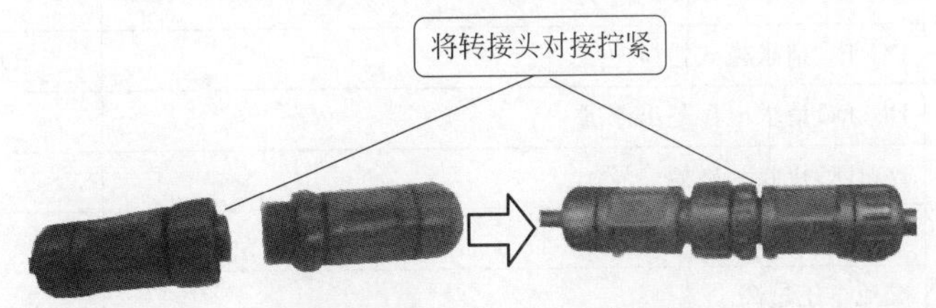

图 2-78　风扇转接头对接拧紧

图 2-79　风扇转接头扎束线带

图 2-80　风道盖板锁螺钉位置

2.2.2.6　科莱威 CLEVER 高低压充电集成模块故障诊断

科莱威 CLEVER 高低压充电集成模块故障码列表如表 2-16 所示。当用诊断仪读取到故障码时，可参考表 2-16 进行故障判断。

表 2-16　充电集成模块故障码

DTC	FTB	描述	ON 故障灯	故障等级
P1D61	01	低压输出电流零漂故障	ON	Ⅲ
P1D62	19	DC/DC 输出电流过大		Ⅳ

续表

DTC	FTB	描述	ON 故障灯	故障等级
P1D63	4B	DC/DC 冷却液温度过高	ON	Ⅱ
P1D65	01	B+/B-连接检查	ON	Ⅱ
P1D66	16	DC/DC 输出电压过低	ON	Ⅲ
P1D66	17	DC/DC 输出电压过高	ON	Ⅲ
P1D67	01	DC/DC 主动放电超时		Ⅳ
P1D68	16	DC/DC 输入电压过低	ON	Ⅲ
P1D68	17	DC/DC 输入电压过高	ON	Ⅲ
P1D6A	01	DC/DC 模式转换超时		Ⅳ
P1D6B	12	DC/DC 输出电流传感器对电源短路	ON	Ⅲ
P1D6C	11	DC/DC PCB 电路板温度传感器对地短路	ON	Ⅲ
P1D6C	12	DC/DC PCB 电路板温度传感器对电源短路	ON	Ⅲ
P1D6D	12	DC/DC 输出电压传感器对电源短路	ON	Ⅲ
P1D6F	01	DC/DC 输出电压波动过大		Ⅳ
P1D82	00	DC/DC 请求模式错误	ON	Ⅲ
P1D83	1C	DC/DC 请求电压超出范围		Ⅳ
P1D84	02	DC/DC 接收到碰撞信号		Ⅲ
P1FA0	16	交流电压过低		Ⅱ
P1FA1	17	交流电压过高		Ⅱ
P1FA3	17	功率因子修正(PFC)电路输出总线电压过高		Ⅱ
P1FA4	00	功率因子修正(PFC)电路输出总线电压过低		Ⅱ
P1FA5	01	至动力电池包的高压输出的正负极之间短路		Ⅱ
P1FA6	17	至动力电池包的高压输出电压过高		Ⅱ
P1FA7	16	至动力电池包的高压输出电压过低		Ⅱ
P1FA9	08	内部故障-主从控制单元之间通信故障		Ⅱ
P1FAA	08	内部故障-低压控制器和从控制单元通信故障		Ⅱ
P1FAB	02	唤醒信号错误		Ⅱ
P1FAD	00	至动力电池包的高压互锁回路打开		Ⅱ
P1FB4	4B	内部主 PFC1 电感温度过高		Ⅱ
P1FB6	4B	内部主 LLC1 变压器温度过高		Ⅱ
P1FB7	4B	内部主 LLC2 变压器温度过高		Ⅱ
P1FB8	09	车载充电机由于环境温度过低不工作		Ⅲ
P1FB9	98	车载充电机由于环境温度过高不工作		Ⅲ
P1FBA	98	车载充电机由于环境温度过高关闭		Ⅲ
P1FBB	98	车载充电机不工作—充电口正极温度过高		Ⅱ
P1FBC	01	车载充电机不工作—充电口负极温度过高		Ⅱ
P1FBD	01	车载充电机不工作—主板温度过高		Ⅱ
P1FBE	1C	车载充电机不工作—交流电输入超时		Ⅱ

续表

DTC	FTB	描述	ON故障灯	故障等级
P1FBF	1C	车载充电机不工作—交流电输入异常关闭		Ⅱ
P1FC0	03	车载充电机不工作—充电线连接控制信号PWM超时		Ⅱ
P1FC1	03	车载充电机不工作—充电线连接控制信号PWM异常		Ⅱ
P1FC2	01	至动力电池包的输出功率过高		Ⅱ
P1FC3	00	车载充电机不工作—从控制器信号故障		Ⅱ
P1FC5	96	慢充温度传感器故障		Ⅱ
P1FE0	00	CCU高压互锁信号源故障		Ⅱ
P1FE1	00	高压配电单元(PDU)高压互锁故障		Ⅱ
P1FE2	00	电驱动系统(EDS)高压互锁故障		Ⅱ
P1FE3	00	空调压缩机(ACP)/高压电加热器(PTC)高压互锁故障		Ⅱ
P1FE4	00	充电口电子锁锁止故障		Ⅲ
P1FE5	00	充电口电子锁解锁故障		Ⅲ
U0073	88	混动高速CAN总线关闭		Ⅰ
U0074	88	动力总成CAN总线关闭		Ⅰ
U0146	87	与网关(GW)失去通信		Ⅳ
U0293	87	与整车控制器(VCU)失去通信		Ⅳ
U1111	87	与动力电池管理系统(BMS)失去通信		Ⅱ
U1562	17	蓄电池电压过高		Ⅱ
U1563	16	蓄电池电压过低		Ⅱ
U1763	87	网络帧超时-SDM_HSC1_FrP00		Ⅳ
U1897	87	网络帧超时-BMS_HSC1_FrP02		Ⅳ
U191B	87	网络帧超时-GW_HSC1_FrP09		Ⅳ
U2001	42	电控单元内部故障-EEPROM错误		Ⅱ
U2002	42	电控单元内部故障-RAM错误		Ⅱ
U2005	41	电控单元内部故障-Flash校验和错误		Ⅱ

注：故障等级Ⅰ表示立即停车维修；Ⅱ表示小心驾驶至4S店维修；Ⅲ表示尽快维修或保养时维修；Ⅳ表示不需维修。

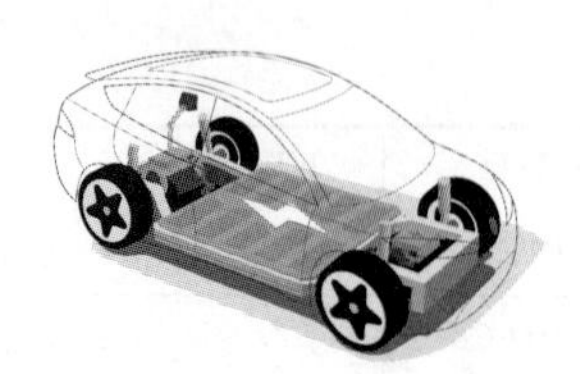

第3章 电池管理系统

3.1 电池管理系统电路原理

3.1.1 电池管理系统功能

BMS（实体模块见图 3-1）是电池保护和管理的核心部件，在动力电池系统中，它的作用就相当于人的大脑。它不仅要保证电池安全可靠地使用，而且要充分发挥电池的能力和延长使用寿命，作为电池和 VCU 以及驾驶者沟通的桥梁，通过控制接触器控制动力电池组的充放电，并向 VCU 上报动力电池系统的基本参数及故障信息。

图 3-1　BMS 模块实体

BMS 通过电压、电流及温度检测等功能实现对动力电池系统的过压、欠压、过流、过高温和过低温保护，继电器控制、SOC 估算、充放电管理、均衡控制、故障报警及处理、与其他控制器通信等功能；此外电池管理系统还具有高压回路绝缘检测功能，以及为动力电池系统加热功能。BMS 具体功能描述如下。

① 为整车提供电能，支持整车按驾驶员意图运行，同时支持高压附件系统正常工作。

② 提供电池系统状态实时检测功能（温度检测、电压检测、电流检测、SOC 估算、SOH 估算等）。

③ 向 VCU 提供电池系统的可充放电能力。

④ 接收电机再生制动回收的电能。

⑤ 支持车载充电机通过家庭用电及交流充电桩进行充电。

⑥ 支持采用直流充电桩对电池进行充电（纯电动车型）。

⑦ 具有高压安全管理功能，包括碰撞断电、高压系统回路绝缘与高压互锁检测与处理等。

⑧ 提供 CAN 通信功能、CAN 网络管理功能。

⑨ 提供系统诊断功能：具有故障诊断、故障存储管理等功能，诊断协议为 UDS。

⑩ 预约充电功能：BMS 需支持通过整车设置实时时钟，实现周期性唤醒，同时唤醒其他相关控制器，辅助整车实现预约充电功能。

⑪ 智能补电功能：BMS 周期性检测蓄电池的电压，当车辆静止且在 OFF 挡，蓄电池馈电时，发送补电请求至 VCU。

⑫ BMS 控制的接触器控制信号对地短路、对电源短路断路检测。

⑬ 各接触器控诊断功能，诊断总正、总负接触器、快充接触器（纯电动）粘连、无法闭合。

⑭ 能通过整车 CAN 线实现基于 UDS 协议的在线代码更新功能，OTS 样件能通过故障诊断仪更新软件。

BMS 按性质可分为硬件和软件，按功能分为数据采集单元和控制单元。

BMS 硬件包括主板、从板及高压盒，还包括采集电压线、电流、温度等数据的电子器件。

BMS 软件监测电池的电压、电流、SOC 值、绝缘电阻值、温度值，通过与 VCU、充电机的通信，来控制动力电池系统的充放电。

3.1.1.1 小鹏 P7 电池管理系统

BMS 包含 2 种电子模块 BMU 和 HV_CSU，其中 BMU 集成了电芯电压采集、模组温度采集、均衡控制功能等，为集中式 BMU。BMS 原理框图如图 3-2 所示，BMU 功能描述见表 3-1。

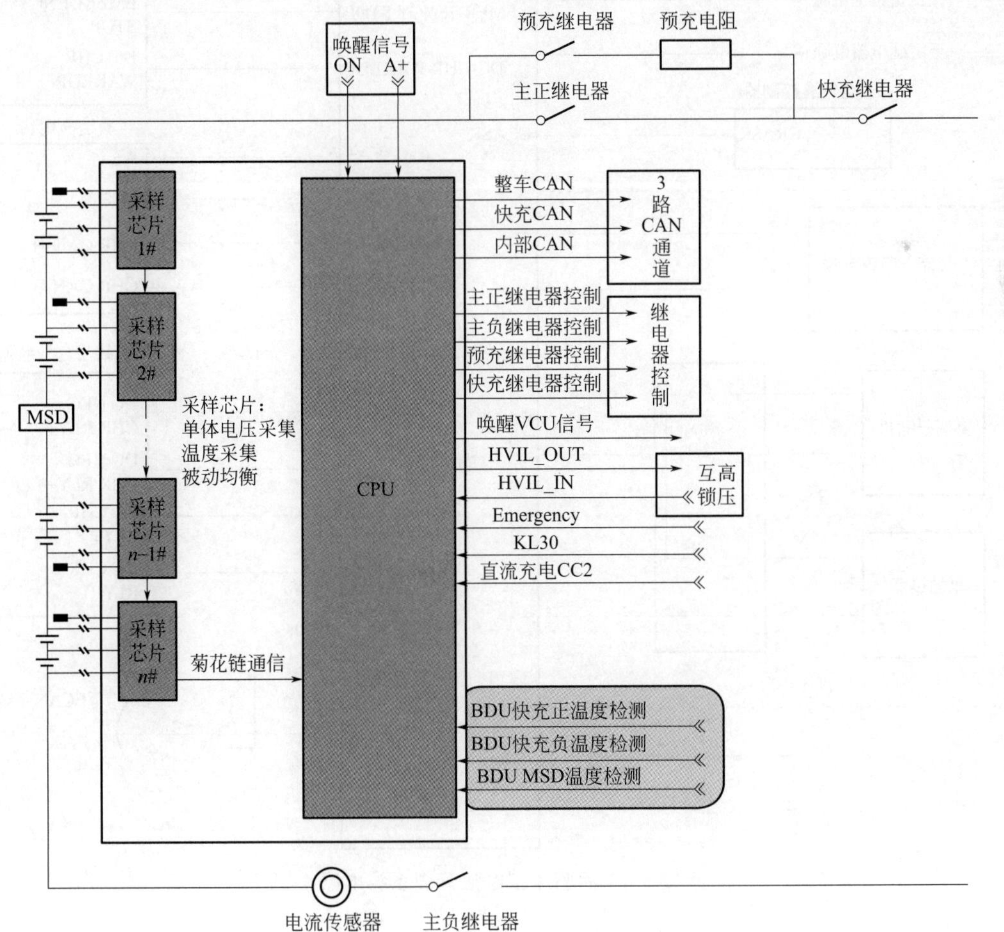

图 3-2 电池管理系统原理框图

表 3-1　BMU 功能表

序号	功能	描述	序号	功能	描述
1	剩余容量(SOC)估算	估算电池剩余容量	8	高压互锁检测	检测电池系统高压互锁状态
			9	通信功能	带三路 CAN 通信功能
2	剩余能量(SOE)估算	估算电池剩余能量	10	绝缘测量	测量电池绝缘阻值及绝缘状态
			11	故障诊断	对故障进行诊断并处理
3	寿命估算	估算电池健康状态	12	单体电压采集	测量每一串电池电压
4	可用功率计算	计算电池可用功率	13	温度采集	对每个模组的温度进行测量
5	充电管理	对电池充电过程进行管理	14	被动均衡功能	可对电芯电压进行均衡
6	高压管理	控制高压输出	15	总电压测量	测量电池系统总电压
7	低压管理	控制电池管理系统唤醒与休眠	16	电流测量	测量电池系统母线电流

适用于后驱车型的电池管理系统电路简图如图 3-3 所示。

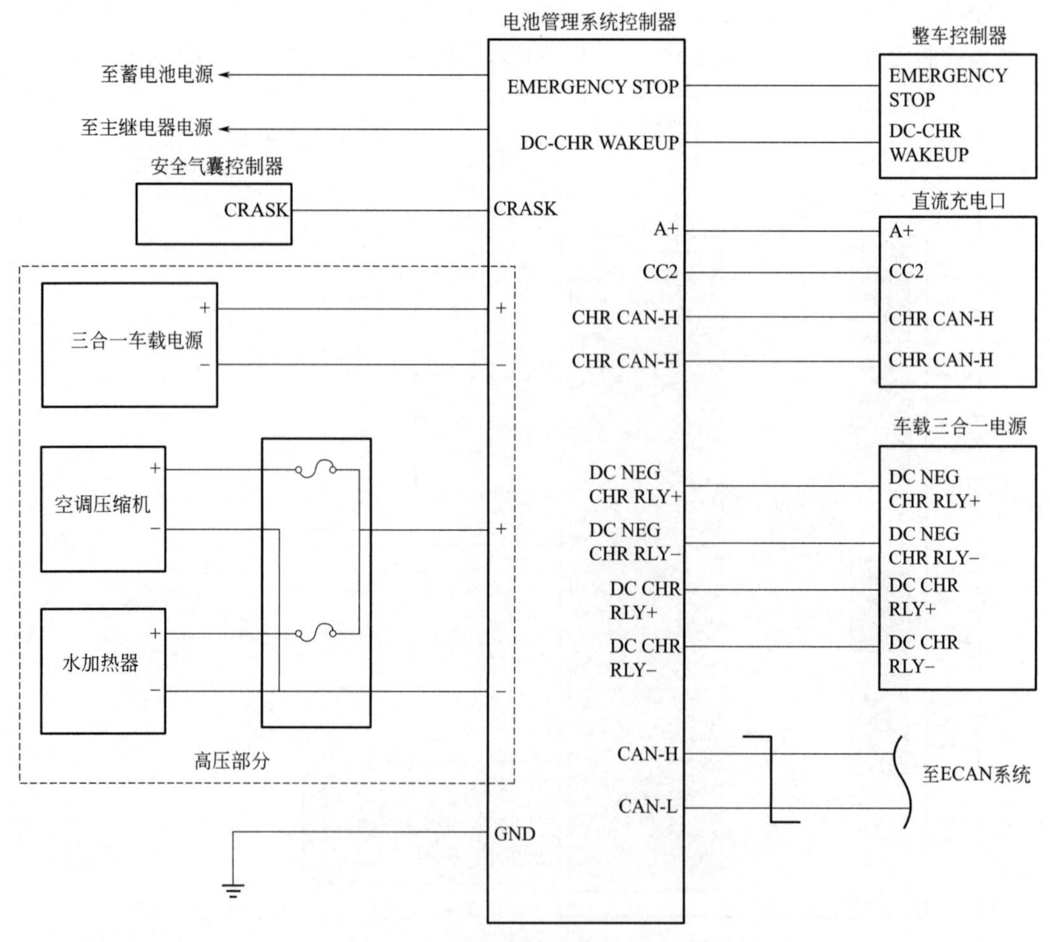

图 3-3　后驱车型电池管理系统电路

适用于四驱车型的电池管理系统电路简图如图 3-4 所示。

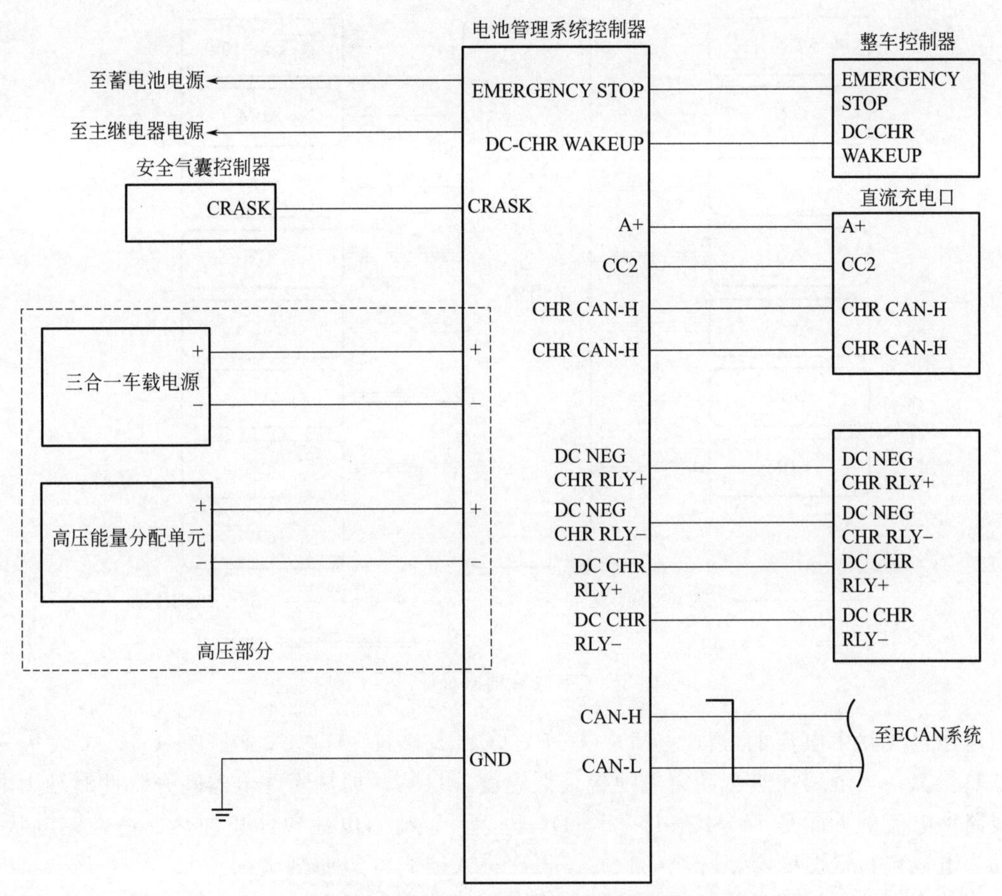

图 3-4　四驱车型电池管理系统电路

3.1.1.2　欧拉黑猫电池管理系统

动力电池包位于整车乘员舱的地板下方，是电动汽车电能存储装置，为电动汽车提供电能。

动力电池包由电池模组、电池管理系统、电池配电盒以及主熔断器构成，包含机械连接、电气连接、防护等功能。

动力电池系统具有以下功能：

① 监控动力电池包内部电芯、电池控制器、传感器、执行器的状态。

② 依据整车控制器的指令和电池的状态控制接触器的通断，依据电池热管理控制策略控制加热膜的状态。

③ 通过 CAN 网络或硬线信号与整车其他控制单元或充电桩通信。

④ 采用自然冷却方式，且仅有充电加热功能。

电池管理系统原理框图如图 3-5 所示。

（1）动力电池包慢充充电温度控制

当动力电池包初始最高温度≥55℃时，禁止充电。当动力电池包初始最低温度＜－20℃时，加热膜继电器闭合（此时动力电池包线路中电流的方向是 M—O—P—Q），进入加热状态；当加热至动力电池包最低温度≥－20℃时，正极主继电器和负极主继电器闭合，（此时

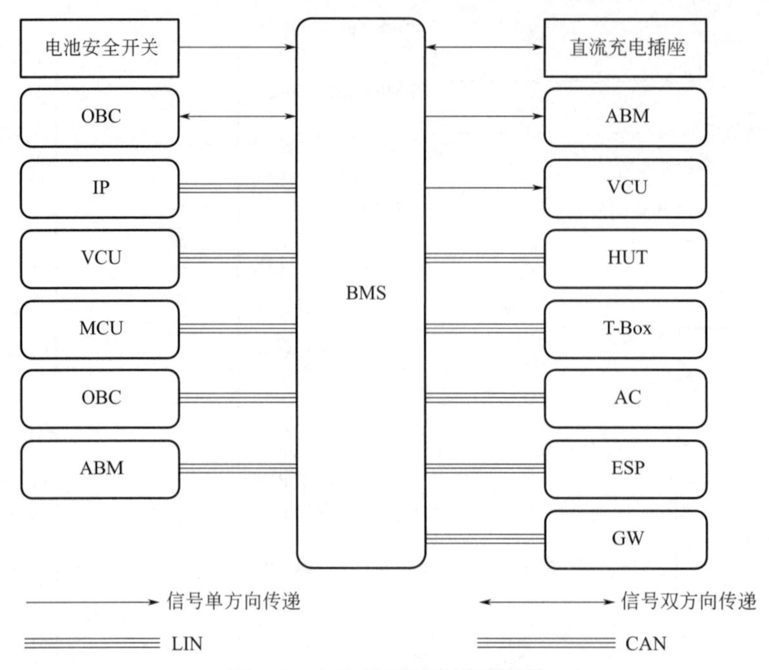

图 3-5 电池管理系统原理框图

动力电池包线路中电流的方向是 M—O—P—Q 和 M—K—H—F—D—B—Q)，进入边充电边加热状态；当继续加热至动力电池包最低温度≥11℃，加热膜继电器断开（此时动力电池包线路中电流的方向是 M—K—H—F—D—B—Q)，动力电池包停止加热，进入充电状态；若动力电池包最低温度重新降至≤11℃，再次进入边充电边加热状态。

当动力电池包初始最低温度大于−20℃且小于等于 5℃时，加热膜继电器、正极主继电器、负极主继电器闭合（此时动力电池包线路中电流的方向是 M—O—P—Q 和 M—K—H—F—D—B—Q)，进入边充电边加热状态；当继续加热至动力电池包最低温度≥11℃时，加热膜继电器断开（此时动力电池包线路中电流的方向是 M—K—H—F—D—B—Q)，动力电池包停止加热，进入充电状态；若动力电池包最低温度重新降至≤5℃，再次进入边充电边加热状态。

当动力电池包初始最低温度≥5℃且最高温度<55℃时，正极主继电器和负极主继电器闭合（此时动力电池包线路中电流的方向是 M—K—H—F—D—B—Q)，动力电池包进入充电状态。

(2) 动力电池包快充充电温度控制

当动力电池包初始最低温度≤−20℃时，禁止快充。当动力电池包初始最高温度≥55℃时，禁止充电。

当动力电池包初始最低温度≥15℃且<55℃时，正极主继电器、负极主继电器闭合（此时动力电池包线路中电流的方向是 M—K—H—F—D—B—Q)，进入充电状态。

当动力电池包初始最低温度>−20℃且<15℃时，正极主继电器、负极主继电器、加热膜继电器闭合（此时动力电池包线路中电流的方向是 M—O—P—Q 和 M—K—H—F—D—B—Q)，进入边加热边充电状态；继续加热至动力电池包最低温度≥19℃，加热膜继电器断开（此时动力电池包线路中电流的方向是 M—K—H—F—D—B—Q)，动力电池包停止加热，进入充电状态；当动力电池包最低温度降至≤15℃时，加热膜继电器闭合，动力电池包

进入边加热边充电状态（此时动力电池包高压线路中电流的方向是 M—O—P—Q 和 M—K—H—F—D—B—Q）。

（3）动力电池包放电回路

当电池管理系统接收到整车控制器发出的对外供电的信号时，电池管理系统令预充继电器和负极主继电器闭合（此时动力电池包线路中电流的方向是 A—C—E—G—I—N），动力电池包对外供电；当供电电流稳定后，正极主继电器闭合，并且预充继电器断开（此时动力电池包高压线路中电流的方向是 A—C—E—G—L—N），此时动力电池包对外平稳供电。

当电池管理系统接收到整车控制器发出的对外断电的信号时，正极主继电器和负极主继电器断开，此时动力电池包与外部电路处于断开状态。

动力电池包热管理原理框图如图 3-6 所示。

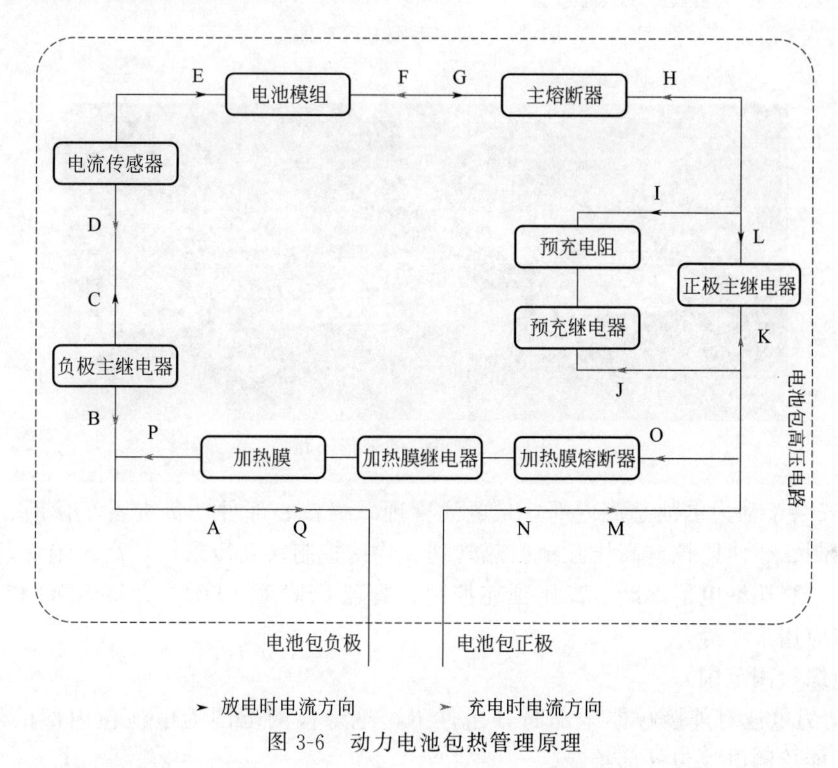

图 3-6　动力电池包热管理原理

3.1.2 电池管理系统原理

动力电池系统的功能为接收和储存由车载充电机、发电机、制动能量回收装置和外置充电装置提供的高压直流电，并且为驱动电机控制器、DC/DC、电动空调、PTC 等高压元件提供高压直流电，其功能原理如图 3-7 所示。

在国家标准 GB/T 19596—2017《电动汽车术语》中电池管理系统的定义为：可以控制蓄电池输入输出功率，监视蓄电池的状态（温度、电压、荷电状态），为蓄电池提供通信接口的系统。

在每一套电池包 PACK 中有一套 BMS，BMS 一般是由 CSC 采集电池控制单元的所需系统信息。每个模组有一个 CSC 采集回路，如图 3-8 所示，以监测其中电池单体电压和模组温度信息，并将电池单体电压及模组温度信息上报给 BMU。

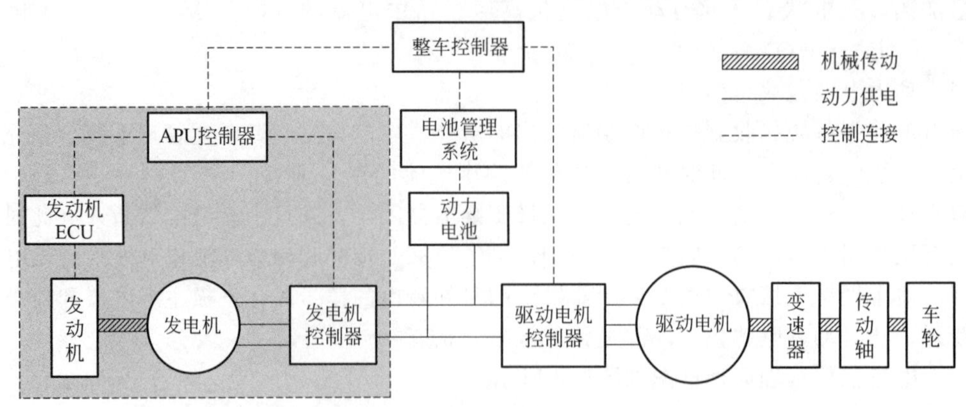

图 3-7 动力电池系统功能

图 3-8 模组中的采集回路

BMU 安装于动力电池总成内部，是电池管理系统核心部件，负责整车诊断、通信、标定、充电控制、碰撞监控、高压互锁、热管理、均衡控制、高压采样、高压绝缘监测、高压继电器驱动、高压继电器诊断、高压预充控制、管理 CSC 和 BDU、计算 SOC 和 SOH、管理电池状态应用策略等。

（1）绝缘检测范围

① 在动力电池对外接触器全部断开条件下，绝缘检测范围为电池包内部的绝缘信息，此状态下不能检测电池包外部绝缘。

② 上高压或放电状态下，绝缘检测范围为整车高压回路，包括电池包内部和整车高压回路的绝缘性能。

③ 快充状态下，绝缘检测范围为整车高压回路和快充的高压回路，包括电池包内部、整车高压回路快充充电桩的绝缘性能。

（2）泄放功能

泄放功能是指 IPU 收到 VCU 发送的 Power Down 和 BMS 发送的正负极接触器断开指令时具备短时间内泄放电机控制器内部电容能量，使电压降低到 60V 以下的功能。

① 车辆退电、充电结束或智能充电结束时开始泄放。

② 泄放前高压接触器必须断开。

③ 主动泄放失败时进行被动泄放。

④ 电机控制器主动泄放功能必须在主正继电器断开 150ms 后。

⑤ VCU 发送断电 Power Down。

(3) 充电与智能补电

任意电源挡位动力电池接收到 BMS_FastChgConntState 为 Ox1：connected，动力电池点亮充电线连接指示灯。

动力电池接收到 BMSH_ChargeLEDCtrl 为 Ox1：Charge，动力电池点亮动力电池充电状态指示灯。

任意电源挡位仪表接收到 OBC_OnBdChrgrCCline 为 Ox1：connected，动力电池点亮充电线连接指示灯。

BMS 接收到 T-Box 发送的预约充电请求时，检测到自身以及 OBC 无影响交流充电故障时才允许发送预约设置成功状态，否则发送预约设置失败给 T-Box。预约充电时间达到后，BMS 立即 CAN 唤醒 VCU 和 OBC。VCU 唤醒后立即硬线唤醒 IPU。

BMS 在 OFF 挡下判断蓄电池电压在 10～12.3V 范围内时才允许发送智能补电请求。SOC 低于 10%时不允许进入智能补电。智能补电过程中 SOC 降为 10%以下时，BMS 发送智能补电结束。车辆处于 OFF 挡时，BMS 每隔一段时间检测一次蓄电池电压，检测间隔时间 1.5h。

(4) 低压上电策略

该控制策略模块明确 BMS 低压上电条件及第一帧报文发送、初始化要求。

① BMS 判断 VCU 输出的“WakeUp”信号为高电位，BMS 被唤醒开始工作；如果 BMS 被唤醒后 VCU 输出的“WakeUp”信号为低电位，BMS 自检计数器上报为 0 之后根据整车状态执行相应高压下电、低压下电流程。

② BMS 判断整车状态为 11 或 12、81 或 82、141 或 142，且 VCU 输出的“WakeUp”信号为高电位时，BMS 开始初始化。

③ BMS 检测外围输入输出接口，读取 EEPROM 中存储的可用容量、SOC、故障等信息，巡检单体电池状态，巡检温度，进行高压诊断 1［包括 MSD 检测、电池绝缘检测、V_1、V_2、V_3 及总电流检测（V_3 检测 EP 阶段实现）、负极继电器粘连检测、正极及预充继电器同时粘连检测（新增 V_3 检测后实现）动力电池高压互锁检测］。如果出现故障，按照故障策略处理首先上报故障到 EVBUS，故障状态上报完成后 BMS 自检计数器上报为 1；若无故障，BMS 自检计数器上报为 1。BMS 判断 VCU 输出的“WakeUp”信号为高电位 50ms 后发送第一帧报文，第一帧报文以通信协议中规定的初始值上报。

④ 初始化时间要求及初始值上报：BMS 判断 VCU 输出的“WakeUp”信号为高电位 300ms 内初始化完成，300ms 内 BMS 初始化状态位置为 1；300ms 内初始值上报为通信协议中规定的初始值；300ms 后除单体最高、最低电压、温度及与温度相关的数值外，其余数据上报为真实值；1300ms 后要求所有报文发送内容全部为真实值并满足通信协议要求。

(5) 电池系统下电流程

该控制策略模块明确 BMS 低压下电条件及数据存储要求。

① BMS 判断整车状态 state 为 47 或 127 或 187，将信息写入 EEPROM，BMS 自检计数器上报为 0，发送低压下电请求，继电器状态上报为“断开”。

② BMS 判断整车状态 state 为 48 或 128 或 188 且 VCU 输出的“WakeUp”信号为低电位，BMS 进入休眠低压下电完成。

③ 在其他 state 状态下，如果“WakeUp”信号突然为低电位，BMS 不进入休眠，仍按 state 执行。

(6) 高压上电流程

① 低压上电完成后，BMS 检测整车状态 state＝17 或 87 或 147 时进行高压诊断 2［包

括判断负极继电器断路、预充电阻断路、预充继电器粘连、电池正极继电器粘连（新增 V_3 检测后实现）]。如果高压诊断 2 有故障，按照故障策略处理上报故障到 EVBUS，故障状态上报完成后 BMS 自检计数器上报为 2；如果高压诊断 2 无故障，BMS 自检计数器上报为 2 [注：state=147，BMS 在 Part2 检测完成且与充电桩握手成功（BMS 收到 SPN2560=0xAA 的充电机辨识报文）后，自检计数器置 2]，从整车状态为 17 或 87 到 BMS 自检计数器上报为 2 的时间要求小于 500ms。

② BMS 等待整车状态更新，当 BMS 检测到整车状态 state=20 或 90 或 150 时，吸合预充继电器之后把预充继电器状态置为“闭合”，20ms 后开始进行高压诊断 3 第一部分（预充继电器断路故障）。如果高压诊断 3 有故障，按照故障策略处理上报故障到 EVBUS，故障状态上报完成后 BMS 自检计数器上报为 3；若无故障，判断 V_1 与 V_2 的差值。如果预充继电器闭合 750ms 后 V_1 与 V_2 的差值大于 15V 或 V_2 小于 V_1 的 95%，BMS 上报预充电状态为“预充电未完成”；如果开始计时 750ms 内 V_1 与 V_2 的差值小于等于 15V 或 V_2 大于等于 V_1 的 95%，BMS 吸合正极继电器同时把正极继电器状态置为“闭合”，20ms 后断开预充继电器同时把预充继电器状态置为“断开”，20ms 后上报预充电状态为“预充电完成”。之后进行高压诊断 3 第二部分 [正极继电器断路故障（新增 V_3 检测后实现）]，如果高压诊断 3 有故障，按照故障策略处理上报故障到 EVBUS，故障状态上报完成后 BMS 自检计数器上报为 3。

3.1.3 电池管理系统电路

扫码查阅电池管理系统电路。

3.1.3.1 比亚迪汉 EV 电池管理系统电路（图 3-9）

3.1.3.2 比亚迪秦 PLUS DM-i 电池管理系统电路（图 3-10）

3.1.3.3 蔚来 ES6 动力电池系统电路（图 3-11）

3.1.3.4 小鹏 P7 电池管理系统电路（图 3-12）

3.1.3.5 理想 ONE 电池管理系统电路（图 3-13）

3.1.3.6 广汽 Aion S 电池管理系统电路（图 3-14）

3.1.3.7 北汽 EU5 电池管理与充电控制电路（图 3-15，图 3-16）

3.1.3.8 吉利帝豪 EV Pro 电池管理系统电路（图 3-17）

3.1.3.9 欧拉黑猫电池管理系统电路（图 3-18）

3.1.3.10 科莱威 CLEVER 动力电池管理系统电路（图 3-19）

3.2 电池管理系统维修

3.2.1 电池管理器拆装

3.2.1.1 比亚迪电池管理器位置与拆装

以比亚迪 e5 为例，该车采用分布式电池管理系统，由电池管理控制器（BMC）、电池信息采集器、电池采样线组成。电池管理控制器的主要功能有充放电管理、接触器控制、功率控制、电池异常状态报警和保护、SOC/SOH 计算、自检以及通信功能等；电池信息采集器的主要功能有电池电压采样、温度采样、电池均衡、采样线异常检测等；动力电池采样线的主要功能是连接电池管理控制器和电池信息采集器，实现二者之间的通信及信息交换。

e5 电池管理控制器位于高压电控后部，位置如图 3-20 所示。

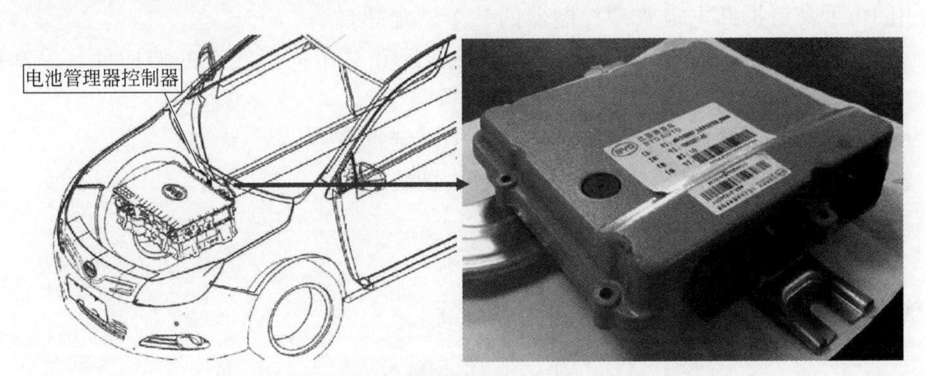

图 3-20 电池管理控制器安装位置（比亚迪 e5）

秦 Pro EV 电池管理控制器安装于前舱右侧大支架下方、PTC 驱动器前下方，如图 3-21 所示。

图 3-21 秦 Pro EV 电池管理控制器安装位置

宋 Pro EV 电池管理控制器安装于前舱低压铁电池下部，如图 3-22 所示。

若确认电池管理控制器有问题，导致车辆不能运行，可按以下步骤拆卸。

① 将车辆退电至 OFF 挡，等待 5min。

图 3-22　宋 Pro EV 电池管理控制器安装位置

② 打开前舱盖。

③ 拔掉电池管理控制器上连接的动力电池采样线和整车低压线束的接插件，拔掉整车低压线束在电池管理控制器支架上的固定卡扣。

④ 用 10 号套筒拆卸电池管理控制器的三个固定螺母。

⑤ 更换电池管理控制器，插上动力电池采样线和整车低压线束的接插件，确认问题是否解决。

⑥ 用 10 号套筒拧紧电池管理控制器的三个固定螺母。

⑦ 整车上电再次确认问题是否解决，若解决则结束。

3.2.1.2　欧拉黑猫电池管理主控板拆装

电池管理系统主控板安装位置如图 3-23 所示。

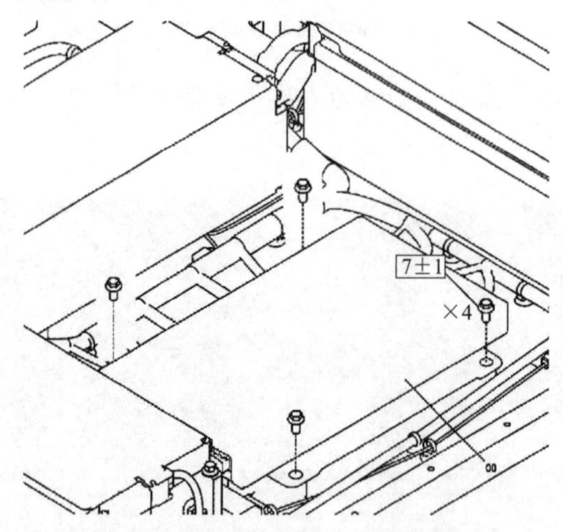

图 3-23　电池管理系统主控板位置

可按以下步骤拆卸。

① 关闭点火开关。

② 断开电池安全开关。

③ 断开蓄电池负极。

④ 断开蓄电池正极。

⑤ 拆卸动力电池包总成。

⑥ 拆卸电池包上壳体。

⑦ 断开电池管理系统主控板接插件，如图 3-24 所示。

⑧ 拆下 4 个螺栓，如图 3-25 所示。

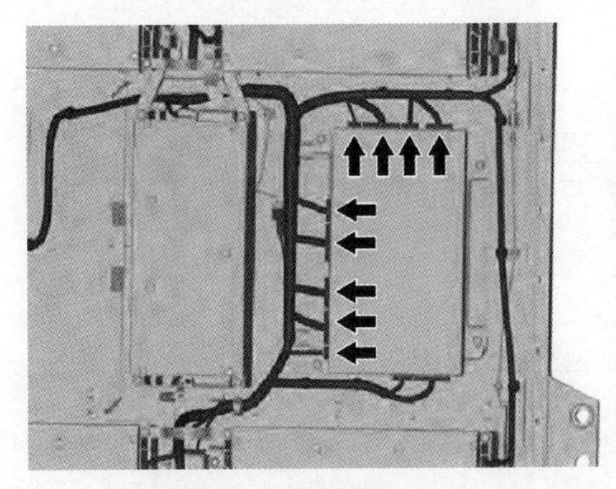

图 3-24 断开接插件

图 3-25 拆下 4 个紧固螺栓

⑨ 拆下电池管理系统主控板。

按与拆卸相反的顺序进行安装，注意按照规定力矩值拧紧紧固件。

3.2.2 电池管理器检测

3.2.2.1 小鹏 P7 电池管理系统端子定义

故障排除中最困难的情况是没有任何症状出现，在这种情况下，必须彻底分析用户所叙述的故障。然后模拟与客户车辆出现故障时相同或相似的条件和环境，无论维修人员经验如何丰富，技术如何熟练，如果不确认故障症状就进行故障排除，将会在修理中忽略一些重要的东西，并在某些地方作出错误的猜测。这将导致故障排除无法进行下去。

检查易于接触或能够看到的系统部件，以查明其是否有明显损坏或存在可能导致故障的情况。接插件接头和振动的支点是应该彻底检查的主要部位，如果存在可能由振动造成故障的情况，建议用振动法。

用手指轻轻振动可能有故障的传感器零件，并检查是否出现故障。在垂直和水平方向轻轻摇动接插件。在垂直和水平方向轻轻摇动线束。

电池管理系统低压信号线接插件端子分布如图 3-26 所示，端子定义见表 3-2、表 3-3。

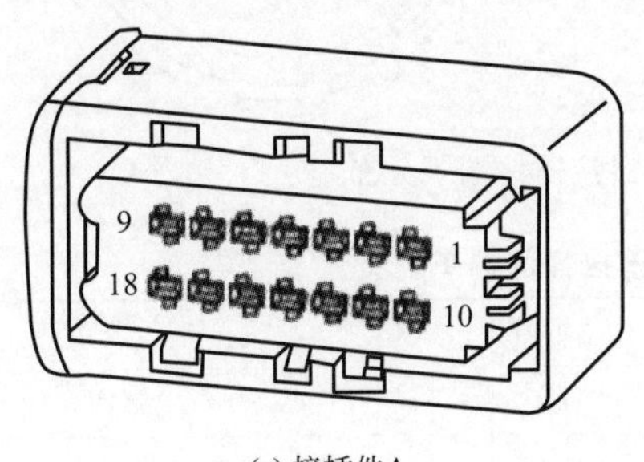

(a) 接插件A

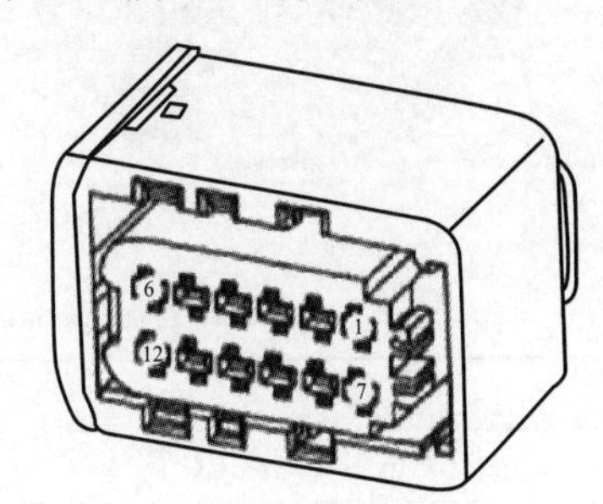

(b) 接插件B

图 3-26 电池管理系统低压信号线接插件端子分布

表 3-2　接插件 A 端子定义

端子号	端子定义	电流	输入/输出	信号类型
3	碰撞信号输入		输入	开关
4	直流充电负极接触器负极		输出	
5	直流充电正极接触器负极		输出	
6	A+信号		输入/输出	电压信号
9	DC-CC2 信号	5mA	输入/输出	快充插座
11	动力电池控制器接地	5A	输入	蓄电池 12V−
12	动力电池控制器电源	7.5A	输入	蓄电池 12V+
13	动力电池控制器电源	5A	输入	蓄电池 12V+
15	直流充电负极接触器正极		输出	
16	紧急停止			
17	直流充电正极接触器正极		输出	
18	VCU 唤醒输出 12V+	100mA	输出	开关

表 3-3　接插件 B 端子定义

端子号	端子定义	输入/输出	信号类型
1	ECAN-L	输入/输出	CAN
2	ECAN-H	输入/输出	CAN
4	内网 CAN-L	输入/输出	CAN
5	内网 CAN-H	输入/输出	CAN

3.2.2.2　奇瑞小蚂蚁 eQ2 电池管理器端子定义

eQ2 电池管理器接插件端子分布如图 3-27 所示，功能定义见表 3-4。

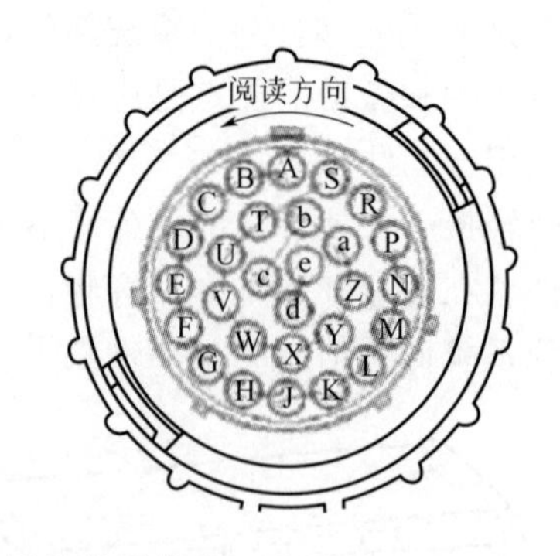

图 3-27　电池管理器接插件端子分布

表 3-4　电池管理器接插件端子定义

孔位编号	端子定义	孔位编号	端子定义
A	交流充电引导电路 CC 信号	D	高压继电器闭合信号
B	交流充电引导电路 CP 信号	E	BMS 12V 电源
C	直流充电引导电路 CC 信号	F	直流充电设备点火信号

续表

孔位编号	端子定义	孔位编号	端子定义
G	BMS电源地	W	整车点火信号
H	BMS电源地	X	充电机点火信号
J	BMS 12V电源	Y	动力电池风扇PWM信号
K	整车CAN-H	a	充电指示灯信号(红灯)
L	整车CAN-L	b	充电指示灯信号(绿灯)
p	直流充电CAN-H	c	动力电池风扇反馈信号
R	直流充电CAN-L	d	动力电池风扇继电器控制信号

BMS线束接插件端子分布如图3-28所示，功能定义见表3-5。

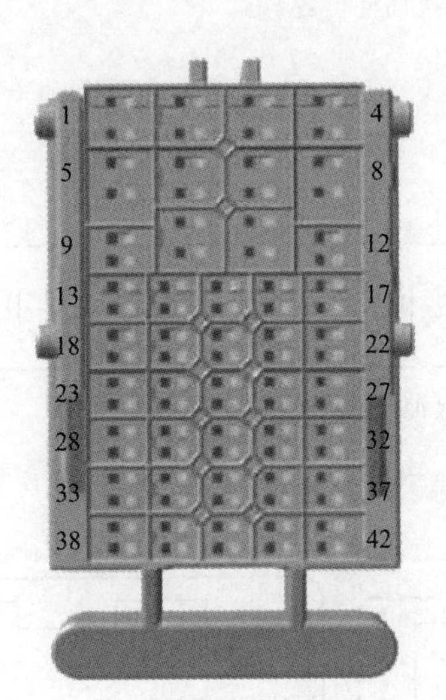

(a) 接插件正视图

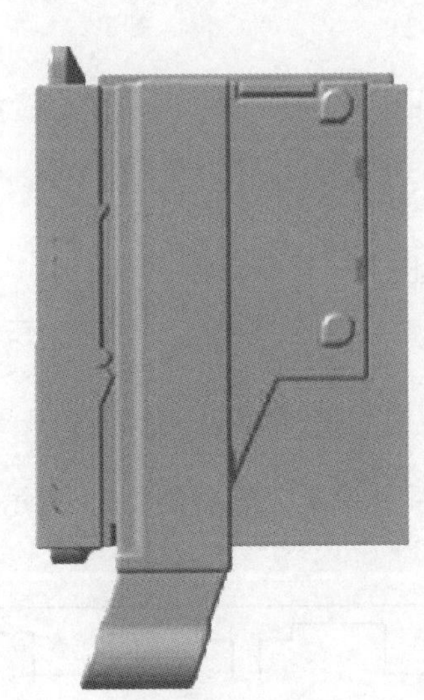

(b) 接插件左视图

图3-28 BMS线束接插件端子分布

表3-5 BMS线束接插件端子定义

孔位编号	端子定义	孔位编号	端子定义
1	BMS电源地	19	充电转接线互锁信号—出
4	屏蔽网接地线	21	整车CAN-L
5	BMS电源地	22	整车CAN-H
6	BMS 12V电源	23	直流充电CAN-L
7	BMS 12V电源	24	直流充电CAN-H
8	直流充电设备点火信号	28	充电指示灯信号(红灯)
9	动力电池风扇继电器控制信号	30	动力电池风扇PWM信号
14	高压继电器闭合信号	31	充电机点火信号
15	直流充电引导电路CC信号	32	整车点火信号
16	交流充电引导电路CP信号	36	动力电池风扇反馈信号
17	交流充电引导电路CC信号	37	充电指示灯信号(绿灯)
18	充电转接线互锁信号—进		

3.2.2.3 欧拉黑猫电池管理系统主控板端子定义

电池管理系统主控板接插件位置如图 3-29 所示。

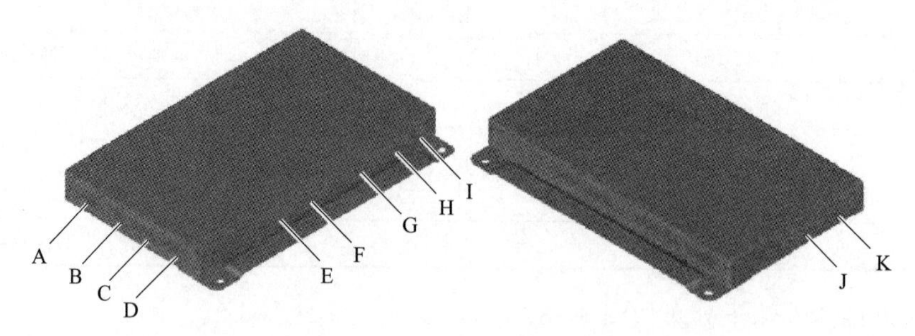

图 3-29 主控板接插件位置

电池模组编号及电池模组电压采样位置如图 3-30 所示。

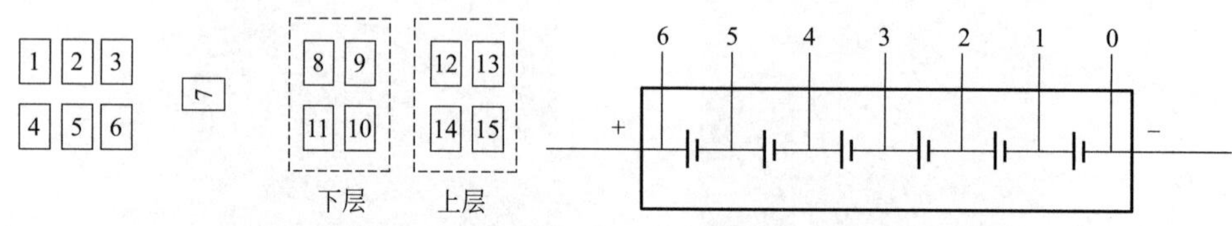

图 3-30 电池模组编号及电池模组电压采样位置

主控板各接插件端子分布如图 3-31 所示，端子功能定义见表 3-6。

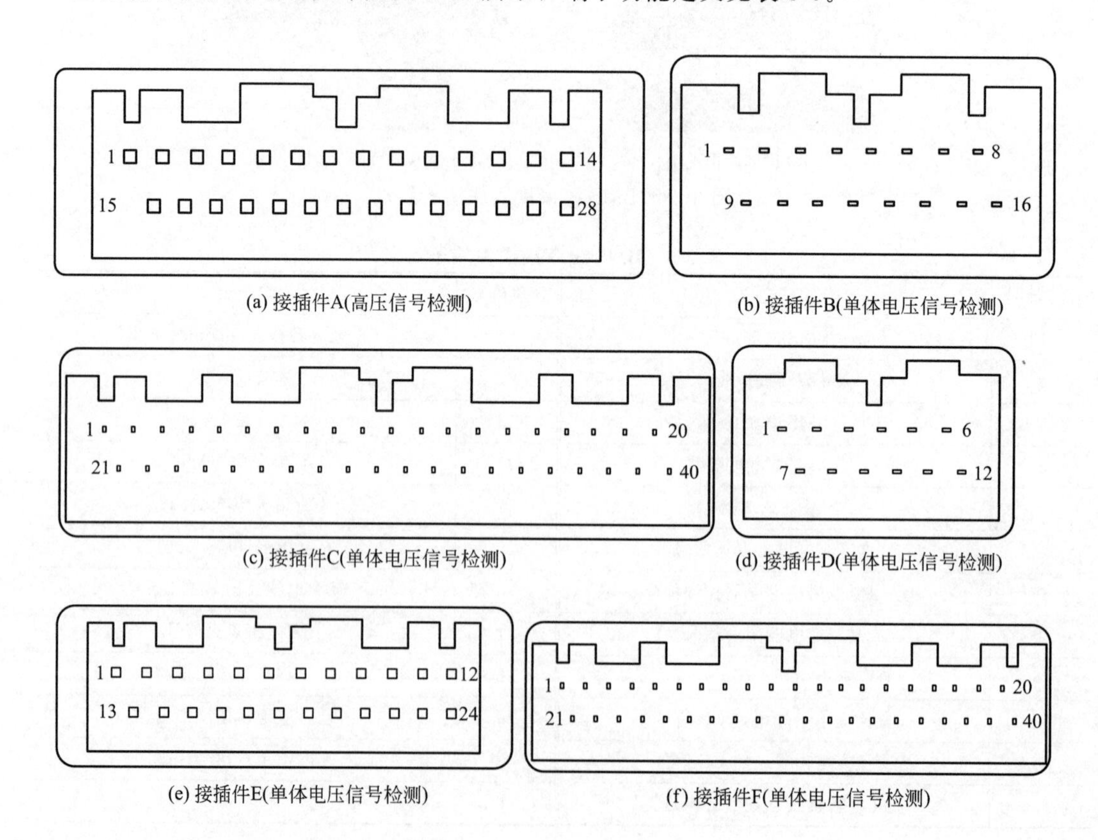

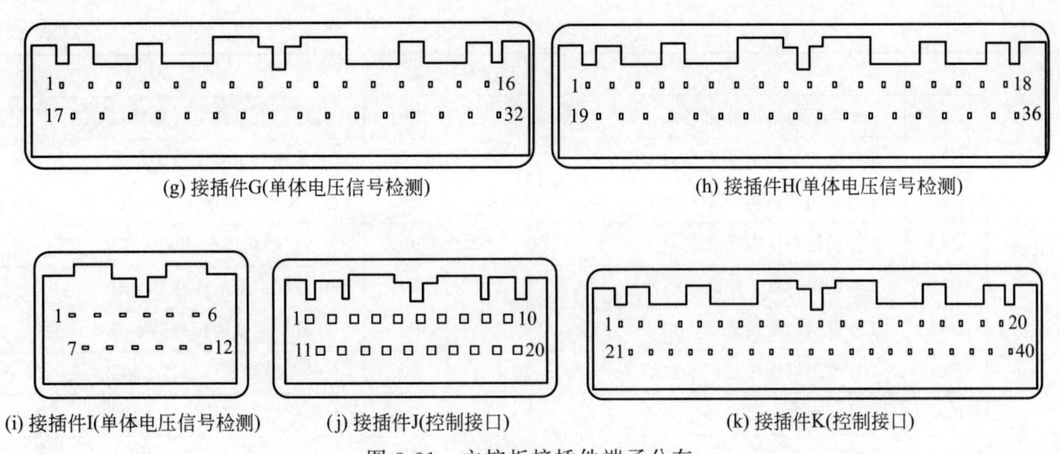

(g) 接插件G(单体电压信号检测)　(h) 接插件H(单体电压信号检测)

(i) 接插件I(单体电压信号检测)　(j) 接插件J(控制接口)　(k) 接插件K(控制接口)

图 3-31　主控板接插件端子分布

表 3-6　主控板接插件端子定义

接插件	端子	功能定义
接插件 A	A02	外部总电压负极(V_B)
	A08	加热接触器总压正极(V_4)
	A14	内部总电压正极(V_1)
	A18	内部总电压负极(V_A)
	A27	正端接触器总压正极(V_3)
接插件 B	B01	1 号模组单体电压采样模块电源
	B02	2 号模组单体电压采样点 4
	B03	2 号模组单体电压采样点 2
	B04	2 号模组单体电压采样点 0
	B05	1 号模组单体电压采样点 5
	B06	1 号模组单体电压采样点 3
	B07	1 号模组单体电压采样点 1
	B08	1 号模组单体电压采样模块接地
	B10	2 号模组单体电压采样点 5
	B11	2 号模组单体电压采样点 3
	B12	2 号模组单体电压采样点 1
	B13	1 号模组单体电压采样点 6
	B14	1 号模组单体电压采样点 4
	B15	1 号模组单体电压采样点 2
	B16	1 号模组单体电压采样点 0
接插件 C	C01	5 号模组单体电压采样点 2
	C02	5 号模组单体电压采样点 0
	C03	4 号模组单体电压采样点 5
	C04	4 号模组单体电压采样点 3
	C05	4 号模组温度传感器 2 输入
	C06	4 号模组温度传感器 1 输入
接插件 C	C07	3 号模组温度传感器 2 输入
	C08	3 号模组温度传感器 1 输入
	C09	4 号模组单体电压采样点 3
	C10	4 号模组单体电压采样点 2
	C11	4 号模组单体电压采样点 0
	C12	3 号模组单体电压采样点 5
	C13	3 号模组单体电压采样点 3
	C14	3 号模组单体电压采样点 1
	C15	2 号模组单体电压采样点 6
	C16	2 号模组单体电压采样点 5
	C17	2 号模组温度传感器 2 输入
	C18	2 号模组温度传感器 1 输入
	C19	1 号模组温度传感器 2 输入
	C20	1 号模组温度传感器 1 输入
	C21	5 号模组单体电压采样点 3
	C22	5 号模组单体电压采样点 1
	C23	4 号模组单体电压采样点 6
	C24	4 号模组单体电压采样点 4
	C25	4 号模组单体电压采样点 3
	C26	4 号模组温度传感器 2 接地
	C27	4 号模组温度传感器 1 接地
	C28	3 号模组温度传感器 2 接地
	C29	3 号模组温度传感器 1 接地
	C30	4 号模组单体电压采样点 3
	C31	4 号模组单体电压采样点 1
	C32	3 号模组单体电压采样点 6

续表

接插件	端子	功能定义	接插件	端子	功能定义
接插件C	C33	3号模组单体电压采样点4	接插件F	F01	10号模组单体电压采样点3
	C34	3号模组单体电压采样点2		F02	10号模组单体电压采样点1
	C35	3号模组单体电压采样点0		F03	9号模组单体电压采样点6
	C36	2号模组单体电压采样点5		F04	9号模组单体电压采样点4
	C37	2号模组温度传感器2接地		F05	10号模组温度传感器2输入
	C38	2号模组温度传感器1接地		F06	10号模组温度传感器1输入
	C39	1号模组温度传感器2接地		F07	9号模组温度传感器2输入
	C40	1号模组温度传感器1接地		F08	9号模组温度传感器1输入
接插件D	D04	6号模组单体电压采样点1		F09	9号模组单体电压采样点4
	D05	5号模组单体电压采样点6		F10	9号模组单体电压采样点4
	D06	5号模组单体电压采样点4		F11	9号模组单体电压采样点2
	D10	6号模组单体电压采样点1		F12	9号模组单体电压采样点0
	D11	6号模组单体电压采样点0		F13	8号模组单体电压采样点5
	D12	5号模组单体电压采样点5		F14	8号模组单体电压采样点3
接插件E	E01	7号模组单体电压采样点6		F15	8号模组单体电压采样点1
	E02	7号模组单体电压采样点5		F16	8号模组单体电压采样点0
	E03	7号模组单体电压采样点3		F17	8号模组温度传感器2输入
	E04	7号模组单体电压采样点1		F18	8号模组温度传感器1输入
	E05	6号模组单体电压采样点6		F19	7号模组温度传感器2输入
	E06	6号模组单体电压采样点4		F20	7号模组温度传感器1输入
	E07	6号模组单体电压采样点2		F21	10号模组单体电压采样点4
	E08	6号模组单体电压采样点1		F22	10号模组单体电压采样点2
	E09	6号模组温度传感器2输入		F23	10号模组单体电压采样点0
	E10	6号模组温度传感器1输入		F24	9号模组单体电压采样点5
	E11	5号模组温度传感器2输入		F25	9号模组单体电压采样点4
	E12	5号模组温度传感器1输入		F26	10号模组温度传感器2接地
	E14	7号模组单体电压采样点6		F27	10号模组温度传感器1接地
	E15	7号模组单体电压采样点4		F28	9号模组温度传感器2接地
	E16	7号模组单体电压采样点2		F29	9号模组温度传感器1接地
	E17	7号模组单体电压采样点0		F30	9号模组单体电压采样点4
	E18	6号模组单体电压采样点5		F31	9号模组单体电压采样点3
	E19	6号模组单体电压采样点3		F32	9号模组单体电压采样点1
	E20	6号模组单体电压采样点1		F33	8号模组单体电压采样点6
	E21	6号模组温度传感器2接地		F34	8号模组单体电压采样点4
	E22	6号模组温度传感器1接地		F35	8号模组单体电压采样点2
	E23	5号模组温度传感器2接地		F36	8号模组单体电压采样点0
	E24	5号模组温度传感器1接地		F37	8号模组温度传感器2接地

续表

接插件	端子	功能定义	接插件	端子	功能定义
接插件F	F38	8号模组温度传感器1接地	接插件H	H08	14号模组单体电压采样点3
	F39	7号模组温度传感器2接地		H09	14号模组单体电压采样点2
	F40	7号模组温度传感器1接地		H10	14号模组单体电压采样点0
接插件G	G01	12号模组单体电压采样点6		H11	13号模组单体电压采样点5
	G02	12号模组单体电压采样点6		H12	13号模组单体电压采样点3
	G03	12号模组单体电压采样点4		H13	13号模组单体电压采样点1
	G04	12号模组单体电压采样点2		H14	13号模组单体电压采样点0
	G05	12号模组单体电压采样点0		H15	14号模组温度传感器2输入
	G06	11号模组单体电压采样点5		H16	14号模组温度传感器1输入
	G07	11号模组单体电压采样点3		H17	13号模组温度传感器2输入
	G08	11号模组单体电压采样点2		H18	13号模组温度传感器1输入
	G09	12号模组温度传感器2输入		H19	14号模组单体电压采样点6
	G10	12号模组温度传感器1输入		H20	14号模组单体电压采样点4
	G11	11号模组温度传感器2输入		H21	14号模组单体电压采样点3
	G12	11号模组温度传感器1输入		H24	15号模组温度传感器2接地
	G14	11号模组单体电压采样点2		H25	15号模组温度传感器1接地
	G15	11号模组单体电压采样点0		H26	14号模组单体电压采样点3
	G16	10号模组单体电压采样点5		H27	14号模组单体电压采样点3
	G18	12号模组单体电压采样点6		H28	14号模组单体电压采样点1
	G19	12号模组单体电压采样点5		H29	13号模组单体电压采样点6
	G20	12号模组单体电压采样点3		H30	13号模组单体电压采样点4
	G21	12号模组单体电压采样点1		H31	13号模组单体电压采样点2
	G22	12号模组单体电压采样点6		H32	13号模组单体电压采样点0
	G23	11号模组单体电压采样点3		H33	14号模组温度传感器2接地
	G24	11号模组单体电压采样点2		H34	14号模组温度传感器1接地
	G25	12号模组温度传感器2接地		H35	13号模组温度传感器2接地
	G26	12号模组温度传感器1接地		H36	13号模组温度传感器1接地
	G27	11号模组温度传感器2接地	接插件I	I2	15号模组单体电压采样点6
	G28	11号模组温度传感器1接地		I3	15号模组单体电压采样点6
	G30	11号模组单体电压采样点2		I4	15号模组单体电压采样点4
	G31	11号模组单体电压采样点1		I5	15号模组单体电压采样点2
	G32	10号模组单体电压采样点6		I6	15号模组单体电压采样点0
接插件H	H01	14号模组单体电压采样点5		I8	15号模组单体电压采样点6
	H02	14号模组单体电压采样点3		I9	15号模组单体电压采样点6
	H05	15号模组温度传感器2输入		I10	15号模组单体电压采样点5
	H06	15号模组温度传感器1输入		I11	15号模组单体电压采样点3
	H07	14号模组单体电压采样点3		I12	15号模组单体电压采样点1

续表

接插件	端子	功能定义	接插件	端子	功能定义
接插件J	J01	霍尔传感器12V电源	接插件K	K13	加热膜2号温度传感器接地
	J04	内部CAN屏蔽		K14	加热膜1号温度传感器接地
	J05	CCP CAN屏蔽		K16	接触器控制电源
	J06	整车CAN高		K17	接触器控制+
	J07	整车CAN低		K18	直流快充负极接触器控制
	J10	充电CAN屏蔽		K19	主正接触器控制
	J11	霍尔传感器接地		K20	预充电接触器控制
	J13	内部CAN高(霍尔传感器通信)		K21	接地
	J14	内部CAN低(霍尔传感器通信)		K22	ON挡信号
	J15	CCP CAN低		K24	接触器控制接地
	J16	CCP CAN高		K29	直流充电连接信号CC2
	J17	整车CAN屏蔽		K31	快充口温度传感器2+
	J19	充电CAN高		K32	快充口温度传感器1+
	J20	充电CAN低		K33	加热膜2号温度传感器电源
接插件K	K01	常电		K34	加热膜1号温度传感器电源
	K02	常电		K37	主负接触器控制
	K03	直流充电激活信号		K38	加热接触器控制
	K07	碰撞信号		K39	接触器控制
	K11	快充口温度传感器2−		K40	直流快充正极接触器控制
	K12	快充口温度传感器1−			

3.2.2.4 科莱威CLEVER动力电池包端子定义

动力电池包整车低压线束端连接器视图如图3-32所示，端子功能定义见表3-7。

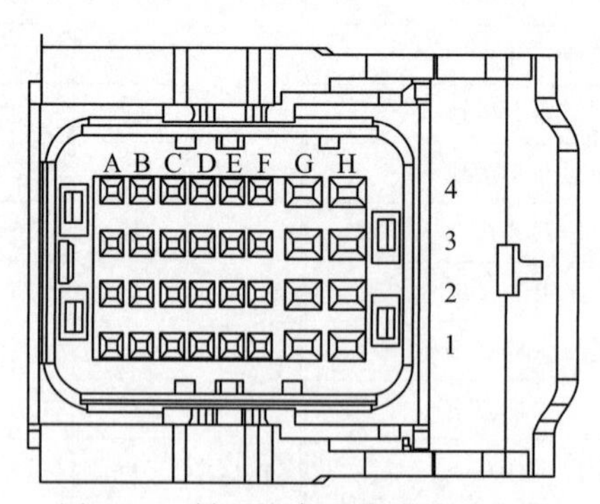

图3-32 低压线束连接器端子分布

表3-7 低压线束连接器端子功能定义

端子号	描述	端子号	描述
1A	混动高速CAN高电平	1C	LNTNL高速CAN高电平
1B	混动高速CAN低电平	1D	LNTNL高速CAN低电平

续表

端子号	描述	端子号	描述
1G	供电 1	4B	慢充唤醒
1H-3C	接地 1	4G	供电 2
3D	整车唤醒	4H	接地 2

高低压充电集成模块线束端连接器视图如图 3-33 所示，端子功能定义见表 3-8。

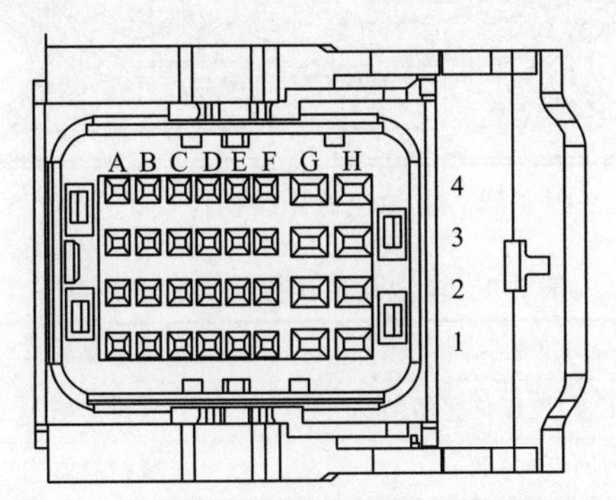

图 3-33　高低压充电集成模块连接器端子分布

表 3-8　高低压充电集成模块连接器端子功能定义

端子号	描述	端子号	描述
1B	慢速充电口电子锁状态－	2F	慢速充电口正极温度传感器－
1C	唤醒使能	3E	EDS 高压互锁回路
1E	PDU 高压互锁回路	3H	慢速充电口电子锁使能＋
1F	PDU 高压互锁回路	4A	混动高速 CAN 高
1H	接地	4B	混动高速 CAN 低
2A	慢充唤醒	4F	慢速充电口电子锁状态＋
2B	慢速充电口正极温度传感器＋	4G	接地
2C	火线温度传感器＋	4H	慢速充电口电子锁使能－
2E	高压 PTC 高压互锁回路		

3.2.3　电池管理器故障诊断

使用诊断仪可通过车辆的 OBD 诊断接口读取故障码，利用 BMS 的数据表，通过读取诊断仪上显示的数据表，可在不拆卸任何零件的情况下执行读取开关和传感器值功能。读取数据表是故障排除的第一步，也是减少诊断时间的方法之一。

3.2.3.1　比亚迪秦 PLUS DM-i 动力电池包故障诊断

秦 PLUS DM-i 动力电池包低压接插件端子分布如图 3-34 所示，端子定义见表 3-9。

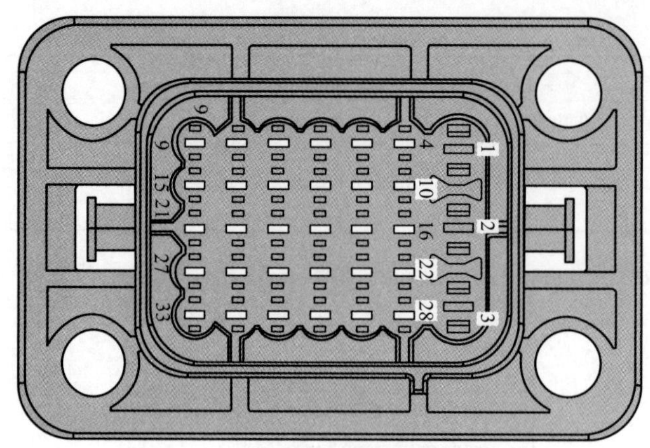

图 3-34 电池包低压接插件端子分布

表 3-9 电池包低压接插件端子定义

序号	端口名称	端口定义	线束接法	信号类型	工作电流/A
4	12VPWR	12V 蓄电池正极/气压传感器供电	域控制器	电源	<1
5	MAIN_CAN-H	动力网 CAN-H	域控制器	CAN 信号	<0.05
6	MAIN_CAN-L	动力网 CAN-L	域控制器	CAN 信号	<0.05
7	GND_ISO	动力网屏蔽地	整车低压线束—车身地	电平	/
8	IG3_PWR	IG3 电源正极/IG3 电唤醒	域控制器	电源	<3
9	GND	12V 蓄电池负极/气压传感器	整车低压线束—车身地	电源	<1
10	GND	IG3 电源地	整车低压线束—车身地	电源	<3
11	AC_WKUP	交流充电连接信号	整车低压线束—交流充电口	电平	<0.01
13	CRASH	碰撞信号	整车低压线束—ECU	电平	<0.005
30	HVIL_IN1	高压互锁输入 1	整车低压线束—前电控高压接插件	PWM	<0.001
31	HVIL_OUT1	高压互锁输出 1	整车低压线束—前电控高压接插件	PWM	<0.001

秦 PLUS DM-i 动力电池包故障码列表如表 3-10 所示。

表 3-10 动力电池包故障码及定义

序号	故障码	故障定义	序号	故障码	故障定义
1	P1A0001	单边严重漏电故障	12	P2B9709	AFE 9 工作异常故障
2	P1A0101	单边一般漏电故障	13	P2B970A	AFE 10 工作异常故障
3	P2B9900	双边漏电故障	14	P2B970B	AFE 11 工作异常故障
4	P2B9701	AFE 1 工作异常故障	15	P2B970C	AFE 12 工作异常故障
5	P2B9702	AFE 2 工作异常故障	16	P2B970D	AFE 13 工作异常故障
6	P2B9703	AFE 3 工作异常故障	17	P2B970E	AFE 14 工作异常故障
7	P2B9704	AFE 4 工作异常故障	18	P2B9801	AFE 1 电压采样异常故障
8	P2B9705	AFE 5 工作异常故障	19	P2B9802	AFE 2 电压采样异常故障
9	P2B9706	AFE 6 工作异常故障	20	P2B9803	AFE 3 电压采样异常故障
10	P2B9707	AFE 7 工作异常故障	21	P2B9804	AFE 4 电压采样异常故障
11	P2B9708	AFE 8 工作异常故障	22	P2B9805	AFE 5 电压采样异常故障

续表

序号	故障码	故障定义	序号	故障码	故障定义
23	P2B9806	AFE 6 电压采样异常故障	60	P2B9B00	电池温差过大
24	P2B9807	AFE 7 电压采样异常故障	61	P2B9C00	电池压差过大
25	P2B9808	AFE 8 电压采样异常故障	62	P1A3D00	负极接触器回检故障
26	P2B9809	AFE 9 电压采样异常故障	63	P1A3E00	主接触器回检故障
27	P2B980A	AFE 10 电压采样异常故障	64	P1A3F00	预充接触器回检故障
28	P2B980B	AFE 11 电压采样异常故障	65	P2B9A01	加热接触器回检故障
29	P2B980C	AFE 12 电压采样异常故障	66	P2B9A02	加热接触器烧结故障
30	P2B980D	AFE 13 电压采样异常故障	67	P1A4100	主接触器烧结故障
31	P2B980E	AFE 14 电压采样异常故障	68	P1A4200	负极接触器烧结故障
32	P2B9901	AFE 1 温度采样异常故障	69	P1AF600	热失控故障
33	P2B9902	AFE 2 温度采样异常故障	70	P1A5100	碰撞硬线信号 PWM 异常告警
34	P2B9903	AFE 3 温度采样异常故障	71	P1A5200	碰撞系统故障
35	P2B9904	AFE 4 温度采样异常故障	72	U011000	与电机控制器通信故障
36	P2B9905	AFE 5 温度采样异常故障	73	U110387	与气囊 ECU 通信故障
37	P2B9906	AFE 6 温度采样异常故障	74	P1A6000	高压互锁 1 故障
38	P2B9907	AFE 7 温度采样异常故障	75	U012000	子网通信故障
39	P2B9908	AFE 8 温度采样异常故障	76	U01F401	AFE 1 通信超时故障
40	P2B9909	AFE 9 温度采样异常故障	77	U01F402	AFE 2 通信超时故障
41	P2B990A	AFE 10 温度采样异常故障	78	U01F403	AFE 3 通信超时故障
42	P2B990B	AFE 11 温度采样异常故障	79	U01F404	AFE 4 通信超时故障
43	P2B990C	AFE 12 温度采样异常故障	80	U01F405	AFE 5 通信超时故障
44	P2B990D	AFE 13 温度采样异常故障	81	U01F406	AFE 6 通信超时故障
45	P2B990E	AFE 14 温度采样异常故障	82	U01F407	AFE 7 通信超时故障
46	P2B9A00	均衡回路故障	83	U01F408	AFE 8 通信超时故障
47	P1A3400	预充失败故障	84	U01F409	AFE 9 通信超时故障
48	P1A3419	预充过流故障	85	U01F40A	AFE 10 通信超时故障
49	P1A3412	预充短路故障	86	U01F40B	AFE 11 通信超时故障
50	P1A3522	动力电池单节电压严重过高	87	U01F40C	AFE 12 通信超时故障
51	P1A3622	动力电池单节电压一般过高	88	U01F40D	AFE 13 通信超时故障
52	P1A3721	动力电池单节电压严重过低	89	U01F40E	AFE 14 通信超时故障
53	P1A3821	动力电池单节电压一般过低	90	U029787	与车载充电机通信故障
54	P1A3922	动力电池单节温度严重过高	91	U012200	与低压 BMS 通信故障
55	P1A3A22	动力电池单节温度一般过高	92	P1AC000	气囊 CAN 信号碰撞报警
56	P1A3B21	动力电池单节温度严重过低	93	P2B9D00	BIC 工作异常
57	P1A3C00	动力电池单节温度一般过低	94	U029800	电池管理器与 DC 通信故障
58	P1A3501	动力电池单节电压极限过高	95	U02A200	电池管理器与主动泄放模块通信故障
59	P1A3B01	动力电池单节电压极限过低	96	U016400	电池管理器与空调通信故障

续表

序号	故障码	故障定义	序号	故障码	故障定义
97	P1ADA00	入口温度传感器故障	113	P2B9C01	低边驱动严重异常
98	P1ADB00	出口温度传感器故障	114	P2B9C12	低边驱动短路到电源
99	P1ADE00	因空调系统故障导致无法进行电池冷却	115	P2B9C02	低边驱动一般异常
100	P1AD44B	充电口温度一般过高 1	116	P2B9F00	HVSU 板温度过高(≥105℃)
101	P1AD54B	充电口温度一般过高 2	117	P2BA200	分流器温度过高
102	P1AD698	充电口温度严重过高 3	118	P2BA000	所有单体累积和和 LINK 电压差值过大
103	P1AD900	充电口温度采样点异常	119	P2BA100	电流采样零漂过大
104	P1A5B00	双路电供电故障断开接触器	120	P2B8000	HVSU_PACK＋电压采样故障
105	P1A5500	电池管理器 12V 供电电源输入过高	121	P2B8400	HVSU 芯片工作异常
106	P1A5600	电池管理器 12V 供电电源输入过低	122	P2B8500	HVSU 供电异常故障
107	P2B9E22	IG3 12V 供电电源电压过高	123	U01D487	与 VCU 通信故障
108	P2B9E21	IG3 12V 供电电源电压过低	124	P2B9600	电池单体电压数据不更新故障
109	U027D87	HVSU 通信故障	125	U007301	动力网 CAN BUS OFF 故障
110	P2B8E00	高边驱动严重异常	126	U010F87	BMC 与 HVSU 通信异常
111	P2B8F12	高边驱动短路到电源	127	P2B8E01	高边驱动欠压故障断开 2 接触器
112	P2B9000	高边驱动一般异常			

3.2.3.2 广汽 Aion S 动力电池系统故障诊断

广汽 Aion S 动力电池系统故障码列表如表 3-11、表 3-12 所示。

表 3-11 CATL 动力电池系统故障码表

序号	故障码	故障码描述	可能原因
1	P16E016	单体欠压 1 级	动力电池馈电
			动力电池过度放电
			动力电池故障
2	P16E116	单体欠压 2 级	动力电池馈电
			动力电池过度放电
			动力电池故障
3	P16E216	单体欠压 3 级	动力电池馈电
			动力电池过度放电
			动力电池故障
4	P16E017	单体过压 1 级	动力电池过充
			动力电池故障
5	P16E117	单体过压 2 级	动力电池过充
			动力电池故障
6	P16E217	单体过压 3 级	动力电池过充
			动力电池故障

续表

序号	故障码	故障码描述	可能原因
7	P16E417	电池包总电压过高1级	动力电池过充
			动力电池故障
8	P16E517	电池包总电压过高2级	动力电池过充
			动力电池故障
9	P16E416	电池包总电压过低1级	动力电池馈电
			动力电池过度放电
			动力电池故障
10	P16E516	电池包总电压过低2级	动力电池馈电
			动力电池过度放电
			动力电池故障
11	P160016	BMS低压供电电压过低故障	蓄电池亏电
			低压供电短路
			DC/DC系统故障
			蓄电池故障
			动力电池内部BMS或BMS供电线路故障
12	P160017	BMS低压供电电压过高故障	蓄电池过充
			低压供电短路
			DC/DC系统故障
			蓄电池故障
			动力电池内部BMS或BMS供电线路故障
13	P164001	电芯电压采样线掉线	采样线开路
14	P16101C	电芯电压传感器故障	采样线故障或者采样芯片故障
15	P164302	电芯电压和Chip电压偏差故障	电压采样异常
16	P164062	主继电器外侧高压大于内侧高压	继电器触点接触不良
			高压采样回路异常
17	P161228	电流传感器零漂过大故障	电流传感器异常
18	P164502	CSU KB值异常	CSU出现了故障
19	P164602	CSU ECC double故障	CSU出现了故障
20	P164702	CSU复位故障	CSU出现了故障
21	P16E806	动力蓄电池一致性差(电芯不均衡)	PACK内部电芯SOC差异过大,电芯处于不均衡状态
22	P168092	SOH过低1级	电池老化程度超出预定值,达到使用寿命限制
23	P168192	SOH过低2级	电池老化程度超出预定值,达到使用寿命限制
24	P161028	电流传感器故障	电流传感器故障
25	P168300	BMS非预期的下电故障	BMS故障
26	P168400	BMS非预期的重启故障	BMS故障
27	P16E019	放电过流1级	动力电池过压
			高压负载异常

续表

序号	故障码	故障码描述	可能原因
27	P16E019	放电过流 1 级	动力电池内部故障
28	P16E119	放电过流 2 级	动力电池过压
			高压负载异常
			动力电池内部故障
29	P16E018	充电过流 1 级	动力电池严重亏电
			车载充电机故障
			动力电池内部故障
30	P16E118	充电过流 2 级	动力电池严重亏电
			车载充电机故障
			动力电池内部故障
31	P16E318	回充过流 1 级	车载充电机故障
			动力电池内部故障
32	P16E418	回充过流 2 级	车载充电机故障
			动力电池内部故障
33	P164419	极限过流故障	高压负载回路异常
			高压负载异常
34	P16E098	电池温度过高 1 级报警	冷却液不足
			冷却管路故障
			冷却系统故障
			动力电池内部故障
35	P16E198	电池温度过高 2 级报警	冷却液不足
			冷却管路故障
			冷却系统故障
			动力电池内部故障
36	P16E298	电池温度过高 3 级报警	冷却液不足
			冷却管路故障
			冷却系统故障
			动力电池内部故障
37	P16E099	电池温度过低故障	环境温度过低
			动力电池加热系统故障
			动力电池内部故障
38	P16E006	电池温差过大	车辆附近存在异常温度源
			冷却系统故障
			动力电池内部故障
39	P16114C	电池温度传感器故障	电池温度传感器故障
			动力电池内部温度传感器线路故障
40	P16104C	电池温度传感器故障(严重)	电池温度传感器故障

续表

序号	故障码	故障码描述	可能原因
40	P16104C	电池温度传感器故障(严重)	动力电池内部温度传感器线路故障
41	P164802	电池温度测量故障	电池温度传感器故障
			动力电池内部温度传感器线路故障
42	P16484B	热失控故障	电池温度传感器故障
			动力电池内部温度传感器线路故障
43	P167013	高压回路断路	维修开关安装错误
			维修开关故障
			动力电池内部线路故障
44	P168222	SOC 过高	SOC 存储值丢失
45	P168227	SOC 跳变	SOC 存储值丢失
46	P168221	SOC 过低	动力电池亏电
			动力电池内部故障
47	P16934B	CSU 温度过高 1 级故障	动力电池内部故障
48	P16954B	CSU 温度过高 2 级故障	动力电池内部故障
49	P164016	Emergencyline 故障	车辆发生碰撞
			安全气囊系统故障
			整车控制系统故障
			动力电池内部 BMS 故障
50	U108087	VCU 报文丢失	端子或者线束连接错误
			电磁干扰
			整车控制器故障
			动力电池内部 BMS 故障
51	U108081	VCU_6 数据校验错误，累计达到报警阈值	端子或者线束连接错误
			电磁干扰
			整车控制器故障
			动力电池内部 BMS 故障
52	U011287	IPS 报文丢失	端子或者线束连接错误
			电磁干扰
			车载充电机故障
			动力电池内部 BMS 故障
53	U029287	DCU 报文丢失	端子或者线束连接错误
			电磁干扰
			电机控制器故障
			动力电池内部 BMS 故障
54	U059481	DCU_1 数据校验错误，累计达到报警阈值	端子或者线束连接错误
			电磁干扰
			电机控制器故障

续表

序号	故障码	故障码描述	可能原因
54	U059481	DCU_1 数据校验错误，累计达到报警阈值	动力电池内部 BMS 故障
55	U007688	ECAN 模块 BUS OFF	端子或者线束连接错误
			电磁干扰
			ECAN 通信线路故障
56	P167288	CHCAN 模块 BUS OFF	端子或者线束连接错误
			CHCAN 通信线路故障
			快充插座故障
			动力电池内部 BMS 故障
57	P168500	内部菊花链不更新故障	BMS 内部通信故障或 CMC 故障
58	P161387	总电压采样报文♯1 丢失	BMS 内部通信故障或 CSU 故障
59	P161587	总电压采样报文♯2 丢失	BMS 内部通信故障或 CSU 故障
60	P161487	电流采样报文丢失	BMS 内部通信故障或 CSU 故障
61	P167188	SCAN 模块 BUS OFF	BMS 内部 SCAN 通信线束故障
62	P167388	SCAN 总线故障	BMS 内部通信故障或 CSU 故障
63	P167487	MOS 状态报文丢失	BMS 内部通信故障或 CSU 故障
64	P167587	CSU 故障状态报文丢失	BMS 内部通信故障或 CSU 故障
65	P167683	电流采样报文 CRC	BMS 内部通信故障或 CSU 故障
66	P167783	高压♯1 采样报文 CRC	BMS 内部通信故障或 CSU 故障
67	P167883	高压♯2 采样报文 CRC	BMS 内部通信故障或 CSU 故障
68	P16A173	主正或预充继电器粘连故障	主正或者预充继电器故障
69	P16A373	主负继电器粘连故障	主负继电器故障
70	P16A473	直流充电继电器粘连故障	直流充电继电器故障
71	P16A573	主正或主负继电器粘连故障	主正或主负继电器故障
72	P16A072	主正继电器无法闭合故障	主正继电器故障
73	P16A372	直流充电继电器无法闭合故障（直流充电回路断路）	直流充电继电器故障
74	P16A472	预充继电器无法闭合故障	预充继电器故障
75	P164020	预充电流反向	电流传感器安装反向或电流传感器故障
76	P164901	绝缘检测电路故障	BMS 绝缘功能异常
77	P16944B	均衡回路温度过高	均衡回路温度过高
78	P169412	均衡回路短路故障	均衡回路或采样回路故障
79	P169413	均衡回路开路故障	均衡回路或采样回路故障
80	P164A86	均衡回路温度无效故障	均衡温度采样回路故障
81	P169798	BMU 过温故障	BMS 内部可能出现短路
82	P165817	主接触器外侧高压采样超 500V	采样电压异常
83	P165917	快充接触器外侧高压采样超 500V	采样电压异常
84	P165A17	主接触器内侧高压采样超 500V	采样电压异常

续表

序号	故障码	故障码描述	可能原因
85	P16A691	主正接触器带载切断超过阈值	带载切断超过次数
86	P16E093	VCU 故障响应超时	线束短路或断路
			整车控制系统故障
			整车控制器故障
			BMS 内部故障
87	P164191	紧急下电信号数值超范围	线束短路或断路
			整车控制系统故障
			整车控制器故障
88	P16E091	预充超时	高压上电未完成或外部负载提前工作
89	P164219	预充过流	高压上电未完成或外部负载提前工作
			主正主负外部负载回路短路
90	P164010	预充短路	高压上电未完成或外部负载提前工作
			主正主负外部负载回路短路
91	P161529	上高压过程中传感器失效	上高压过程中传感器失效
92	P16E21A	高压继电器闭合，绝缘 2 级故障	高压部分绝缘异常
93	P16E31A	高压继电器断开，绝缘 2 级故障	高压部分绝缘异常
94	P164921	绝缘双边阻值过低故障	高压部分绝缘异常
95	P169011	CC2 信号短地	信号线路短路
			充电设备故障
			快充插座故障
96	P169502	直流充电唤醒源异常	充电唤醒信号线路短路
			充电设备故障
			快充插座故障
97	P169109	直流充电设备故障	直流充电设备故障
98	P169609	VCU 停止充电	动力电池充满
			动力电池内部温度过高
			整车控制系统故障
			动力电池内部故障
			整车控制器故障
99	P169209	IPS 停止充电	充电设备故障
			信号线束故障
			车载充电机故障
			整车控制系统故障
			动力电池内部故障
			整车控制器故障
100	P168091	直流充电机与 BMS 功率不匹配故障	充电设备不符合要求

续表

序号	故障码	故障码描述	可能原因
101	P169704	BMS主动停止充电	动力电池充满
			动力电池内部温度过高
			动力电池内部故障
102	P165712	高压互锁1短地或短电源故障	高压互锁1对地短路或对电源短路故障
103	P165713	高压互锁1开路故障	高压互锁1开路故障

表3-12 孚能动力电池故障码及可能原因

序号	故障码	故障码描述	可能原因
1	P16E016	单体欠压1级	动力电池馈电
			动力电池过度放电
			动力电池故障
2	P16E116	单体欠压2级	动力电池馈电
			动力电池过度放电
			动力电池故障
3	P16E216	单体欠压3级	动力电池馈电
			动力电池过度放电
			动力电池故障
4	P16E017	单体过压1级	动力电池过充
			动力电池故障
5	P16E117	单体过压2级	动力电池过充
			动力电池故障
6	P16E217	单体过压3级	动力电池过充
			动力电池故障
7	P16E417	电池包总电压过高1级	动力电池过充
			动力电池故障
8	P16E517	电池包总电压过高2级	动力电池过充
			动力电池故障
9	P16E416	电池包总电压过低1级	动力电池馈电
			动力电池过度放电
			动力电池故障
10	P16E516	电池包总电压过低2级	动力电池馈电
			动力电池过度放电
			动力电池故障
11	P160016	BMS低压供电电压过低故障	蓄电池亏电
			低压供电短路
			DC/DC系统故障
			蓄电池故障
			动力电池内部BMS或BMS供电线路故障

续表

序号	故障码	故障码描述	可能原因
12	P160017	BMS低压供电电压过高故障	蓄电池过充
			低压供电短路
			DC/DC系统故障
			蓄电池故障
			动力电池内部BMS或BMS供电线路故障
13	P164001	电芯电压采样线掉线	电芯电压采样线断开
14	P16101C	电芯电压传感器故障	采样线故障或者采样芯片故障
15	P164062	主继电器外侧高压大于内侧高压	继电器触点接触不良
			高压采样回路故障
16	P161228	电流传感器零漂过大故障	电流传感器故障
17	P16E706	电芯电压差大	动力电池内部均衡电路异常或内阻差异过大
18	P16E806	动力蓄电池一致性差(电芯不均衡)	动力电池内部均衡电路异常或内阻差异过大
19	P168092	SOH过低1级	电池老化程度超出预定值,达到使用寿命限制
20	P168192	SOH过低2级	电池老化程度超出预定值,达到使用寿命限制
21	P161028	电流传感器故障	电流传感器故障
22	P168300	BMS非预期的下电故障	动力电池内部BMS故障
23	P168400	BMS非预期的重启故障	动力电池内部BMS故障
24	P16E019	放电过流1级	动力电池过压
			高压负载异常
			动力电池内部故障
25	P16E119	放电过流2级	动力电池过压
			高压负载异常
			动力电池内部故障
26	P16E018	充电过流1级	动力电池严重亏电
			车载充电机故障
			动力电池内部故障
27	P16E118	充电过流2级	动力电池严重亏电
			车载充电机故障
			动力电池内部故障
28	P16E318	回充过流1级	车载充电机故障
			动力电池内部故障
29	P16E418	回充过流2级	车载充电机故障
			动力电池内部故障
30	P164419	极限过流故障	高压负载回路异常
			高压负载异常
31	P16E098	电池温度过高1级报警	冷却液不足
			冷却管路故障

续表

序号	故障码	故障码描述	可能原因
31	P16E098	电池温度过高1级报警	冷却系统故障
			动力电池内部故障
32	P16E198	电池温度过高2级报警	冷却液不足
			冷却管路故障
			冷却系统故障
			动力电池内部故障
33	P16E298	电池温度过高3级报警	冷却液不足
			冷却管路故障
			冷却系统故障
			动力电池内部故障
34	P16E099	电池温度过低故障	环境温度过低
			动力电池加热系统故障
			动力电池内部故障
35	P16E006	电池温差过大	车辆附近存在异常温度源
			冷却系统故障
			动力电池内部故障
36	P16114C	电池温度传感器故障	电池温度传感器故障
			动力电池内部温度传感器线路故障
37	P16104C	电池温度传感器故障(严重)	电池温度传感器故障
			动力电池内部温度传感器线路故障
38	P161722	温度超出高范围	电池温度传感器故障
			动力电池内部温度传感器线路故障
39	P161721	温度超出低范围	电池温度传感器故障
			动力电池内部温度传感器线路故障
40	P16484B	热失控故障	电池温度传感器故障
			动力电池内部温度传感器线路故障
41	P16E662	电芯电压总和与电池包总电压之间差别过大	维修开关安装错误
			维修开关故障
			动力电池内部线路故障
42	P168222	SOC过高	SOC存储值丢失
43	P168221	SOC过低	动力电池亏电
			动力电池内部故障
44	P164016	Emergencyline故障	车辆发生碰撞
			安全气囊系统故障
			整车控制系统故障
			动力电池内部BMS故障
45	U108087	VCU报文丢失	端子或者线束连接错误

续表

序号	故障码	故障码描述	可能原因
45	U108087	VCU 报文丢失	电磁干扰
			整车控制器故障
			动力电池内部 BMS 故障
46	U108081	VCU_6 数据校验错误，累计达到报警阈值	端子或者线束连接错误
			电磁干扰
			整车控制器故障
			动力电池内部 BMS 故障
47	U011287	IPS 报文丢失	端子或者线束连接错误
			电磁干扰
			车载充电机故障
			动力电池内部 BMS 故障
48	U029287	DCU 报文丢失	端子或者线束连接错误
			电磁干扰
			电机控制器故障
			动力电池内部 BMS 故障
49	U059481	DCU_1 数据校验错误，累计达到报警阈值	端子或者线束连接错误
			电磁干扰
			电机控制器故障
			动力电池内部 BMS 故障
50	U014687	GWM 报文丢失	端子或者线束连接错误
			电磁干扰
			网关故障
			动力电池内部 BMS 故障
51	U007688	ECAN 模块 BUS OFF	端子或者线束连接错误
			电磁干扰
			ECAN 通信线路故障
52	P167288	CHCAN 模块 BUS OFF	端子或者线束连接错误
			CHCAN 通信线路故障
			快充插座故障
			动力电池内部 BMS 故障
53	P161487	电流采样报文丢失	BMS 内部通信故障
54	P167188	SCAN 模块 BUS OFF	BMS 内部 SCAN 通信线束故障
55	P167388	SCAN 总线故障	BMS 内部通信故障
56	P16A173	主正或预充继电器粘连故障	主正或者预充继电器故障
57	P16A373	主负继电器粘连故障	主负继电器故障
58	P16A473	直流充电继电器粘连故障	直流充电继电器故障
59	P16A573	主正或主负继电器粘连故障	主正或主负继电器故障

续表

序号	故障码	故障码描述	可能原因
60	P16A072	主正继电器无法闭合故障	主正继电器故障
61	P16A872	主负继电器无法闭合故障	主负继电器故障
62	P16A372	直流充电继电器无法闭合故障（直流充电回路断路）	直流充电继电器故障
63	P16A472	预充继电器无法闭合故障	预充继电器故障
64	P164020	预充电流反向	电流传感器安装反向或电流传感器故障
65	P164901	绝缘检测电路故障	绝缘检测电路异常
66	P16E991	达到允许无效绝缘测量的最大次数	绝缘检测电路异常
67	P16944B	均衡回路温度过高	均衡回路温度过高
68	P164A86	均衡回路温度无效故障	均衡温度采样回路故障
69	P169849	均衡故障	均衡电路异常
70	P169798	BMU 过温故障	BMS 内部可能出现短路
71	P165A17	主接触器内侧高压采样超 500V	采样电压异常
72	P16A691	主正接触器带载切断超过阈值	带载切断超过次数
73	P16A791	主负接触器带载切断超过阈值	带载切断超过次数
74	P16E093	VCU 故障响应超时	线束短路或断路
			整车控制系统故障
			整车控制器故障
			BMS 内部故障
75	P164191	紧急下电信号数值超范围	线束短路或断路
			整车控制系统故障
			整车控制器故障
76	P164112	紧急下电信号对电源短路	线束短路或断路
			整车控制系统故障
			整车控制器故障
77	P164114	紧急下电信号对地短路或开路故障	线束短路或断路
			整车控制系统故障
			整车控制器故障
78	P16E091	预充超时	高压上电未完成或外部负载提前工作
			动力电池内部预充电阻故障
79	P164219	预充过流	高压上电未完成或外部负载提前工作
			主正主负外部负载回路短路
			动力电池内部预充电阻故障
80	P164010	预充短路	高压上电未完成或外部负载提前工作
			主正主负外部负载回路短路
			动力电池内部预充电阻故障
81	P161529	上高压过程中传感器失效	DC/DC 故障

续表

序号	故障码	故障码描述	可能原因
82	P16E21A	高压继电器闭合，绝缘 2 级故障	高压器件绝缘异常
83	P16E31A	高压继电器断开，绝缘 2 级故障	高压器件绝缘异常
84	P169011	CC2 信号对地短路	信号线路短路
			充电设备故障
			快充插座故障
85	P169502	直流充电唤醒源异常	充电唤醒信号线路短路
			充电设备故障
			快充插座故障
86	P169109	直流充电设备故障	直流充电设备故障
87	P169609	VCU 停止充电	动力电池充满
			动力电池内部温度过高
			整车控制系统故障
			动力电池内部故障
			整车控制器故障
88	P169209	IPS 停止充电	充电设备故障
			信号线束故障
			车载充电机故障
			整车控制系统故障
			动力电池内部故障
			整车控制器故障
89	P168091	直流充电机与 BMS 功率不匹配故障	充电设备不符合要求
90	P169704	BMS 主动停止充电	动力电池充满
			动力电池内部温度过高
			动力电池内部故障
91	P164C14	高压互锁检测输入对地短路或开路故障	高压互锁检测输入对地短路或开路
92	P164C12	高压互锁检测输入对电源短路	高压互锁检测输入对电源短路
93	P164C91	高压互锁检测输入数值超范围	高压互锁检测电路异常
94	P168661	SOC 可信度降低	动力电池内部 SOC 计算异常
95	P16EA1A	行驶过程中监测到并行绝缘故障	高压线束进水或损坏
			高压电器进水或损坏
96	P16EB1A	充电过程中监测到并行绝缘故障	高压线束进水或损坏
			高压电器进水或损坏
97	P166042	EEPROM 数据为默认数据	EEPROM 数据存储失败或 EEPROM 损坏
98	P169983	内 CAN 数据校验故障	CAN 通信电路故障或者从板程序不匹配
99	P164D13	电池包主熔断器正侧处电压值开路故障	电池包主熔断器正侧处电压值检测电路开路
100	P164D91	电池包主熔断器正侧处电压值超范围故障	电池包主熔断器正侧处电压检测电路异常
101	P165191	电池包主熔断器负侧处电压值超范围故障	电池包主熔断器负侧处电压检测电路异常

序号	故障码	故障码描述	可能原因
102	P165291	电池包主正继电器负侧处电压值超范围故障	电池包主正继电器负侧处电压检测电路异常
103	P165391	电池包快充继电器负侧处电压值超范围故障	电池包快充继电器负侧处电压检测电路异常
104	P165491	电池包主负继电器正侧处电压值超范围故障	电池包主负继电器正侧处电压检测电路异常
105	P165591	电池包主负继电器负侧处电压值超范围故障	电池包主负继电器负侧处电压检测电路异常
106	P164E13	绝缘检测输入正开路故障	绝缘检测输入正开路
107	P164F13	绝缘检测输入负开路故障	绝缘检测输入负开路
108	P165614	从板故障硬线通信信号接收对地短路或开路故障	从板故障硬线通信信号接收对地短路或开路
109	P165612	从板故障硬线通信信号接收对电源短路	从板故障硬线通信信号接收对电源短路
110	P165691	从板故障硬线通信信号接收数值超范围	从板故障硬线通信信号电路异常
111	P169629	AFE IC 故障检测	AFE IC 损坏

3.2.3.3 北汽 EU5 电池管理系统故障诊断

北汽 EU5 电池管理系统故障码列表如表 3-13 所示。

表 3-13 EU5 电池管理系统故障码表

故障码	含义	故障码	含义
P0A9409	DC/DC 故障	P101221	SOC 太低报警
U300316	蓄电池电压低	P101001	DC/DC 温度故障
U300317	蓄电池电压高	P101101	动力电池包不匹配
P0A9401	DC/DC 过压故障	P118822	电池单体过压
U011 087	与 MCU 通信丢失	P119022	总电压过压
U025687	与 RMS 通信丢失故障	P118522	电池单体电压不均衡
U025887	与 ICM 通信丢失故障	P118111	电池外部短路(过流故障)
U014087	与 BCM 通信丢失故障	P118312	电池内部短路
U029887	与 DC/DC 通信丢失故障	P0A7E22	电池温度过高
U026087	与 EHU 通信丢失故障	P118722	温度不均衡
U011287	与 CMU 通信丢失故障	P118427	电池温升过快
U007388	总线关闭(预留)	P0AA61A	绝缘电阻低
P103364	BCU 自检超时	U025482	电池系统内部通信故障(单通道)
P103464	MCU 高压自检超时	U119982	电池系统内部通信故障(多通道)
P103904	MCU 自检异常(初始化)	P118964	内部总电压检测故障(V_1)
P103804	BCU/ BMS 自检异常(初始化)	P118A64	外部总电压检测故障(V_2)
P13101C	直流充电插座温度传感器 1 故障	P119B94	铜排松动(接触内阻加大)故障
P13111C	直流充电插座温度传感器 2 故障	P119C21	单体过放失效故障
P13124B	直流充电插座过温故障	P118E21	单体欠压故障(正常放电窗口欠压)
P13154B	交流充电插座过温故障	P119121	电池总电压欠压
P101327	SOC 跳变报警	P121C01	动力电池过充故障

续表

故障码	含义	故障码	含义
P119321	单体低温度报警	P0A0A94	高低压互锁故障
P118674	充电电流异常	P0AA473	负极继电器粘连
U025387	BMS与车载充电机通信故障	P0AE273	预充继电器粘连
P121229	子板单体电压采集电路故障(单子板)	P0AA073	正极继电器粘连
P12F929	子板单体电压采集电路故障(多子板)	P0AA572	负极继电器断路
P121329	子板模组电压采集电路故障	P0AE372	预充继电器断路
P121429	子板温度采集电路故障(单通道)	P0AA272	正极继电器断路
P12FA29	子板温度采集电路故障(多通道)	P110213	预充电阻断路
P121782	子板 VBU/BMS 节点通信丢失	P0A9513	MSD/主熔断器断路
P110829	总电流检测电路故障	P122001	预充电失败

3.2.3.4 科莱威CLEVER电池管理系统故障诊断

科莱威CLEVER电池管理系统故障码列表如表3-14所示。

表3-14 科莱威CLEVER电池管理系统故障码

故障码	描述	故障灯	故障等级
P0A0C	主高压互锁回路失效-低	OFF	Ⅲ
P0A0D	主高压互锁回路失效-高	OFF	Ⅲ
P0A7D	动力电池包电量低	OFF	Ⅲ
P0A95	动力电池包主熔断器损坏	OFF	Ⅲ
P0AA7	电池包电压隔离传感器线路故障	ON	Ⅲ
P0AFA	动力电池包总电压值过低	ON	Ⅰ
P0AFB	动力电池包总电压值过高	ON	Ⅰ
P0B13	"CAB"电流传感器电流值与"LEM"传感器电流值不一致	ON	Ⅲ
P0B19	电池包电压值错误	ON	Ⅲ
P0C78	预充电超时	OFF	Ⅰ
P1E03	电流传感器绝缘检测故障	OFF	Ⅲ
P1E04	外部高压电路与底盘绝缘故障	OFF	Ⅲ
P1E05	内部高压回路与底盘绝缘故障	ON	Ⅲ
P1E06	绝缘故障	OFF	Ⅲ
P1E0D	动力电池包预充电阻温度过高	OFF	Ⅰ
P1E0E	电芯压差过大	OFF	Ⅲ
P1E0F	电芯温差过大	OFF	Ⅲ
P1E11	实时时钟故障	OFF	Ⅲ
P1E1B	高压管理单元(HVM)标定值超限或未标定故障	OFF	Ⅲ
P1E1C	放电电流严重超限	OFF	Ⅰ
P1E1D	充电电流严重超限	OFF	Ⅰ

续表

故障码	描述	故障灯	故障等级
P1E1E	动力电池包放电电流超限	OFF	Ⅱ
P1E1F	动力电池包充电电流超限	OFF	Ⅱ
P1E22	BMS 带载掉电	OFF	Ⅲ
P1E23	BMS 就绪前 HCU 发送主继电器闭合请求	OFF	Ⅱ
P1E24	关键高压信号值错误	ON	Ⅰ
P1E26	碰撞发生	OFF	Ⅰ
P1E2B	高压互锁回路输入端失效-高	ON	Ⅲ
P1E2C	高压互锁回路输入端失效-低	ON	Ⅲ
P1E2F	充电耦合连接状态传感器对电源短路	OFF	Ⅲ
P1E30	12V 开关供电电压过高	ON	Ⅲ
P1E31	12V 开关供电电压过低	ON	Ⅲ
P1E34	5V 传感器供电电压过高	ON	Ⅲ
P1E35	5V 传感器供电电压过低	ON	Ⅲ
P1E39	慢充电流过高	OFF	Ⅲ
P1E41	慢充电流过低	OFF	Ⅲ
P1E48	12V 供电电路电压过低	OFF	Ⅲ
P1E49	12V 供电电路电压过高	OFF	Ⅲ
P1E4C	主正继电器粘连故障(闭合时)	ON	Ⅰ
P1E4D	主负继电器粘连故障(闭合时)	ON	Ⅲ
P1E52	主正继电器粘连故障(打开时)	ON	Ⅰ
P1E58	主正继电器打开故障(闭合时)	ON	Ⅰ
P1E59	主负继电器打开故障(闭合时)	ON	Ⅰ
P1E5A	预充继电器打开故障(闭合时)	OFF	Ⅲ
P1E5F	主正继电器两端电压差超限值(闭合时)	ON	Ⅲ
P1E60	主负继电器两端电压差超限值(闭合时)	ON	Ⅲ
P1E6D	单体电压之和与模组电压不一致	ON	Ⅲ
P1E70	电池单体电压高	OFF	Ⅱ
P1E71	电池单体电压过高	ON	Ⅰ
P1E72	电池单体电压低	OFF	Ⅱ
P1E73	电池单体电压过低	ON	Ⅰ
P1E75	电池单体温度过高	OFF	Ⅱ
P1E76	电池单体严重过温	ON	Ⅰ
P1E77	电池单体温度过低	OFF	Ⅲ
P1E82	慢充充电器要求动力电池管理系统紧急下电	OFF	Ⅲ
P1E94	动力电池包总电压与模块累计电压值不匹配	OFF	Ⅱ
P1E96	12V 蓄电池电压超出范围	ON	Ⅲ
P1E97	充电耦合连接状态传感器对地短路	OFF	Ⅲ

续表

故障码	描述	故障灯	故障等级
P1E9B	充电耦合连接状态传感器超出范围	OFF	Ⅲ
P1E9C	空调压缩机熔丝熔断	OFF	Ⅲ
P1E9D	唤醒信号丢失	OFF	Ⅲ
P1EA1	“CAB”电流传感器故障	ON	Ⅲ
P1EA2	“CAB”电流传感器信号丢失	OFF	Ⅲ
P1EAA	5V 供电电压过高	ON	Ⅲ
P1EAB	5V 供电电压过低	ON	Ⅲ
P1EAE	慢充充电电流与电池管理系统(BMS)需求电流不匹配	OFF	Ⅲ
P1EAF	慢充充电电压与电池管理系统(BMS)需求电压不匹配	OFF	Ⅲ
P1EB0	慢充高压接插件未连接	OFF	Ⅲ
P1EB1	车载充电机故障	OFF	Ⅲ
P1EB2	慢充过程中检测的绝缘值过低	OFF	Ⅲ
P1EB4	与高压管理单元(HVM)失去通信	OFF	Ⅲ
P1EC1	在继电器吸合前低压电池电压过低	OFF	Ⅲ
P1EC2	车载充电机熔断器故障	ON	Ⅲ
P1F0E	主正端电压值错误	ON	Ⅰ
P1F2C	电芯单体电压变化异常	OFF	Ⅲ
P1F2D	温度采样传感器硬件故障	OFF	Ⅲ
P1F2F	ECU 内部故障-MCU 内部故障	OFF	Ⅱ
P1F31	电芯监控单元[CMU01]与 BMS 主控制器失去通信	ON	Ⅲ
P1F32	电芯监控单元[CMU02]与 BMS 主控制器失去通信	ON	Ⅲ
P1F33	电芯监控单元[CMU03]与 BMS 主控制器失去通信	ON	Ⅲ
P1F34	电芯监控单元[CMU04]与 BMS 主控制器失去通信	ON	Ⅲ
P1F35	电芯监控单元[CMU05]与 BMS 主控制器失去通信	ON	Ⅲ
P1F36	电芯监控单元[CMU06]与 BMS 主控制器失去通信	ON	Ⅲ
P1F37	电芯监控单元[CMU07]与 BMS 主控制器失去通信	ON	Ⅲ
P1F38	电芯监控单元[CMU08]与 BMS 主控制器失去通信	ON	Ⅲ
P1F39	电芯监控单元[CMU09]与 BMS 主控制器失去通信	ON	Ⅲ
P1F3A	电芯监控单元[CMU10]与 BMS 主控制器失去通信	ON	Ⅲ
P1F63	手动维修开关(MSD)未安装	OFF	Ⅲ
P1F65	慢充充电口硬件故障	OFF	Ⅲ
P1F6B	电芯温度传感器信号线开路	OFF	Ⅲ
P1F6C	电芯电压传感器信号线开路	ON	Ⅲ
P1F6D	模拟前端电路 ADC2 硬件故障	OFF	Ⅲ
P1F6F	ECU 内部故障-MCU FCCU 寄存器指示故障	OFF	Ⅲ
P1F73	模拟前端电路系统电压 ADC 滤波器指示故障	OFF	Ⅲ
P1F75	模拟前端电路电压温度信号校验和失效	OFF	Ⅲ

续表

故障码	描述	故障灯	故障等级
P1F76	模拟前端电路设备地址配置无效	OFF	Ⅲ
P1F77	模拟前端电路温度命令地址配置无效	OFF	Ⅲ
P1F78	模拟前端电路均衡通道诊断失效	OFF	Ⅲ
P1F79	模拟前端电路设备故障信号校验和失效	OFF	Ⅲ
P1F7A	模拟前端电路集成电路温度信号校验和失效	OFF	Ⅲ
P1F7B	模拟前端电路模组温度信号校验和失效	OFF	Ⅲ
P1F7C	模拟前端电路单体电压信号无效	ON	Ⅲ
P1F7D	模拟前端电路单体温度信号无效	OFF	Ⅲ
P1F8A	电池包热失控	OFF	Ⅰ
P1F8C	慢充充电口温度过高	OFF	Ⅲ
P1F94	CMU 温度采样卡滞	OFF	Ⅲ
P1F95	CMU 温度参考电压不在正常范围	OFF	Ⅲ
P1F97	ECU 内部故障-SBC Vsa 故障	OFF	Ⅲ
P1F98	ECU 内部故障-SBC Fsp 故障	OFF	Ⅲ
P1F99	ECU 内部故障-SBC 看门狗故障	OFF	Ⅲ
P1F9A	ECU 内部故障-SBC Bist 故障	OFF	Ⅲ
P1F9B	ECU 内部故障-SBC Com 故障	OFF	Ⅲ
P1F9C	ECU 内部故障-SBC Vaux 故障	OFF	Ⅲ
P1F9D	ECU 内部故障-SBC Vcca 故障	OFF	Ⅲ
P1F9E	ECU 内部故障-SBC Vcore 故障	OFF	Ⅲ
P1F9F	ECU 内部故障-SBC Vpre 故障	OFF	Ⅲ
U0073	动力总成高速 CAN 总线关闭	OFF	Ⅲ
U0077	快充通信 CAN 总线关闭	OFF	Ⅲ
U0146	与网关(GW)失去通信	OFF	Ⅲ
U0198	与远程通信模块(T-Box)失去通信	OFF	Ⅲ
U0293	与混动/整车控制器(HCU/VCU)失去通信	OFF	Ⅱ
U1112	与组合充电单元失去通信	OFF	Ⅲ
U1562	蓄电池电压过高	OFF	Ⅲ
U1563	蓄电池电压过低	OFF	Ⅲ

注：故障等级Ⅰ表示立即停车维修；Ⅱ表示小心驾驶至4S店维修；Ⅲ表示尽快维修或保养时维修；Ⅳ表示不需维修。

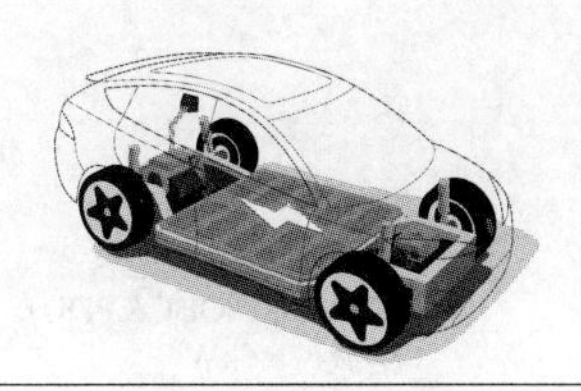

第4章 高压配电与安全

4.1 高压配电系统电路原理

4.1.1 高压配电器结构

4.1.1.1 比亚迪汉 EV 高压系统

比亚迪汉 EV 四驱车型高压配置如图 4-1 所示，两驱车型高压配置如图 4-2 所示。

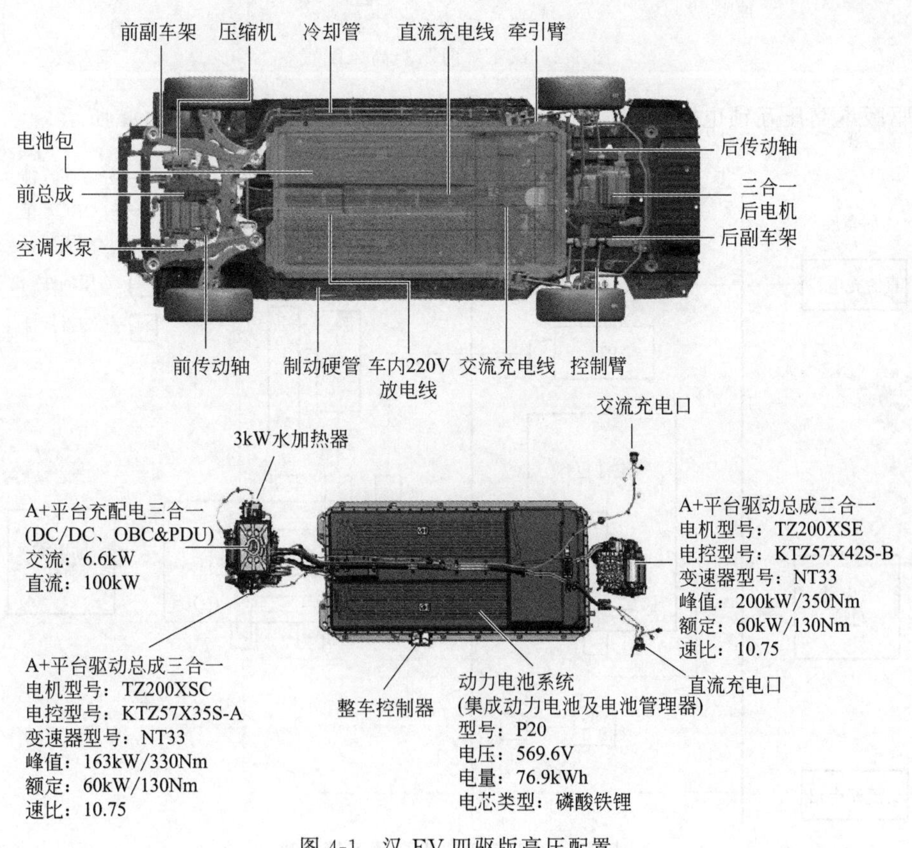

图 4-1 汉 EV 四驱版高压配置

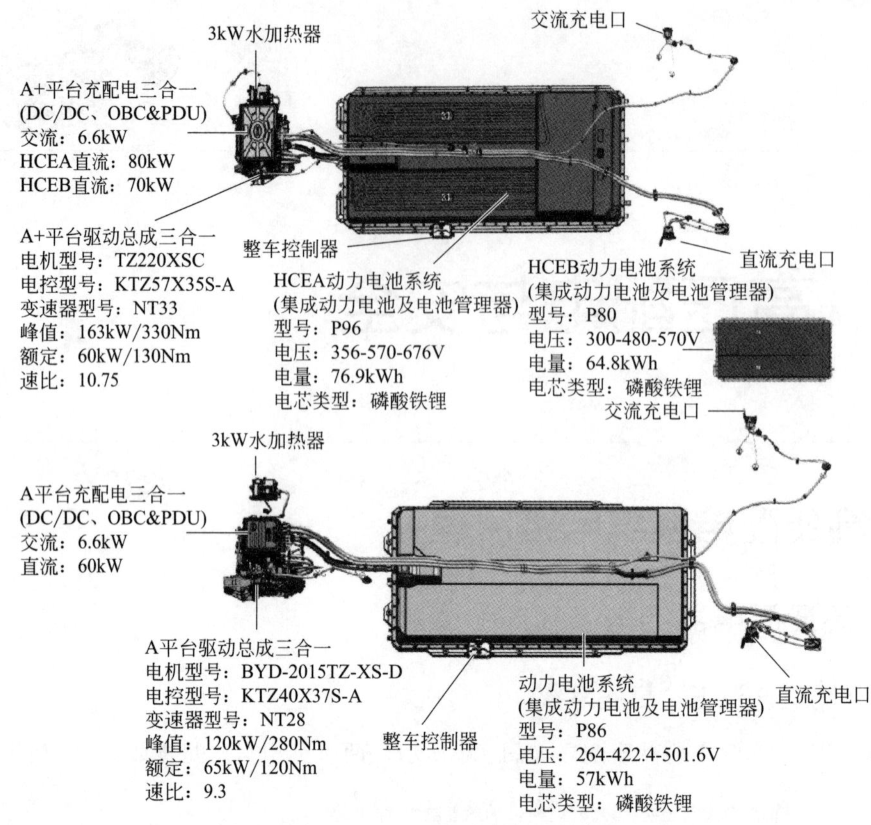

图 4-2　汉 EV 两驱版高压配置

四驱版本高压互锁电路如图 4-3 所示，两驱版本高压互锁电路如图 4-4 所示。

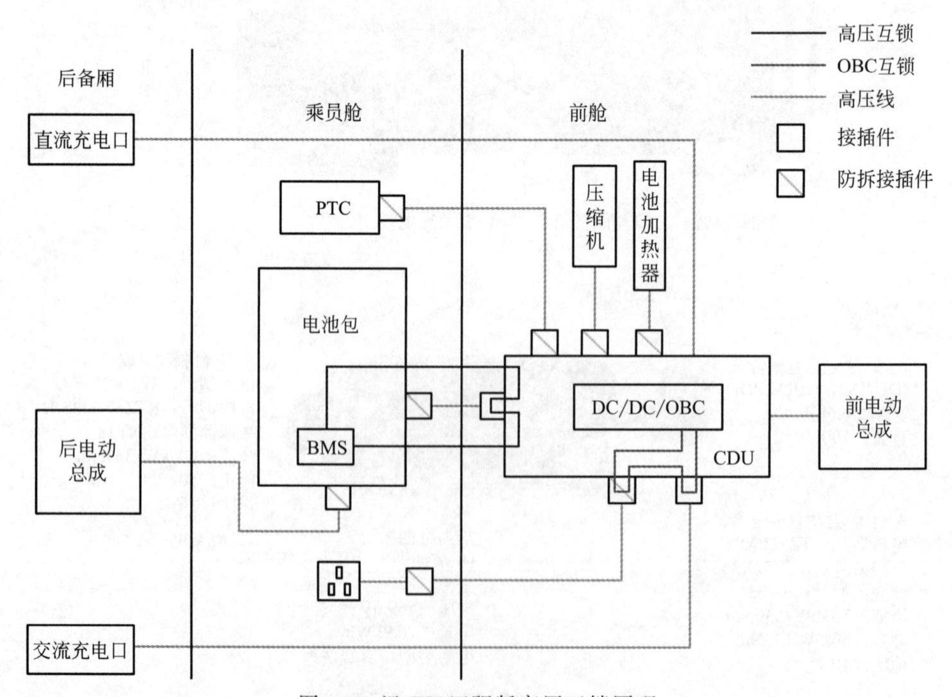

图 4-3　汉 EV 四驱版高压互锁原理

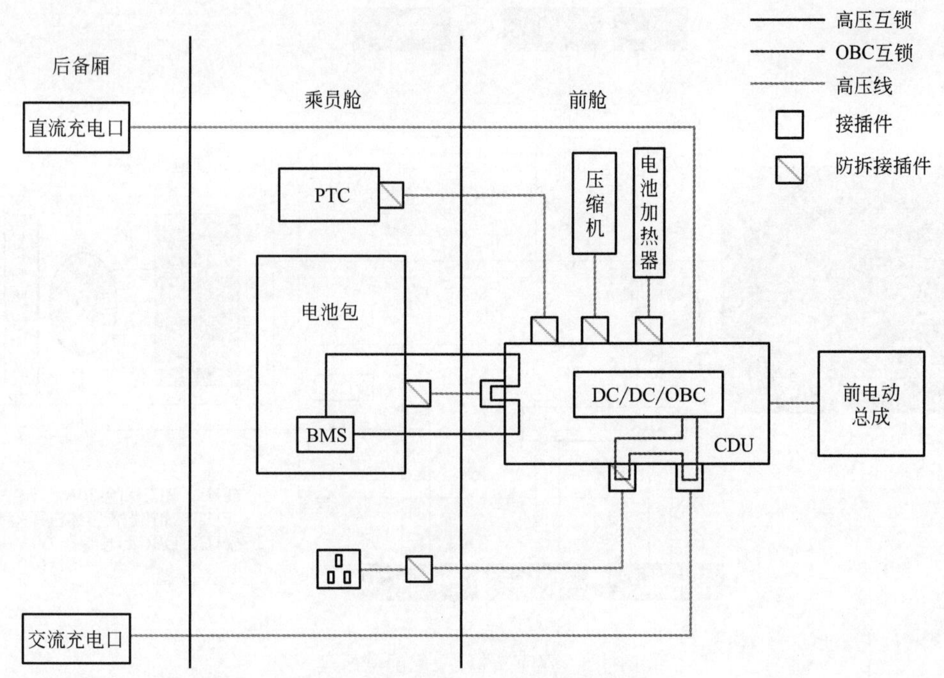

图 4-4　汉 EV 两驱版高压互锁原理

汉 EV 旗舰版高压配电电路如图 4-5 所示，中/标版高压配电电路如图 4-6 所示。

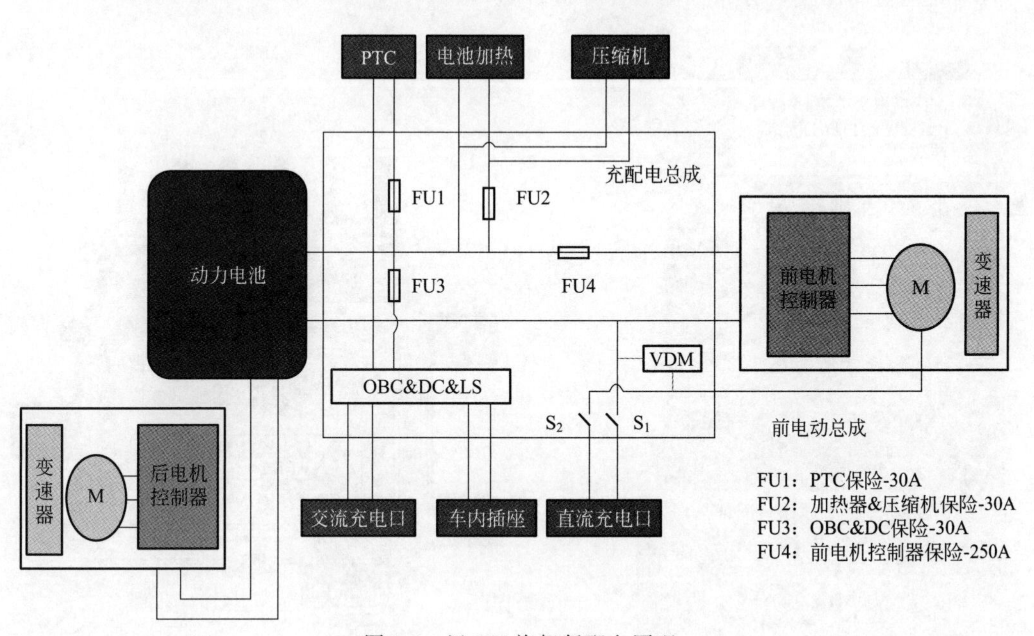

图 4-5　汉 EV 旗舰版配电原理

4.1.1.2　比亚迪秦 PLUS DM-i 高压配电器

高压配电盒，主要是通过铜排和电缆的连接来实现将动力电池的高压直流电分配给整车的各个高压电器以及接收车载充电机或非车载充电机的直流电来给动力电池充电，内部有熔断器来对各回路进行保护等。

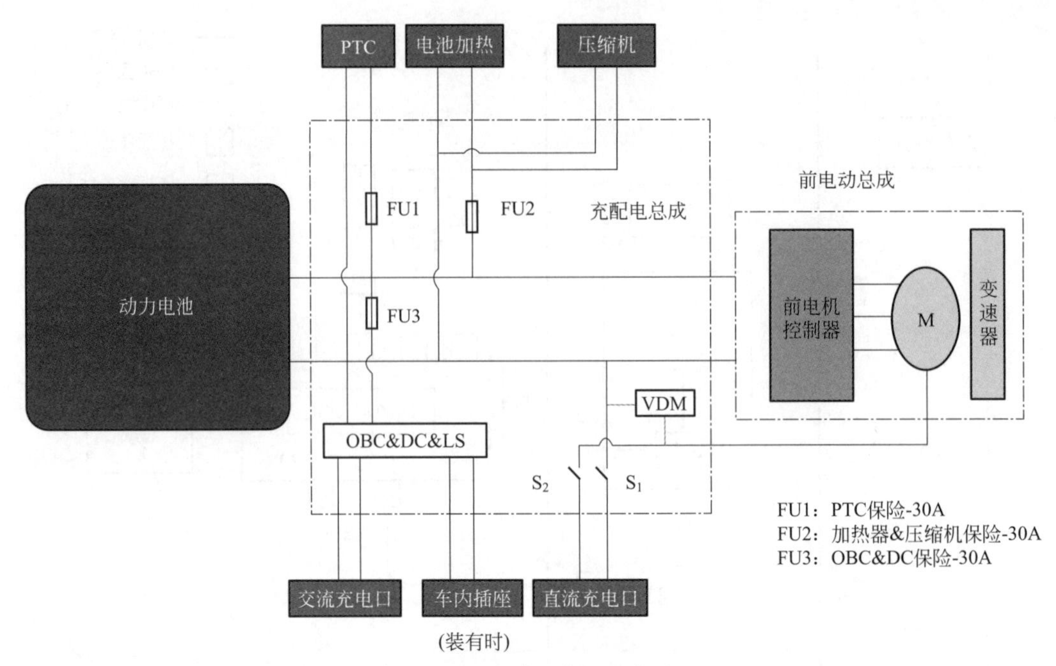

图 4-6　汉 EV 标/中配配电原理

高压配电盒模块安装在前舱电控上方，如图 4-7 所示。

高压配电盒高压接口分布如图 4-8 所示。

图 4-7　高压配电盒安装位置

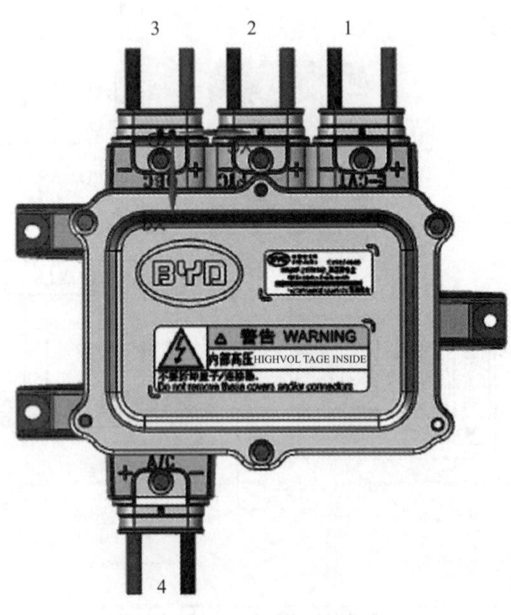

图 4-8　高压配电盒高压接口分布

1—MCU；2—PTC；3—DC&OBC；4—空调 AC

高压配电盒内熔断器分布如图 4-9 所示。

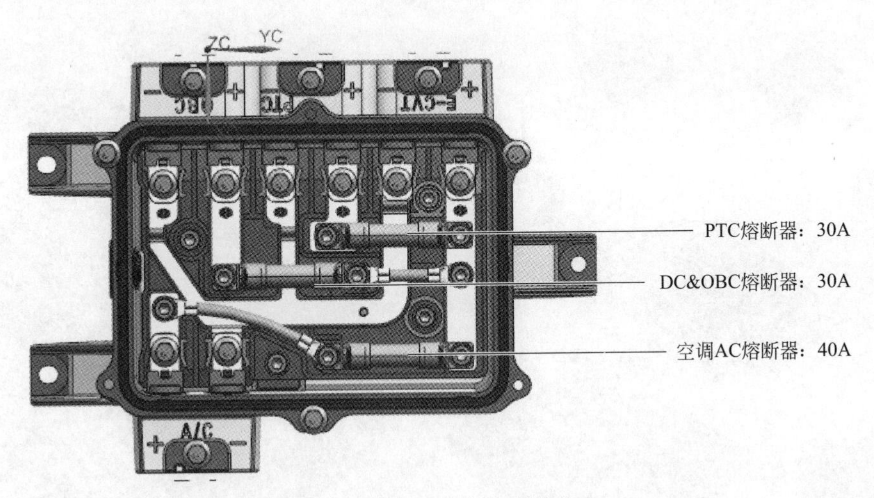

图 4-9　高压配电盒熔断器分布

4.1.1.3　蔚来 ES6 高压配电盒

蔚来 ES6 的 PDU（高压配电盒）是高压系统的重要元件之一，使用 4 个螺栓安装在车辆前舱内正中上方。高压配电盒的主要功能是将动力电池的电量分配给动力系统及高压用电设备。高压配电盒主要包括壳体、盖板、护板、熔断器、继电器、铜排、支架、标签、绝缘材料、紧固件（螺栓等）、端子和接插件、导线和电缆，及其他零件。

高压配电盒壳体具有与接地线连接的接地点，接电线环形端子的规格为 M8，同时贴有高压警示标识。高压配电盒上盖采用高压开盖互锁设计，以确保高压安全。高压配电盒采用密封设计，总成达到 IP67 防护等级。高压配电盒上的连接器接口具有防插错功能，同时，所有连接口都采用高压互锁回路设计，高压连接器接口满足 IP69K 防护等级要求。

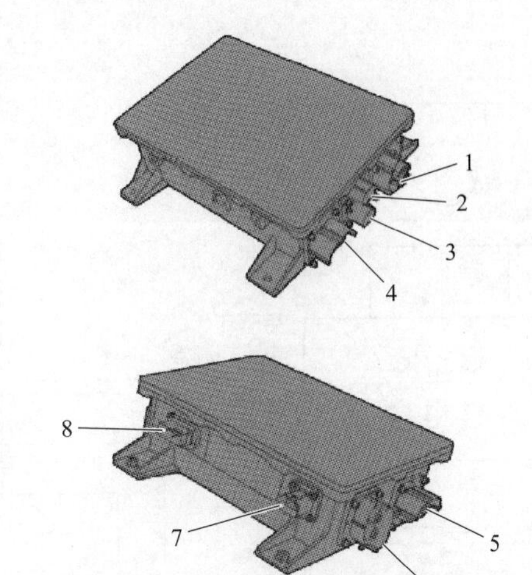

图 4-10　高压配电盒接口分布

1—动力电池包；2—高压加热器；3—空调压缩机和高压集成件；4—前电驱系统；5—后电驱系统；6—直流充电口；7—前空调双区 PTC 加热器；8—主线束

高压配电盒各连接器接口分布如图 4-10 所示。

ES6 全车高压部件布置如图 4-11 所示。

4.1.1.4　小鹏 P7 高压配电系统

高压配电盒将动力电池的高压直流电分别分流到前电机控制器、空调压缩机以及采暖水加热器，并在相关线路上设置熔断器，防止单个高压部件故障造成高压回路其他部件损坏，同时保证动力电池的安全。高压配电盒安装位置如图 4-12 所示。配电电路简图如图 4-13 所示。

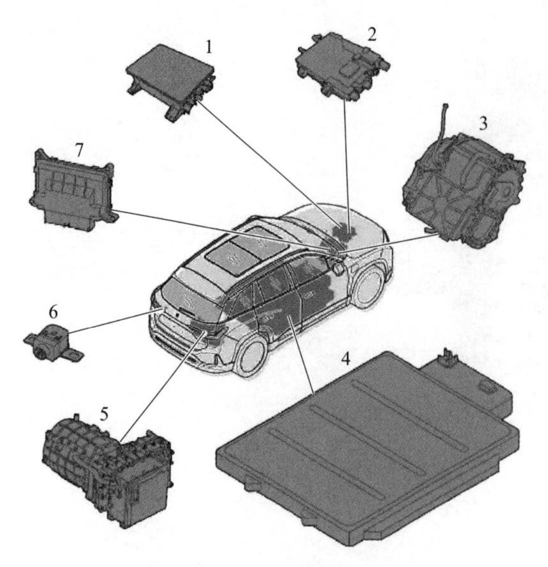

图 4-11　高压部件分布

1—高压配电盒；2—高压集成件 HVIC；3—前电驱动系统（160kW）；4—动力电池包；5—后电驱动系统（240kW）；6—烟火式断电开关；7—车载控制器

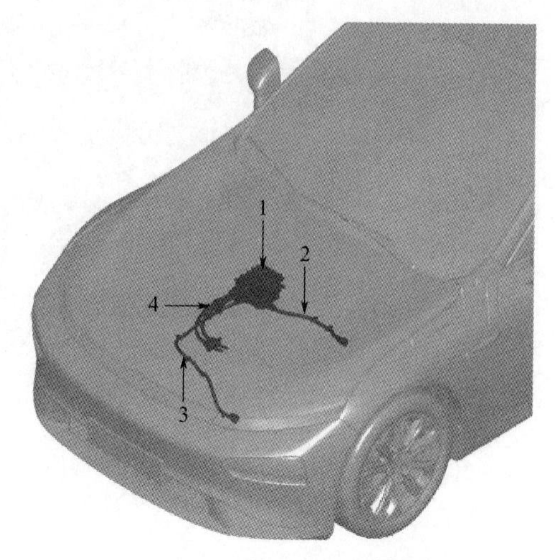

图 4-12　高压配电系统部件

1—四驱高压配电盒；2—PTC 线束；3—ACP 线束；4—前电机线束

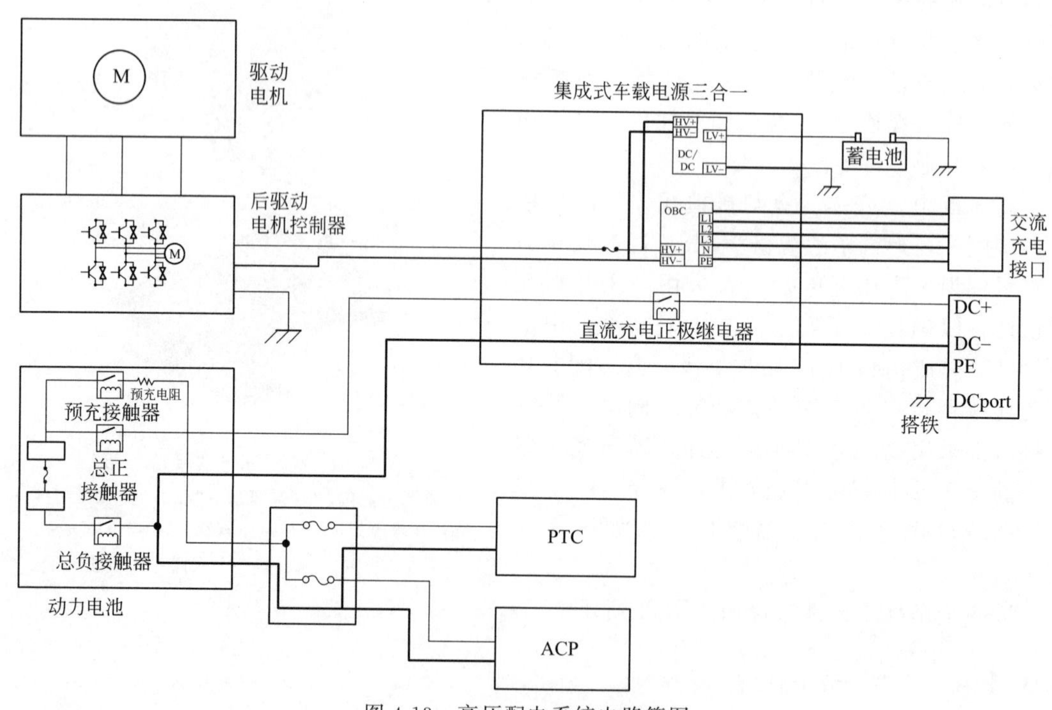

图 4-13　高压配电系统电路简图

4.1.1.5　科莱威 CLEVER 高压电源系统

科莱威 CLEVER 高压电源系统部件如图 4-14 所示。

图 4-14 科莱威 CLEVER 高压电源系统

1—高低压充电集成模块高压线束；2—高压配电单元；3—慢速充电口；4—电力电子箱高压线束 & 电驱动变速器；5—电加热器高压线束；6—空调压缩机高压线束；7—主高压线束

高低压充电集成模块（CCU）高压线束是连接 PDU 及 CCU 的高压线束。充电电流通过慢速充电口流向 CCU，流经高低压充电集成模块高压线束进入 PDU 后给动力电池充电。同时动力电池包的电能经由 PDU 后进入 CCU，给整车用电器供电，给 12V 蓄电池充电。

PDU 位于前舱中，固定在高低压充电集成模块上方。高压配电单元是高压系统的配电中心，主要作用是将经由 PDU 的动力电池的电能传输到电加热器、空调压缩机、高低压充电集成模块以及 PEB。同时，慢速充电口通过 PDU 给动力电池充电。

主高压线束位于前舱下部，连接动力电池和 PDU，主要功能是将动力电池的直流电传输到 PDU 上以及通过慢速充电口给动力电池充电。

空调压缩机（EACP）高压线束位于前舱中，连接 PDU 和空调压缩机，主要作用是将动力电池通过 PDU 上的高压直流电传输到空调压缩机，以驱动工作。

电加热器高压线束连接 PDU 和电加热器，将动力电池通过 PDU 的高压直流电传输给电加热器，以驱动其工作。

电力电子箱（PEB）高压线束位于前舱，连接 PEB 和 PDU，主要功能是将动力电池通过 PDU 的高压直流电传输给 PEB。

高压配电系统电路连接如图 4-15 所示。

4.1.2 DC/DC 转换器原理

DC/DC 转换器的作用是将 80V 电源降为 12V，其功用有两个：一是电池电压在使用过程中不断下降，用电器得到的电压是一个变化值，而通过 DC/DC 转换器后用电器可以得到稳定的电压；二是给辅助蓄电池补充电能。其在新能源汽车中的角色就相当于传统汽车中的发电机，电路原理如图 4-16 所示。

车辆静置时间超过 60h，VCU 控制 DC/DC 给 12V 蓄电池充电 15min。以下任意一个条件满足，退出 12V 自动充电功能，且远程智能终端计时将清零。

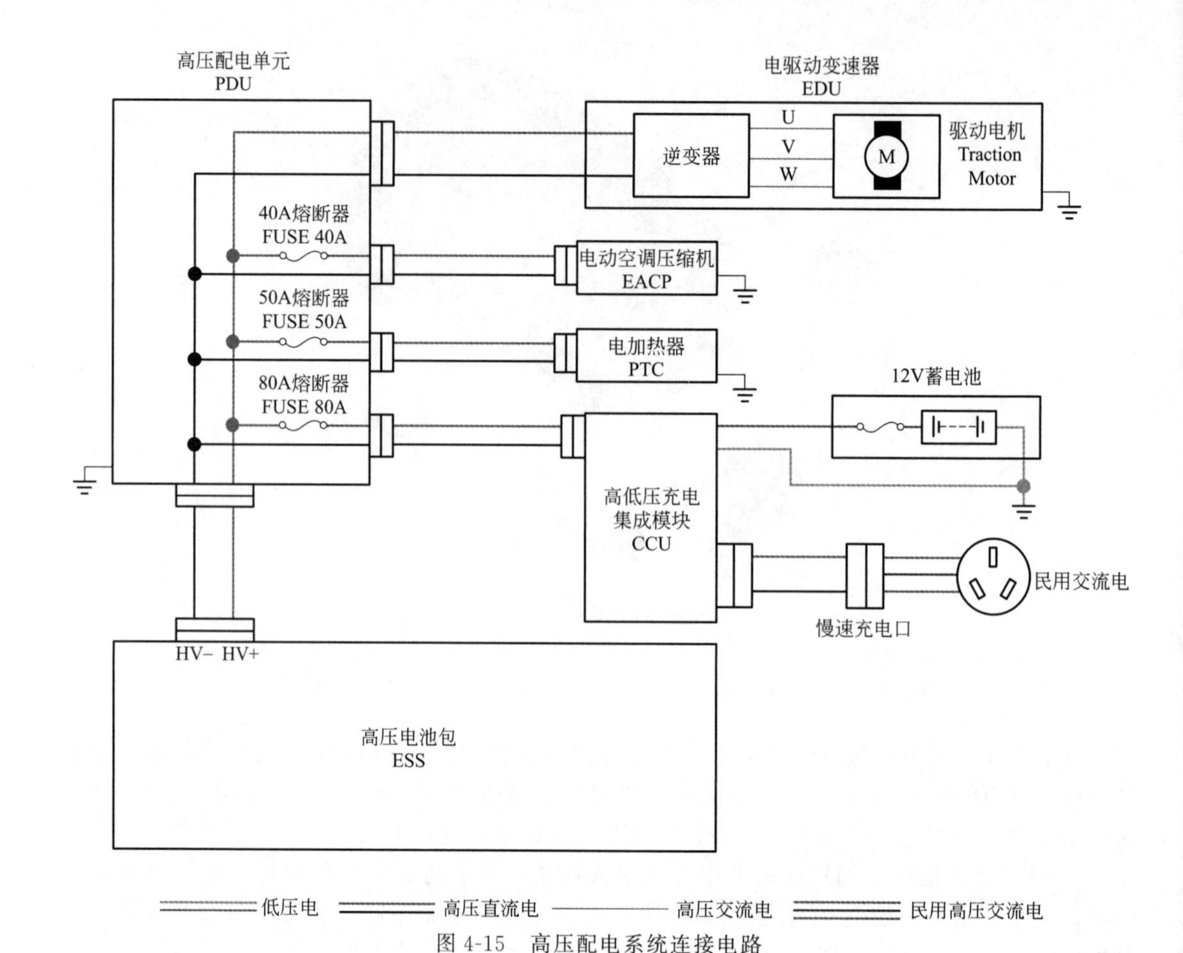

图 4-15　高压配电系统连接电路

一般发动机车
12V(+)发电
交流发电机
(−) (+)
12V
电池
电动汽车、混合动力汽车
(+)
(−)
强电电池
强电输入
DC/DC
转换器
12V(+)输出
(−) (+)
12V
电池

图 4-16　电动汽车 DC/DC 转换器与传统汽车发电机功能对比

—钥匙置于“ON”挡或旋至“START”挡。

—开始直流或交流充电。

—开始远程空调或远程充电。

提示： 当12V蓄电池正在自动充电时，上电开关开启或关闭，12V蓄电池自动充电将停止。

4.1.3 高压安全功能原理

4.1.3.1 蔚来ES6高压安全功能

蔚来ES6高压安全功能如表4-1所述。

表4-1 蔚来ES6高压安全功能

功能	描述
预充功能	为了保护主继电器在闭合时由于大电流产生的粘连，高压系统设置了预充回路。预充回路包括预充继电器和预充电阻，与主正继电器并联。充电起始时，先闭合预充继电器，使充电电流经过预充电阻。当充电电流稳定后，主继电器再进行闭合，使电池包高压系统与整车高压回路连通，进行正常充电
充电互锁	动力电池包具有充电互锁功能，当车辆在充电时，不允许行驶
碰撞保护	当发生碰撞事故时，系统会自动断开高压继电器。在碰撞发生后，高压系统不允许再次打开
高压互锁	高压互锁回路（High Voltage Interlock Loop，HVIL）用于检测高压回路的完整性。当高压系统暴露，如断路或打开设备防护盖，HVIL会检测到高压回路的不连续性，系统会立即采用断开继电器等安全策略，防止发生人员受到电击伤害
绝缘监测	BMS可以在CAN网络上发送绝缘电阻值和绝缘状态等级。当检测到的绝缘电阻值小于500Ω/V时，BMS设置绝缘状态等级为警告（Warning）；当绝缘电阻值小于100Ω/V时，BMS设置绝缘电阻状态为故障（Fault），并等待整车发送断开继电器指令。当由于绝缘故障导致继电器断开时，在故障恢复前禁止再次闭合继电器
接地保护	当绝缘失效时，所有传导部件都可能带电，因此高压元件与车身地之间有电位均衡。高压元件上人体可能触及的可导电部分与接地点之间的电阻不大于0.1Ω

4.1.3.2 小鹏P7高压安全系统

电动系统根据电压等级分类，可分为低压器件和高压器件，根据控制方式区分，可分为I/O控制器件和CAN控制器件。

低压器件分为低压传感器和低压执行器。低压传感器有加速踏板位置传感器、挡位传感器、制动开关、水温传感器、充电口温度传感器、蓄电池电流传感器（EBS）。低压执行器有水泵、散热风扇、充电口指示灯、倒车灯、制动灯、主动进气格栅（AGS）。

高压器件有电池包总成、高压配电盒（适用于四驱车型）、车载电源三合一、后电机控制器及电机、前电机控制器及电机（适用于四驱车型）、压缩机、PTC加热器。

高压互锁的作用是判断高压系统回路的完整性，只有所有高压部件的接插件均插接到位后才允许高压系统上电；一旦有高压接插件断开，高压系统需要有相应的处理方式来保证整车安全。

高压互锁检测包括的节点有：整车控制器、电池管理器、车载充电机。

高压互锁相关节点有：整车控制器、电池管理器、车载充电机、后电机控制器、前电机控制器、压缩机、PTC、PDU、高压线束等。

电池包维修开关检测串接在电池高压互锁检测回路中。

高压互锁回路设置为三个回路：驱动回路，电池回路，充电回路。两驱版本的高压互锁连接图如图4-17所示。

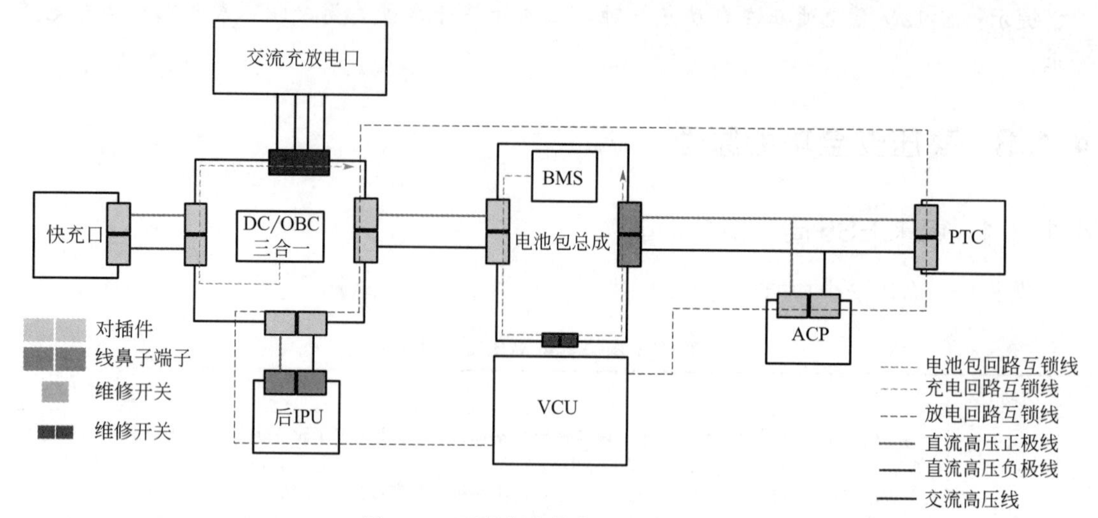

图 4-17　两驱版本的高压互锁连接图

四驱版本的高压互锁连接图如图 4-18 所示。

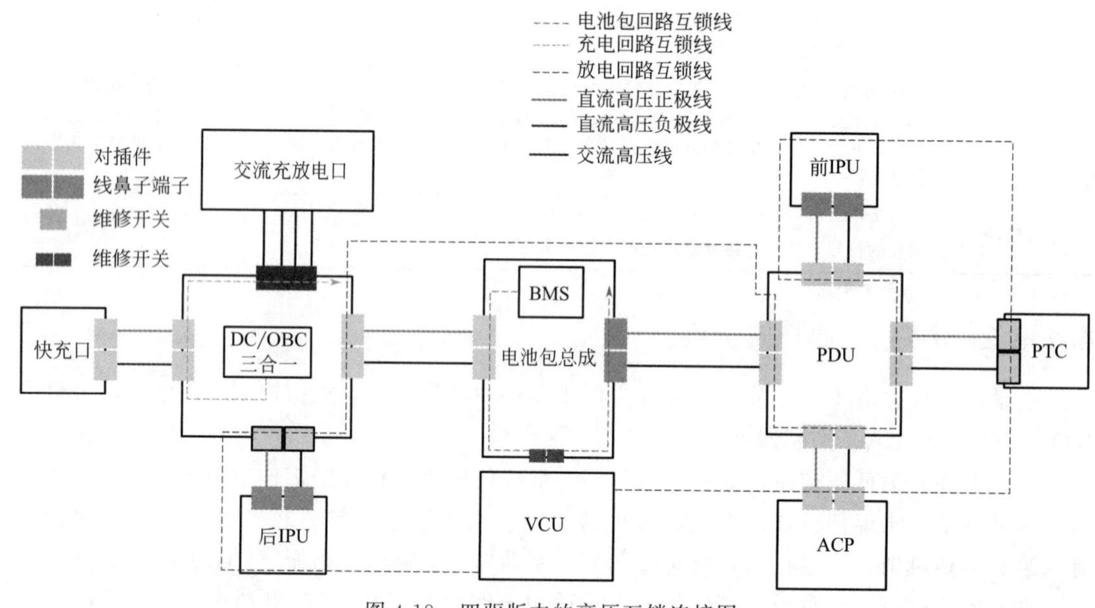

图 4-18　四驱版本的高压互锁连接图

高压互锁故障处理

① 驱动回路。形式为 100Hz，有效占空比 50%±5%的 PWM 信号，整车控制器发出，整车控制器接收 10 个周期确认故障并处理。

— 静止或者车速较低（3km/h）的情况下，驱动回路高压互锁异常，若用户有开前舱盖动作或打开后备厢动作或者挂 P 挡开车门的情况，整车控制器发送高压下电请求。电池管理器响应高压下电指令，待继电器断开后，发起主动泄放请求，电机控制器根据自身情况开启主动泄放，同时整车控制器需要点亮仪表上面的电动系统故障灯。

— 车速较高的情况下，驱动回路高压互锁异常，电池管理器允许放电功率以 3kW/s 的速度降低到 10kW，仅点亮仪表电动系统故障灯。

② 电池回路。检测形式由电池管理器自定义，电池管理器需将高压互锁状态通过 CAN 报文反馈给整车控制器，整车控制器根据整车工况进行处理。

— 静止或者车速较低（3km/h）的情况下，电池回路高压互锁异常，若用户有开前舱盖动作或打开后备厢动作或者挂 P 挡开车门的情况，整车控制器发送高压下电请求。电池管理器响应高压下电指令，待继电器断开后，发起主动泄放请求，电机控制器根据自身情况开启主动泄放，同时整车控制器需要点亮仪表上面的电动系统故障灯。

— 车速较高的情况下，电池回路高压互锁异常，电池管理器允许放电功率以 3kW/s 的速度降低到 10kW，仅点亮仪表电动系统故障灯。

③ 充电回路。检测形式由车载充电机自定义，车载充电机需将高压互锁状态通过 CAN 报文反馈给整车控制器，整车控制器根据整车工况进行处理。

— 非充电或非对外放电工况下，充电回路高压互锁异常，整车控制器不处理，仅点亮仪表电动系统故障灯。

— 在交直流充电或者对外放电的工况下，充电回路高压互锁异常，立即停止充电或放电，点亮仪表电动系统故障灯。

4.1.3.3 欧拉黑猫高压互锁

HVIL 通过使用低压电信号来检查整个高压模块、导线及连接器的电气连接安全性。当发生高压互锁故障后，应禁止整车高压上电或者整车高压系统紧急下电且在故障排除前禁止高压系统上电，同时要触发相应的警示信号。电路简图如图 4-19 所示。

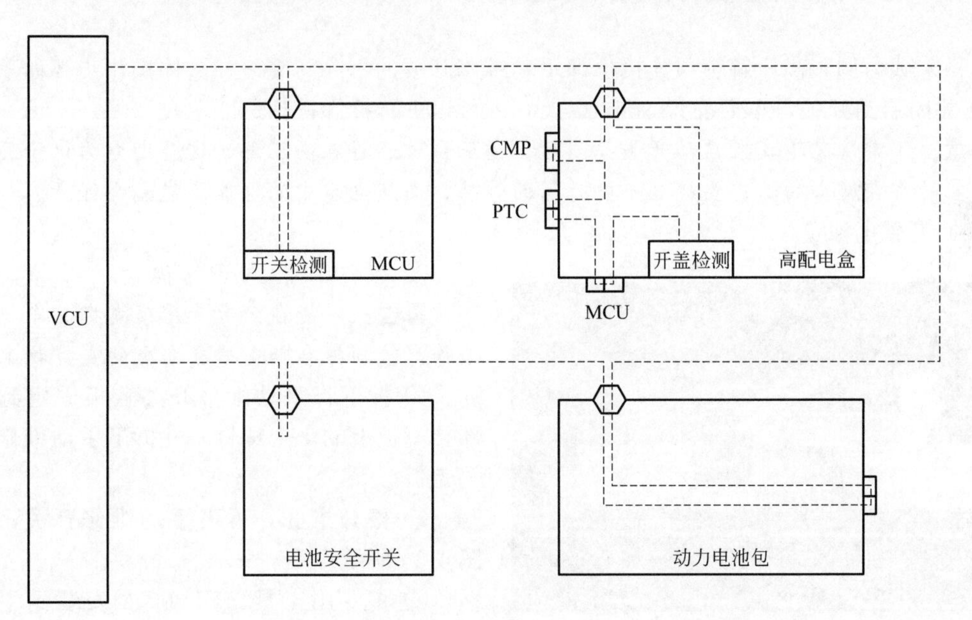

图 4-19 高压互锁电路简图

4.1.4 高压配电系统电路

扫码查阅高压配电系统电路。

4.1.4.1 蔚来ES6高压配电系统电路（图4-20~图4-23）

4.1.4.2 小鹏P7车载电源与高压互锁电路（图4-24，图4-25）

4.1.4.3 理想ONE高压互锁电路（图4-26）

4.1.4.4 广汽Aion S电源系统电路（图4-27~图4-29）

4.1.4.5 北汽EU5高压电源与互锁电路（图4-30，图4-31）

4.1.4.6 吉利帝豪EV Pro高压配电电路（图4-32~图4-34）

4.1.4.7 科莱威CLEVER高压配电系统电路（图4-35）

4.2 高压配电系统维修

4.2.1 高压解锁与连接的拆卸与安装

以科莱威为例，高压解锁与连接也即手动维修开关的拆除与装复，具体操作步骤如下。

① 关闭启动开关，车辆静置5min以上，才可以进行拆卸操作。

注意：正常情况下，在启动开关关闭后，高压系统还存在高压电，这是由电力电子箱中高压电容的存在造成的。需要经过一段时间的等待，高压电容中的电能才能完全释放。

② 断开蓄电池负极。

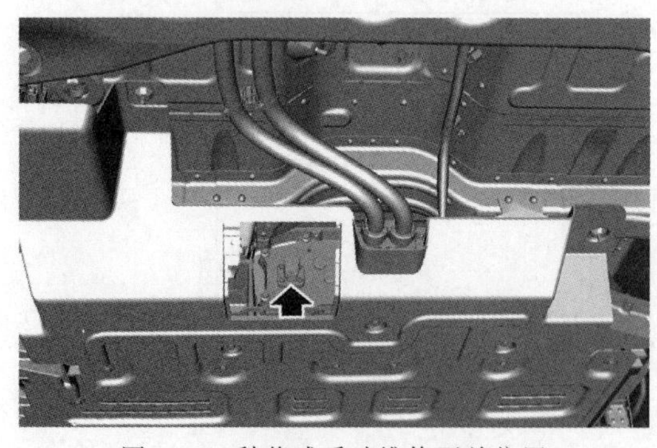

图4-36 科莱威手动维修开关位置

③ 在举升机上举升车辆。

警告：不能在只有千斤顶支撑的车辆下工作。必须把车辆支撑在安全的支撑物上。

④ 拆下将手动维修开关盖板固定到底部导流板上的1个螺钉，并拆下手动维修开关盖板。

⑤ 松开卡扣，拆下手动维修开关，如图4-36所示。

⑥ 将专用工具TEL00052安装到手动维修开关底座上。

装复步骤如下所述。

① 从手动维修开关底座上拆下专用工具TEL00052。

② 装上手动维修开关，并用卡扣紧固。

③ 将手动维修开关盖板固定到底部导流板上并安装1个螺钉，并拧紧。

④ 降下车辆。

⑤ 连接蓄电池负极。

4.2.2 高压互锁电路检修

下面以比亚迪元车型为例，讲解高压互锁电路的检测与维修步骤。

高压互锁 1 故障分为当前故障和历史故障。当前故障现象：车辆无法上高压，仪表报 EV 功能受限，VDS 不可清除该故障码。历史故障现象：不影响车辆运行，仪表无报警故障，VDS 可清除该故障码。

确认高压互锁 1 故障是 BMS 误报还是检测到外循环回路实际故障。外循环回路包含高压电控总成、维修开关、动力总成、相关线束（不同车型的高压互锁 1 外循环回路略有不同）。

① 先确定各个部件外观完好，线束无破损，连接牢固。

② 找到对应车型的 BMS 接插件定义，确认高压互锁 1 针脚位置（4 脚为高压互锁输出 1,5 脚为高压互锁输入 1），如图 4-37 所示。

注意：插拔接插件一定要在熄火情况下操作。

图 4-37　确定高压互锁针脚位置

③ 拔出 4 脚 5 脚线束（拔之前记得按下固定扣，不然拔不出来；拔的时候要标记好对应线束，验证结束还要再分别插回去，不能插错位置），然后测量两个针脚是否导通。如果不导通则不需要进行后续步骤，检查外部相关线束即可。

注意：检测到接插件的两个端子是导通的不能直接确定 BMS 故障。导通只能说明线束是正常的，但对 PWM 干扰不能确定。

④ 将拔出的 4 脚、5 脚包好，悬空即可。如图 4-38 所示。

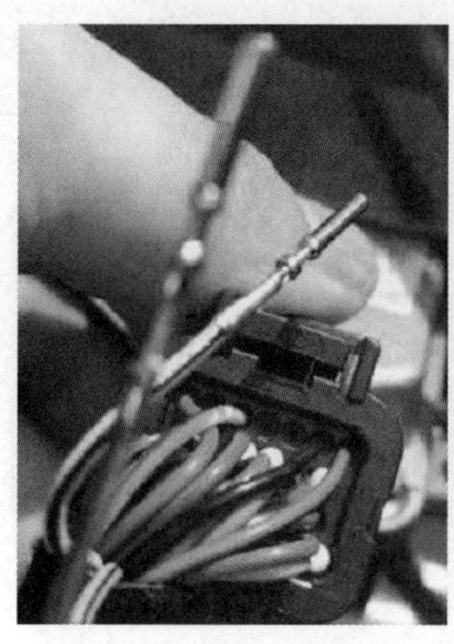
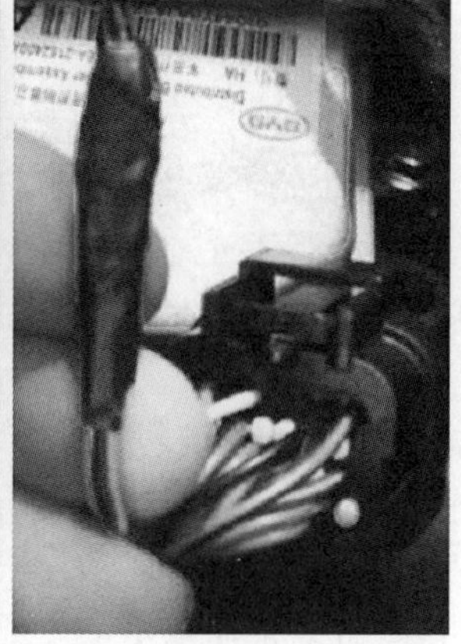

图 4-38　拔出针脚并包裹处理

图 4-39　安装短接线并插入管理器

⑤ 用短接线短接接插件的 4 脚、5 脚，之后将接插件插入管理器，如图 4-39 所示。该步骤至关重要，短接线要安装牢固，一定要确保管理器的 4 脚和 5 脚呈导通状态。

⑥ 启动车辆，用 VDS 扫描电池管理器模块：若依然报“高压互锁 1 当前故障”说明 BMS 故障，调换 BMS 确认；若报“高压互锁 1 历史故障”说明外循环回路故障，需根据电路图检查高压互锁 1 外部循环回路（外循环回路包含高压电控总成、维修开关、动力总成、相关线束等）。

这里分享一个元 EV EA 车型高压互锁故障的案例：每次车辆停放几小时后无法上 OK 挡，仪表提示“EV 功能受限”，重启启动按钮又恢复正常，行驶时一切正常。该故障的维修过程如下。

① 故障出现时，BMS 报“P1A6000　高压互锁 1 故障”，显示“当前故障”，故障码不能清除，如图 4-40 所示。

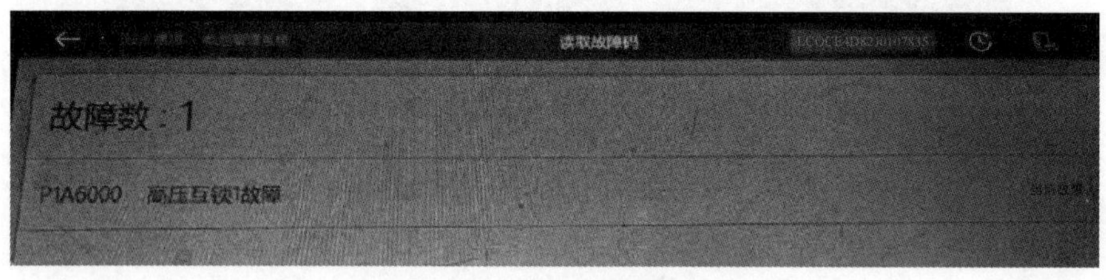

图 4-40　系统故障码提示

② 根据元 EA 车型互锁示意图（图 4-41）测量 BMS 低压接插件 4 号与 5 号针脚导通，阻值正常，初步判断动力电池包、四合一线路未断路，调换 BMS 停放几小时后故障依旧，短接 BMS 的 4 号、5 号针脚（未退针）试车故障依旧。

③ 将 BMS 插接件 4 号、5 号针脚退针短接 BMS 公端后故障排除，怀疑为某个高压模块偶发性故障，分别对动力电池包、高压电控总成、高压互锁针脚退针短接试车故障依旧。

④ 再次测量 BMS 插接件 4 号、5 号针脚之间阻值正常，对地阻值、对电源电压均正常，于是重点检查线路，检查线路时发现 KJG04 与 GJK04 有进水现象，如图 4-42 所示，将其处理后试车故障排除。

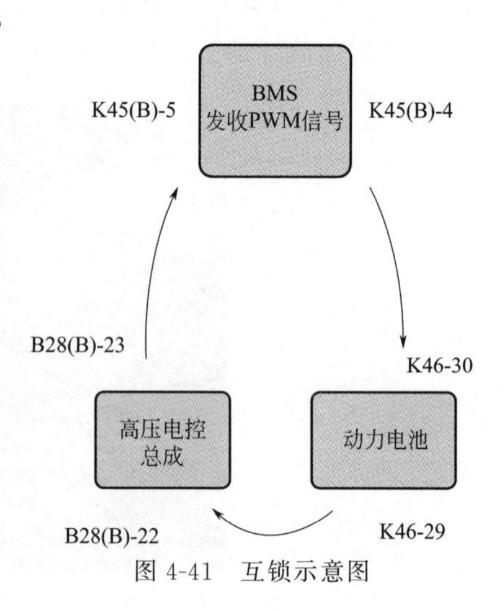

图 4-41　互锁示意图

4.2.3　高压配电器故障诊断

4.2.3.1　小鹏 P7 DC/DC 故障诊断

小鹏 P7 DC/DC 故障码列表如表 4-2 所示。

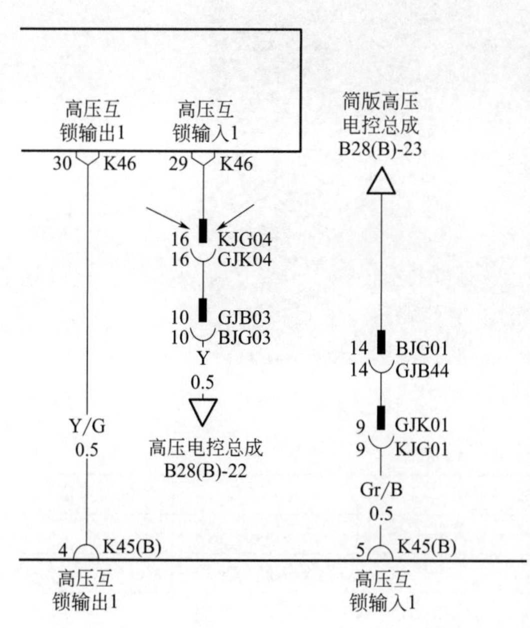

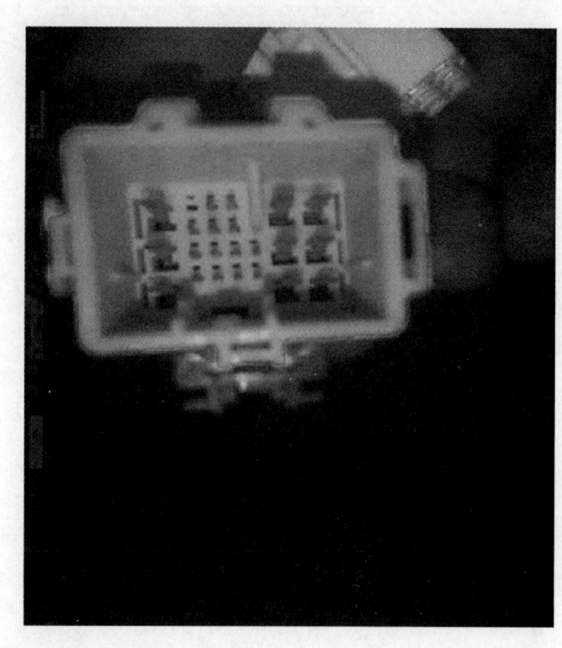

图 4-42　线路接插件进水

表 4-2　小鹏 P7 DC/DC 故障码

DTC	DTC 定义	DTC 设置条件	可能故障原因
U2F1017	诊断过压	电压大于 16V，持续时间大于 3s	供电电压过高
U2F1116	诊断欠压	电压小于 9V，持续时间大于 3s	供电电压过低
U2F0288	ECAN 关闭	3 次连续 BUS OFF	CAN 线路故障
U2F3087	与 VCU 丢失通信	VCU 报文连续丢失 10 个周期	VCU 或 CAN 线路故障
U2F508	与 CGW 丢失通信	CGW 报文连续丢失 10 个周期	CGW 或 CAN 线路故障
P138416	DC/DC 输出电压检测值低于保护值	输出端电压＜10.5V	DC 输出端电压过低
P138517	DC/DC 输出电压检测值高于保护值	输出端电压＞16.5V	DC 输出端电压过高
P138619	DC/DC 输出短路	输出电压＜2V 且输出电流＞210A	DC/DC 输出端短路
P138717	DC/DC 检测到 DC 输入电压过高，存在风险，保护关机	输入电压＞460V，t＞200ms	DC 输入端电压过高
P138816	DC/DC 检测到 DC 输入电压过低，不能正常工作	输入电压＜190V，t＞200ms	DC 输入端电压过低
P138917	DC/DC 检测到的 PCB 板温度高于保护值，导致保护关机	DC/DC 温度＞100℃	DC/DC 的工作环境温度高于正常工作温度
P138A16	DC/DC 检测到的 PCB 板温度低于保护值，导致保护关机	DC/DC 温度≤－40℃	DC/DC 的工作环境温度低于正常工作温度

4.2.3.2　奇瑞小蚂蚁 DC/DC 故障检测与维修

eQ1 车型 DC/DC 信号线束接插件各端子万用表检测方法如图 4-43 所示，参考值见表 4-3。

图 4-43 万用表检测法

表 4-3 DC/DC 信号端子检测值

端子	功能	正极表笔	负极表笔	万用表挡位	测试条件	测试参考值/V
A	DCDC_ENABLE	A	蓄电池负极	直流电压挡	整车钥匙 ON 挡	0
B	EXTC_CAN_ LO	B	蓄电池负极	直流电压挡	整车钥匙 ON 挡	0.5～5
C	EXTC_CAN_ HI	C	蓄电池负极	直流电压挡	整车钥匙 ON 挡	0.5～5
D	EXTW_KL15_Signal	D	蓄电池负极	直流电压挡	整车钥匙 ON 挡	9～16
E	EXTGND_KL30	E	蓄电池负极	直流电压挡	整车钥匙 ON 挡	0
F	EXTGND_KL30	F	蓄电池负极	直流电压挡	整车钥匙 ON 挡	0
G	EXTW_KL30_SUPPLY	G	蓄电池负极	直流电压挡	整车钥匙 ON 挡	9～16
H	EXTW_KL30_SUPPLY	H	蓄电池负极	直流电压挡	整车钥匙 ON 挡	9～16
J	HVIL_DC1_IN	J	蓄电池负极	直流电压挡	整车钥匙 ON 挡	9～16
K	HVIL_DC1_OUT	K	蓄电池负极	直流电压挡	整车钥匙 ON 挡	0

分别拔下 DC/DC 和空调压缩机的高压输入插件，万用表调到导通挡，测量 DC/DC 和空压机插件的正极是否导通，如图 4-44 所示。

如果导通，则说明熔断器良好；如果不导通，则说明 DC/DC 和空调压缩机的熔断器至少有一个熔断的。此时需拆下后舱维修盖板，并打开高压接线盒更换熔断器，具体步骤如下所述。

① 拆下后舱维修盖板，如图 4-45 所示找到高压接线盒，并打开上盖。

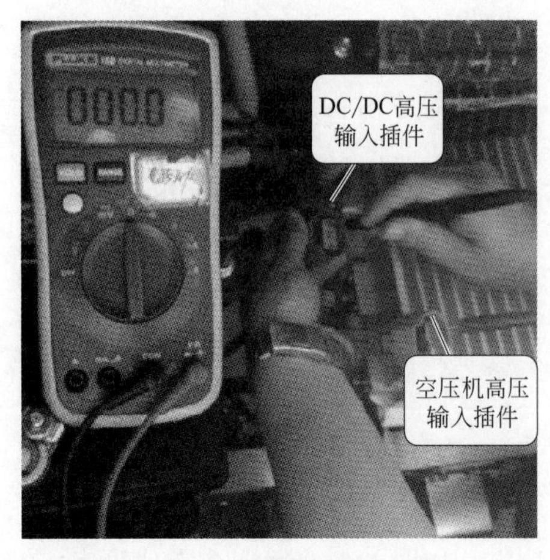

图 4-44 测量正极是否导通

图 4-45 高压接线盒位置

② 将万用表旋钮旋到导通挡，如图 4-46 所示测量 DC/DC 熔断器是否导通，如不导通则说明 DC/DC 熔断器是断开的，需拆下更换。

③ 如测量 DC/DC 熔断器是导通的，则说明空压机的熔断器是断开的，继续测量旁边的两个熔断器通断，找到断开的空调压缩机熔断器并更换。

DC/DC 低压输出检测步骤如下所述。

① 检测正负输出线束与接插件是否完好，连接是否良好，有无松动、短路等现象，如图 4-47 所示。

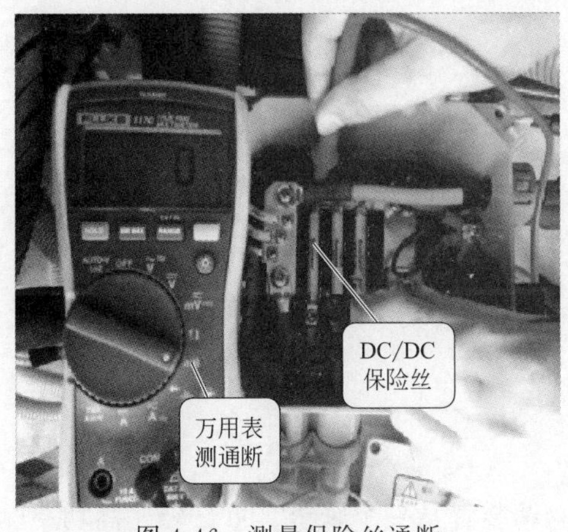

图 4-46　测量保险丝通断

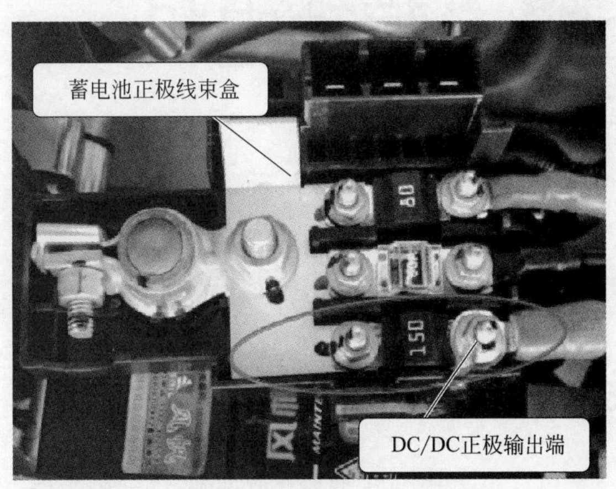

图 4-47　检测正极端连接

② 将万用表打到直通挡，然后用万用表红色和黑色表笔分别接蓄电池正极线束盒中 DC/DC 熔断器两端。若万用表显示值为 1，且万用表内蜂鸣器响，则说明熔断器是正常的；否则说明熔断器损坏需要更换。

③ 将万用表打到直通挡，如图 4-48 所示将万用表的黑表笔点到蓄电池正极，红表笔点到 DC/DC 正极线束插头内侧导电芯部。如果万用表显示 1，且万用表蜂鸣器响，则说明 DC/DC 正极线束正常；否则说明正极线束损坏需要更换。

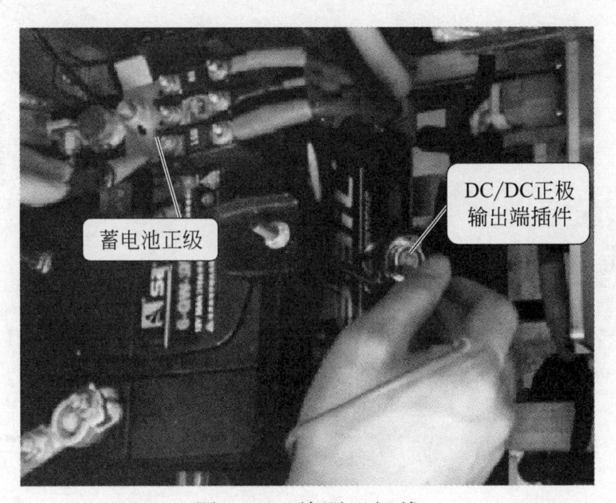

图 4-48　检测正极线

第5章 驱动电机

5.1 驱动电机构造原理

5.1.1 驱动电机类型与结构

以江淮新能源车型所装用的驱动电机为例，该驱动装置是一个紧凑、重量轻、高功率输出、高效率的永磁同步电机（PMSM），永磁铁被镶入转子中，旋转磁场和定子线圈共同作用产生转矩；电机旋变（旋转变压器）被同轴安装在电机上，用来检测转子旋转的角度，此旋转角度被发送到电机控制模块；电机温度传感器检测电机定子内部的温度，此温度信息被发送给电机控制模块。驱动电机组成部件见图 5-1。

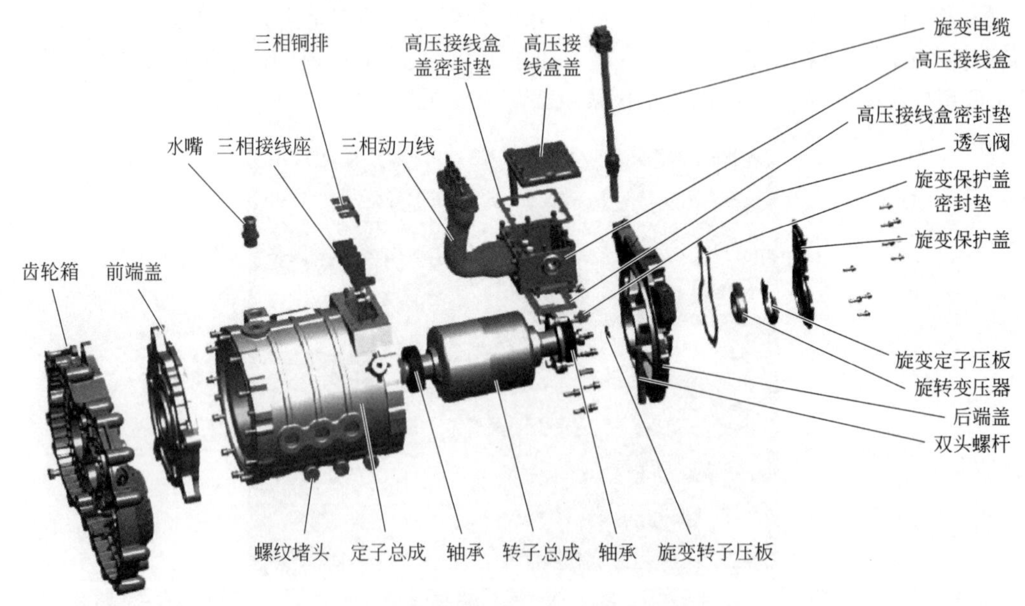

图 5-1 驱动电机部件分解（江淮新能源车型）

永磁同步电机及其驱动系统与外部的电气接口共包括高压电部分、低压部分和通信接口三部分。高压电部分与整车连接的高压直流部分有：

• P——电机控制器直流正端
• N——电机控制器直流负端
电机驱动器与永磁同步电机连接的三相交流电部分有：
• A（U）——电机A相（U）
• B（V）——电机B相（V）
• C（W）——电机C相（W）

以蔚来ES6为例，驱动电机通过螺栓与齿轮变速箱和逆变器相连，连接面通过橡胶圈密封，实现电能与机械能的互相转化，最高转速15000r/min。驱动电机内部三个NTC（负温度系数）传感器，装在端部绕组，靠近齿轮箱侧，每个传感器有一根接地线，通过低压连接线与逆变器侧的引脚连接。驱动电机还有一个速度传感器，该传感器靠近驱动电机转轴的输出侧。速度传感器输出两根信号线给逆变器，通过低压连接线与驱动逆变器侧的引脚连接。

ES6后驱电机为异步感应型，实体如图5-2所示。后电驱系统技术参数见表5-1，部件紧固力矩见表5-2。齿轮箱安装到EDS（电驱系统）的中间，一侧连接至驱动电机，另一侧通过螺栓连接至逆变器。齿轮箱采用传动比为9.599的单挡常啮合传动齿轮，不具备物理空挡功能，主要实现降低转速，增加转矩的功能，并把驱动电机的转矩传递到驱动半轴和车轮，齿轮箱内部有润滑油，用于润滑传动齿轮，前电驱系统齿轮箱齿轮油容量为1.9L，后电驱系统齿轮箱齿轮油容量为1.6L。

图5-2　240kW电机（异步感应）

表5-1　240kW后电驱系统技术参数

项目	参数	项目	参数
类型	交流异步电机	传动比	9.599
型号	YS240S001	机械效率/%	>97
电压范围/V	250～420	防护等级	IP67
额定电压/V	350	总质量/kg	138
峰值功率/kW	240	电机质量/kg	85
峰值转矩/Nm	420	齿轮箱质量/kg	38
峰值转速/(r/min)	15000	逆变控制模块质量/kg	15
额定功率/kW	60	电机齿轮箱齿轮油型号	BOT350M3
额定转矩/Nm	120	电机齿轮箱齿轮油容量/L	1.6
额定转速/(r/min)	5500		

表5-2　240kW后电驱系统紧固力矩

紧固部件	紧固力矩/Nm	紧固部件	紧固力矩/Nm
法兰螺栓-连接驱动轴到电驱	65	螺栓-连接后电驱前悬置支架与后副车架	100
螺栓-连接后电驱后悬置支架与后电驱	55+90°	螺栓-连接悬置支架与副车架	100
螺栓-连接后电驱前悬置支架与后电驱	100	螺栓-连接HVIC与接地线	8

续表

紧固部件	紧固力矩/Nm	紧固部件	紧固力矩/Nm
螺栓-逆变器齿轮箱合箱	30	螺栓-速度传感器	6
螺栓-铜排固定	13	螺栓-速度传感器支架	6
螺栓-上绝缘块固定	6	螺栓-速度传感器线夹	2
螺栓-连接箱体与盖板	13	螺栓-传感器信号盘	6
螺栓-电机齿轮箱合箱	65	螺栓-连接后电驱右后悬置与后电驱	100
进油/放油螺塞-齿轮箱	43	螺栓-连接后电驱后悬置与后副车架	100
预置转矩型螺母-电驱悬置支架	100	螺栓-连接后电驱左后悬置与后电驱	55

ES6 前驱 160kW 电机为永磁同步型，实体如图 5-3 所示。

160kW 驱动电机匹配的齿轮箱安装在 EDS（电驱系统）的一侧，另一侧通过螺栓连接至电机。齿轮箱采用传动比为 9.57 的单挡常啮合传动齿轮，不具备物理空挡功能。主要实现降低转速，增加转矩的功能，并把驱动电机的转矩传递到驱动半轴和车轮。齿轮箱内部有润滑油，用于润滑传动齿轮，其中前电驱系统齿轮箱齿轮油容量为 1.3L，后电驱系统齿轮箱齿轮油容量为 1.1L。

160kW 电机匹配齿轮箱实体如图 5-4 所示。

图 5-3　160kW 驱动电机（永磁同步）

图 5-4　160kW 电机匹配齿轮箱

160kW 前电驱系统技术数据如表 5-3 所示，紧固部件力矩参数见表 5-4。

表 5-3　160kW 前电驱系统技术数据

项目	参数	项目	参数
类型	交流永磁同步电机	传动比	9.57
型号	TZ160S001	机械效率/%	92
电压范围/V	350～415	防护等级	IP67
额定电压/V	350	总质量/kg	88.5
峰值功率/kW	160	电机质量/kg	55.3
峰值转矩/Nm	305	齿轮箱质量/kg	22.6
峰值转速/(r/min)	15000	逆变控制模块质量/kg	10.11
额定功率/kW	60	电机齿轮箱齿轮油型号	BOT350M3
额定转矩/Nm	130	电机齿轮箱齿轮油容量/L	1.3
额定转速/(r/min)	4500		

表 5-4　160kW 前电驱系统紧固力矩

紧固部件	紧固力矩/Nm	紧固部件	紧固力矩/Nm
螺栓-连接前电驱左前悬置支架与前电驱	100	螺栓-连接前电驱后悬置与车身	29
螺栓-连接前电驱前悬置支架到支座	100	螺栓-连接前电驱后悬置与下支架	50
螺栓-连接悬置支架与副车架	100	螺栓-连接逆变器与齿轮箱	8
螺栓-连接前电驱后悬置右下支架与前电驱	55	螺栓-逆变器齿轮箱合箱	30
螺栓-连接前电驱后悬置左下支架与前电驱	100	螺栓-六相铜排固定	13
进油/放油螺塞-齿轮箱	43	螺栓-侧盖板	2.5
螺栓-连接前电驱前悬置支架与前电驱	100	螺栓-连接电机与齿轮箱	65
螺栓-连接前电驱前悬置到前副车架	100		

5.1.2　驱动电机工作原理

永磁同步电机是电能与机械能相互转换的一种电力元器件。当定子侧通入三相对称电流时，由于三相定子在空间位置上相差 120°，所以三相定子电流在空间中产生旋转磁场，转子在旋转磁场中受到电磁力作用运动，此时电能转化为动能，永磁同步电机作驱动电动机用。由于同步电机永磁体励磁产生同步旋转磁场，永磁体作为转子产生旋转磁场，三相定子绕组在旋转磁场作用下通过电枢反应，感应三相对称电流，此时转子动能转化为电能，永磁同步电机作发电机用。电机内部结构如图 5-5 所示。

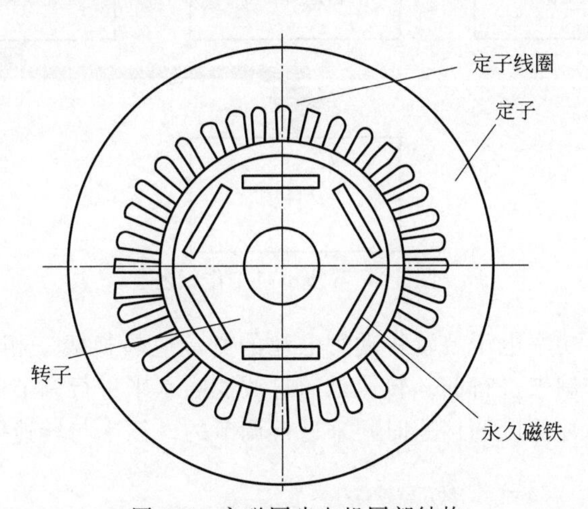

图 5-5　永磁同步电机同部结构

与永磁同步电机相比，异步电机使用寿命较长，因为可以简便地安装和拆除电刷，所以维护费用较低，制造成本相对较低，可以自动运行，短时间内可以承受较强的过载，设计坚固。其缺点是在高转矩利用率方面的效率较低，未使用带有启动控制的变频器时启动转矩较小。

定子是通过功率电子装置来获得交流电供给的。铜绕组内的电流会在定子内产生旋转的磁通量（旋转的磁场），这个旋转磁场会穿过定子，如图 5-6 所示。异步电机转子的转动要稍慢于定子的转动磁场（这就是异步的意思）。

转子和定子内磁场之间的转速差值称为转差率（也叫滑差率）。转子的铝制笼内可感应出一个电流，转子内产生的磁场会形成一个切向力，使得转子转动，叠加的磁场就产生了转矩。异步电机工作原理如图 5-7 所示。

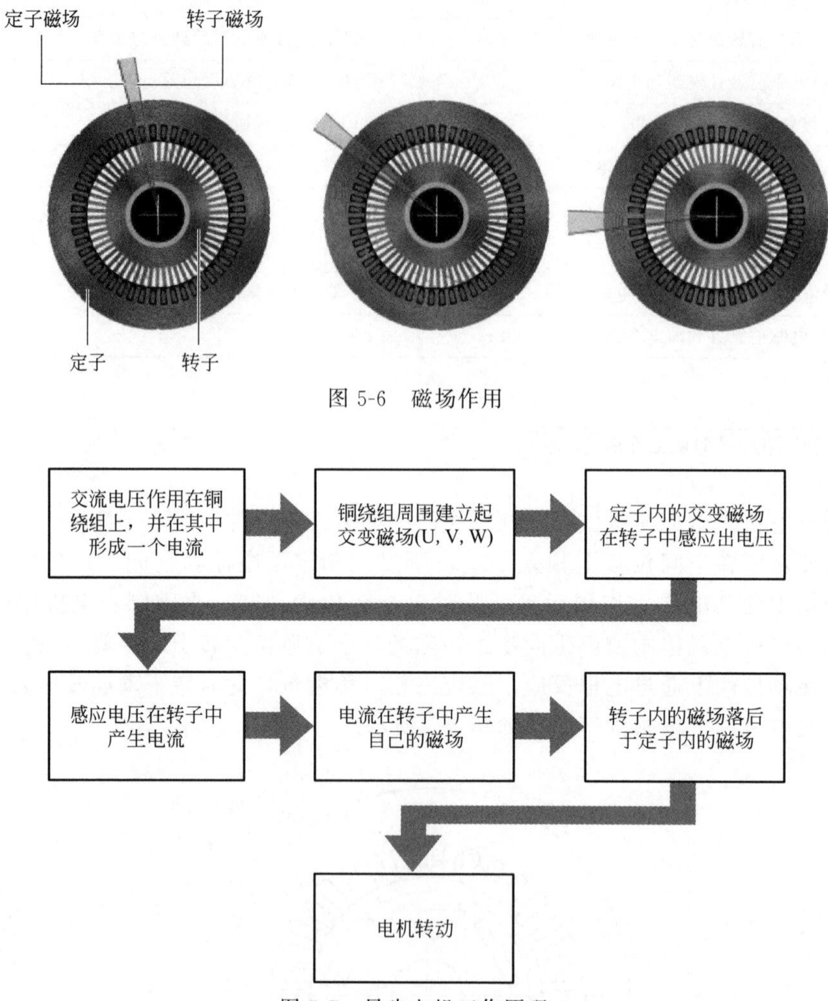

图 5-6　磁场作用

图 5-7　异步电机工作原理

在电驱动模式时，功率电子装置将动力电池的直流电转换成三相交流电（交流），这个转换是通过脉冲宽度调制来进行的。转速是通过改变频率来进行调节的。电驱动装置电机的转矩是通过改变单个脉冲宽度的接通时间来进行调节的。频率与转速的关系如图 5-8 所示。

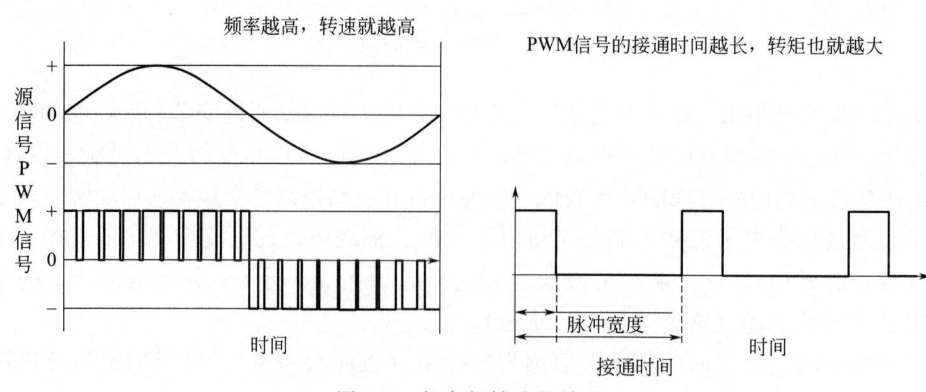

图 5-8　频率与转速的关系

在一台有 2 个极对的异步电机上要想达到 1000r/min 的旋转磁场转速，需要使用 33.34Hz 的交流电。因受到异步电机转差率的限制，所以转子转得要慢些。

5.2 驱动电机维修

5.2.1 驱动电机拆装

以奇瑞小蚂蚁为例，驱动电机的拆装步骤及注意事项如下。

(1) 准备工作

① 工具：棘轮套筒工具一套、力矩扳手一把、开口扳手、卡箍钳、万用表、高压绝缘表、举升机、平板车。

② 辅料：齿轮油、密封垫、冷却液。

③ 防护用品：棉线手套、绝缘手套、工作服、安全帽、工作鞋。

(2) 注意事项

① 请佩戴必要的劳保用品，以免发生意外事故。

② 拆装前应确认动力电池组继电器已断开，拔掉维修开关插件（在副驾驶侧座椅下面）。

③ 安装拆卸减速器时避免损坏减速器和电机配合端面。

④ 安装传动轴时避免损坏油封。

⑤ 加注变速箱油时确保减速器正常的倾斜角度。

⑥ 避免变速箱油污染，或触及眼睛。

⑦ 拆卸时先将动力总成吊起或托住。

(3) 拆卸步骤

① 切断高压，如图 5-9 所示拔掉维修开关（MSD 熔断器端）插件（在副驾驶侧座椅下面，将座椅后推后拆下盖板即可拔下）。

② 拆下后检修盖板总成，如图 5-10 所示。

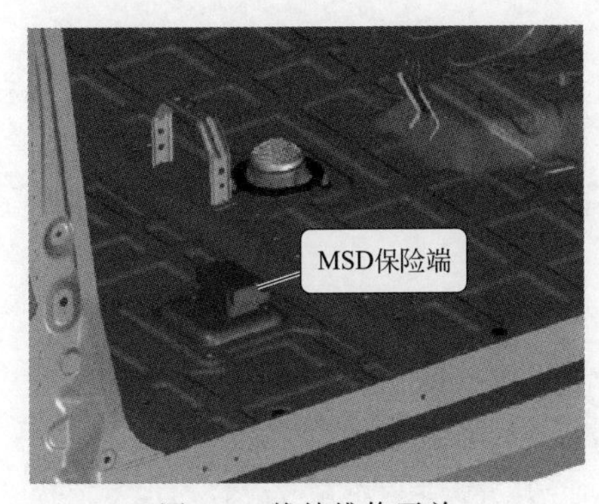

图 5-9 拔掉维修开关

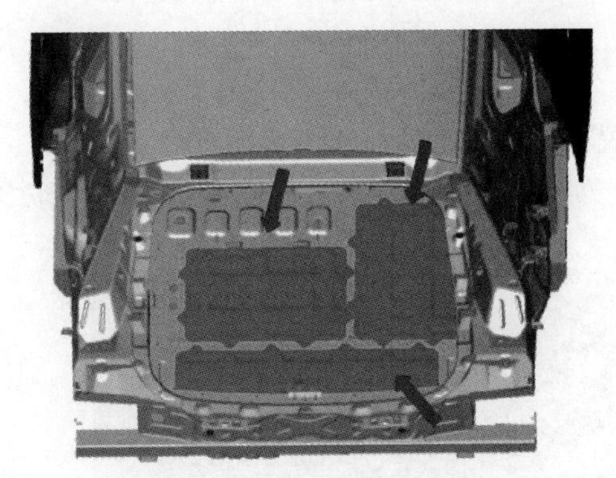

图 5-10 拆下后检修盖板

③ 拆除电机进出水管，如图 5-11 所示。

④ 拆下电机接地线，拔掉电机信号接插件，如图 5-12 所示。

⑤ 用举升机举起车辆，在副车架下方放置一平板车，支撑副车架。

⑥ 拔去控制器信号接插件和拆除其他在副车架上的高、低压线束，如图 5-13 所示。

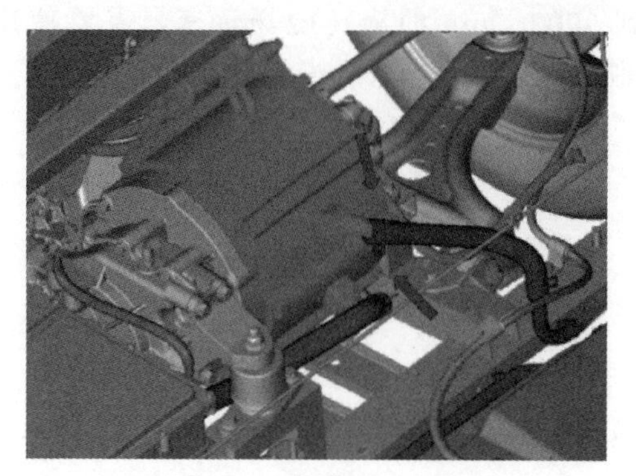

图 5-11　拔除进出水管

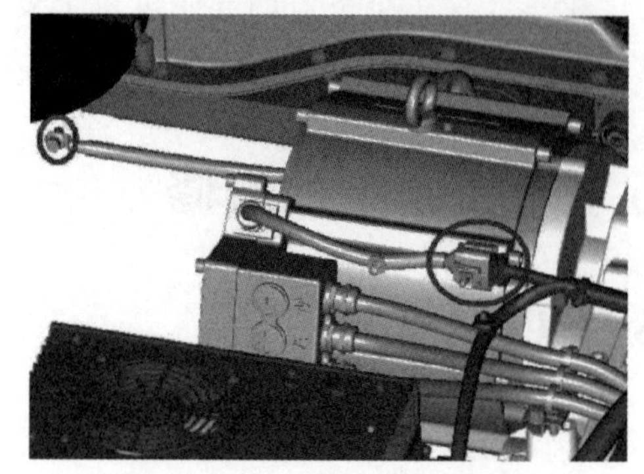

图 5-12　拆下接地线与接插件

⑦ 拆除副车架，放置在平板车上。

⑧ 如图 5-14 所示将电机和电机控制器连接的三相线从控制器端拆卸。首先使用开口扳手卸下螺母 1，再拆卸固定在控制器上的螺母 2，拆掉 U、V、W 线缆，防水端子后，打开控制器小盖板，拆掉压线端子 3 个 M6 螺栓。三相插件与控制器连接螺栓力矩（20±3）Nm，端子固定螺栓力矩（4±1）Nm。

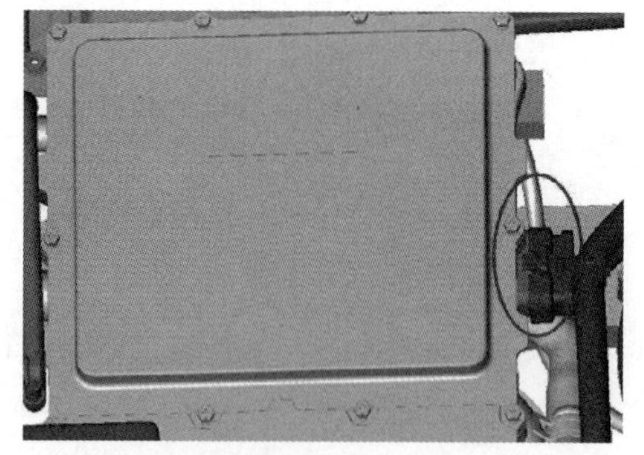

图 5-13　拔下控制接插件与高低压连接线束

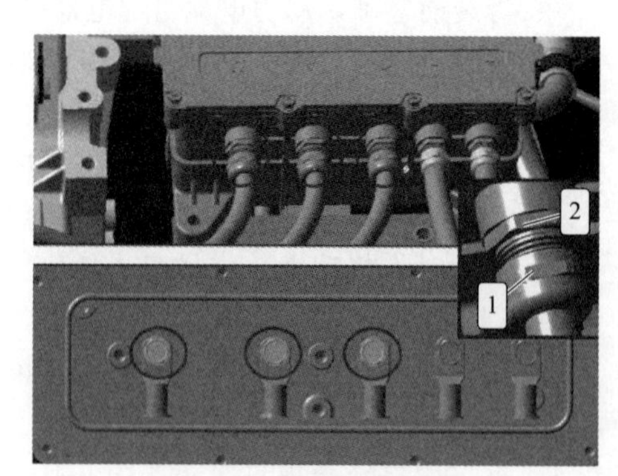

图 5-14　拆除三相连接线

⑨ 拆卸电机和减速器左悬置、前悬置、后悬置，如图 5-15 所示，将电机和减速器总成放置在工作台上。

⑩ 如图 5-16 所示，拆卸电机和减速器之间连接螺栓，力矩为（60±6）Nm。

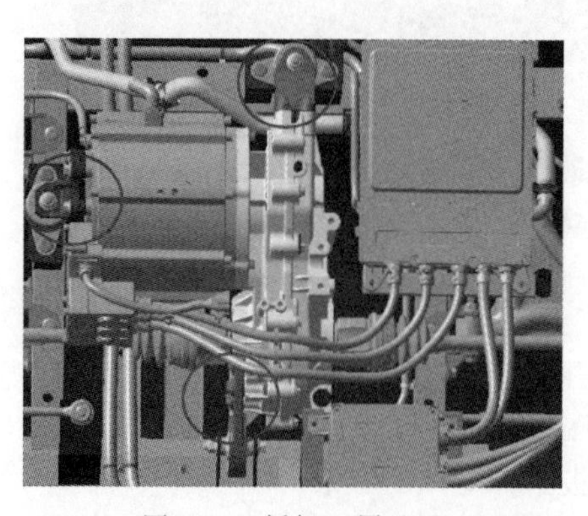

图 5-15　拆卸四周悬置

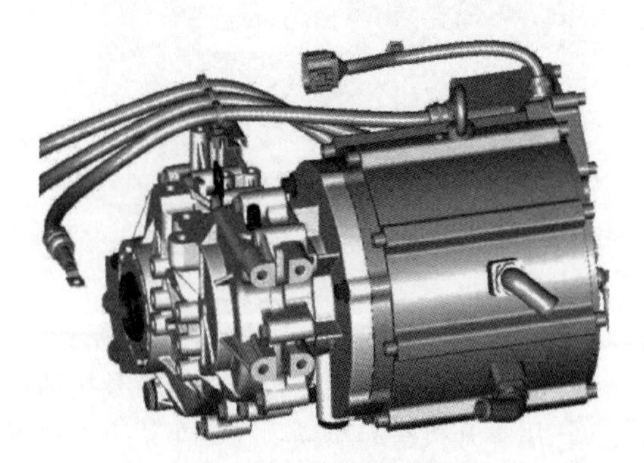

图 5-16　拆卸连接螺栓

⑪ 晃动电机，并向远离减速器方向拉动，即可拆下电机，如果配合较紧，则用一字螺丝刀撬动配合面或者用塑料锤敲击减速器壳体即可分离电机和减速器。

注意拆卸和装配时要小心，不要损坏减速器油封。

（4）电机的装配

电机的装配与拆卸顺序相反，注意按规定力矩紧固部件。

① 驱动电机安装前用高压绝缘表500V挡，检测电机三相线对壳体的绝缘阻值，大于20MΩ，即为合格。

② 电机安装完成后，检查三相线缆的相序。

③ 装配完成后，加注冷却液。

5.2.2 驱动电机部件检测

5.2.2.1 小鹏P7电机测量标准

小鹏P7电机测量标准如表5-5所示。

表5-5 电机测量标准

种类	标准	A点	B点
电机是星形连接还是三角形连接		星形连接	星形连接
U-V电阻,U-W电阻,V-W电阻	A点(9.8±2)Ω，B点(9.6±0.2)Ω	9.86Ω,9.85Ω,9.86Ω	9.63Ω,9.68Ω,9.69Ω
U-壳绝缘电阻,V-壳绝缘电阻,W-壳绝缘电阻	≥100MΩ	2.2GΩ	>550MΩ
Cos线圈电阻/Ω	A点48～58	52.86	54.2
Sin线圈电阻/Ω	A点43～53	48.37	50
励磁线圈电阻/Ω	A点18～22	19.7	20.4
电机旋变故障触发机制	旋变的电阻无异常/旋变端子接触OK/旋变信号与壳体绝缘	旋变励磁及输出电阻异常(断线),旋变端子接触不良,旋变信号绝缘失效	旋变励磁及输出电阻异常(断线),旋变端子接触不良,旋变信号绝缘失效

5.2.2.2 奇瑞小蚂蚁电机故障检测

（1）电机缺相的检测

电机缺相是电机内部某一相或两相由于某种原因发生不通电或者电阻值较大的现象，其主要的原因，可能为电机内某相烧毁，电缆与电机内部绕线断开连接，电缆接头由于未打紧发生烧蚀现象。

① 打开控制器小盖板，检查电缆接头有无烧蚀现象（此故障多是由接头在安装时未打紧引起的），维修后一定把如图5-17所示的电缆接头紧固到位。

② 检查缺相。利用万用表分别检测电机的U相与V相之间、V相与W相之间、U相与W相之间电阻来判断是否发生缺相（图5-18），UV、VW、UW相互之间的差值大于0.5Ω即判定为电机缺相，应更换电机。

图 5-17　检查线缆接头

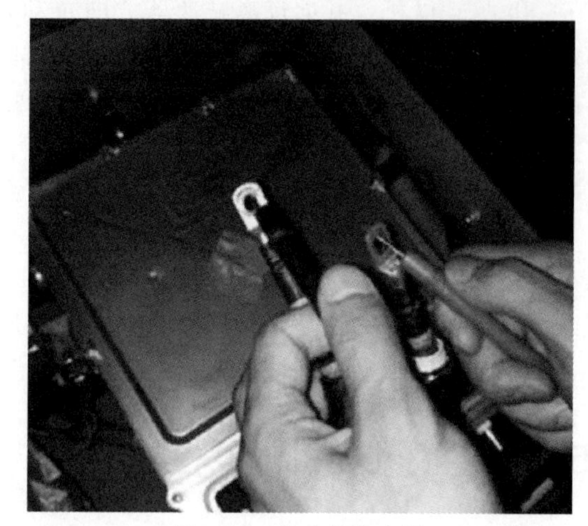
图 5-18　检查相位电阻

注意事项：将维修开关拔掉，打开电机控制器小盖板，将 U、V、W 三相线松开。将万用表打至最小单位刻度挡，测量相间的阻值。

（2）电机系统绝缘故障的检测

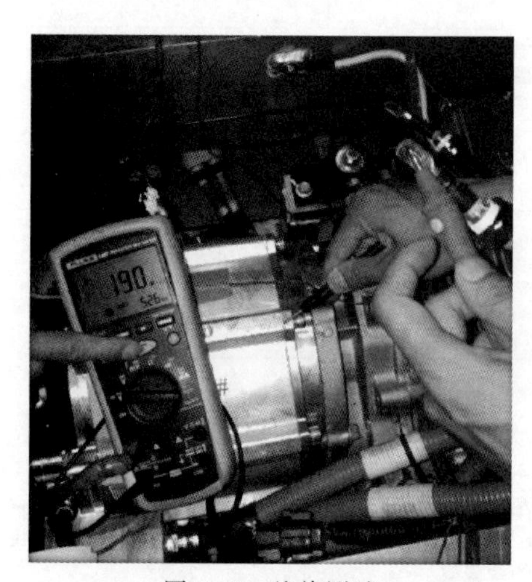
图 5-19　绝缘测试

电机绝缘故障常因为电机内部进水，或电机的绝缘层受热失效，或绕组某处烧蚀对地短接。电机控制器绝缘故障常因为控制器内部进水，或爬电距离变小。当电机系统发生绝缘故障时，常会引起控制器报模块故障，或者是整车绝缘故障。检查电机系统绝缘故障时应将电机系统从整车上脱离（打开控制器的小盖板，将连接到 MCU 的母线螺栓拆掉，将线与安装底座脱开），分别对电机系统的正负对地用绝缘表进行测试，如图 5-19 所示，绝缘表测试电压 500V，要求测试时电机温度接近常温，测试结果阻值应大于 20MΩ。若低于此值，则需进一步判定是电机的问题还是控制器的问题，将三相线螺栓拆掉，将线与安装底座脱开，单独对电机进行绝缘测试。如果测试结果阻值低于 20MΩ，判定为电机损坏，应更换电机；否则，更换控制器。

测试工具采用高压绝缘表。测量时应注意一端与端子连接，一端与外壳连接。测试应选择万用表 500V 挡位。

第6章 电驱系统

6.1 电驱系统电路原理

6.1.1 电驱系统介绍

电动汽车电驱动系统是能量存储系统与车轮之间的纽带，其作用是将能量存储系统输出的能量（化学能、电能）转换为机械能，推动车辆克服滚动阻力、空气阻力、加速阻力和爬坡阻力等各种阻力，制动时将动能转换为电能回馈给能量存储系统。

电驱动系统是电动汽车最主要的三电系统之一。电动汽车运行性能的好坏主要是由其驱动系统决定。电驱动系统由电机控制器、驱动电机、齿轮箱 3 个子系统模块组成。

电机控制器是一个将电池的直流电转换为交流电，并驱动电机的设备。由于在直流转换成交流的过程中，交流频率和电压可以改变，控制参数可以有很高的自由度。如图 6-1 所示为江淮新能源车型的电机控制器结构。

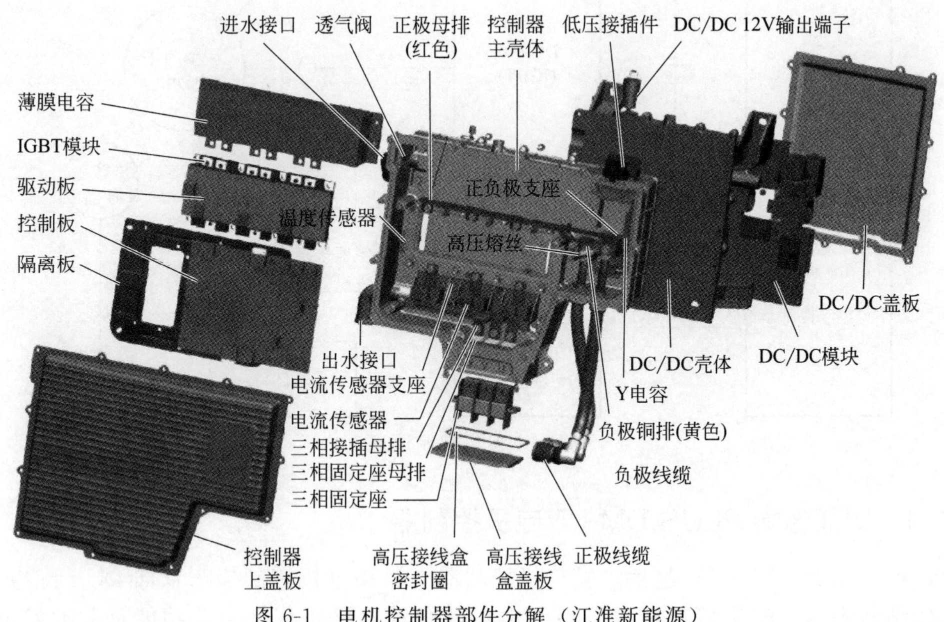

图 6-1 电机控制器部件分解（江淮新能源）

电机控制器将动力电池的直流电转换成电机可用的交流电，电机完成转矩输出。

VCU 基于加速踏板位置信号、挡位信号和车速信号计算车辆的目标转矩，并通过 CAN 通信发送转矩需求指令给电机控制器。其控制流程如图 6-2 所示。

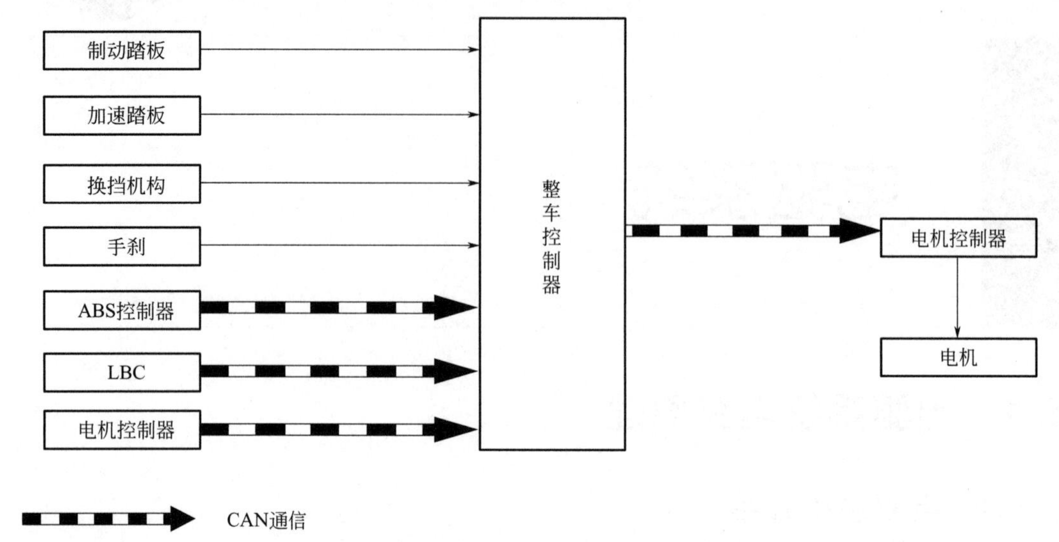

图 6-2　电机控制流程

在电机转矩请求信号由 VCU 通过整车 CAN 发送过来的基础上，电机控制器控制电机。电机控制器将电池的直流电转换为交流电，并同时采集电机位置信号和三相电流检测信号，精确地驱动电机，电机控制原理见图 6-3。

在减速阶段，电机作为发电机应用。它可以完成由车轮旋转的动能到电能的转换，给电池充电。

如果有故障发生，系统将进入到安全失效模式（fail-safe）。

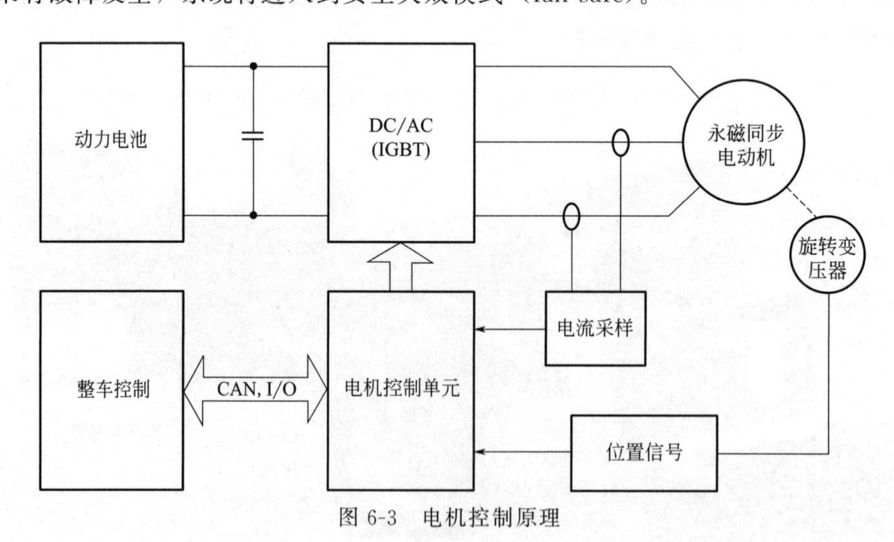

图 6-3　电机控制原理

6.1.1.1　比亚迪秦 PLUS DM-i 双电机控制器

双电机控制器（图 6-4）包括：发电机控制器＋驱动电机控制器＋双向 DC＋配电接口。发电机控制器由输入输出接口电路、控制电路和驱动电路组成，主要功能是驱动发电机发

电，同时包括 CAN 通信、故障处理、在线 CAN 烧写、与其他模块配合完成整车的工作要求以及自检等功能。驱动电机控制器是控制动力电池与电机之间能量传输的装置，由输入输出接口电路、控制电路和驱动电路组成，主要功能是控制驱动电机，使其驱动车辆行驶，同时包括 CAN 通信、故障处理、在线 CAN 烧写、与其他模块配合完成整车工作的要求以及自检等功能。双向 DC 是在动力电池和电机控制器之间的部件，起到升压、降压的作用。双电控给配电盒设计了一路高压供电接口。

图 6-4　比亚迪秦 PLUS DM-i 双电机控制器安装位置

双电机控制器原理框图如图 6-5 所示，电路简图如图 6-6 所示。

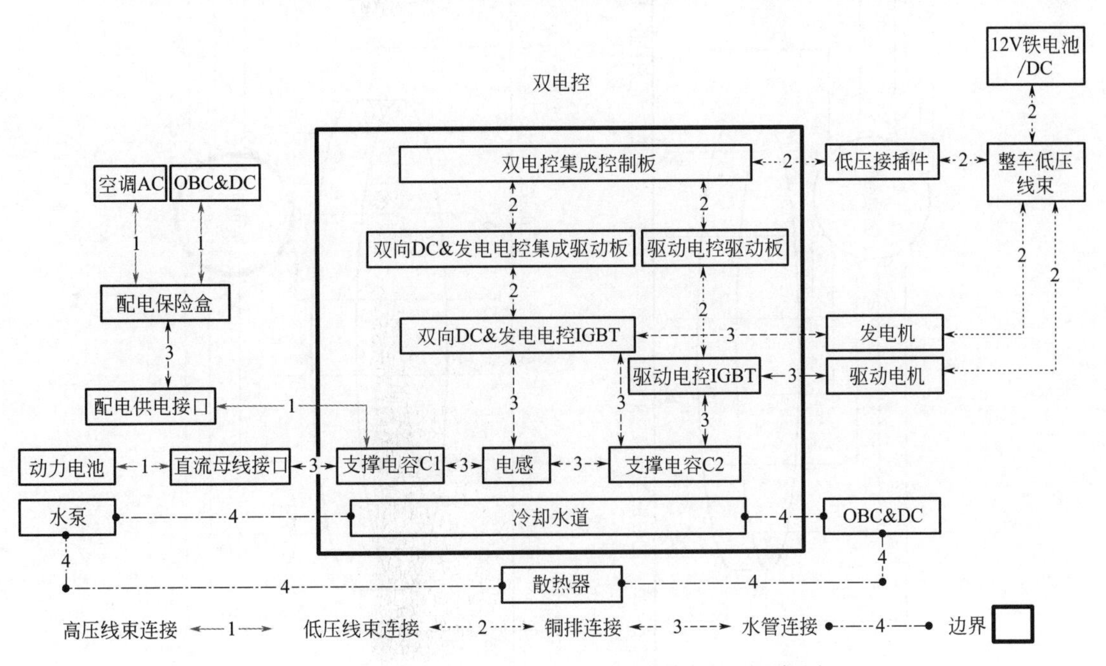

图 6-5　比亚迪秦 PLUS DM-i 双电机控制器原理框图

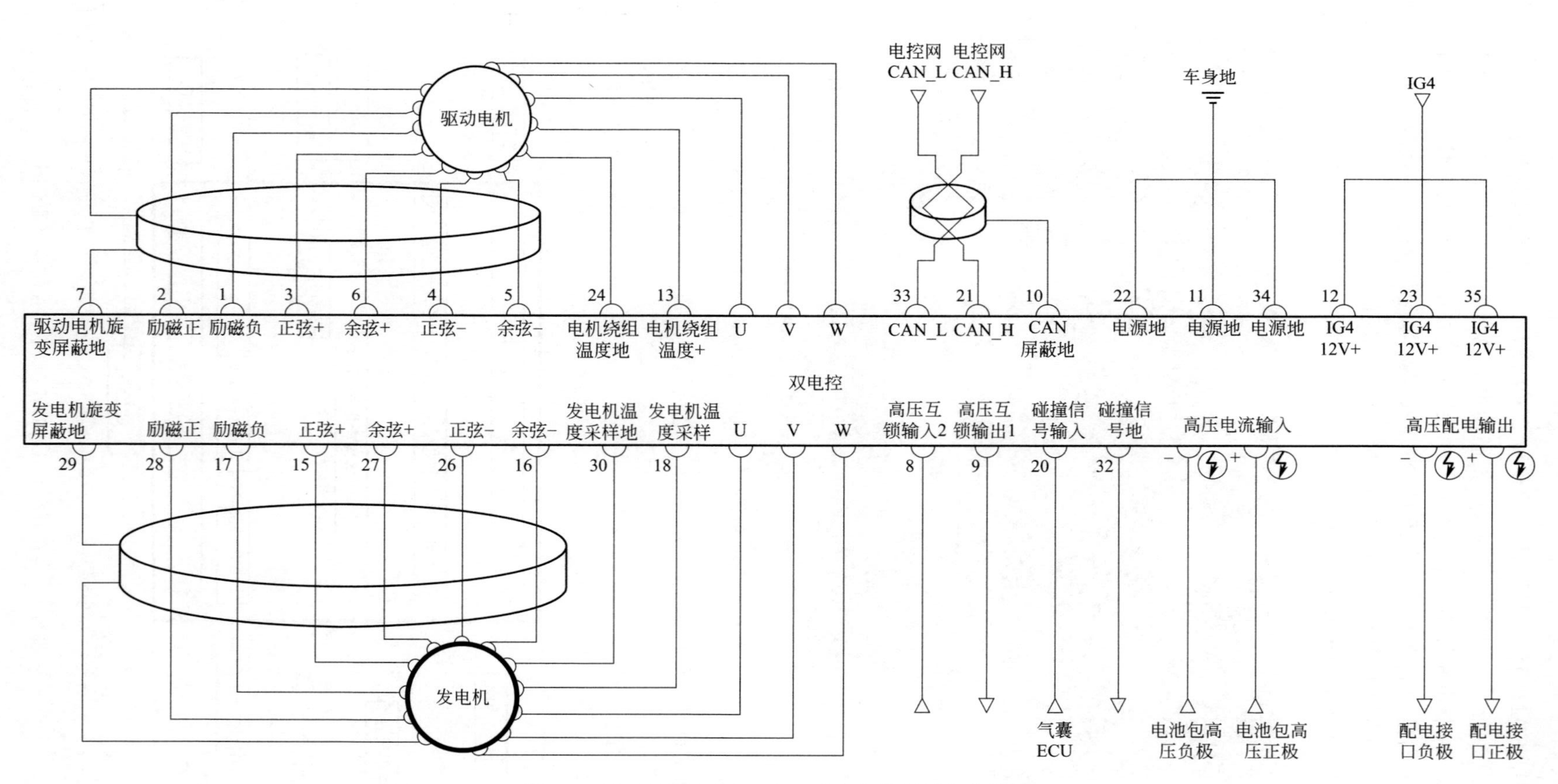

图 6-6　比亚迪泰 PLUS DM-i 双电机控制器电路简图

6.1.1.2 蔚来 ES6 电驱系统

EDS（电驱系统）负责车辆的动力输出，能够将动力电池包的直流能量用可控的方式转化为机械转矩，传递给车轮以驱动车辆。另外，还可以在车辆制动状态下，回收制动能量向动力电池包充电，以及实现反转倒车等功能。车辆配备 2 个电驱系统，前电驱系统安装在前副车架上，后电驱系统安装在后副车架上。蔚来 ES6 电驱系统实体效果图如图 6-7、图 6-8 所示。

图 6-7　蔚来 ES6 240kW 电驱系统（后驱）

图 6-8　蔚来 ES6 160kW 电驱系统（前驱）

电驱系统由三个主要部件组成，分别是电机控制器、驱动电机和齿轮箱。逆变器通过螺栓与齿轮箱连接，齿轮箱通过螺栓与驱动电机连接。电机和逆变器需要从车辆热管理系统获取冷却液进行散热，逆变器和电机在冷却回路上串联，冷却液先通过逆变器，然后通过电机。

逆变器是电驱系统的控制接口，同 VCU 进行通信，来控制需要的转矩。它还对电机的状态进行检测、管理，将相应的电机状态，如母线电压、电流、温度、故障状态以及电机当前许用转矩等信息通过 CAN 网络发送给 VCU。同时，逆变器也是电驱系统的逆变器，负责把电池的直流能量转变成交流能量并提供给电机，或者把交流能量转变为直流能量并提供给动力电池包。在逆变器上有两根高压电气线，分别接入高压正极和高压负极。逆变器和驱动电机之间通过 6 根交流母排进行高压电气连接，交流母排通过螺栓安装在齿轮箱的顶部。逆变器与驱动电机之间有低压电气连接，传递驱动电机的温度信号和速度位置信号。240kW 逆变器总成外观如图 6-9 所示。

160kW 电驱系统的电机控制器具备 ASC 三相主动短路保护的安全策略与控制电源双备份的安全机制，驱动控制模块将中央控制模块的指令转换成对逆变器中可控硅的通断指令，并作为保护装置，具有过压、过流等故障的监测保护功能，高精度无位置传感器控制功能，提供高精度的转矩控制，还具有满足实时四驱的主动阻尼控制功能、实现实时四驱的防抖功能。160kW 逆变器外观如图 6-10 所示。

图 6-9　蔚来 ES6 240kW 逆变器

图 6-10　160kW 逆变器

6.1.1.3 小鹏 P7 电驱系统

电机控制器是控制电池与电机之间能量传输的装置，是电机驱动及控制系统的核心，作为整个动力系统的控制中心，控制和驱动特性决定了汽车行驶的主要性能指标。前电机控制器安装在前舱内，后电机控制器安装在后副车架上，采用 CAN 通信控制，控制着动力电池组到电机之间能量的传输转换，同时采集电机位置信号和三相电流检测信号，精确地控制驱动电机运行。小鹏 P7 电驱系统技术参数如表 6-1 所示。

表 6-1 小鹏 P7 电驱系统技术参数

项目		参数
驱动电机	四驱车型前驱轮端峰值转矩/Nm	2281
	四驱车型前驱峰值功率/kW	120
	四驱车型前驱轮端最高转速/(r/min)	1393
	四驱车型前驱减速比	8.604
	四驱车型电机最大转矩/Nm	650
	四/两驱车型后驱轮端峰值转矩/Nm	3424
	四/两驱车型后驱峰值功率/kW	196
	四/两驱车型后驱轮端最高转速/(r/min)	1366
	四/两驱车型后驱减速比	8.782
	两驱车型后驱最大转矩/Nm	390
电机控制器	电压范围/V	180～450
	峰值功率/kW	120(前);200(后)
	额定电流/A	225(前);290(后)
	峰值电流/A	450(前);580(后)
	EMC 等级	Class3
	质量/kg	68
	防护等级	IP67

前电机控制器置于整车前舱内部，通过固定螺栓固定在前舱的机舱支架上。直流母线端连接到 PDU 分线盒，三相线出线端连接到驱动电机，低压信号端接入到整车低压信号线束中，接地点通过接地线束连接车身，进出水管接入电机温控系统中。前后电机控制器紧固力矩如表 6-2、表 6-3 所示。

表 6-2 小鹏 P7 前电机控制器紧固件规格与力矩参数

紧固位置	规格	拧紧力矩/Nm
连接 IPU 搭铁线束至前电控	六角法兰面螺栓 M8×16	20
连接前舱线束至前电控	六角法兰面螺栓 M6×16	6
装配前电机旋变后盖	螺栓(自带)	10
吊装前驱电机控制器总成	六角法兰面螺栓 M8×35	28
	六角法兰面螺栓 M8×25	28
装配前电机三相线束	螺栓(自带)	28

续表

紧固位置	规格	拧紧力矩/Nm
装配后驱减速器总成到后驱动电机总成上	六角法兰面螺栓 M8×35	28
安装前驱动电机总成搭铁线束至车身	六角法兰面自排屑搭铁螺栓 M8×20	20
锁紧前悬架至车身	六角法兰面螺栓及平垫圈组合 M12×1.5×70-10.9	70+90°
	六角法兰面螺栓及平垫圈组合件 M16×2×70-10.9	300
	六角法兰面螺栓及平垫圈组合 M16×2×120-10.9	300
装配前电机中上隔音垫总成	六角头螺栓和L型平垫圈组合件 M6×12	5
装配前电机左内隔音垫总成	六角头螺栓和L型平垫圈组合件 M6×12	5
固定前电机中下隔音垫总成至前动力总成	六角头螺栓和L型平垫圈组合件 M6×12	5
装配(前)动力总成前支架	六角法兰面螺栓 M10×1.25×60	拧到55Nm后,反松180°,然后以20r/min拧到55Nm
连接前动力总成前悬置支架与副车架	六角法兰面螺栓 M14×1.5×90	拧到130Nm后,反松180°,然后以20r/min拧至130Nm
装配(前)动力总成左支架	六角法兰面螺栓 M10×1.25×40	拧到55Nm后,反松180°,然后以20r/min拧至55Nm
连接前动力总成左悬置支架与副车架	六角法兰面螺栓 M14×1.5×100	拧到130Nm后,反松180°,然后以20r/min拧至130Nm
装配(前)动力总成右支架	六角法兰面螺栓 M10×1.25×60	拧到55Nm后,反松180°,然后以20r/min拧到55Nm
连接前动力总成右悬置支架与副车架	六角法兰面螺栓 M14×1.5×100	拧到130Nm后,反松180°,然后以20r/min拧到130Nm

表6-3 小鹏P7后电机控制器紧固件规格

紧固位置	规格	拧紧力矩/Nm
固定后电机中下隔音垫总成侧面	六角头螺栓和L型平垫圈组合件 M6×12	5
装配后电机旋变后盖	螺栓(自带)	10
吊装后驱电机控制器分装总成	六角法兰面螺栓 M8×35	28
	六角法兰面螺栓 M8×25	28
	六角法兰面螺栓 M8×35	28
装配后驱减速器总成到后驱动电机总成上	螺栓(自带)	28
连接后电机控制线束总成至三合一	粗杆六角法兰面螺栓 M6×25	6
装配过渡胶管至车身及后副车架上	六角法兰面螺栓 M6×12	6
装配后IPU搭铁线束至车身	六角法兰面自排屑搭铁螺栓 M8×20	20
装配三合一车载电源支架	六角头螺栓和L型平垫圈组合件 M6×16	6
锁紧后悬架至车身	六角法兰面螺栓带平垫圈总成 M14×15×147	130+180°
装配后电机中上隔音垫总成	六角头螺栓和L型平垫圈组合件 M6×12	5
固定后电机中下隔音垫总成至后动力总成	六角头螺栓和L型平垫圈组合件 M6×12	5

6.1.1.4 科莱威 CLEVER 电力电子箱

电力电子箱（PEB）是控制驱动电机的电器组件，在高速 CAN 上与 VCU、IPK、BCM 等控制器通信。电力电子箱接收 VCU 的转矩命令以控制驱动电机，且带有自诊断功能，确保系统安全运行。电力电子箱安装位置如图 6-11 所示。总成技术参数如表 6-4 所示。

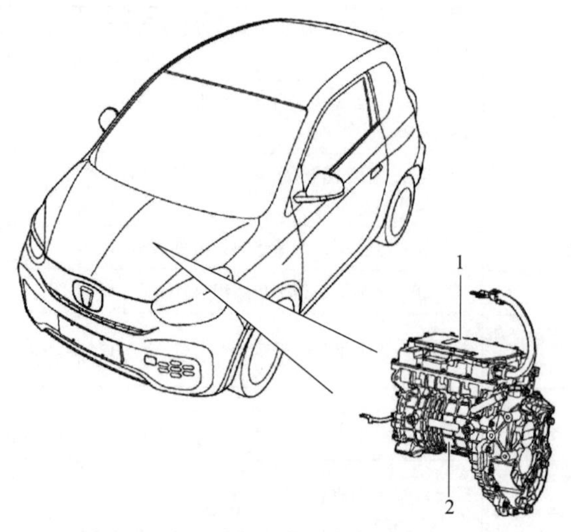

图 6-11 电力电子箱安装位置

1—电力电子箱（PEB）；2—驱动电机

表 6-4 科莱威 CLEVER 电力电子箱技术参数

项目		参数
PEB	最大工作电压/V	172
	额定输入电压/V	147
	最大电流(额定电压)/A	375
牵引电机	电机类型	三相永磁同步电机
	持续功率/峰值功率/kW	15/37
	额定转矩/峰值转矩/Nm	40/100
	额定转速/最大转速/(r/min)	4500/10000
	绕组接法	Y
	防护等级	IP67

电力电子箱系统内部集成 MCU 和逆变器。MCU 根据 VCU 信号，对 TC 电机进行高精度与高效能的转矩以及转速调节。逆变器将直流电转换为交流电，实现逆变整流功能。

驱动电机为三相交流电机，接受 PEB 的控制，为车辆提供动力。

PEB 将实时向仪表显示（IPK）发送电机与逆变器温度信号，当温度超过限制时，仪表将点亮报警灯。

PEB 发出冷却需求给冷却水泵，当点火钥匙在 KL15 位置，高压上电，水泵打开，根据温度调节开度。冷却液的温度应该控制在 65℃以下，当冷却液温度超过 85℃时，电力电子箱将停止工作。

PEB 根据 BMS 传递的参数信号为电池提供保护，这些参数信息包括最大充电电流、最

大放电电流、最大峰值电压、最小峰值电压。当 BMS 断开 HV 的连接时，PEB 会释放电容中的电量。

VCU 会监测计算电机所需的转矩，并将此转矩信号发给 PEB，使 PEB 能够通过对 TC 电机进行输出转矩控制驱动车辆。VCU 同时会检测计算 TC 电机所需的转速，并将此转速信号发给 PEB，使 PEB 能够通过对 TC 电机进行转速控制驱动车辆。系统控制原理框图如图 6-12 所示。

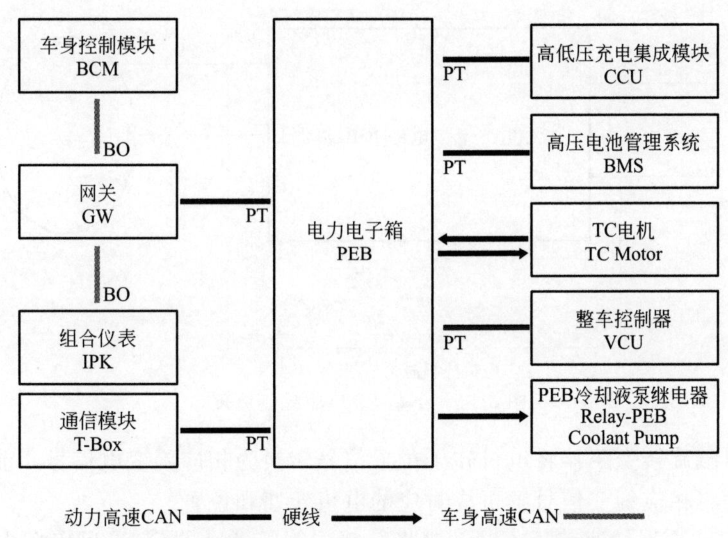

图 6-12　科莱威 CLEVER 电力电子箱控制原理框图

电力电子箱低压信号插件端子分布如图 6-13 所示，功能定义见表 6-5。

图 6-13　电力电子箱低压信号插件端子

表 6-5　电力电子箱低压信号端子定义

端子号	功能定义	端子号	功能定义
1	高压互锁 SRC	7	高压互锁 RTN
2	PT CAN 高电平	8	TC_CAN 低电平
3	TC_CAN 高电平	9	PT CAN 低电平
4	混动 CAN 高电平	10	唤醒使能
5	PEB 电源	11	PEB 接地

6.1.2 电驱系统原理

6.1.2.1 小鹏 P7 前电机控制系统原理

前电机控制器要包含控制电路、驱动电路、IGBT 功率半导体模块及其关联电路等硬件部分以及电机控制算法、逻辑保护等软件部分。前电机控制器根据整车控制器的模式、转矩等指令请求，通过内部控制算法运算后控制逆变器 IGBT 关断来驱动逆变器产生三相电流驱动电机运行。工作原理如图 6-14 所示。

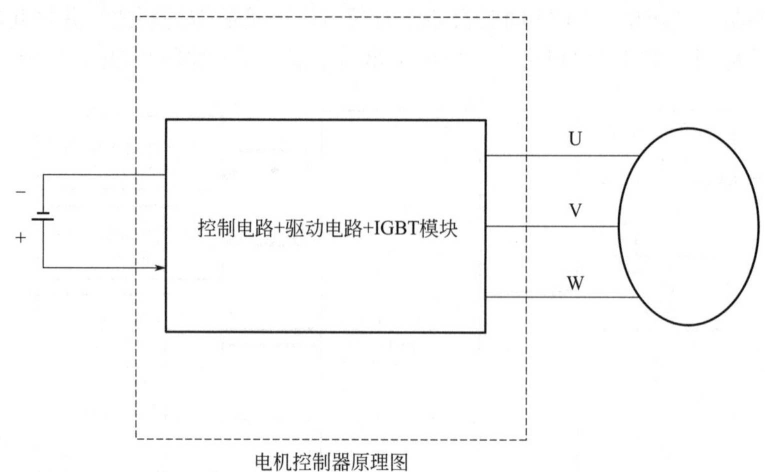

图 6-14　小鹏 P7 电驱控制原理

前驱动电机端旋转变压器将电机转子位置信号转换为相应旋变电信号，前电机控制器内部旋变解码芯片将相应旋变信号解析成对应的电机转速和位置。

小鹏 P7 VCU 根据加速踏板、制动踏板、挡位等信号通过 CAN 网络向电机控制器发送指令，实时调节驱动电机的转矩输出。电机控制器根据 VCU 指令请求控制功率器件 IGBT 工作来驱动电机进行电动或发电，以实现整车的怠速、加速、能量回收等功能。系统原理框图如图 6-15 所示。

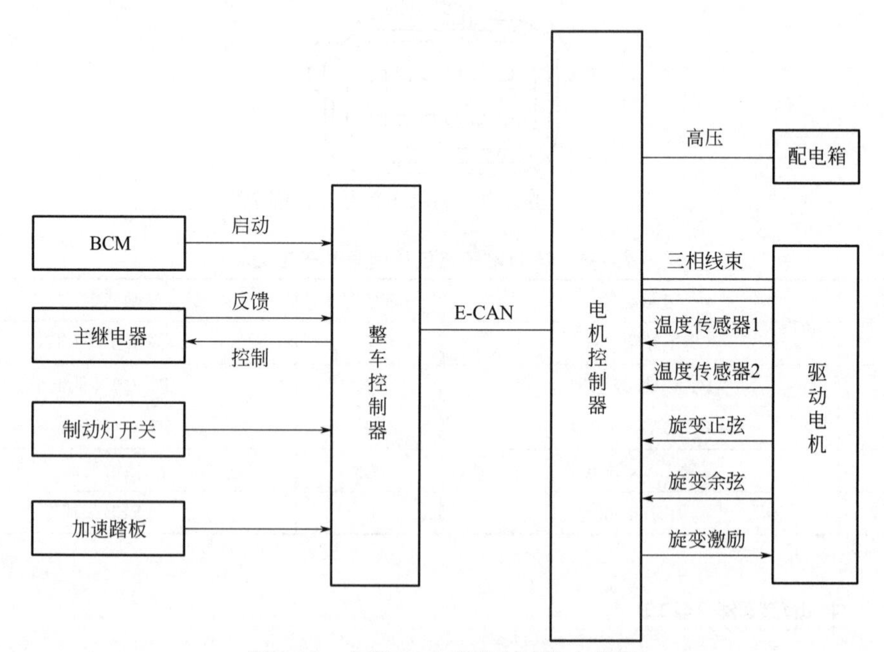

图 6-15　小鹏 P7 电驱控制系统方框图

前电机控制系统是将电池的电能与传动的机械能进行相互转换的装置，可实现车辆驱动及能量回收功能。其由永磁同步电机本体、旋转变压器、定子温度传感器、循环冷却系统、

高压接线盒及其连接附属件组成。

前驱动电机布置在整车前舱内部，通过固定螺栓固定在动力系统悬置支架上。电机轴伸端与减速器配合面通过螺栓连接配合，与转轴花键配合输出转矩到减速器端。三相线出线端连接到电机控制器，低压信号端接入整车低压信号线束中，接地点通过接地线束连接到车身，进出水管接入电机温控系统中。前电机控制系统电路连接如图 6-16 所示。

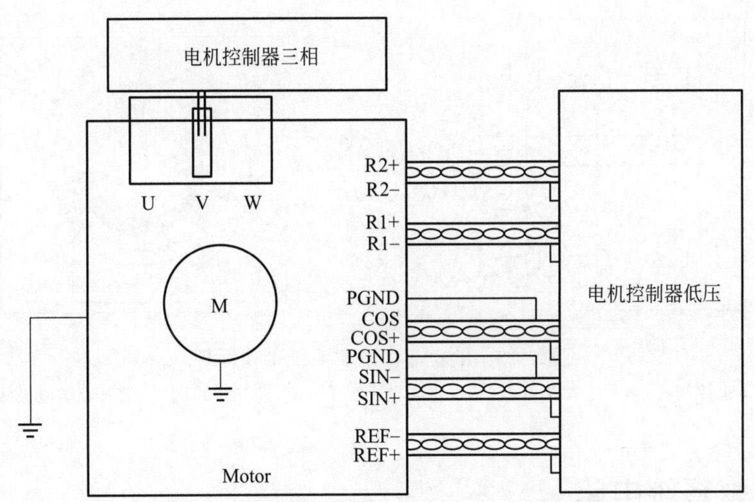

图 6-16 小鹏 P7 前电机控制系统电路连接

6.1.2.2 欧拉黑猫电驱系统原理

电驱动总成作为整车动力源，能响应整车控制器发出的转矩指令和转速指令，控制驱动电机驱动车辆或在车辆滑行/制动时进行能量回收。电驱控制系统框图如图 6-17 所示。

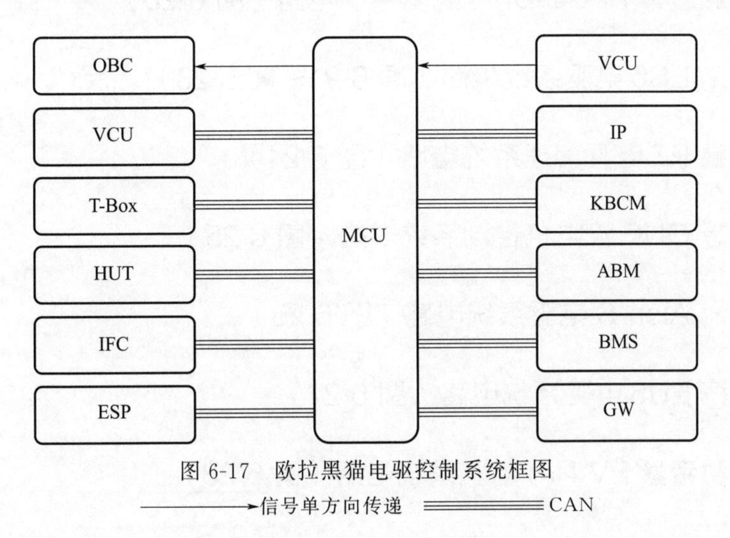

图 6-17 欧拉黑猫电驱控制系统框图

信号单方向传递 CAN

电驱动总成中的电机控制器将电池包提供的直流电，整流逆变成三相交流电，根据整车需要改变输入驱动电机的三相交流电的电流及频率，从而控制驱动电机的输出。

电机控制器将动力电池包输出的直流电转化成驱动电机需要的三相交流电，给驱动电机线圈通三相交流电后，线圈产生一个旋转的磁场。转子内部的永磁体，在旋转磁场的作用下，产生一个与旋转磁场同步的旋转转矩带动转轴转动。产生的转矩大小与电流值近似成正比，转动的速度与三相电流的频率有关。为了保证驱动电机最高效转动，需要确定转子铁芯中永磁体的位置以及定子线圈中电流的相位值。驱动电机上安装有旋转变压器通过控制器持续探测转子角度及定子线圈中电流的相位。原理如图 6-18 所示。

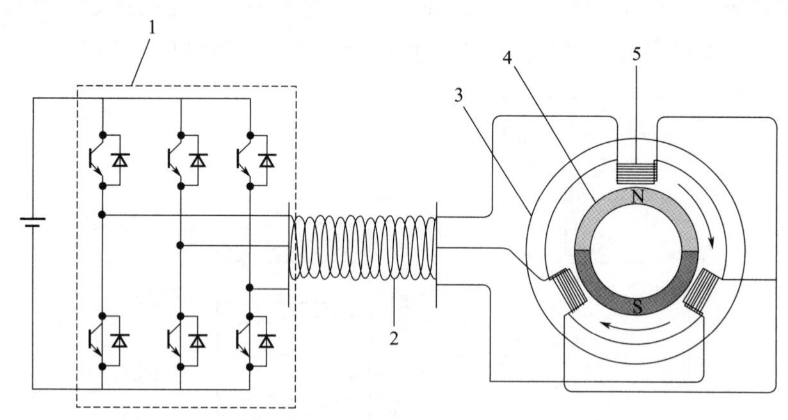

图 6-18　欧拉黑猫电驱系统工作原理

1—电机控制器；2—三相交流电；3—驱动电机定子；4—驱动电机转子；5—驱动电机线圈

6.1.3　电驱系统电路

扫码查阅电驱系统电路。

6.1.3.1　比亚迪汉 EV 电驱管理系统电路（图 6-19）

6.1.3.2　比亚迪秦 PLUS DM-i 电驱系统电路（图 6-20）

6.1.3.3　蔚来 ES6 电驱系统电路（图 6-21~ 图 6-23）

6.1.3.4　小鹏 P7 电驱管理系统电路（图 6-24）

6.1.3.5　理想 ONE 双电机控制系统电路（图 6-25）

6.1.3.6　广汽 Aion S 电驱系统电路（图 6-26）

6.1.3.7　北汽 EU5 电驱系统电路（图 6-27）

6.1.3.8　吉利帝豪 EV Pro 电驱系统电路（图 6-28）

6.1.3.9　五菱宏光 MINI EV 电驱系统电路（图 6-29）

6.1.3.10　欧拉黑猫电驱控制系统电路（图 6-30）

6.1.3.11　科莱威 CLEVER 动力控制系统电路（图 6-31）

6.2 电驱系统维修

6.2.1 电驱系统部件拆装

6.2.1.1 比亚迪秦 PLUS DM-i 双电控总成拆装

双电控 EHS 电驱总成布置形式如图 6-32 所示。

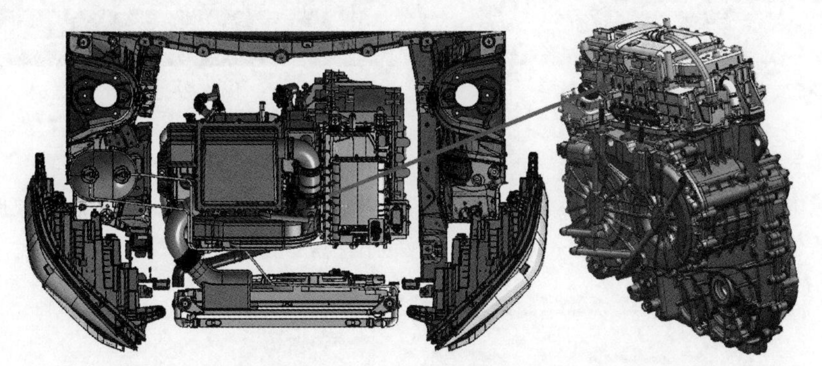

图 6-32 比亚迪秦 PLUS DM-i 双电控 EHS 电驱总成布置

（1）总成拆卸与装配步骤

拆卸维修前需按下列步骤对高压系统断电。

a. 整车退电至 OFF 挡。

b. 断开低压蓄电池负极，并等待 5min。

c. 打开前舱盖，拔掉前舱电控总成端的直流高压母线接插件。

d. 使用电压测量工具确认拔开的高压母线间电压在安全电压范围（小于 60V DC）。接插件应用绝缘胶带进行绝缘密封，防止短路及进入异物。

① 拆解 EHS 周边的进、回油管，冷却水管，低压线束，高压线束，配电盒，悬置部件。注意做好总成支撑与防护，防止拆卸悬置后总成跌落。

② 拆电控上电机三相铜排连接窗口上的八颗内六角螺栓（安装时，螺栓紧固力矩 2～3Nm），如图 6-33 所示。

③ 拆电机电控三相铜排的六颗六角法兰面螺栓（安装时，螺栓紧固力矩 11Nm±2Nm），如图 6-34 所示。

图 6-33 内六角螺栓安装位置

图 6-34 六角法兰面螺栓安装位置

④ 拆解电控四个安装支脚上的六角法兰面螺栓（安装时，螺栓紧固力矩 50Nm±3Nm），如图 6-35 所示。

⑤ 分离电控，注意电控下方连接变速箱处有导电橡胶，如图 6-36 所示的环形区域。

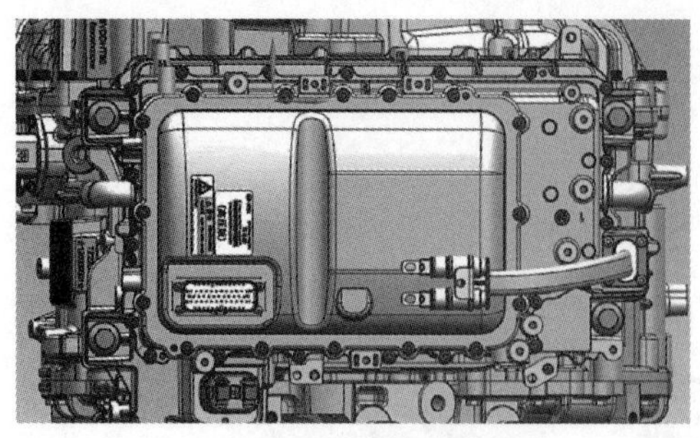

图 6-35 支脚六角法兰面螺栓

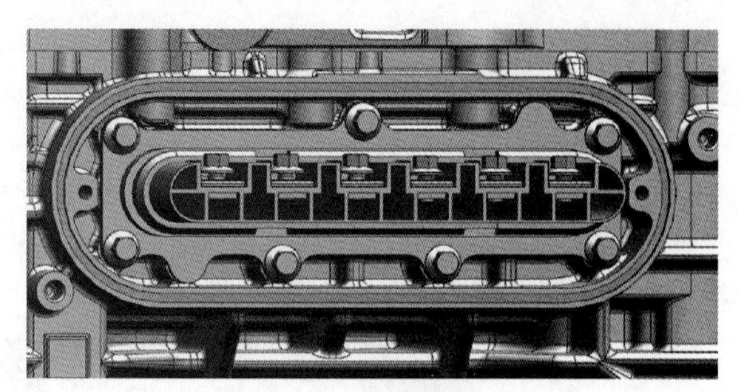

图 6-36 导电橡胶

⑥ 分离导电橡胶，并废弃。

⑦ 装配电控的步骤按以上拆解步骤倒序即可。装配时，注意更换导电橡胶。注意如图 6-37 所示位置的电控导向螺栓、电控接线板定位销，避免损坏。

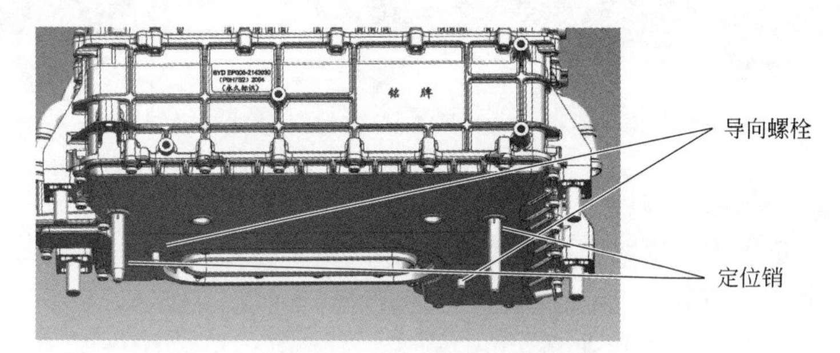

图 6-37 导向螺栓及定位销

(2) 总成油液检查及其步骤

① 举升车辆，使车辆保持水平。

② 拆卸发动机下护板。

③ 拆下观察窗紧固螺塞及密封垫片，如图 6-38 所示。

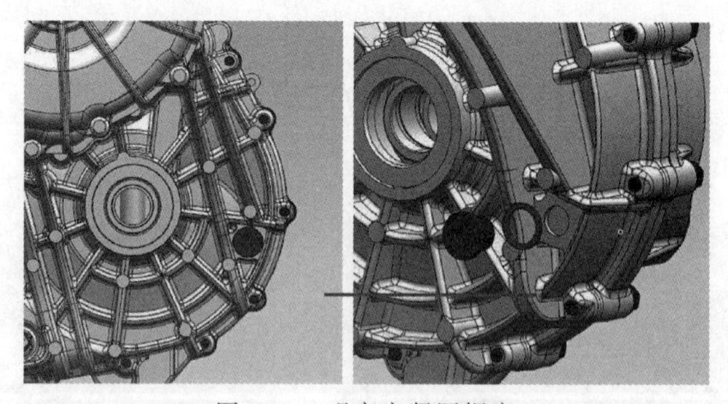

图 6-38 观察窗紧固螺塞

④ 通过观察窗观察油液液面在合适的位置，即油液从观察窗口溢出少许，如图 6-39 所示。

图 6-39　观察窗液面检查

注意：如果油液加注过量，则从观察窗口溢出至合适位置即可；如果油液液位过低，则检查总成各接口及堵头，排查泄漏点。如无泄漏点，则通过加油口继续向 EHS 加注指定的油品（EHSF-1），直至油液液面在合适的位置。为保证产品的可靠性，务必使用比亚迪指定油品，若使用错误的油品可能会导致 EHS 损坏。

⑤ 检查完成后，更换新的观察窗紧固螺塞及密封垫片（安装时，螺塞拧紧力矩为 50Nm±3Nm）。

⑥ EHS 油液检查完成，擦拭干净总成上的油液残留。

（3）总成油液更换及其步骤

① 举升车辆，使车辆保持水平。

② 拆卸发动机下护板。

③ 拆下放油口紧固螺塞及密封垫片，如图 6-40 所示。

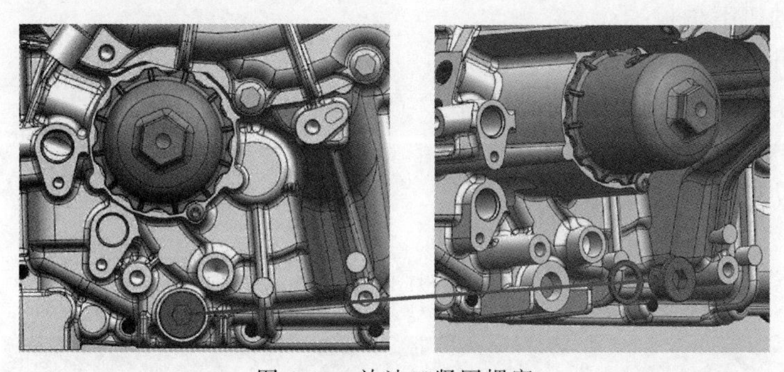

图 6-40　放油口紧固螺塞

④ 润滑油以线状流出时，注意接收防护，以免污染周边环境。待润滑油由线状变为滴状时，再静置约 5min，确保润滑油尽可能多地排出，减少残油。

注意：集中回收处理废旧油品，不能将废弃油品直接排入下水管道，避免污染环境。

⑤ 更换并装配新的放油口紧固螺塞及密封垫片（安装时，螺塞拧紧力矩为 50Nm±3Nm）。

⑥ 拆卸滤清器，先拆下滤清器防松螺栓（安装时，螺栓拧紧力矩为 6Nm±1Nm）。

⑦ 拆卸滤清器本体（安装时，螺栓拧紧力矩为 25Nm±3Nm），如图 6-41 所

图 6-41　拆卸滤清器

示。更换滤清器壳体上的O形密封圈及滤芯，注意集中回收处理废旧滤芯，不能将废弃滤芯直接扔到垃圾桶，避免污染环境。

⑧ 更换新的比亚迪专用滤芯总成，并按以上步骤倒序，复原滤清器本体以及防松螺栓。

⑨ 拆下加油口螺塞及密封垫片，如图6-42所示。

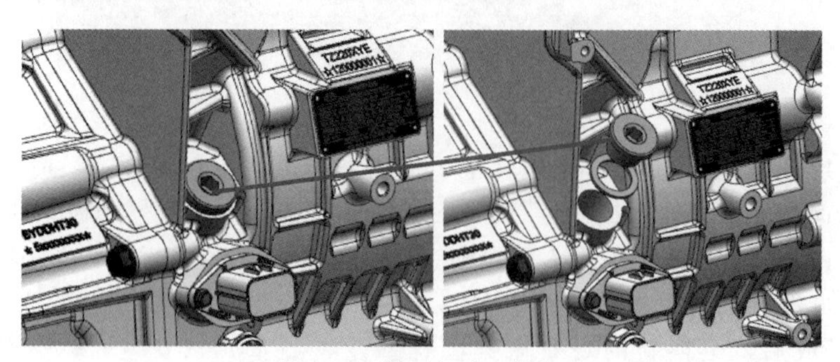

图6-42　拆下加油口螺塞

⑩ 使用专用工具加入定量（更换时3.0L＋0.1L，大修时3.6L＋0.1L）的EHS指定加注的油品（EHSF-1）。

⑪ 按总成油液检查方法检查液面。

⑫ 安装加油口螺塞及密封垫片，螺塞拧紧力矩为37Nm±2Nm。

⑬ EHS油液加注完成，擦拭干净总成上的油液残留。

⑭ 安装发动机下护板。

⑮ 落下举升机，车辆驶离。

(4) 齿轮油压力传感器以及主轴油道压力传感器更换

① 举升车辆，使车辆保持水平。

② 拆卸发动机下护板。

③ 拔下压力传感器线束端接插件。

④ 用工具拧下总成上的压力传感器，如图6-43所示。

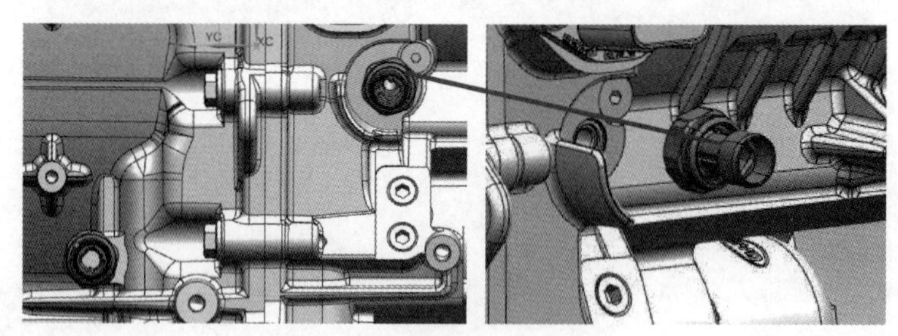

图6-43　拆卸压力传感器

⑤ 更换新的比亚迪专用压力传感器，螺栓拧紧力矩25Nm±3Nm。

⑥ 对插线束端接插件，当听到“咔”的声响时对插完成。

⑦ 装配发动机下护板。

⑧ 落下举升机，车辆驶离。

(5) 油温传感器更换

① 举升车辆，使车辆保持水平。

② 拆卸发动机下护板。

③ 拔下油温传感器线束端接插件。

④ 用工具拧下总成上的油温传感器，如图 6-44 所示。

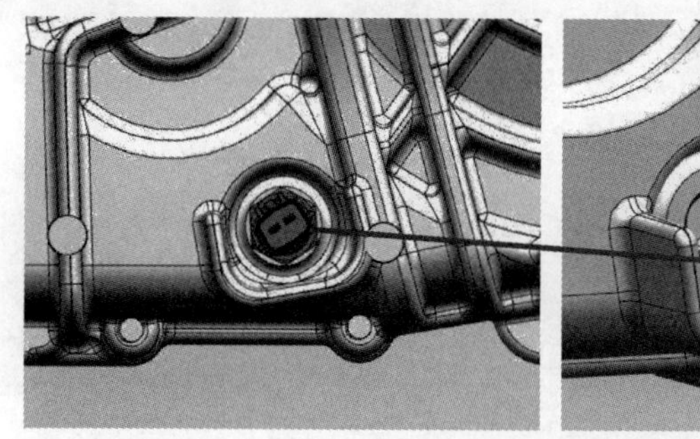
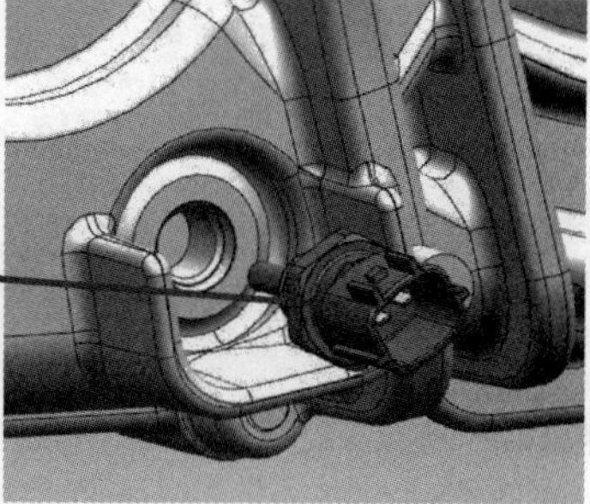

图 6-44 拆卸油温传感器

⑤ 更换新的比亚迪专用油温传感器，螺栓拧紧力矩 25Nm±3Nm。

⑥ 对插线束端接插件，当听到“咔”的声响时对插完成。

⑦ 装配发动机下护板。

⑧ 落下举升机，车辆驶离。

(6) 总成上通气阀更换流程

① 打开发动机引擎盖。

② 拆卸前舱装饰板。

③ 用工具拆卸通气管组件，如图 6-45 所示。

④ 更换新的比亚迪专用通气管组件，螺栓拧紧力矩 16Nm±2Nm。

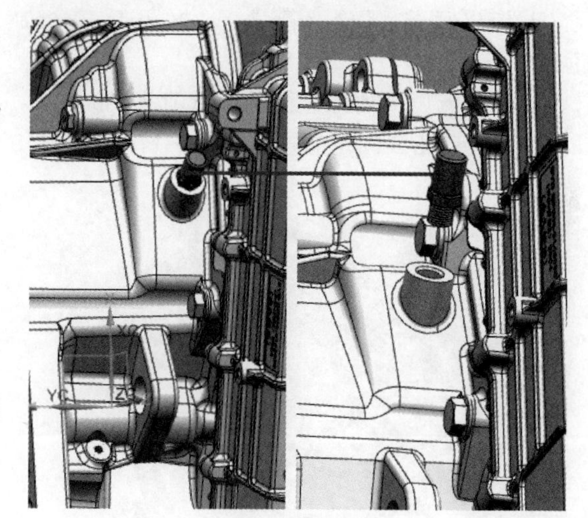

图 6-45 拆卸通气阀

⑤ 装配前舱装饰板。

⑥ 放下发动机引擎盖，车辆驶离。

6.2.1.2 小鹏 P7 后驱动电机控制器总成拆装

① 如更换后驱动电机控制器总成，先用诊断仪进行“模块换件准备”操作程序。

② 关闭所有用电器，车辆下电。

③ 断开蓄电池负极极夹。

④ 拆卸手动维修开关。

⑤ 排放冷却液。

⑥ 拆卸后副车架总成及后驱动力总成。

⑦ 拆卸后副车架总成。

⑧ 拆卸后驱动电机控制器总成。

a. 松开固定卡箍（箭头 A），拆下后驱动电机控制器进水管 1。

b. 松开固定卡箍（箭头 B），脱开后电机进水管 2 与后驱动电机控制器总成连接，如图 6-46 所示。

c. 旋出固定螺栓（箭头），揭开后电机中下隔音垫总成侧面一角，如图 6-47 所示。螺栓拧紧力矩 5Nm。

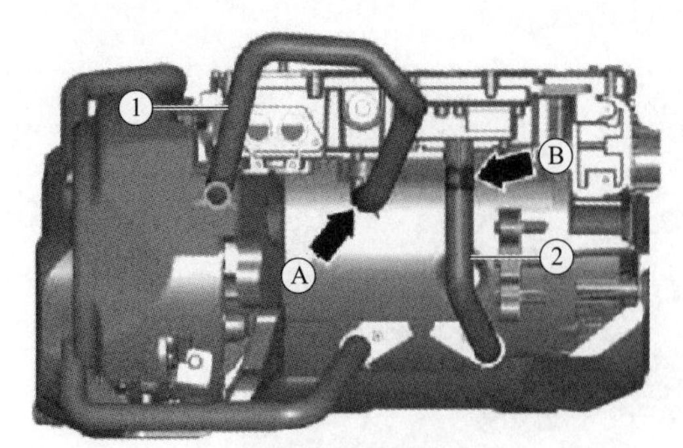

图 6-46　拆卸进水管

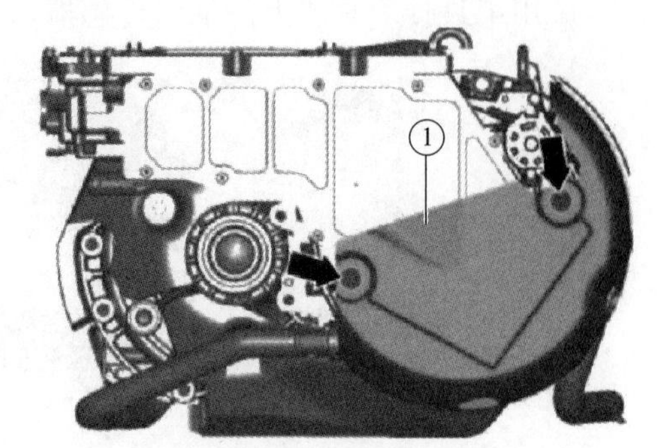

图 6-47　拆下隔音垫总成

d. 旋出固定螺栓（箭头），拆下后电机旋变后盖，如图 6-48 所示。螺栓拧紧力矩 10Nm。

e. 断开低压接插件连接插头（箭头 A）。

f. 旋出三相线固定螺栓（箭头 B），如图 6-49 所示。螺栓拧紧力矩 28Nm。

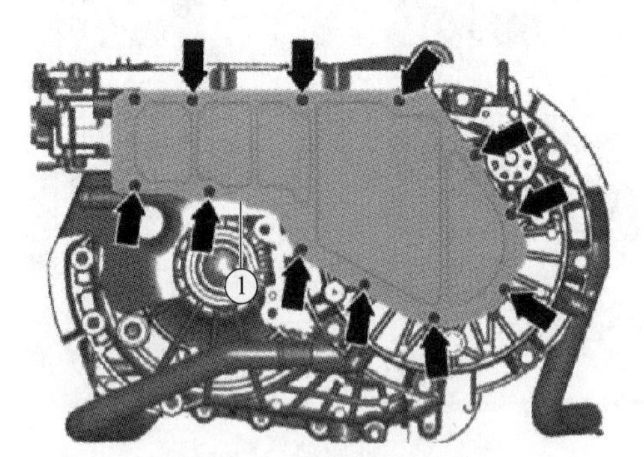

图 6-48　拆下旋变后盖

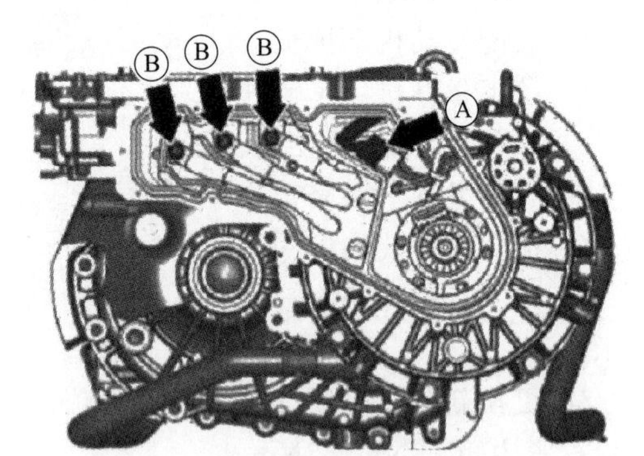

图 6-49　断开插头并取出固定螺栓

g. 旋出固定螺栓（箭头），拆下后驱动电机控制器总成 1，如图 6-50 所示。螺栓拧紧力矩 28Nm。

⑨ 安装程序以拆卸的倒序进行，同时注意下列事项。

a. 维修过程中不要损坏如图 6-51 所示的电机密封胶圈。

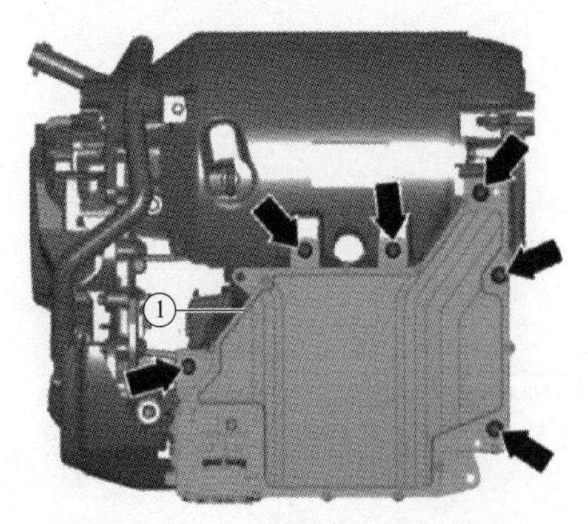

图 6-50　拆下后驱动电机控制器

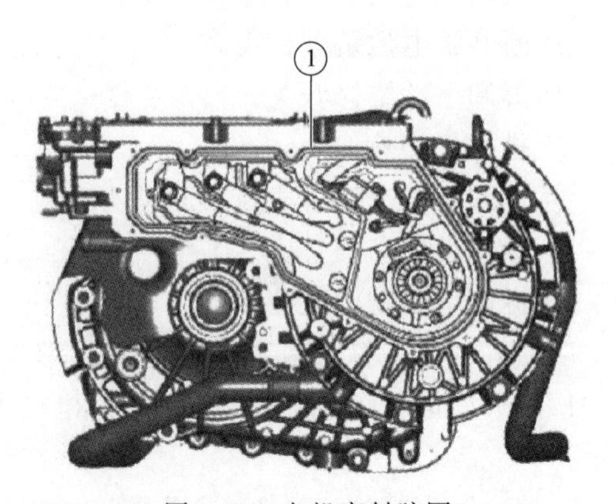

图 6-51　电机密封胶圈

b. 维修过程中不要损坏如图 6-52 所示的电机密封胶圈。

c. 按 1 至 12 的顺序依次拧紧后电机旋变后盖固定螺栓至规定力矩，如图 6-53 所示。螺栓拧紧力矩 10Nm。

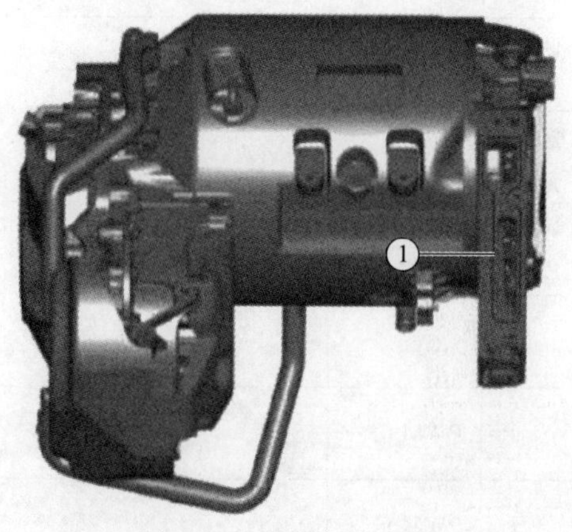

图 6-52 电机密封胶圈

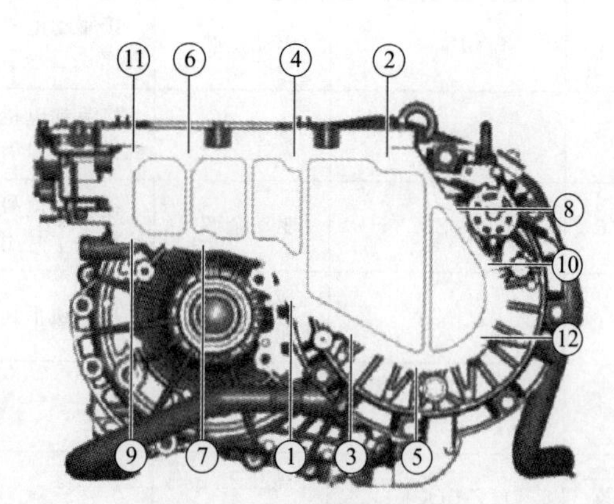

图 6-53 螺栓紧固顺序图

d. 安装完成后，需进行气密性检测。

e. 如果更换了后驱动电机控制器总成，需要进行以下操作。

· 进行“模块更换”操作程序。

· 使用诊断仪进行旋变初始角的写入程序（旋变初始角数值在电机铭牌和端盖上标签有显示）。

6.2.2 电驱系统故障诊断

6.2.2.1 比亚迪秦 PLUS DM-i 双电控系统

秦 PLUS DM-i 双电控系统信号接插件端子分布如图 6-54 所示，接线端子序号 1—12、13—23、24—35 为从左向右数。端子功能定义及技术参数如表 6-6 所示。

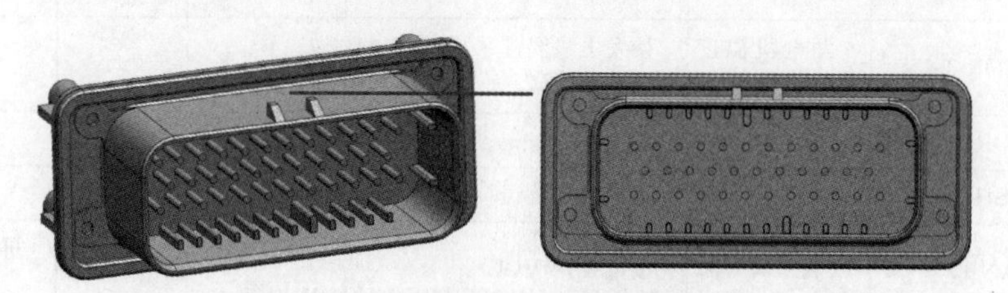

图 6-54 双电控系统信号接插件端子分布

表 6-6 双电控低压信号接插件端子功能定义及技术参数

端子	端口名称	端口定义	线束接法	信号类型	工作电流	备注
1	EXCOUT	驱动励磁－	接驱动电机励磁－(驱动电机模块 3 号引脚)	—	＜1A	六芯屏蔽线
2	EXCOUT	驱动励磁＋	接驱动电机励磁＋(驱动电机模块 9 号引脚)	—	＜1A	六芯屏蔽线

续表

端子	端口名称	端口定义	线束接法	信号类型	工作电流	备注
3	SIN+	驱动正弦+	接驱动电机正弦+(驱动电机模块8号引脚)	—	<1A	—
4	SIN−	驱动正弦−	接驱动电机正弦−(驱动电机模块2号引脚)	—	<1A	六芯屏蔽线
5	COS−	驱动余弦−	接驱动电机余弦−(驱动电机模块1号引脚)	—	<1A	六芯屏蔽线
6	COS+	驱动余弦+	接驱动电机余弦+(驱动电机模块7号引脚)	—	<1A	六芯屏蔽线
7	GND	驱动旋变屏蔽地	接电机低压搭铁	—	<1A	—
8	HV-LOCK2	高压互锁输入2	—	PWM信号	<1A	—
9	HV-LOCK1	高压互锁输入1	—	PWM信号	<1A	—
10	GND	CAN屏蔽地	—	—		预留
11	GND	外部电源地	—	—	<1A	低压电源三路电流总计<3A
12	+12V0	外部提供的+12V电源	接外部提供的+12V电源	—	<1A	低压电源三路电流总计<3A
13	STATOR-T-IN	驱动绕组温度	接驱动电机绕组温度(驱动电机温感6号引脚)	模拟信号	<1A	—
14	STATOR-YL-GND	预留	—	—	—	—
15	sSIN+	发电正弦+	接发电机正弦+(发电机模块11号引脚)	—	<1A	六芯屏蔽线
16	sCOS−	发电余弦−	接发电机余弦−(发电机模块6号引脚)	—	<1A	六芯屏蔽线
17	sEXCOUT	发电励磁−	接发电励磁−(发电机模块4号引脚)	—	<1A	六芯屏蔽线
18	sSTATOR-T-IN	发电机温度采样	接发电机温度采样(发电机温感5号引脚)	模拟信号	<1A	—
19	sSTATOR-YL-IN	预留	—	—	—	—
20	CRASH-IN1	碰撞信号	接安全气囊碰撞传感器	—	<1A	—
21	CAN-H	CAN信号高	接电控网VCU	CAN信号	<1A	屏蔽双绞线
22	GND	外部电源地	接外部电源地	—	<1A	低压电源三路电流总计<3A
23	+12V0	外部提供的+12V电源	接外部提供的+12V电源	—	<1A	低压电源三路电流总计<3A
24	STATOR-GND	驱动电机绕组温度地	接驱动电机绕组温度地(驱动电机温感2号引脚)	模拟信号	<1A	—
25	STATOR-YL-IN	预留	—	—	—	—

续表

端子	端口名称	端口定义	线束接法	信号类型	工作电流	备注
26	sSIN－	发电正弦－	接发电机正弦－(发电机模块5号引脚)	—	＜1A	六芯屏蔽线
27	sCOS＋	发电余弦＋	接发电机余弦＋(发电机模块12号引脚)	—	＜1A	六芯屏蔽线
28	sEXCOUT	发电励磁＋	接发电机励磁＋(发电机模块10号引脚)	—	＜1A	六芯屏蔽线
29	GND	发电旋变屏蔽地	接电机低压搭铁	—	＜1A	—
30	sSTATOR-GND	发电机温度采样地	接发电机温度采样地(发电机温感1号引脚)	模拟信号	＜1A	—
31	sSTATOR-YL-GND	预留	—	—	—	—
32	GND	碰撞信号地	接安全气囊碰撞传感器地	—	＜1A	—
33	CAN-L	CAN信号低	接电控网VCU	CAN信号	＜1A	屏蔽双绞线
34	GND	外部电源地	接外部电源地	—	＜1A	低压电源三路电流总计＜3A
35	＋12V0	外部提供的＋12V电源	接外部提供的＋12V电源	—	＜1A	低压电源三路电流总计＜3A

秦PLUS DM-i双电控系统端子检测参考值见表6-7，系统故障码列表如表6-8～表6-10所示。

表6-7 双电控低压端子检测参考值

连接端子	引脚名称/功能	条件	正常值
35pin-11	GND(VCC)外部电源地	OFF挡	小于1Ω
35pin-20-35pin-32	碰撞信号	ON挡	PWM信号
35pin-21-35pin-33	CAN-H、CAN-L	OFF挡	54～69Ω(接插件连接之后测试)
35pin-33-35pin-21	CAN-H、CAN-L	OFF挡	54～69Ω(接插件连接之后测试)
35pin-22	GND(VCC)外部电源地	OFF挡	小于1Ω
35pin-12	VCC外部12V电源	ON挡	10～14V
35pin-23	VCC外部12V电源	ON挡	10～14V
35pin-34	GND(VCC)外部电源地	OFF挡	小于1Ω
35pin-35	VCC外部12V电源	ON挡	10～14V

表6-8 FMCU故障码及含义

序号	故障码	故障定义
1	P1B0019	驱动电机过流
2	P1BFC00	驱动电机控制器IGBT故障
3	P1B0400	驱动电机过温告警
4	P1B0398	驱动电机控制器IGBT过温告警
5	P1B2798	驱动电机控制器IGBT散热器过温故障
6	P1B0500	驱动电机控制器高压欠压

续表

序号	故障码	故障定义
7	P1B0600	驱动电机控制器高压过压
8	P1BCC00	驱动电机控制器电压采样故障
9	P1B2680	驱动电机控制器碰撞故障
10	P1BBA00	驱动电机控制器 EEPROM 错误
11	P1BBF00	驱动电机旋变故障-信号丢失
12	P1BC000	驱动电机旋变故障-角度异常
13	P1BC100	驱动电机旋变故障-信号幅值减弱
14	P1B1496	驱动电机缺 U 相
15	P1B1596	驱动电机缺 V 相
16	P1B1696	驱动电机缺 W 相
17	P1BC900	驱动电机控制器电流霍尔传感器 A 故障
18	P1BC500	驱动电机控制器电流霍尔传感器 B 故障
19	P1B6200	驱动电机控制器 IGBT 三相温度校验故障报警
20	P1BD117	硬件过流标志
21	P1BD119	硬件过压标志
22	P1B0C48	DSP 死机
23	P1BD200	上桥臂报错
24	P1BD300	下桥臂报错
25	P1BD400	CPLD 运行状态
26	P181600	电机超速

表 6-9　ISG 故障码及含义

序号	故障码	故障定义
1	P180219	ISG 电机过流
2	P183500	ISG 电机控制器 IGBT 故障
3	P183600	ISG 电机过温告警
4	P183700	ISG 电机控制器 IGBT 过温告警
5	P183800	ISG 电机控制器 IGBT 散热器过温故障
6	P180617	ISG 电机控制器高压欠压
7	P180616	ISG 电机控制器高压过压
8	P183900	ISG 电机控制器电压采样故障
9	P183A00	ISG 电机控制器碰撞故障
10	P181A00	ISG 电机控制器 EEPROM 错误
11	U017880	ISG 电机旋变故障-信号丢失
12	P183B00	ISG 电机旋变故障-角度异常
13	U017980	ISG 电机旋变故障-信号幅值减弱
14	P180396	ISG 电机缺 U 相

续表

序号	故障码	故障定义
15	P180496	ISG 电机缺 V 相
16	P180596	ISG 电机缺 W 相
17	P180896	ISG 电机控制器电流霍尔传感器 A 故障
18	P180996	ISG 电机控制器电流霍尔传感器 B 故障
19	P183C00	ISG 电机控制器 IGBT 三相温度校验故障报警
20	P180F19	硬件过流
21	P181017	硬件过压
22	P181700	DSP 死机
23	P181100	上桥臂报错
24	P181200	下桥臂报错
25	P180E00	CPLD 故障
26	P181600	电机超速
27	U014787	ISG 与发动机控制器通信故障
28	U01D487	与整车控制器通信故障

表 6-10　升压 DC 部分故障码及含义

序号	故障码	故障定义	序号	故障码	故障定义
1	P2B1317	升压 DC 母线过压	9	P2B1817	硬件过压
2	P2B1316	升压 DC 母线欠压	10	P2B1819	硬件过流
3	P2B1417	升压 DC 电池侧过压	11	P2B1900	桥臂报错
4	P2B1416	升压 DC 电池侧欠压	12	P2B1A00	电流采样零漂故障
5	P2B1500	升压 DC 电池侧过流	13	P2B1B00	电流不平衡
6	P2B1600	升压 DC IGBT 过温	14	P2B1C00	母线电压采样过高
7	P2B1700	升压 DC 电感过温	15	P2B1D00	电池侧电压采样过高
8	U01D487	与整车控制器通信故障	16	P2B1E00	电池侧电流采样过高

6.2.2.2　小鹏 P7 电驱系统控制器端子信息

小鹏 P7 电驱系统控制器线束连接器端子分布如图 6-55 所示，端子定义见表 6-11。

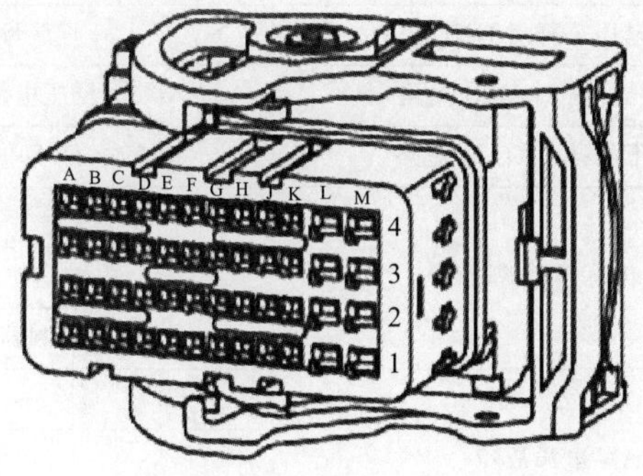

图 6-55　前驱动电机控制器线束连接器端子分布

表 6-11 前驱动电机控制器线束连接器端子定义

端子号	端子定义	输入/输出	备注
F2	低压电源地	输入	低压电源输入地(与电源输入1匹配)
F3	低压电源地	输入	低压电源输入地(与电源输入1匹配)
F4	ECAN-H	输入/输出	CAN通信CAN高信号(双绞屏蔽线)
G2	电源输入	输入	+12V电源输入
G4	ECAN-L	输入/输出	CAN通信CAN低信号(双绞屏蔽线)
L1	低压电源地	输入	低压电源输入地(与电源输入1匹配)
L2	低压电源地	输入	低压电源输入地(与电源输入1匹配)
M1	电源输入	输入	+12V电源输入
M2	电源输入	输入	+12V电源输入

6.2.2.3 广汽Aion S电机控制器故障诊断

广汽Aion S电机控制器故障码列表如表6-12所示。

表 6-12 电机控制器故障码描述及可能故障原因

序号	故障码	故障码描述	可能故障原因
1	P181812	电流AD采样对VCC短路(U相)	U相电流传感器电路故障
2	P181811	电流AD采样对GND短路(U相)	U相电流传感器电路故障
3	P181813	电流AD采样开路(U相)	U相电流传感器电路故障
4	P181912	电流AD采样对VCC短路(V相)	V相电流传感器电路故障
5	P181911	电流AD采样对GND短路(V相)	V相电流传感器电路故障
6	P181913	电流AD采样开路(V相)	V相电流传感器电路故障
7	P181A12	电流AD采样对VCC短路(W相)	W相电流传感器电路故障
8	P181A11	电流AD采样对GND短路(W相)	W相电流传感器电路故障
9	P181A13	电流AD采样开路(W相)	W相电流传感器电路故障
10	P181828	相电流检测零漂故障(U相)	U相电流传感器电路故障
11	P181928	相电流检测零漂故障(V相)	V相电流传感器电路故障
12	P181A28	相电流检测零漂故障(W相)	W相电流传感器电路故障
13	P181B01	电流传感器故障两相或者三相同时故障	电流传感器故障
14	P181612	直流母线电压采样对VCC短路	直流母线电压采样电阻故障
15	P181611	直流母线电压采样对GND短路	直流母线电压采样电阻故障
16	P182412	低压电压采样对VCC短路	低压电池采样电路短接到电源
17	P182411	低压电压采样对GND短路	低压电池采样电路短接到地
18	P181B1C	电流传感器电源故障	熔断器熔断
			供电线路短路或开路
			电机控制器内部电流传感器电源故障
19	P180101	CAN电源故障	熔断器熔断
			供电线路短路或开路
			电机控制器内部CAN电源故障

续表

序号	故障码	故障码描述	可能故障原因
20	P180201	内部电源故障	熔断器熔断
			供电线路短路或开路
			电机控制器内部电源故障
21	P180016	蓄电池欠压	蓄电池亏电
			DC/DC 故障
			蓄电池故障
22	P180017	蓄电池过压	蓄电池过充
			DC/DC 故障
			蓄电池故障
23	P181215	控制板环境温度传感器对 VCC 短路或传感器开路	电机控制器内部控制板环境温度传感器对 VCC 短路
			温度传感器故障
24	P181211	控制板环境温度传感器对 GND 短路	电机控制器内部控制板环境温度传感器对 GND 短路
			温度传感器故障
25	P181715	薄膜电容温度传感器对 VCC 短路或传感器开路	电机控制器内部薄膜电容温度传感器对 VCC 短路
			温度传感器故障
26	P181711	薄膜电容温度传感器对 GND 短路	电机控制器内部薄膜电容温度传感器对 GND 短路
			温度传感器故障
27	P181312	U 相 IGBT 温度传感器对 VCC 短路	电机控制器内部 U 相 IGBT 温度传感器对 VCC 短路
			U 相 IGBT 温度传感器故障
28	P181314	U 相 IGBT 温度传感器对 GND 短路或传感器开路	电机控制器内部 U 相 IGBT 温度传感器对 GND 短路
			U 相 IGBT 温度传感器故障
29	P181412	V 相 IGBT 温度传感器对 VCC 短路	电机控制器内部 V 相 IGBT 温度传感器对 VCC 短路
			V 相 IGBT 温度传感器故障
30	P181414	V 相 IGBT 温度传感器对 GND 短路或传感器开路	电机控制器内部 V 相 IGBT 温度传感器对 GND 短路
			V 相 IGBT 温度传感器故障
31	P181512	W 相 IGBT 温度传感器对 VCC 短路	电机控制器内部 W 相 IGBT 温度传感器对 VCC 短路
			W 相 IGBT 温度传感器故障
32	P181514	W 相 IGBT 温度传感器对 GND 短路或传感器开路	电机控制器内部 W 相 IGBT 温度传感器对 GND 短路
			W 相 IGBT 温度传感器故障
33	P181115	电机温度传感器对 VCC 短路或传感器开路	电机温度传感器对 VCC 短路
			电机温度传感器故障
34	P181111	电机温度传感器对 GND 短路	电机温度传感器对 GND 短路
			电机温度传感器故障
35	P181C29	旋变信号故障	电机内部旋变故障
			电机控制器内部故障
36	P184019	直流母线过流	动力电池电压过高
			动力电池内部故障

续表

序号	故障码	故障码描述	可能故障原因
36	P184019	直流母线过流	电机控制器内部故障
37	P184017	直流母线电压过压	动力电池电压过高
			动力电池内部故障
			电机控制器内部故障
38	P184119	相电流过流(U相)	电机U相线路绝缘故障
			电机内部故障
			电机控制器内部故障
39	P184219	相电流过流(V相)	电机V相线路绝缘故障
			电机内部故障
			电机控制器内部故障
40	P184319	相电流过流(W相)	电机W相线路绝缘故障
			电机内部故障
			电机控制器内部故障
41	P18811D	相电流求和故障	电机相线故障
			电机缺相运行
			电机内部故障
			电机控制器内部故障
42	P189585	电流(转矩)控制偏差过大	电机控制算法错误
			电机内部失磁
			电机控制器内部故障
43	P186004	MCU SPI故障	电机控制器内部MCU芯片错误
44	P18A991	电机超速	车辆超速行驶
			电机内部旋变故障
			电机故障
			电机控制器故障
			整车控制器故障
45	P18A74B	电机过温 Level1	电机运行时间过长
			冷却液不足
			电机冷却系统故障
			电机内部故障
46	P18A84B	电机过温 Level2	电机运行时间过长
			冷却液不足
			电机冷却系统故障
			电机内部故障
47	U007388	CAN BUS OFF故障	电磁干扰
			ECAN总线线路故障
			电机控制器故障

续表

序号	故障码	故障码描述	可能故障原因
48	U108087	CAN 接收 VCU 通信超时	电磁干扰
			ECAN 总线线路故障
			电机控制器故障
			整车控制器故障
49	U150482	VCU_4 counter 故障	电磁干扰
			ECAN 总线线路故障
			电机控制器故障
			整车控制器故障
50	U150282	VCU_12 counter 故障	电磁干扰
			ECAN 总线线路故障
			电机控制器故障
			整车控制器故障
51	U150382	VCU_13 counter 故障	电磁干扰
			ECAN 总线线路故障
			电机控制器故障
			整车控制器故障
52	U150483	VCU_4 checksum 故障	电磁干扰
			ECAN 总线线路故障
			电机控制器故障
			整车控制器故障
53	U150283	VCU_12 checksum 故障	电磁干扰
			ECAN 总线线路故障
			电机控制器故障
			整车控制器故障
54	U150383	VCU_13 checksum 故障	电磁干扰
			ECAN 总线线路故障
			电机控制器故障
			整车控制器故障
55	P189F91	CAN 接收 VCU_4 关键内容超出定义范围	整车控制器发送信号异常
			ECAN 总线线路故障
			整车控制器故障
56	U150291	VCU_12/VCU_13 内容超出定义范围	整车控制器发送信号异常
			ECAN 总线线路故障
			整车控制器故障
57	U150191	BMS_1 接收到内容超出定义范围	电机控制器发送信号异常
			ECAN 总线线路故障
			电机控制器故障

续表

序号	故障码	故障码描述	可能故障原因
58	U011187	CAN 接收 BMS 通信超时	电磁干扰
			ECAN 总线线路故障
			电机控制器故障
			动力电池内部 BMS 故障
59	U150182	BMS_1 counter 故障	电磁干扰
			ECAN 总线线路故障
			电机控制器故障
			动力电池内部 BMS 故障
60	U150183	BMS_1 checksum 故障	电磁干扰
			ECAN 总线线路故障
			电机控制器故障
			动力电池内部 BMS 故障
61	P189A4B	IGBT 模块过温 Level1	冷却液不足
			电机控制器运行时间过长
			冷却系统故障
			电机控制器内部故障
62	P189B4B	IGBT 模块过温 Level2	冷却液不足
			电机控制器运行时间过长
			冷却系统故障
			电机控制器内部故障
63	P18914B	薄膜电容过温 Level1	冷却液不足
			电机控制器运行时间过长
			冷却系统故障
			电机控制器内部故障
64	P18924B	薄膜电容过温 Level2	冷却液不足
			电机控制器运行时间过长
			冷却系统故障
			电机控制器内部故障
65	P18904B	控制板环境温度过温	环境温度过高
			冷却系统故障
			电机控制器运行时间过长
			电机控制器内部故障
66	P0A0A29	高压互锁故障	电机控制器端盖打开或安装不到位
			线束接插件端子腐蚀/退针
			电机控制器故障
67	P18934B	水温过温 1	冷却液不足
			熔断器熔断

续表

序号	故障码	故障码描述	可能故障原因
67	P18934B	水温过温 1	电子风扇继电器故障
			电子风扇故障
			电机驱动系统运行时间过长
68	P18944B	水温过温 2	冷却液不足
			熔断器熔断
			电子风扇继电器故障
			电子风扇故障
			电机驱动系统运行时间过长
69	P189404	IGBT 无法打开（初始化自检）	电机控制器内部 IGBT 模块故障
			电机控制器内部 IGBT 驱动电路故障
70	P189504	IGBT 无法关断（初始化自检）	电机控制器内部 IGBT 模块故障
			电机控制器内部 IGBT 驱动电路故障
71	P189619	FLT 信号无法关断 IGBT（初始化自检）	电机控制器内部 IGBT 模块故障
			电机控制器内部 IGBT 驱动电路故障
72	P189819	门极信号无法关断 IGBT（初始化自检）	电机控制器内部 IGBT 模块故障
			电机控制器内部 IGBT 驱动电路故障
73	P189904	IGBT 驱动电路失效（初始化自检）	电机控制器内部 IGBT 模块故障
			电机控制器内部 IGBT 驱动电路故障
74	P189612	IGBT 电流饱和故障	电机控制器内部 IGBT 模块故障
			电机控制器内部 IGBT 驱动电路故障
75	P180301	IGBT 驱动电路供电异常	电机控制器内部 IGBT 模块故障
			电机控制器内部 IGBT 驱动电路故障
76	P188D04	主动放电超时	电机控制器内部 IGBT 模块故障
			电机控制器内部 IGBT 驱动电路故障
77	P189701	主动放电失效	电机控制器内部 IGBT 模块故障
			电机控制器内部 IGBT 驱动电路故障
78	P188794	输出非期望转矩	电机控制器内部故障
79	P186142	MCU 内部存储故障	电机控制器内部 MCU 芯片故障
80	P186204	MCU AD 外设故障	电机控制器内部 MCU 芯片故障
81	P186304	MCU 时钟故障	电机控制器内部 MCU 芯片故障
82	P186404	MCU 旋变解码芯片故障	电机控制器内部 MCU 芯片故障
83	P186504	MCU 定时器故障	电机控制器内部 MCU 芯片故障
84	P186643	MCU CAN 寄存器故障	电机控制器内部 MCU 芯片故障
85	P189F04	MCU 内核故障	电机控制器内部 MCU 芯片故障
86	P186749	MCU 控制单元电路故障	电机控制器内部 MCU 芯片故障
87	P186842	Flash 闪存代码故障	电机控制器内部芯片存储异常
88	P186942	Flash 闪存读写故障	电机控制器内部芯片存储异常

续表

序号	故障码	故障码描述	可能故障原因
89	P181015	电机温度传感器2对VCC短路或传感器开路	电机内部温度传感器故障
			电机控制器内部故障
90	P181011	电机温度传感器2对GND短路	电机内部温度传感器故障
			电机控制器内部故障

6.2.2.4 五菱宏光MINI EV电驱系统故障诊断

五菱宏光MINI EV电驱系统低压信号接插件端子分布如图6-56所示，端子定义见表6-13。

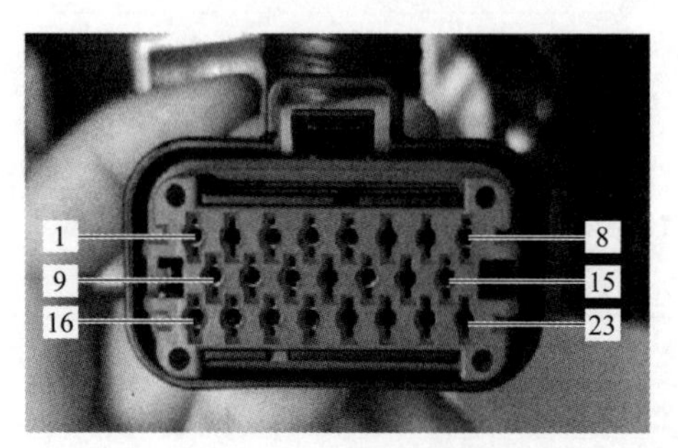

图6-56 电驱系统低压信号接插件端子分布

表6-13 低压信号接插件端子定义

端子	导线	线径/mm^2	功能信号
1	YE(黄色)	0.5	CAN-H
3	BK/RD(黑色/红色)	0.5	旋转变压器SIN信号负
4	BK/WH(黑色/白色)	0.5	旋转变压器COS信号负
5	YE/BK(黄色/黑色)	0.5	温度传感器信号正
8	RD/GN(红色/绿色)	0.5	B+常电
9	WH(白色)	0.5	CAN-L
10	YE(黄色)	0.5	旋转变压器SIN信号正
11	YE/WH(黄色/白色)	0.5	旋转变压器COS信号正
13	BK/YE(黑色/黄色)	0.5	温度传感器信号负
15	RD(红色)	0.75	IGN电源
16	BK(黑色)	0.5	屏蔽线
17	BK(黑色)	1.0	接地
18	YE/RD(黄色/红色)	0.5	旋转变压器激励信号正
19	BK/GN(黑色/绿色)	0.5	旋转变压器激励信号负

电驱系统常见故障排查方法如表6-14所示。

表 6-14　电驱系统故障排除方法

故障表现	可能原因	排查方法	处理措施
整车行车下高压，电机故障灯亮	电机旋变故障	检查 MCU 低压线束端子、电机低压线束端子是否有退针、进水或插接不到位等异常情况	若异常则更换低压线束
		测量电机低压端子的以下端子阻值是否正常。阻值正常范围为： pin1-pin12 阻值为 32.92～40.25Ω； pin2-pin11 阻值为 38.07～48.55Ω； pin5-pin8 阻值为 13.26～16.22Ω	若异常则更换电机
		测量电机控制器线束端的以下端子阻值是否正常。阻值正常范围为： pin14-pin15 阻值为 32.92～40.25Ω； pin12-pin13 阻值为 38.07～48.55Ω； pin10-pin11 阻值为 13.26～16.22Ω	若异常则更换电机到 MCU 的低压线束
	高压线束接触不良	检查 B+、B－ 和 UVW 高压线束连接是否松动	若松动则重新固定拧紧螺栓
		检查 MCU 内部安装高压线束处是否有烧焦泛黄的现象	若异常则更换 MCU
整车动力不足，电机降额灯亮	电池电量过低	确认用户是否在低电量（SOC≤5%）的时候大功率用车，如爬坡、急加急减速等	若确认则建议用户在低电量情况下尽量避免大功率用车
整车动力不足，电机过热灯亮	电机控制器过温	检查水泵到 MCU 的冷却水管是否有松动、漏水等异常现象	若异常则更换冷却水管
	电机过温	检查水泵到电机的冷却水管是否有松动、漏水等异常现象	若异常则更换冷却水管

6.2.2.5　奇瑞小蚂蚁电机控制器检测与维修

电机位置传感器负责监控电机转子位置，为电机控制提供位置信号。电机位置传感器采用旋转变压器结构。可能出现故障模式为内部发生短路或者断路。电机尾端低压信号线插件端子分布及定义见表 6-15。

表 6-15　电机低压信号线插件端子分布及定义

接插件端子分布	端子序号	功能定义
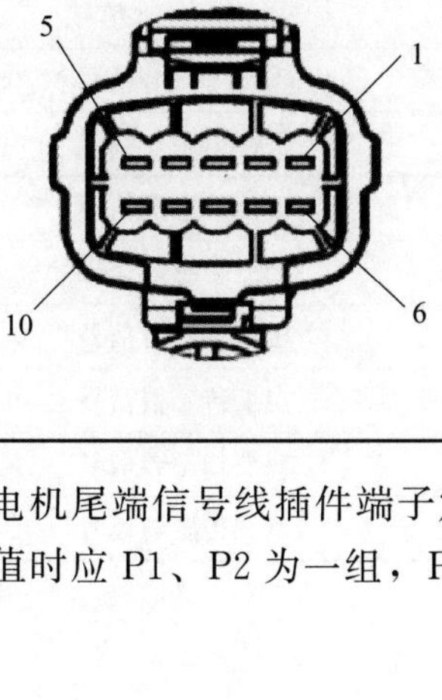 5　1　10　6	1	旋变 EXTP_R1
	2	旋变 EXTP_R2
	3	旋变 EXTP_S1
	4	旋变 EXTP_S3
	5	旋变 EXTP_S2
	6	旋变 EXTP_S4
	7	电机温度传感器 TEMP_1
	8	电机温度传感器 TEMP_1

电机尾端信号线插件端子定义：P1～P6pin 为旋变信号，P7、P8pin 为温度信号，测量电阻值时应 P1、P2 为一组，P3、P4 为一组，P5、P6 为一组 P7、P8 为一组。检测参考值

如表 6-16 所示。

表 6-16 信号检测参考值

项目	端子	标准
R1-R2 激励回路	P1—P2	20Ω(±10%)
S1-S3 正弦回路	P3—P4	46Ω(±10%)
S2-S4 余弦回路	P5—P6	50Ω(±10%)
一路温度传感器	P7—P8	详见参数表

MCU 的低压接插件为 39pin 插件，端子分布如图 6-57 所示，线束端接插件端子功能定义如表 6-17 所示。

图 6-57 MCU 低压接插件端子分布

表 6-17 MCU 低压接插件端子定义

端子	功能	信号类型
1	EXTW_KL30_SUPPLY	KL30 电源信号
2	EXTW_KL30_SUPPLY	KL30 电源信号
3	EXTID KLIS KLIS	电源信号
4	VMS_INVERTER_ENABLE	VMS 使能控制信号
5	EXTGND	KL30 电源地信号
6	EXTGND	KL30 电源地信号
7	EXTC CAN HI	CAN（高）信号
8	EXTC CAN LO	CAN（低）信号
9	EXTAN_MOTOR_TEMP_1	温度传感器信号
10	EXTGND_MOTOR_TEMP_1	温度传感器信号
11	EXTAN_MOTOR_TEMP_2	温度传感器信号
12	EXTGND _MOTOR_TEMP_2	温度传感器信号
13	EXTP R1	旋变传感器信号
14	EXTP R2	旋变传感器信号

续表

端子	功能	信号类型
15	EXTP S1	旋变传感器信号
16	EXTP S2	旋变传感器信号
17	EXTP S3	旋变传感器信号
18	EXTP S4	旋变传感器信号
19	EXTGND_MOTOR_SIGNAL_SCREEN	屏蔽（地）信号
20	HVIL_DC1_IN	环路互锁信号 1
21	HVIL_DC1_OUT	环路互锁信号 1
22	HVIL_DC2_IN	环路互锁信号 2
23	HVIL_DC2_OUT	环路互锁信号 2
24	HVIL_DC3_IN	环路互锁信号 3
25	HVIL_DC3_OUT	环路互锁信号 3
26	DC/DC SETPOINT	DC/DC 输出设定信号
27	DC/DC ENABLE	VMS 使能信号
28	DC/DC LOAD	DC/DC 输出负载反馈信号
29	DC/DC OK	DC/DC 工作状态反馈信号
30	DC/DC GND LOAD REF	信号地
31	EXTID KLIS	KLIS 电源信号（预留）

低压接插件信号检测方法

① 首先从控制器上拔下低压插件，检查线束端插件各端子有无退针现象，如发现端子退针请打开插件维修或更换该插件。

② 使用万用表检测插件各端子信号，测试参考值见表 6-18，电机温度传感器阻值见表 6-19。

表 6-18 测量参考值

检测项目	测试端子(+)	相对端子(−)	万用表挡位	测试条件	测试参考值
KL30 电源检测	1	5 或 6	直流电压挡	整车钥匙 ON 挡	9～16V
KL30 电源检测	2	5 或 6	直流电压挡	整车钥匙 ON 挡	9～16V
KL15 电源检测	3	5 或 6	直流电压挡	整车钥匙点火	9～16V
VMS 使能信号检测	4	5 或 6	直流电压挡	整车钥匙点火	9～16V
KL30 电源检测	5	1 或 2	直流电压挡	整车钥匙 ON 挡	9～16V
KL30 电源检测	6	1 或 2	直流电压挡	整车钥匙 ON 挡	9～16V
CAN 终端电阻检测	7	8	电阻挡	整车钥匙 OFF 挡	(120±5)Ω
CAN 终端电阻检测	8	7	电阻挡	整车钥匙 OFF 挡	(120±5)Ω
电机温度传感器检测	9	10	电阻挡	整车钥匙 OFF 挡	—
电机温度传感器检测	10	9	电阻挡	整车钥匙 OFF 挡	—
电机温度传感器检测	11	12	电阻挡	整车钥匙 OFF 挡	—
电机温度传感器检测	12	11	电阻挡	整车钥匙 OFF 挡	—

续表

检测项目	测试端子(＋)	相对端子(－)	万用表挡位	测试条件	测试参考值
旋变传感器信号	13	14	电阻挡	整车钥匙 OFF 挡	22Ω(±10%)
旋变传感器信号	14	13	电阻挡	整车钥匙 OFF 挡	22Ω(±10%)
旋变传感器信号	15	17	电阻挡	整车钥匙 OFF 挡	52Ω(±10%)
旋变传感器信号	16	18	电阻挡	整车钥匙 OFF 挡	52Ω(±10%)
旋变传感器信号	17	15	电阻挡	整车钥匙 OFF 挡	52Ω(±10%)
旋变传感器信号	18	16	电阻挡	整车钥匙 OFF 挡	52Ω(±10%)
屏蔽(地)信号	19	5 或 6	电阻挡	整车钥匙 OFF 挡	0Ω
DC/DC SETPOINT	26	12V 电池负极	直流电压挡	整车钥匙 ON 挡	电压为 1～4V
DC/DC ENABLE	27	12V 电池负极	直流电压挡	整车钥匙 ON 挡	电压小于 0.2V
DC/DC LOAD	28	12V 电池负极	直流电压挡	整车钥匙 ON 挡	电压为 0V
DC/DC OK	29	12V 电池负极	直流电压挡	整车钥匙 ON 挡	电压为 0V
DC/DC GND LOAD	30	12V 电池负极	直流电压挡	整车钥匙 ON 挡	电压为 0V REF
EXTID KLIS	31	12V 电池负极	直流电压挡	整车钥匙 ON 挡	电压为 9～16V

注意：使用万用表测试时，不能直接将表针插入低压插件端子中测试，以免出现退针现象，需对表针做延长加细处理，然后再进行测试。

表 6-19 电机温度传感器参数表

温度/℃	阻值/kΩ	温度/℃	阻值/kΩ	温度/℃	阻值/kΩ	温度/℃	阻值/kΩ	温度/℃	阻值/kΩ
－40	0.846	－21	0.919	－2	0.992	17	1.065	36	1.139
－39	0.850	－20	0.923	－1	0.996	18	1.069	37	1.142
－38	0.854	－19	0.927	0	1.000	19	1.073	38	1.146
－37	0.858	－18	0.931	1	1.004	20	1.077	39	1.150
－36	0.861	－17	0.935	2	1.008	21	1.081	40	1.154
－35	0.865	－16	0.938	3	1.012	22	1.085	41	1.158
－34	0.869	－15	0.942	4	1.015	23	1.089	42	1.162
－33	0.873	－14	0.946	5	1.019	24	1.092	43	1.166
－32	0.877	－13	0.950	6	1.023	25	1.096	44	1.169
－31	0.881	－12	0.954	7	1.027	26	1.100	45	1.173
－30	0.885	－11	0.958	8	1.031	27	1.104	46	1.177
－29	0.888	－10	0.962	9	1.035	28	1.108	47	1.181
－28	0.892	－9	0.965	10	1.039	29	1.112	48	1.185
－27	0.896	－8	0.969	11	1.042	30	1.116	49	1.189
－26	0.900	－7	0.973	12	1.046	31	1.119	50	1.193
－25	0.904	－6	0.977	13	1.050	32	1.123	51	1.196
－24	0.908	－5	0.981	14	1.054	33	1.127	52	1.200
－23	0.911	－4	0.985	15	1.058	34	1.131	53	1.204
－22	0.915	－3	0.988	16	1.062	35	1.135	54	1.208

续表

温度/℃	阻值/kΩ	温度/℃	阻值/kΩ	温度/℃	阻值/kΩ	温度/℃	阻值/kΩ	温度/℃	阻值/kΩ
55	1.212	75	1.289	95	1.366	115	1.443	135	1.520
56	1.216	76	1.293	96	1.370	116	1.447	136	1.524
57	1.219	77	1.296	97	1.373	117	1.450	137	1.527
58	1.223	78	1.300	98	1.377	118	1.454	138	1.531
59	1.227	79	1.304	99	1.381	119	1.458	139	1.535
60	1.231	80	1.308	100	1.385	120	1.462	140	1.539
61	1.235	81	1.312	101	1.389	121	1.466	141	1.543
62	1.239	82	1.316	102	1.393	122	1.470	142	1.547
63	1.243	83	1.320	103	1.397	123	1.474	143	1.551
64	1.246	84	1.323	104	1.400	124	1.477	144	1.554
65	1.250	85	1.327	105	1.404	125	1.481	145	1.558
66	1.254	86	1.331	106	1.408	126	1.485	146	1.562
67	1.258	87	1.335	107	1.412	127	1.489	147	1.566
68	1.262	88	1.339	108	1.416	128	1.493	148	1.570
69	1.266	89	1.343	109	1.420	129	1.497	149	1.574
70	1.270	90	1.347	110	1.424	130	1.501	150	1.578
71	1.273	91	1.350	111	1.427	131	1.504		
72	1.277	92	1.354	112	1.431	132	1.508		
73	1.281	93	1.358	113	1.435	133	1.512		
74	1.285	94	1.362	114	1.439	134	1.516		

测试高压插件时，先将整车钥匙取下或置于 OFF 挡，拔下高压正负极输入插头，等待5min 后，如图 6-58 所示使用万用表直流电压挡测试，测试参考值为小于 5V。

之后，再用万用表测试高压负极输入插头和高压正极输入插头间的电压，如图 6-59 所示使用万用表直流电压挡测试，测试参考值为小于 5V。如有异常，请确认高压继电器是否断开。

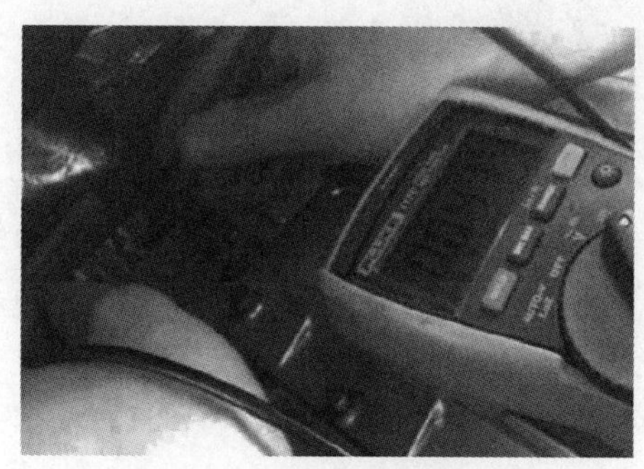

图 6-58　测试电压信号

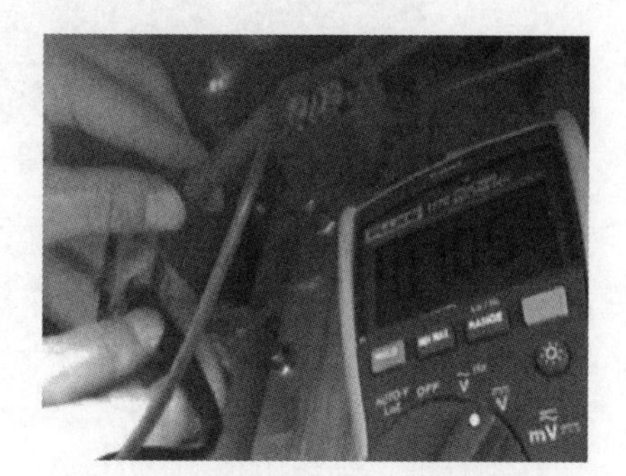

图 6-59　测试高压正负极之间电压

检测 MCU 绝缘故障时，先将整车钥匙取下或置于 OFF 挡，拔掉电机控制器端信号线接插件、高压直流母线输入接插件和三相高压电缆接插件，如图 6-60 所示。

高压绝缘检测方法

① 调整好绝缘检测表，选择测试电压为1000V挡，如图6-61所示。

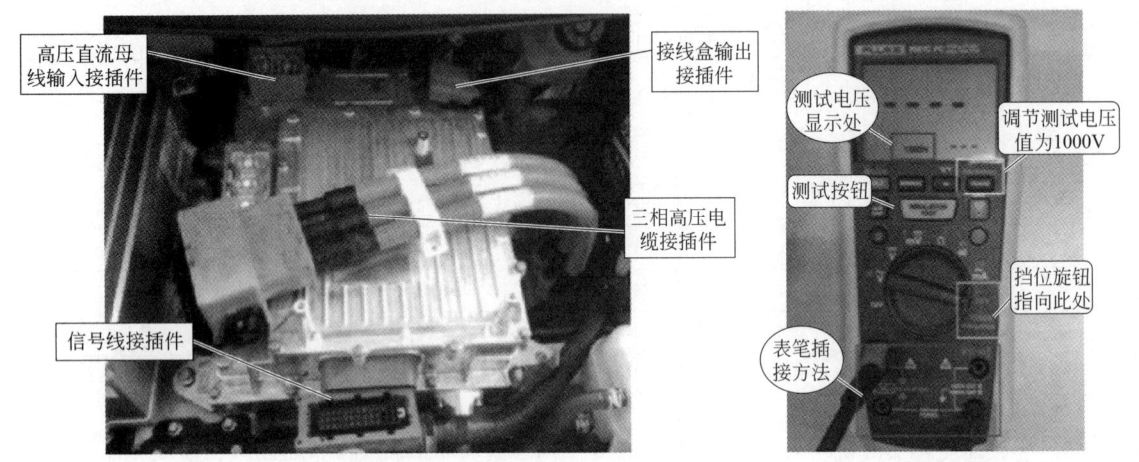

图6-60　拔掉各连接插件　　　　图6-61　设置检测挡位

② 将绝缘测试表接地线连接在电机控制器壳体上，如图6-62所示位置即可。

注意：绝缘测试表的接地线必须保证与电机控制器壳体接触可靠，且人体不要接触电机控制器壳体。

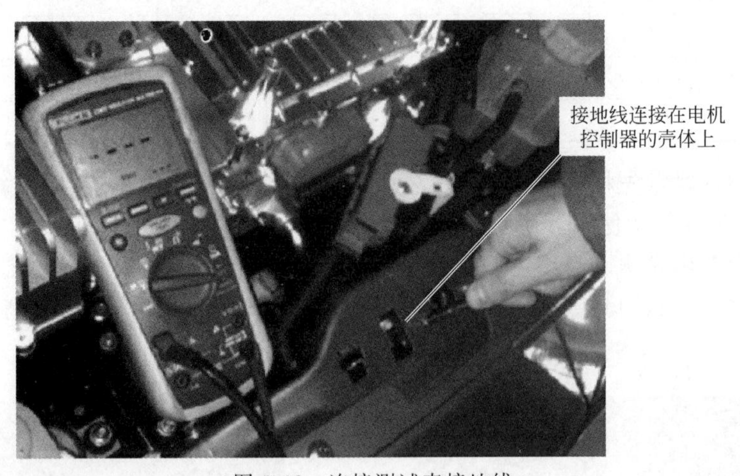

图6-62　连接测试表接地线

③ 将绝缘测试表的高压表笔连接在电机控制器的高压插件上，按表笔上按钮启动绝缘检测，如图6-63所示，采用同样的操作依次对电机控制器的高压直流母线输入端子和三相高压输出端子测试，并记录测试结果。

注意：使用高压绝缘表测试时，禁止直接将高压笔头接触人体，以防止电击。

④ 判别标准：绝缘阻值20MΩ。

6.2.2.6　科莱威CLEVER动力驱动控制模块故障诊断

科莱威CLEVER动力驱动控制模块故障码列表如表6-20所示。

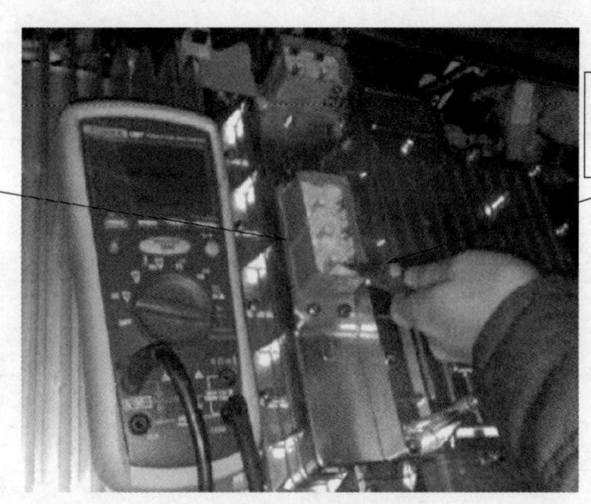

图 6-63　进行绝缘检测

表 6-20　动力驱动控制模块故障码及描述

DTC	描述	SVS 故障灯	故障等级
P0A1B	电压/电流矢量幅值偏差过大	ON	Ⅱ
P0A5E	U 相电流偏移量不合理	ON	Ⅱ
P0A61	V 相电流偏移量不合理	ON	Ⅱ
P0A64	W 相电流偏移量不合理	ON	Ⅱ
P0A8E	相电流过流故障	ON	Ⅱ
P1611	TC 没有存储密钥	ON	Ⅳ
P1612	TC 在约定时间内没有收到防盗应答	ON	Ⅳ
P1614	TC 收到无效的防盗应答	ON	Ⅳ
P1C3E	自动角度标定的结果不合理	ON	Ⅱ
P1C3F	偏置角状态错误	ON	Ⅱ
P1C40	自动角度标定加速过程超时	ON	Ⅱ
P1C44	角度标定计算阶段超时	ON	Ⅱ
P1C49	冷却水泵常闭故障	ON	Ⅲ
P1C50	估算转速与旋变计算转速相差过大	ON	Ⅳ
P1C51	冷却水泵常开故障	ON	Ⅲ
P1C52	实际计算转矩与转矩指令相差过大	ON	Ⅱ
P1C53	电机转速超速故障	ON	Ⅳ
P1C59	IGBT 的 FreeWheeling 错误	ON	Ⅱ
P1C63	U 相电流过高故障	ON	Ⅱ
P1C64	U 相电流过低故障	ON	Ⅱ
P1C66	V 相电流过高故障	ON	Ⅱ
P1C67	V 相电流过低故障	ON	Ⅱ
P1C69	W 相电流过高故障	ON	Ⅱ
P1C6A	W 相电流过低故障	ON	Ⅱ
P1C73	电机堵转故障	ON	Ⅲ

续表

DTC	描述	SVS 故障灯	故障等级
P1C75	定子温度过高 2	ON	Ⅲ
P1C76	定子温度过低	ON	Ⅲ
P1C79	冷却液温度过高(传感器测得)	ON	Ⅳ
P1C7F	通过 CAN 总线检测到碰撞信号	ON	Ⅱ
P1C8C	母线过压	ON	Ⅲ
P1C8D	硬线检测母线过压	ON	Ⅱ
P1C8F	主动短路失效	ON	Ⅱ
P1C9A	d-q 轴电流角不合理	ON	Ⅲ
P1D19	U 相电流幅值不合理	ON	Ⅱ
P1D1B	三相电流和超出阈值	ON	Ⅱ
P1D1C	V 相电流幅值不合理	ON	Ⅱ
P1D1D	W 相电流幅值不合理	ON	Ⅱ
P1D2C	CAN 所接收的目标工作状态超出定义范围	ON	Ⅱ
P1D2E	VDD5G1 电压过高	ON	Ⅱ
P1D2F	VDD5G1 电压过低	ON	Ⅱ
P1D41	角度标定加速反向	ON	Ⅱ
P1D42	角度标定加速超速	ON	Ⅱ
P1D78	定子温度过高 1	ON	Ⅲ
P1D79	逆变器温度过高	ON	Ⅱ
P1D92	转子角无效时转子转速超出规定范围	ON	Ⅱ
P1DC0	转子角度计算不合理	ON	Ⅱ
P1DC1	转速计算不合理	ON	Ⅱ
P1DC2	相电流超出范围	ON	Ⅱ
P1DC3	电机运行模式不合理	ON	Ⅱ
P1DC4	CAN 信息检查错误	ON	Ⅱ
P1DC5	转矩计算不合理	ON	Ⅱ
P1DCB	转矩监控比较超出范围	ON	Ⅱ
P1DCC	防抖动转矩控制超出范围	ON	Ⅱ
P1DCD	高压母线电压计算值不合理	ON	Ⅱ
P1DCE	监控故障	ON	Ⅱ
P1DE1	电机定子温度过温限转矩警告	ON	Ⅳ
P1DE3	冷却水温度过温限转矩警告	ON	Ⅳ
P1DE4	IGBT/Diode 温度过温限转矩警告	ON	Ⅳ
P1DE5	超速限转矩警告	ON	Ⅳ
P1DE6	DClnk 过压限转矩警告	ON	Ⅳ
P1DE7	DClnk 欠压限转矩警告	ON	Ⅳ
P1DE9	冷却水温度过温限转矩故障	ON	Ⅲ

续表

DTC	描述	SVS故障灯	故障等级
P1DEA	定子温度过温限转矩故障	ON	Ⅲ
P1DEB	转子温度过温限转矩故障	ON	Ⅲ
P1DEC	IGBT/Diode过温限转矩故障	ON	Ⅲ
P1DEE	DClnk欠压限转矩故障	ON	Ⅲ
P1DEF	超速限转矩故障	ON	Ⅲ
P313A	相电流超过软件过流保护值	ON	Ⅱ
P316D	发生提前降功率故障	ON	Ⅳ
P316F	PWM模块故障	ON	Ⅱ
P3170	旋变模块故障	ON	Ⅱ
P3171	15V电压低于阈值	ON	Ⅱ
	15V电压高于阈值	ON	Ⅱ
P3172	关断100ms后15V电压仍大于阈值	ON	Ⅱ
P3173	MOSFET传感器温度过高	ON	Ⅱ
P3174	温度传感器检测数值超出量程	ON	Ⅱ
P3175	内存非法访问	ON	Ⅱ
P3176	SBC芯片硬件故障	ON	Ⅱ
P3177	12V严重欠压	ON	Ⅳ
P3178	驱动硬件短路保护故障	ON	Ⅱ
P317A	角度突变	ON	Ⅱ
P317B	参数配置初始化失败	ON	Ⅱ
P317C	MCU上电自检失败	ON	Ⅱ
P317D	监控MCU上电自检失败	ON	Ⅱ
P317E	监控系统无应答	ON	Ⅱ
P317F	监控控制器故障	ON	Ⅱ
P3180	监控系统CAN信息校验错误	ON	Ⅱ
P3191	硬件过压或过流进入预失效模式	ON	Ⅱ
U0073	动力总成CAN总线超时	ON	Ⅱ
	动力总成高速CAN总线关闭	ON	Ⅱ
U0122	与动态稳定控制系统(SCS)失去通信	ON	Ⅳ
U0146	与网关(GW)失去通信	ON	Ⅳ
U0151	与安全气囊控制模块(SDM)失去通信	ON	Ⅳ
U0293	与整车控制器(VCU)失去通信	ON	Ⅱ
U1111	与动力电池管理系统(BMS)失去通信	ON	Ⅳ
U1115	与组合充电单元(CCU)失去通信	ON	Ⅳ
U1562	蓄电池电压过高	ON	Ⅳ
U1563	蓄电池电压过低	ON	Ⅳ
U168A	网络帧计数器故障—HCU_HSC2_FrP05	ON	Ⅱ

续表

DTC	描述	SVS 故障灯	故障等级
U168A	网络帧校验和故障—HCU_HSC2_FrP05	ON	Ⅱ
	网络帧超时—HCU_HSC2_FrP05	ON	Ⅱ
U168E	网络帧计数器故障—HCU_HSC2_FrP04	ON	Ⅱ
	网络帧校验和故障—HCU_HSC2_FrP04	ON	Ⅱ
	网络帧超时—HCU_HSC6_FrP04	ON	Ⅱ
U1763	网络帧超时—HSC1_SDM_FrP00	ON	Ⅳ
U1769	网络帧超时—GW_HSC1_FrP00	ON	Ⅳ
U1796	网络帧超时—HCU_HSC1_FrP01	ON	Ⅳ
U17F1	网络帧超时—GW_HSC1_FrP01	ON	Ⅳ
U17F2	网络帧超时—BCM_HSC1_FrP07	ON	Ⅳ
U1895	网络帧超时—BMS_HSC6_FrP01	ON	Ⅳ
U1897	网络帧计数器故障—BMS_HSC2_FrP02	ON	Ⅳ
	网络帧超时—BMS_HSC2_FrP02	ON	Ⅳ
U190C	网络帧超时—HCU_HSC1_FrP10	ON	Ⅳ
U193B	网络帧超时—CCU_HSC1_FrP01	ON	Ⅳ
U198B	网络帧超时—HCU_HSC1_FrP07	ON	Ⅳ
U1994	网络帧计数器故障—HCU_HSC2_FrP01	ON	Ⅳ
	网络帧校验和故障—HCU_HSC2_FrP01	ON	Ⅳ
	网络帧超时—HCU_HSC2_FrP01	ON	Ⅳ
U2000	主控制器故障	ON	Ⅱ
U2018	SPI 通信故障	ON	Ⅱ
U2020	看门狗故障	ON	Ⅱ
U2021	控制单元喂狗失败	ON	Ⅱ

注：故障等级Ⅰ表示立即停车维修；Ⅱ表示小心驾驶至 4S 店维修；Ⅲ表示尽快维修或保养时维修；Ⅳ表示不需维修。

第7章 温度管理系统

7.1 温度管理系统结构原理

7.1.1 高压温度管理系统构造

7.1.1.1 蔚来 ES6 高压温度管理系统

冷却系统利用热传导的原理，通过冷却液在冷却系统回路中循环，使 PEU_F、PEU_R、驱动电机和高压电池保持在最佳的工作温度。冷却液要定期更换才能保持其最佳效率和耐腐蚀性。不同的抑制剂组合可能导致腐蚀防护力降低。

冷却系统主要由以下部件组成：膨胀水壶总成、电子水泵、冷却液水管、电动三通阀/四通阀、电池加热器、低温散热器总成、冷却风扇总成、冷却液温度传感器。

前后驱动冷却系统布置如图 7-1 所示。

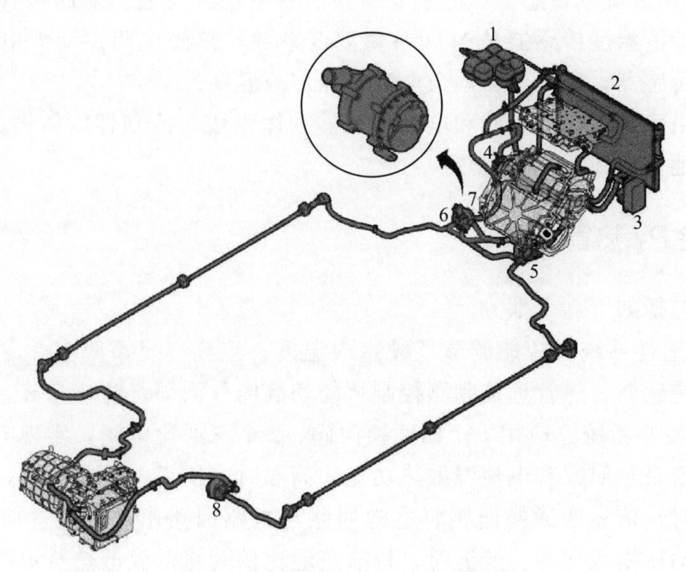

图 7-1 前后驱动冷却系统布置图

1—膨胀水壶总成；2—散热器；3—低压热交换器；4—散热器三通阀；5—四通阀；
6—动力电池包三通阀；7—前驱动电机电子水泵；8—后驱动电机电子水泵

电池冷却系统布置如图 7-2 所示。

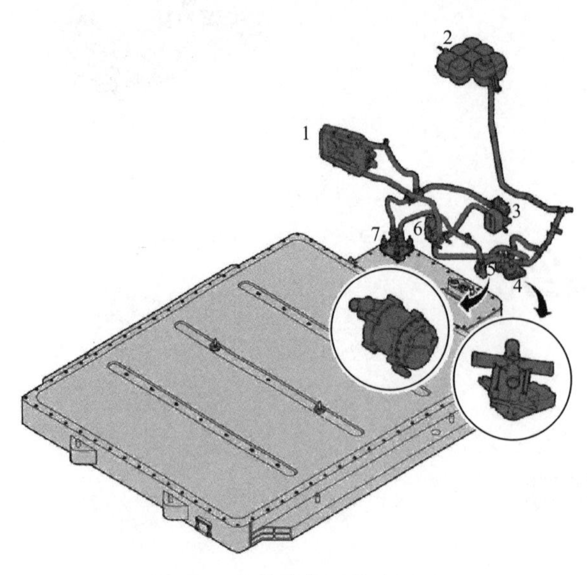

图 7-2　电池冷却系统布置图

1—动力电池加热器；2—膨胀水壶总成；3—电池冷却器；4—四通阀；5—动力电池包电子水泵；6—动力电池包三通阀；7—插头端冷却水管接头

电子水泵的作用是对冷却液加压，保证其在冷却系统中循环流动。系统中安装有 3 个水泵，型号相同，均为 BLDC（无刷直流电机），额定功率为 50W。3 个电子水泵主要负责前驱动系统冷却循环（电子水泵-前）、后驱动系统冷却循环（电子水泵-后）、动力电池冷却循环（电子水泵-中）不同温度需求，各自独立工作。

三通阀/四通阀安装于系统冷却液水管管路中，通过减振垫固定在支架上，减小振动与噪声；三通阀/四通阀均为步进式 BLDC（无刷直流电机）。根据系统控制需求，用来打开和关闭各个通道，实现不同冷却模式的冷却循环。三通阀有 2 个，分别是散热器旁通三通阀、电池回路三通阀；四通阀有 1 个。

高压加热器安装在前挡风玻璃下的前围板左侧，通过高压电加热冷却系统冷却液。

冷却风扇总成通过 4 个螺栓固定在冷凝器上，由 PWM 控制器和冷却风扇组成，PWM 控制器根据 VCU 控制信号和 CCU 控制信号来控制冷却风扇的不同转速。

冷却系统冷却液温度传感器有 2 个，为出口（前电机出口）冷却液温度传感器和进口（四通阀入口）冷却液温度传感器，分别安装在前后电机至旁通三通阀水管总成和四通阀进水管总成上。冷却液温度传感器是 NTC（负温度系数）热敏电阻。动力电池包入口和出口都有冷却液温度传感器，用来检测动力电池包冷却液温度。

电池冷却器由膨胀阀、截止阀和电池冷却器本体组成，冷却器本体内部有冷却液管路，工作时对动力电池包冷却液进行散热。

7.1.1.2　小鹏 P7 热管理系统

热管理系统包括如下六个部分。

① 空调热舒适性系统。智能调节驾驶室内温度、湿度，夏季降温、冬季升温、春秋季除湿。依靠防雾传感器、热管理控制器控制智能切换内外循环，防止起雾，降低能耗。

② 电池加热冷却系统。应用 1 个四通换向阀、2 个三通比例阀，实现电池和电机回路的串并联，从而实现余热回收和电池温散热功能。高温时，依靠电池换热器，靠制冷剂给电池强制冷却。中温时，依靠四通换向阀将电池回路与电驱回路串联，通过前端低温散热器散热，可以节省电动压缩机功耗。低温时，依靠三通比例阀将低温散热器短路，电池和电机回路串联，回收电机余热给电池保温。超低温时，依靠三通比例阀，通过水-水换热器将电池回路加热，实现给电池快速升温。

③ 电机冷却系统。依靠电子水泵驱动，通过低温散热器，依次给三合一、电机控制器、电机进行散热。

④ XPU、大屏主机冷却系统。通过温度及温升速度判断开启电机水泵，从电机回路分流一部分流量到 XPU、大屏主机水冷板进行冷却，通过散热器或旁通进行散热。

⑤ 补水排气系统。通过膨胀水壶与电池、电机、暖风回路连接，分别为三个回路补水，电池和电机、暖风回路用一个分水箱排气。

⑥ 空气质量管理系统。依靠 PM2.5 传感器，时时监测、大屏显示，智能开启空调过滤空气；依靠等离子发生器杀菌除尘、净化空气，依靠 AQS 传感器进行尾气防护。

整个热管理系统的水路是相连通的，三个系统通过三合一集成式膨胀水壶连通，三个系统的排气及加注均通过三合一水壶完成。

其中电机冷却系统与电池温控系统有串联和并联模式，通过四通阀实现。以下情况采用串联模式，电机余热回收模式、LTR 冷却电池模式、人工加注排气模式；其余情况下，电机冷却系统与电池温控系统为并联模式。

电机冷却系统主要包含电机水泵、三通比例水阀 1、低温散热器、水温传感器、管路及支架。电池温控系统主要包含电池水泵、四通换向水阀（与电机冷却系统共用）、水温传感器、水-水换热器、Chiller、管路及支架。暖风系统主要包含 PTC、暖风水泵、三通比例水阀 2、管路及支架、膨胀水壶（三个系统共用）。

高压系统温度管理系统部件分布如图 7-3～图 7-7 所示。

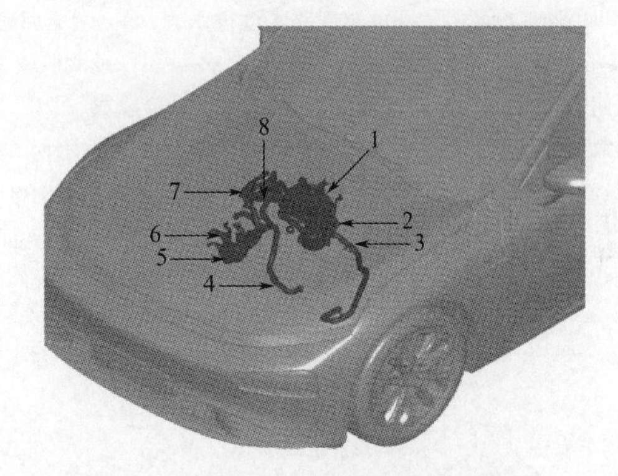

图 7-3 高压电池温度管理系统部件（一）

1—膨胀水壶；2—膨胀水壶支架；3—电池水温传感器；4—电池出水管；5—电池水泵；6—电池水泵支架；7—电池水泵出水管；8—电池水泵进水管

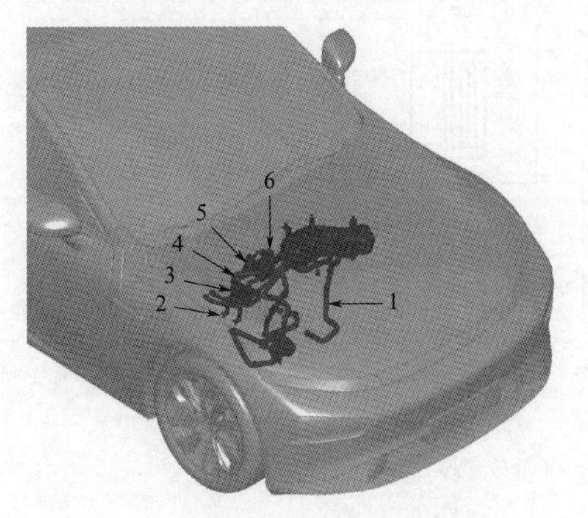

图 7-4 高压电池温度管理系统部件（二）

1—Chiller 出水管；2—水-水换热器支架；3—水-水换热器总成；4—Chiller 进水管；5—电池换热器带电子膨胀阀总成；6—换热器电子膨胀阀

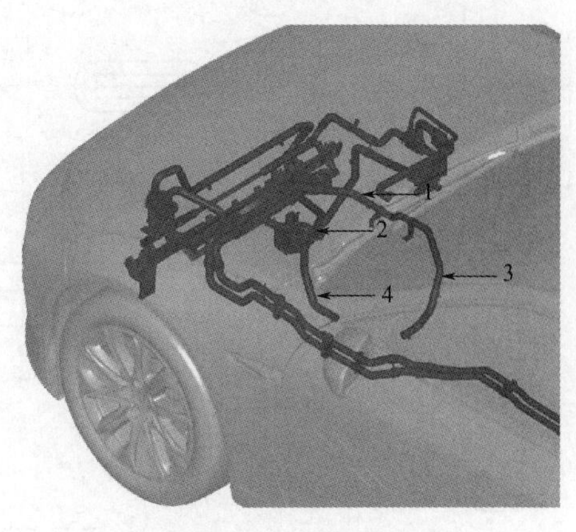

图 7-5 电驱系统冷却系统部件（一）

1—过渡胶管 1；2—前 IPU 进水管；3—铝管总成 3；4—前电机进水管

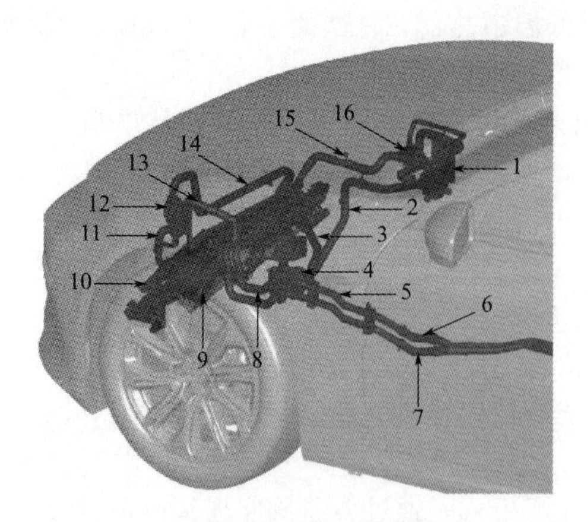

图 7-6 电驱系统冷却系统部件（二）

1—四通换向水阀；2—电驱回路水泵进水管；3—电驱回路水泵出水管；4—电机水泵；5—铝管总成 2；6—过渡胶管 3；7—过渡胶管 4；8—过渡胶管 2；9—电子风扇总成；10—低温散热器总成；11—散热器进水管；12—三通比例水阀 1；13—三通阀进水管；14—散热器旁通管；15—电机水温传感器；16—散热器出水管

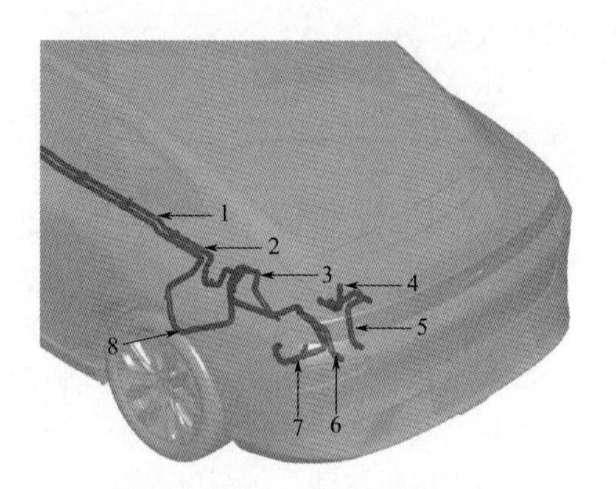

图 7-7 电驱系统冷却系统部件（三）

1—铝管总成 1；3—差减出水管；2—过渡胶管 8；4—后电机进水管；5—后 IPU 进水管；6—过渡胶管 6；7—后电机出水管；8—过渡胶管 5

温度管理系统冷却液循环回路如图 7-8、图 7-9 所示。

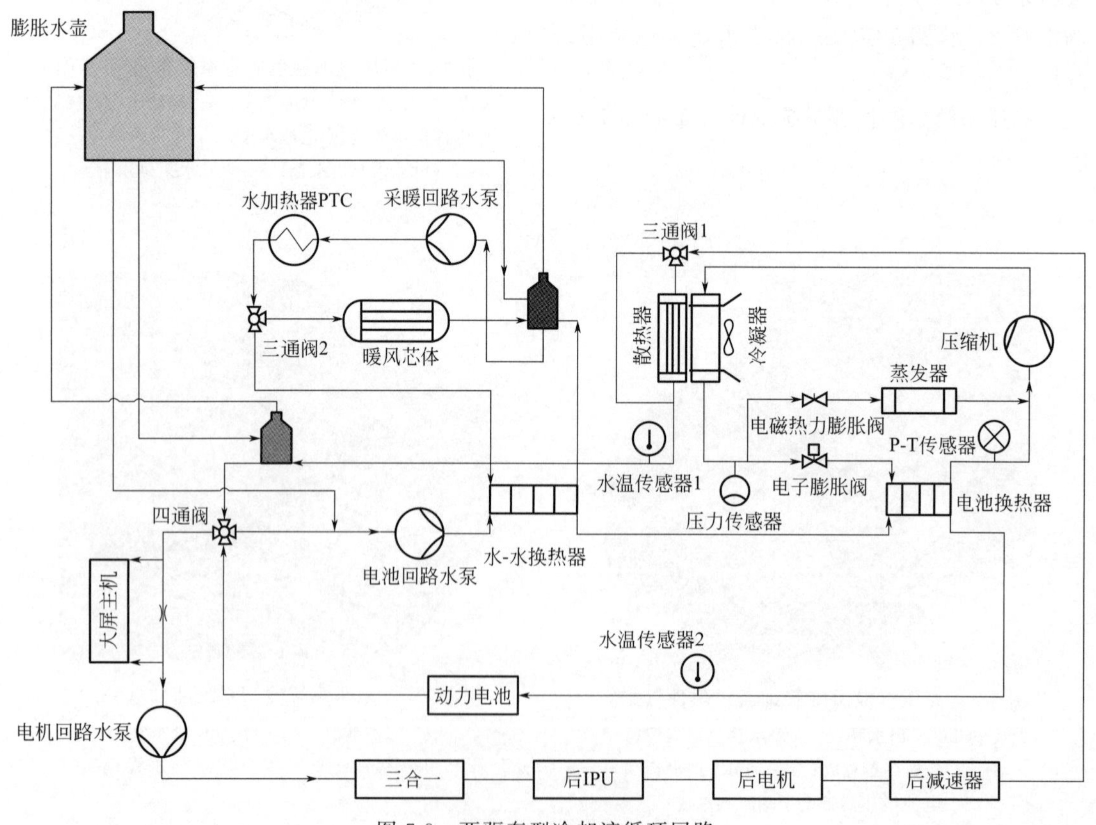

图 7-8 两驱车型冷却液循环回路

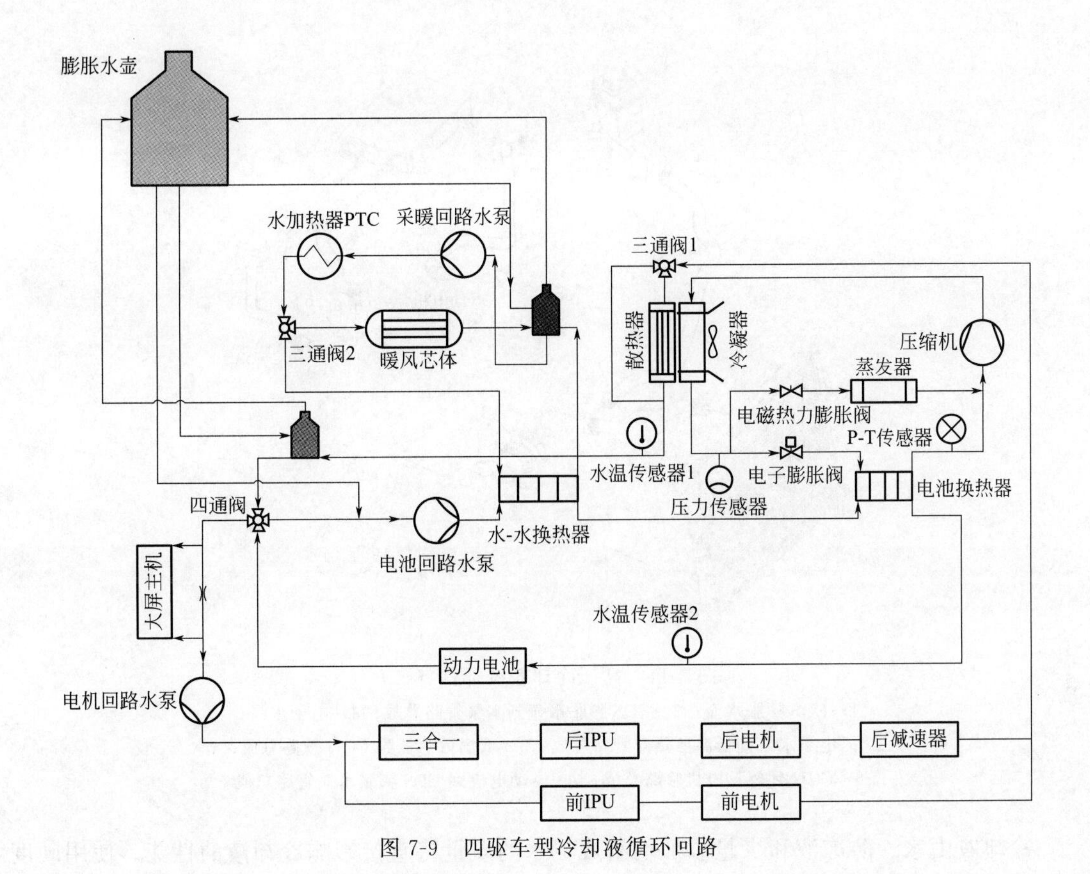

图 7-9　四驱车型冷却液循环回路

7.1.1.3 科莱威 CLEVER 高压冷却系统

冷却系统利用热传导的原理，通过冷却液在系统回路中循环，使 CCU、驱动电机保持在最佳的工作温度。冷却系统部件组成如图 7-10、图 7-11 所示。

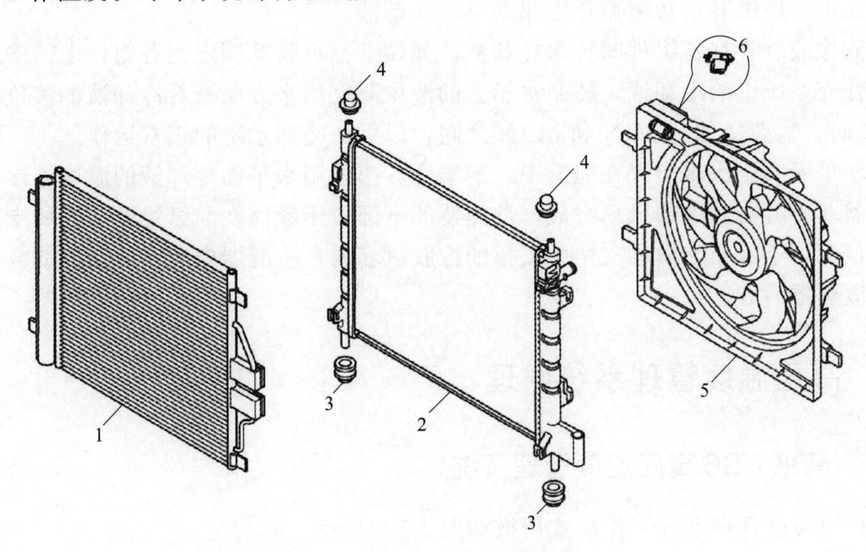

图 7-10　高压冷却系统部件（一）

1—冷凝器；2—低温散热器；3—下减振垫；4—上减振垫；
5—冷却风扇总成；6—冷却风扇调速电阻

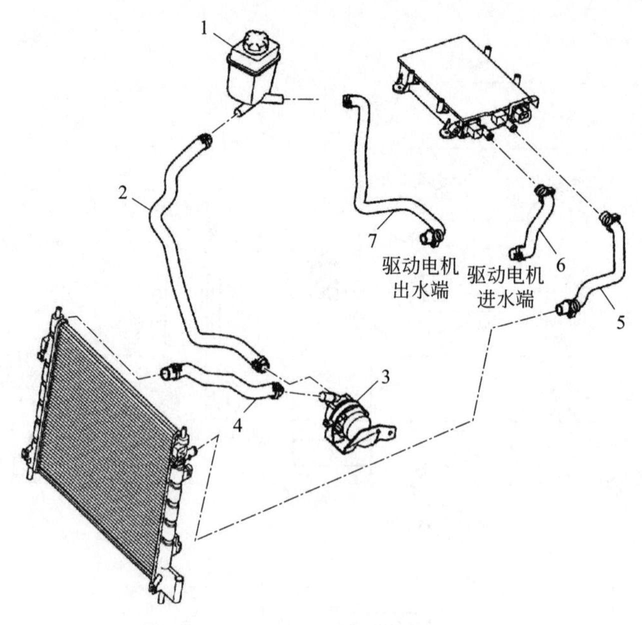

图 7-11 高压冷却系统部件（二）

1—EDS膨胀水壶；2—EDS膨胀水壶到水泵管路总成；3—电子水泵；
4—电子水泵到低温散热器管路总成；5—低温散热器到CCU管路总成；
6—CCU到驱动电机管路总成；7—驱动电机到EDS膨胀水壶管路总成

冷却液由水、防冻液和少量添加剂组成。水的质量将直接影响冷却液的性能。使用硬度大、腐蚀性离子（如氯离子、硫酸根离子）含量高的水调配的冷却液会在传热表面产生锈蚀和结垢，并对金属产生严重的腐蚀作用。冷却液应具有防冻、防沸、防腐、防垢和防泡沫等特点。冷却液要定期更换才能保持其最佳效率。

冷却液泵是冷却液流动的动力来源。电驱动单元冷却泵通过安装支架用2个螺栓固定在电驱动单元上，经由其运转来循环电驱动单元冷却液。

冷却液橡胶软管在各组件间传送冷却液。弹簧卡箍将软管固定到各组件上。膨胀水箱用来存储和补充系统中的冷却液，膨胀水箱上的液位刻度用来方便查看冷却液的液位。当液位少于MIN时，需要添加到MIN和MAX之间，以保证冷却系统的正常运作。

电驱动单元膨胀水箱布置在前舱中。前端冷却模块用来平衡冷却液的温度。冷却模块主要由散热器、冷凝器和冷却风扇组成。散热器的下部位于紧固在前纵梁的支架所支撑的橡胶衬套内；顶部位于水箱上横梁支架所支撑的橡胶衬套内；冷凝器安装在散热器前方；冷却风扇安装在散热器后方。

7.1.2 高压温度管理系统原理

7.1.2.1 蔚来ES6高压温度管理系统

ES6高压温度管理系统工作模式切换如图7-12所示。

条件1：VCU发出冷却模式请求，且被动冷却条件满足。

条件2：VCU发出冷却模式请求，且被动冷却条件不满足。

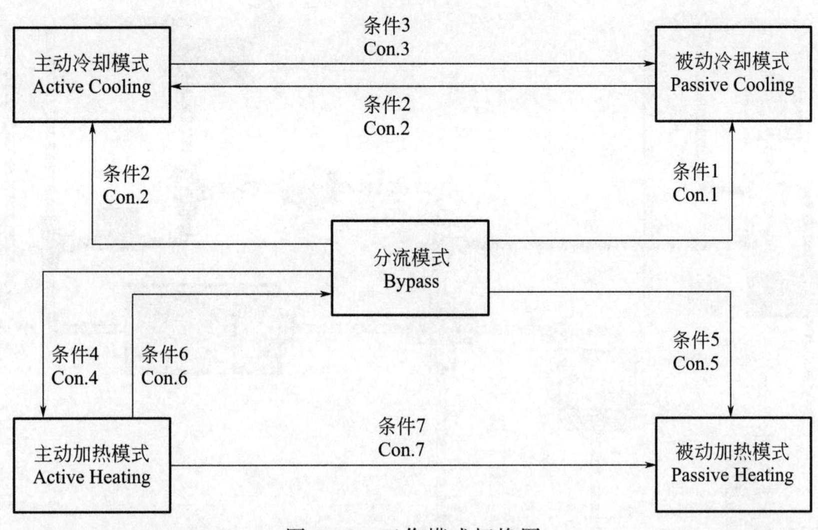

图 7-12　工作模式切换图

条件 3：电动压缩机为不工作状态。

条件 4：VCU 发出加热模式请求，且被动加热条件不满足。

条件 5：VCU 发出加热模式请求，且被动加热条件满足。

条件 6：高压加热器故障，且被动加热条件不满足。

条件 7：高压加热器故障，且被动加热条件满足。

控制阀和冷却模式的控制按表 7-1 的方式进行控制。

表 7-1　控制阀工作方式

模式状态	散热器三通阀	四通阀	冷却器三通阀
主动冷却模式	散热器	分开	冷却器
被动冷却模式	散热器	联合	加热器
分流模式	散热器	分开	加热器
保持加热模式	管路	分开	加热器
被动加热模式	管路	联合	加热器
主动加热模式	管路	分开	加热器

主动冷却模式由 2 个分开的冷却循环系统，前驱动系统冷却循环、后驱动系统冷却循环流经散热器散热，通过低温散热器来冷却驱动系统冷却循环系统温度。主动冷却模式冷却液流向如图 7-13 所示。

动力电池冷却循环流经电池冷却器散热，电动压缩机工作，通过电动压缩机工作来降低流经电池冷却器的冷却液温度，从而冷却动力电池冷却循环系统温度。

被动冷却模式是 1 个联合的冷却循环系统，前驱动系统冷却循环、后驱动系统冷却循环、动力电池冷却循环流经散热器散热。动力电池冷却循环流经高压加热器，高压加热器不工作，通过低温散热器来冷却整个冷却循环系统温度。被动冷却模式冷却液流向如图 7-14 所示。

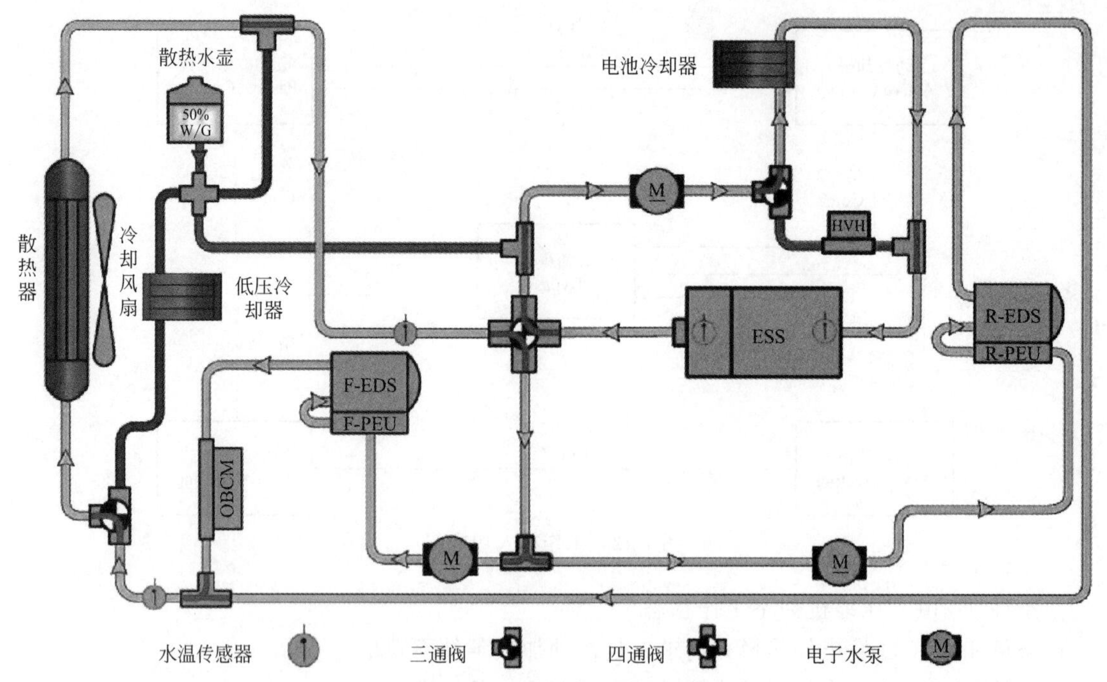

图 7-13　主动冷却模式冷却液流向

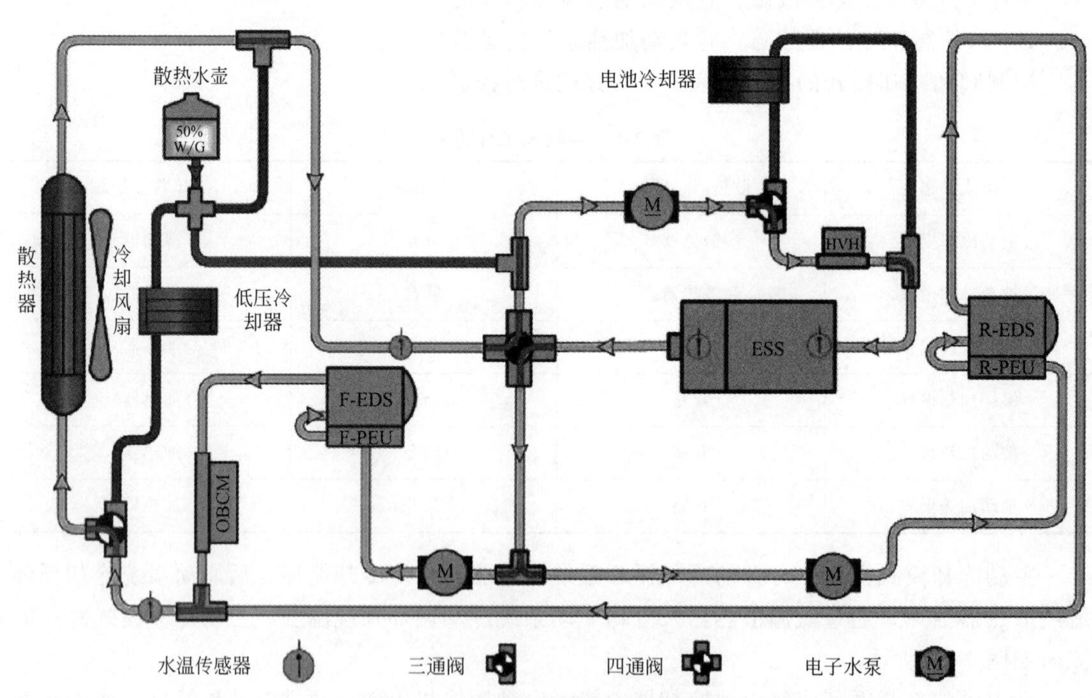

图 7-14　被动冷却模式冷却液流向

分流模式有 2 个分开的冷却循环系统，前驱动系统冷却循环、后驱动系统冷却循环流经低温散热器，通过低温散热器来冷却驱动系统冷却循环系统温度。分流模式冷却液流向如图 7-15 所示。

动力电池冷却循环流经高压加热器，高压加热器不工作，通过动力电池包的电能损耗产

生的热能保持动力电池冷却循环系统温度。

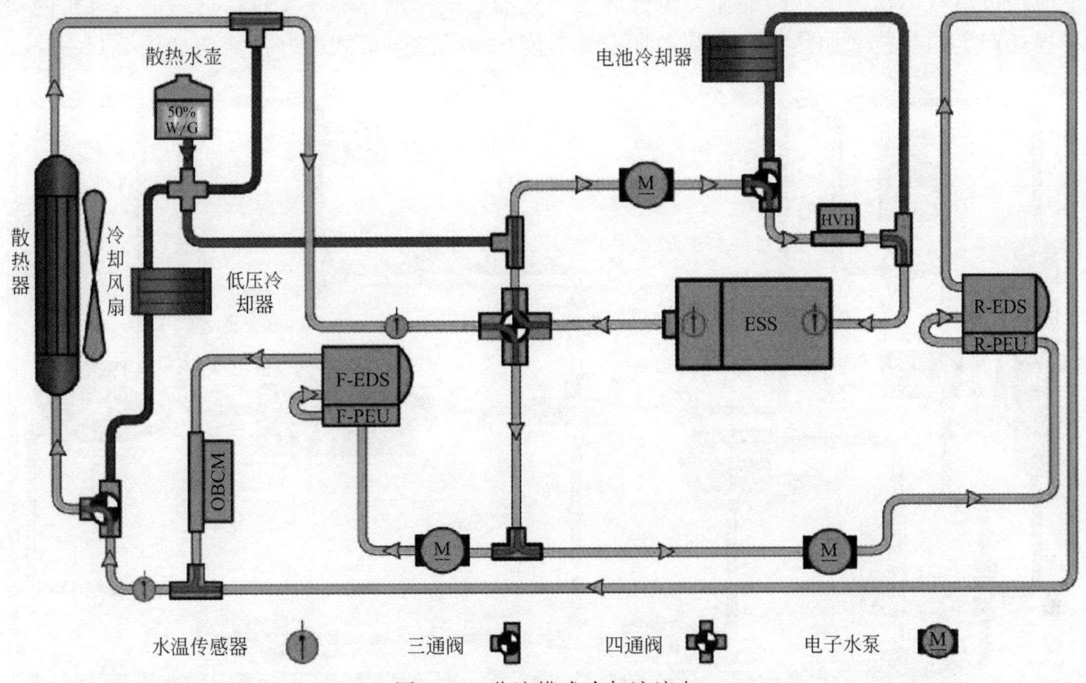

图 7-15　分流模式冷却液流向

主动加热模式有 2 个分开的冷却循环系统，前驱动系统冷却循环、后驱动系统冷却循环不流经散热器，通过驱动电机的功率损耗产生的热能来保持驱动系统冷却循环系统温度；动力电池冷却循环流经高压加热器，高压加热器工作，通过高压加热器加热动力电池冷却循环系统温度。主动加热模式冷却液流向如图 7-16 所示。

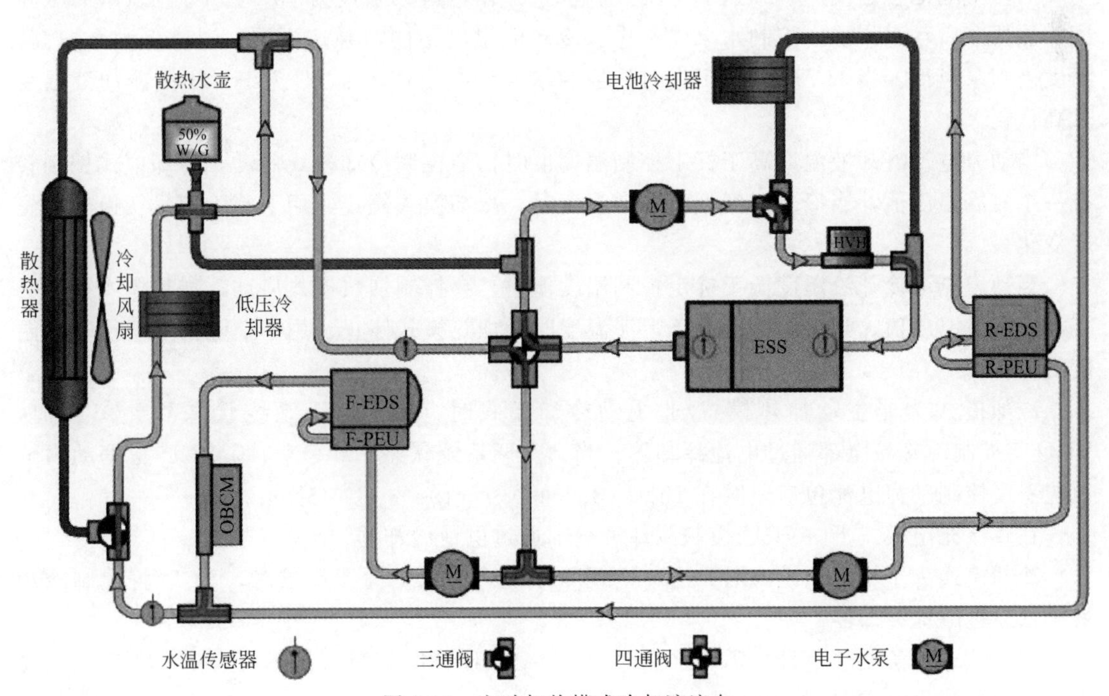

图 7-16　主动加热模式冷却液流向

被动加热模式是1个联合的冷却循环系统，前驱动系统冷却循环、后驱动系统冷却循环不流经散热器，动力电池冷却循环流经高压加热器，高压加热器不工作。通过驱动电机的功率损耗产生的热能来加热整个冷却循环系统温度。被动加热模式冷却液流向如图7-17所示。

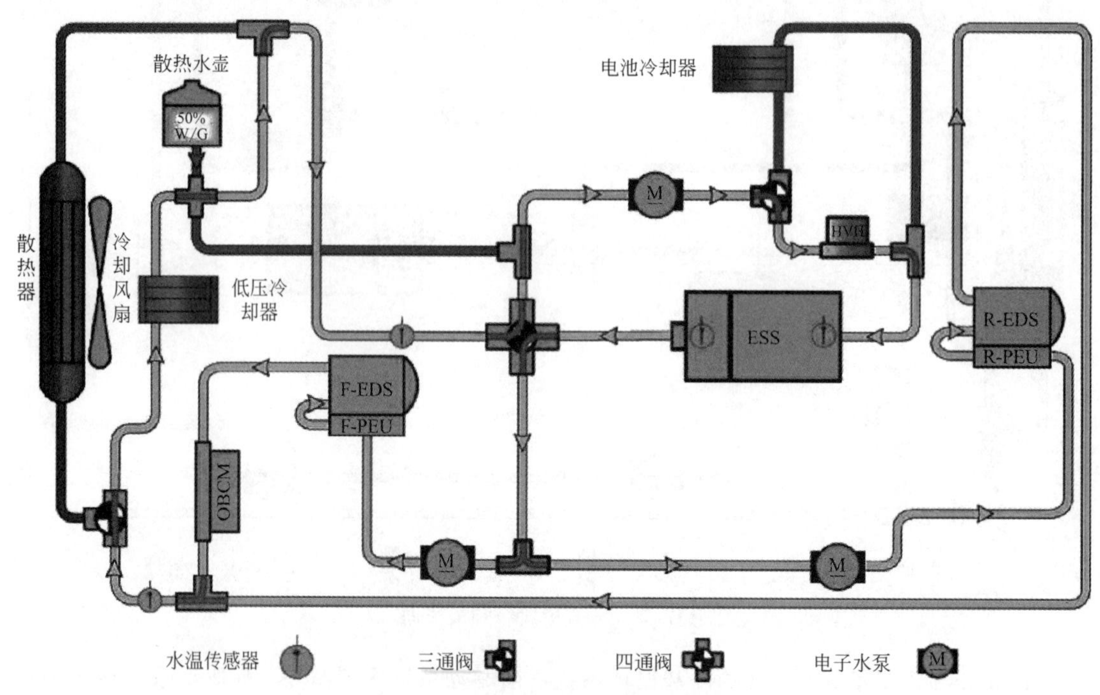

图7-17　被动加热模式冷却液流向

整车控制器对温度管理系统的控制原理如图7-18所示。

当动力电池包温度≥5℃时，VCU控制水泵工作，最大泵速为15L/min。在HVH（高压加热器）启动工作前，控制水泵先工作。冷却液温度不同，泵速不同，温度低则泵速高，温度高则泵速低。当HVH停止工作时，控制水泵继续工作10s，避免HVH内冷却液温度过高汽化。

当动力电池冷却液温度高于标定控制温度值时，会控制冷却模式启动，冷却模式控制会有一个滞后温度值，当冷却温度低于迟滞温度时，冷却模式停止，用于消除信号切换时的温度变化。

当动力电池冷却液温度低于标定控制温度值时，会控制加热模式启动，加热模式控制会有一个滞后温度值，当冷却温度高于迟滞温度时，加热模式停止，用于消除信号切换时的温度变化。

冷却模式为非主动加热模式/非主动冷却模式时，当“空调系统状态”＝OFF时，VCU将控制冷却液全部通过电池冷却器；当“空调系统状态”＝ON时，VCU根据动力电池包温度控制动力电池包三通阀在10%（35～40℃）～100%（≥45℃）之间。

在直流充电模式下，VCU控制冷却液全部通过电池冷却器。

冷却模式为主动加热模式时，当“空调除冰模式请求”为无请求时，VCU将控制冷却液全部通过电池冷却器。

当ESS（紧急制动信号）需要加热时，若VCU计算冷却液流量不符合HVH和除冰要求，会发送信号给CCU控制除冰功能关闭。

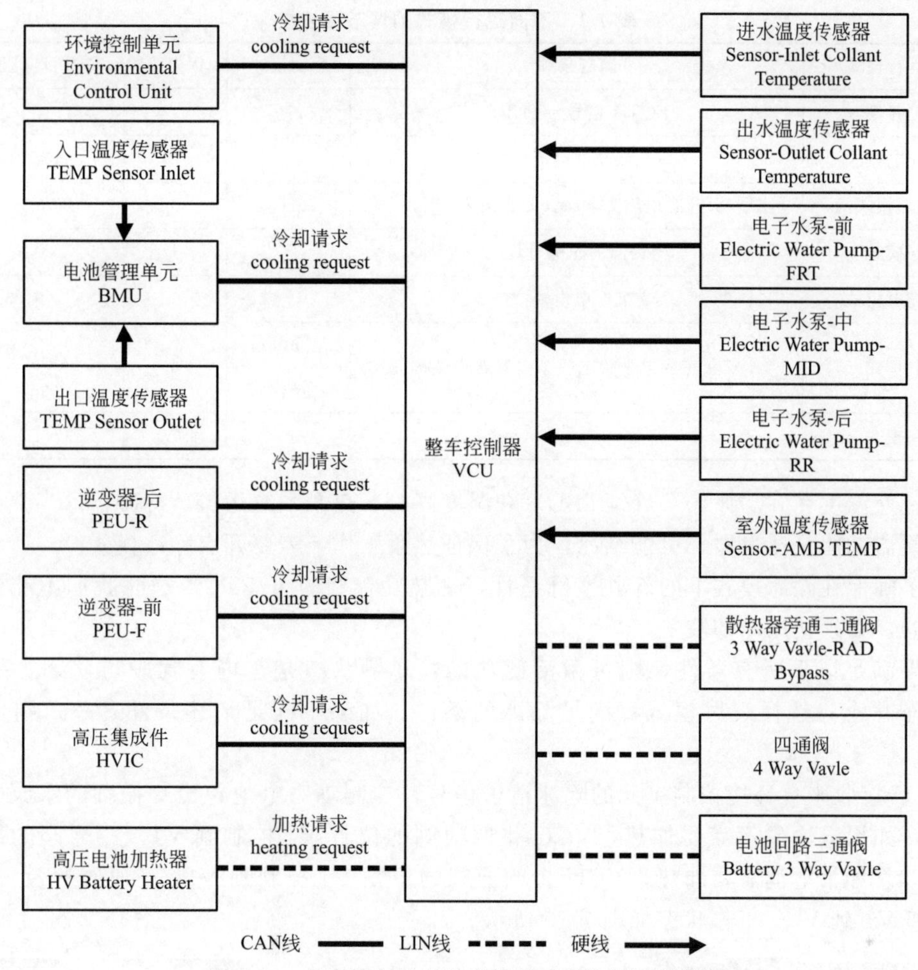

图 7-18　整车控制器对温度管理系统控制原理框图

高压电池不同温度区间的控制模式如图 7-19 所示，不同运行模式的调节温度值见表 7-2。

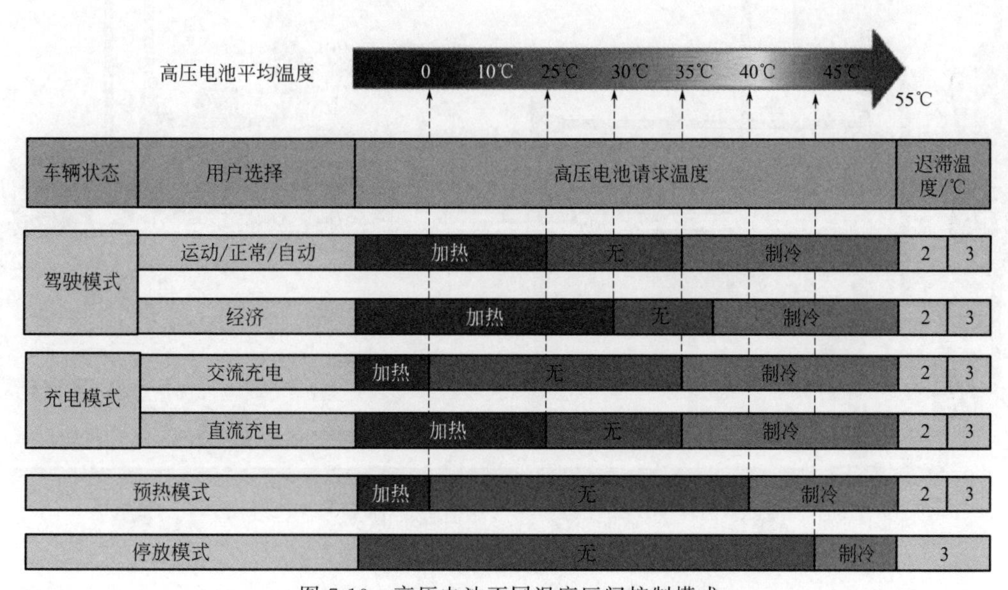

图 7-19　高压电池不同温度区间控制模式

表 7-2　不同运行模式的调节温度

车辆运行模式	确定条件	驱动模式	优先级	ESS 目标温度/℃
软件更新模式	FOTA 信号＝TURE	—	1	—
直流充电模式	直流充电电流＞0	—	2	(25,35)
预加热模式	电池预热要求＝2(开始预热)	—	3	(－5,－10)
保温模式	保温的充电过程	—	4	(0,—)
交流充电模式	交流充电电流＞0	—	5	(0,35)
驾驶模式	车辆状态＝驾驶状态或车内有驾驶员状态	运动舒适	6	(25,35)
		经济模式		(30,37)
储存模式	—	—	7	(－22,45)

当室外温度在 0℃到 10℃（＜TBD）和湿度高时，热泵系统运行，冷凝器（当热泵运行时，冷凝器功能是蒸发器）可能结冰，为了保证热泵工作，需要开启除冰模式。

为了确保在除冰模式下的驾驶室舒适性，加热功能将打开 PTC。这时我们不能使用内部蒸发器，必须使用冷却装置。

如果满足以下所有条件，则可激活此功能：车辆状态是车内有驾驶员状态，驾驶状态或驻车状态；选择暖风模式；满足除冰的条件。如果不满足上述条件之一，则应禁用该功能。

VCU 接收来自环境控制单元的除冰请求信号，控制动力电池包冷却循环的水泵及三通阀工作。如果电池包不需要加热，VCU 将四通阀的位置 V4 控制到 V1，三通阀的位置为 V1 到 V3。如果电池需要加热，VCU 将四通阀的位置 V4 控制到 V1，三通阀的位置为 V1 到 V3 和 V1 到 V2。工作状态如图 7-20 所示。

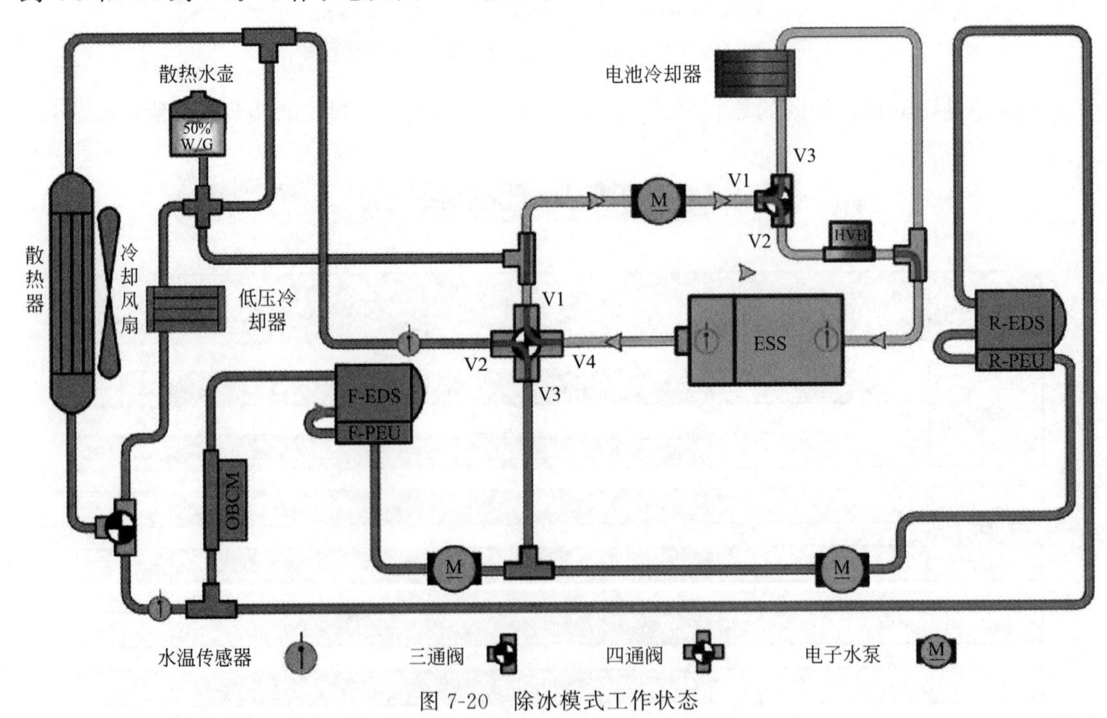

图 7-20　除冰模式工作状态

7.1.2.2 小鹏 P7 热管理系统

如图 7-21 所示，当四通换向水阀处于 1-4、2-3 连通状态时，电机电控热管理系统与电池热管理系统独立运行。当四通换向水阀处于 1-2、3-4 连通状态时，电机电控热管理系统与电池热管理系统串联运行。独立运行时，电池热管理系统通过电池换热器获得低温冷却液，冷却动力电池；通过水-水换热器获得高温冷却液，加热动力电池。独立运行时，电机电控热管理系统通过散热器散热，实现电机电控系统和大屏主机的冷却。

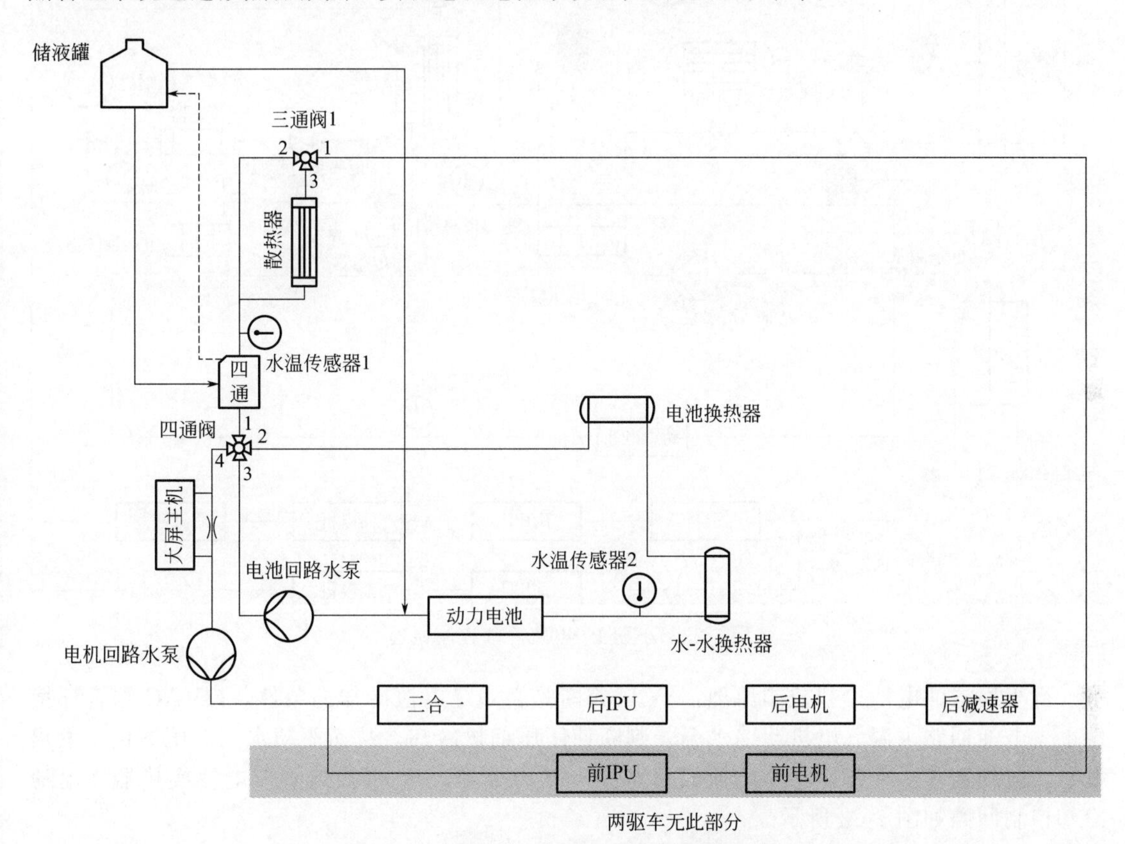

图 7-21 小鹏 P7 电机电控及电池热管理系统

串联运行，三通比例水阀 1 处于 1-2 导通状态时，电机电控系统产生的热水导入电池热管理系统，加热动力电池；三通比例水阀 1 处于 1-3 导通状态时，动力电池和电机电控系统的热量均通过散热器实现散热冷却。

VCU 判断电机回路中某一器件温度过高则进入电机冷却，调节电机回路水泵转速、电子风扇转速，HVAC 调整三通比例水阀 1 位置到散热器。当电机温度高于 75℃，IPU 高于 45℃，DC/DC 高于 60℃，OBC 高于 50℃时，开启电机冷却系统三通阀通散热器。

冷却回路为电机回路水泵→电机系统→三通比例水阀 1→散热器/旁通→四通换向水阀→电机回路水泵。电机冷却控制回路如图 7-22 所示。

充电模式下的电池冷却控制原理：BMS 判断电池冷却需求，VCU 判断是否满足电池冷却的条件，HVAC 综合环境温度、电池回路水温、电机回路水温，判断使用压缩机冷却，从而驱动水阀、压缩机，发出水泵、风扇请求。冷却回路为压缩机→冷凝器→电子膨胀阀→电池换热器→压缩机。

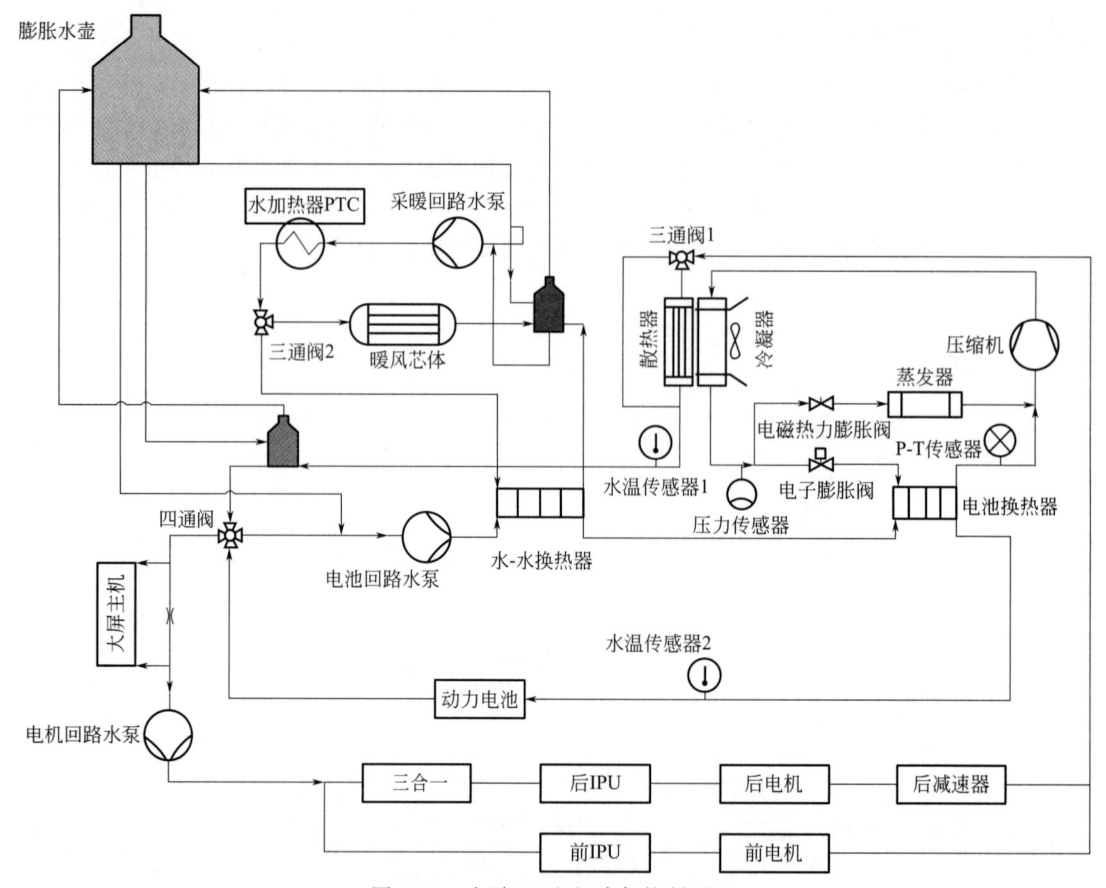

图 7-22　小鹏 P7 电机冷却控制原理

行车模式的电池冷却控制原理：VCU 判断是否满足电池冷却的条件，HVAC 综合环境温度、电池回路水温、电机回路水温，判断使用压缩机冷却，从而驱动水阀、压缩机，发出水泵、风扇请求。冷却回路为电池回路水泵→动力电池→水-水换热器→电池换热器。电池冷却控制回路如图 7-23 所示。

BMS 根据电池状态判断是否有加热需求，VCU 根据整车状态发送高压系统状态，HVAC 计算电池需求水温，开启 PTC_ 水泵进行加热。

冷却回路 1：电池回路水泵→水-水换热器→电池换热器→动力电池→四通换向水阀→电池回路水泵。回路 2：采暖回路水泵→水加热 PTC→三通比例水阀 2→水-水换热器→采暖回路水泵。热量交换在水-水换热器中完成。充电模式下的电池加热原理如图 7-24 所示。

电池电芯最高温度和最低温度之间差值过大或电池回路水温与电池最高、最低温度差值过大，从而出现冷热冲击时，开启电池水泵进行电池热平衡。冷却回路为：电池回路水泵→动力电池→水-水换热器→电池换热器→电池回路水泵。电池热平衡控制原理如图 7-25 所示。

电池 LTR 冷却：环境温度 25℃以下，电池温度较高时，切换四通换向水阀位置，将电池回路和电机回路串联，利用散热器给电池散热，达到节能的目的。

电池预冷：电池温度即将达到冷却需求温度时，利用散热器预先对电池进行冷却。

余热回收：电池温度较低、电机回路水温高于电池回路水温一定值时，将电池和电机回路串联，利用电机回路温度给电池加热，使电池处于适宜的工作温度，达到节能的目的。冷

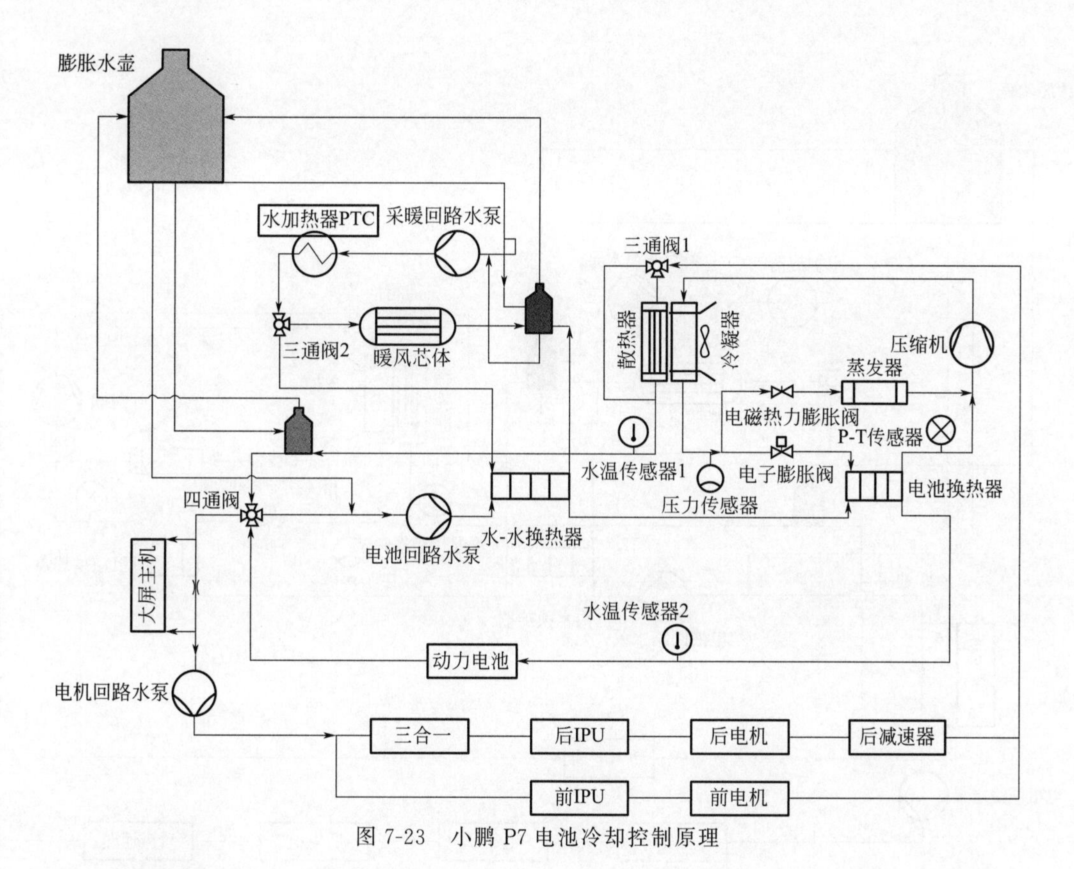

图 7-23　小鹏 P7 电池冷却控制原理

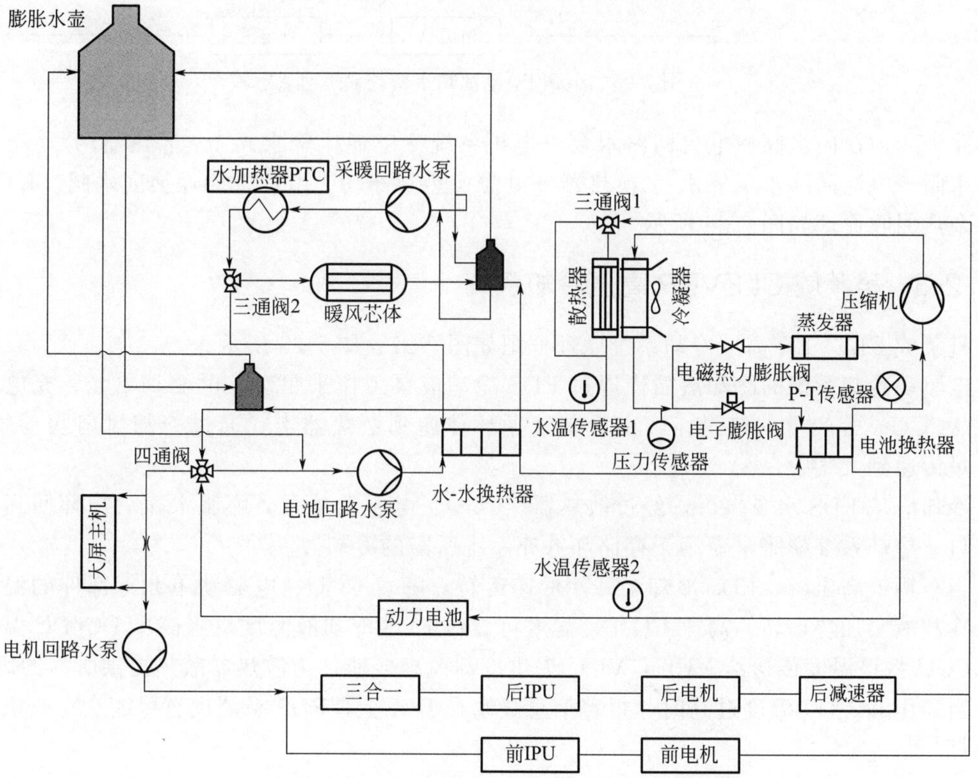

图 7-24　小鹏 P7 充电模式下的电池加热控制原理

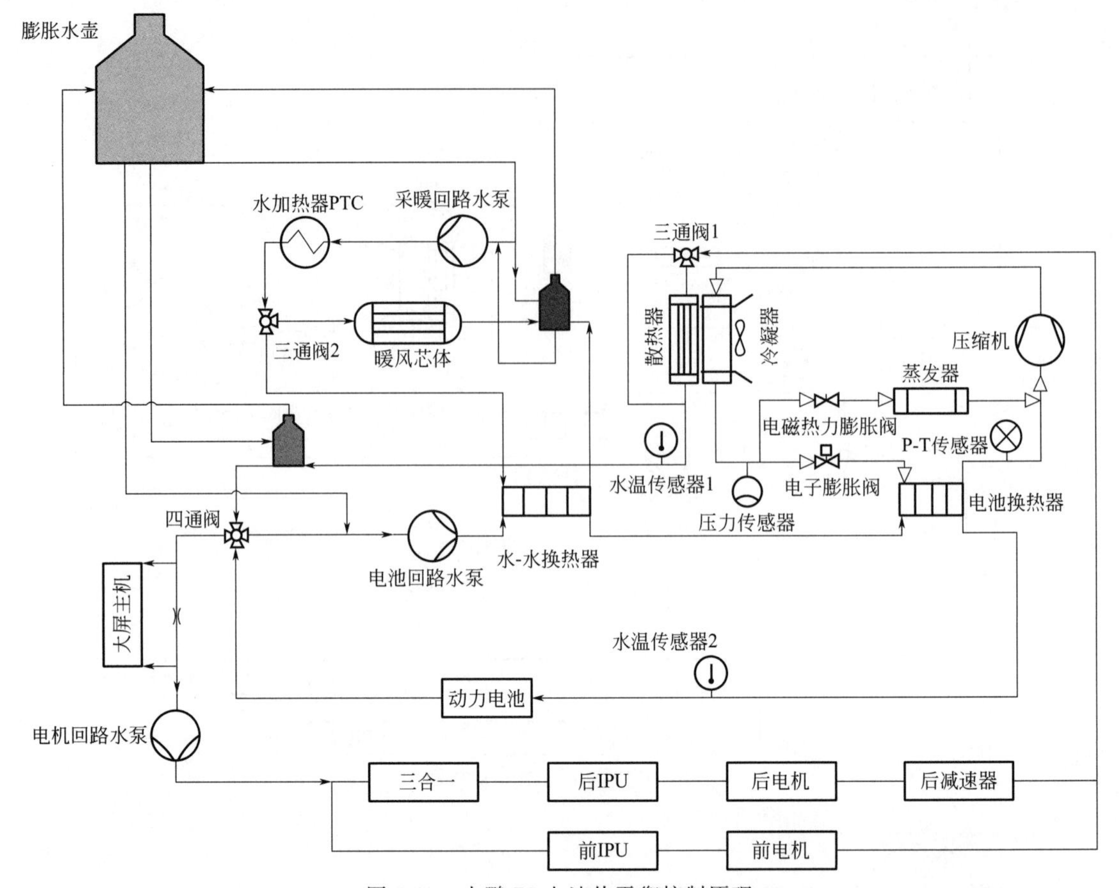

图 7-25　小鹏 P7 电池热平衡控制原理

却回路为四通换向水阀→电机回路水泵→电机系统→三通比例水阀 1→散热器/旁通→四通换向水阀→电池回路水泵→水-水换热器→电池换热器→动力电池→四通换向水阀。LTR 冷却与余热回收原理如图 7-26 所示。

7.1.2.3　科莱威 CLEVER 高压冷却系统

科莱威 CLEVER 高压冷却系统原理框图如图 7-27、图 7-28 所示。

电驱动冷却系统的冷却液循环通过 EDS 冷却液泵工作来驱动。电驱动单元、充电集成单元（CCU）等产生的热量，经由冷却液循环传递到散热器上，通过冷却风扇吹动气流，将热量传递到大气中。

冷却液从 EDS 水泵端口，经过散热器、CCU、电驱动单元、膨胀水壶后循环回到水泵进水口。冷却系统膨胀水壶用于存储和补充系统所需的冷却液。

当车辆上高压后，EDS 冷却泵开始低速运转，随着 CCU、电驱动单元等部件的温度升高，冷却液泵加快运转。高压 DC/DC 温度可看作 EDS 冷却液温度。当高压 DC/DC 温度上升，CCU 将该温度传送给 VCU，VCU 提供冷却风扇转速，为散热器散热提供所需的风量。

当高压 DC/DC 温度过高时，报警信息显示在 IPK 上，EDS 系统也有可能点亮电机过热故障灯。

冷却风扇由 VCU 控制高低速风扇继电器的闭合/关闭来控制风扇的开启/关闭，以及调节风扇的高速或低速的运转，以满足不同的冷却负荷要求。

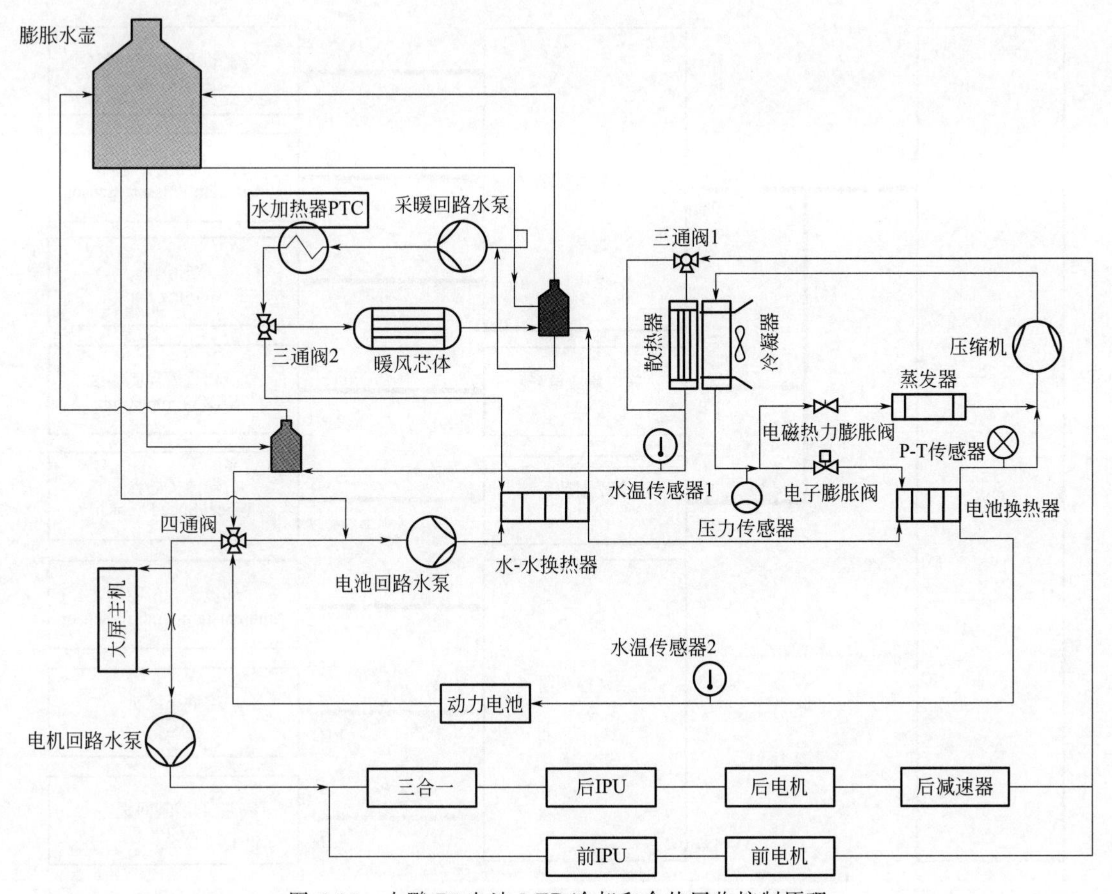

图 7-26 小鹏 P7 电池 LTR 冷却和余热回收控制原理

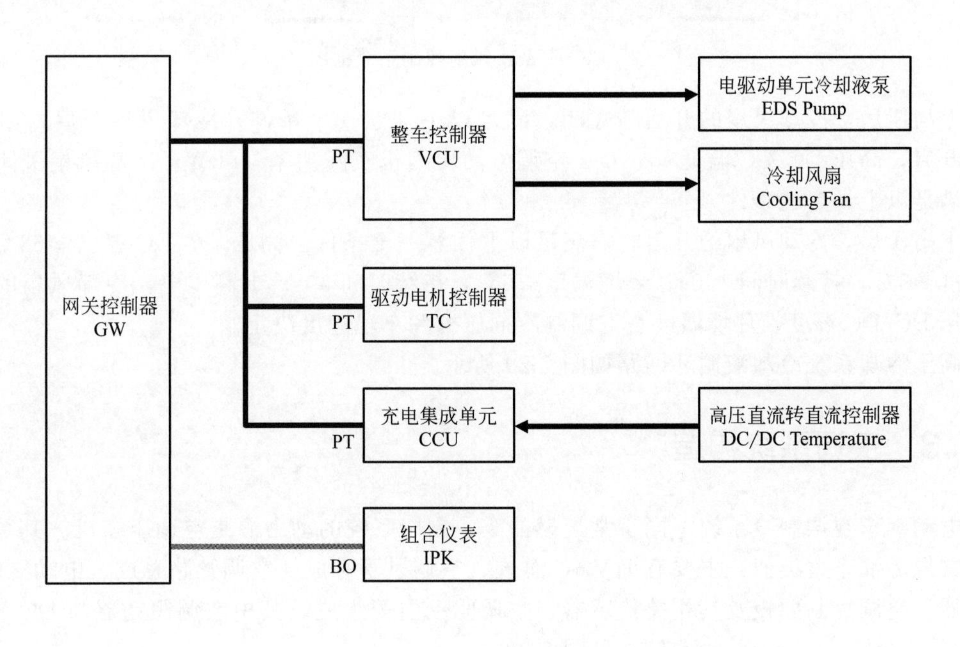

图 7-27 电驱单元冷却系统框图

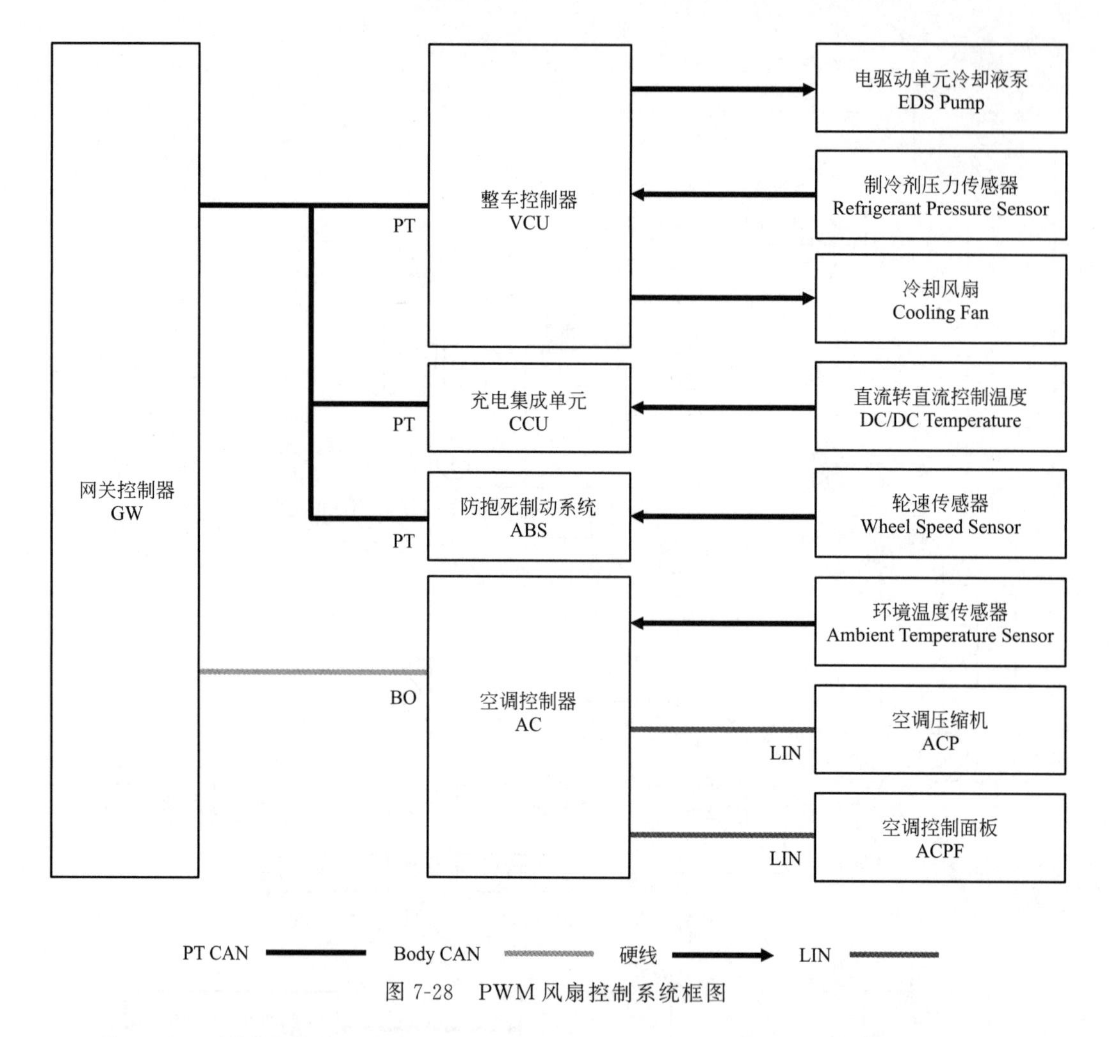

图 7-28 PWM 风扇控制系统框图

上高压后，冷却风扇的开启与关闭，满足以下任意一个条件。冷却风扇开启：EDS 冷却泵开启，高压 DC/DC 温度≥60℃；空调电动压缩机实际功率＞0kW。冷却风扇关闭：同时未满足以上开启的条件。

下高压后，冷却风扇的开启，需满足以下任意一个条件。高压 DC/DC 温度≥63℃；环境温度≥5℃，持续时间 120s；环境温度＜5℃，持续时间 60s。上高压电，冷却风扇的转速由高压 DC/DC 温度、环境温度、空调制冷剂压力和车辆速度决定。

高压冷却系统冷却液循环回路如图 7-29 所示。

7.1.3 空调系统构造

电动汽车空调制冷系统不同于常规燃油车，制冷系统的动力源是空调压缩机。其系统组成与常规燃油车型类似：主要有 HVAC 总成、空调风管总成、空调管路总成、电动压缩机、冷凝器、空调控制面板及其相关传感器、空调驱动器等组成。其中空调驱动器与 DC/DC 布置于同一壳体中，位于前舱左侧，见图 7-30。

传统燃油车辆上，制冷压缩机依靠带轮，由发动机曲轴带动旋转。其转速只能被动通过发动机转速来调节，空调系统无法主动对压缩机转速进行调节。比亚迪 e6 先行者车型，空

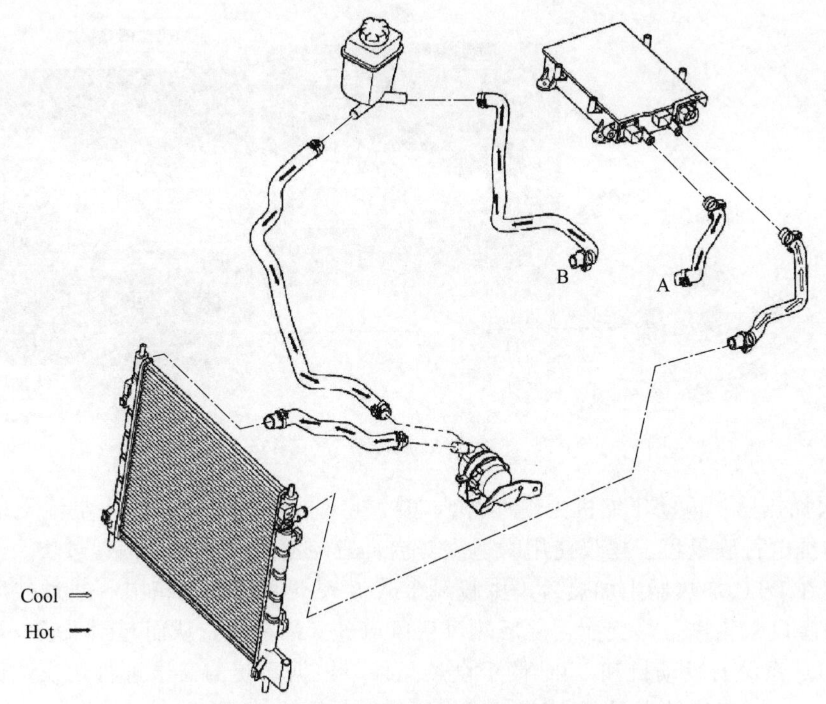

图 7-29　科莱威 CLEVER 冷却液循环回路

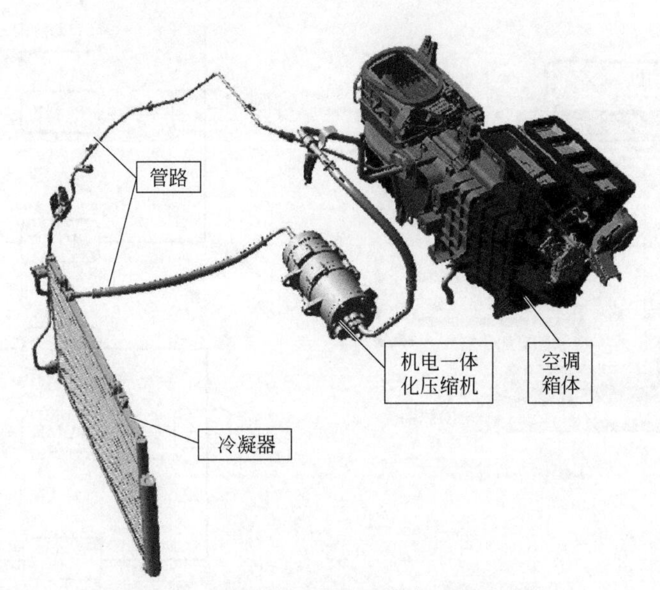

图 7-30　空调制冷系统组成部件（比亚迪 e6）

调系统的压缩机为电动压缩机，靠高压电驱动，转速可被系统主动调节，调节范围在 0～4000r/min。这样既保证了良好的制冷效果，同时也节省了电能。

传统燃油车型通过发动机冷却水温的热量来制热，其局限在发动机启动、暖机阶段制热效果不好。

以广汽 GA3S PHEV 车型为例，暖风系统采用发动机及 PTC 加热器（最大功率 5000kW）作为供热元件。根据车辆的使用工况及用户需求，自动选择发动机或者 PTC 供暖。PTC 加热器通过发热元件将水加热，将电能转化为热能。PTC 加热器安装位置见图 7-31。

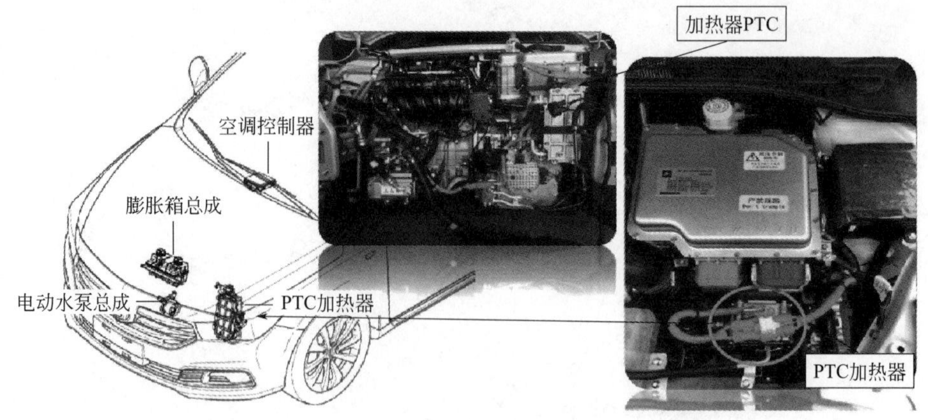

图 7-31 PTC 部件安装位置（广汽 GA3S PHEV）

PTC 水加热器、电动压缩机为新能源汽车的耗电部件，会消耗动力电池电能，长期开启时会影响纯电行驶里程。建议使用时适度开启，避免动力电池电量消耗过快。

冷却液在 PTC 加热器中加热后，由暖风水管流入空调暖风水箱中，通过鼓风机使车厢内冷空气与暖风水箱进行热交换，之后热风从风道进入乘客舱，从而起到采暖、除霜、除雾的作用。PTC 系统有发动机和 PTC 两个供热元件，根据系统的需求进行切换，保证能够满足用户需求，同时考虑效率最佳。PTC 工作原理图如图 7-32 所示。

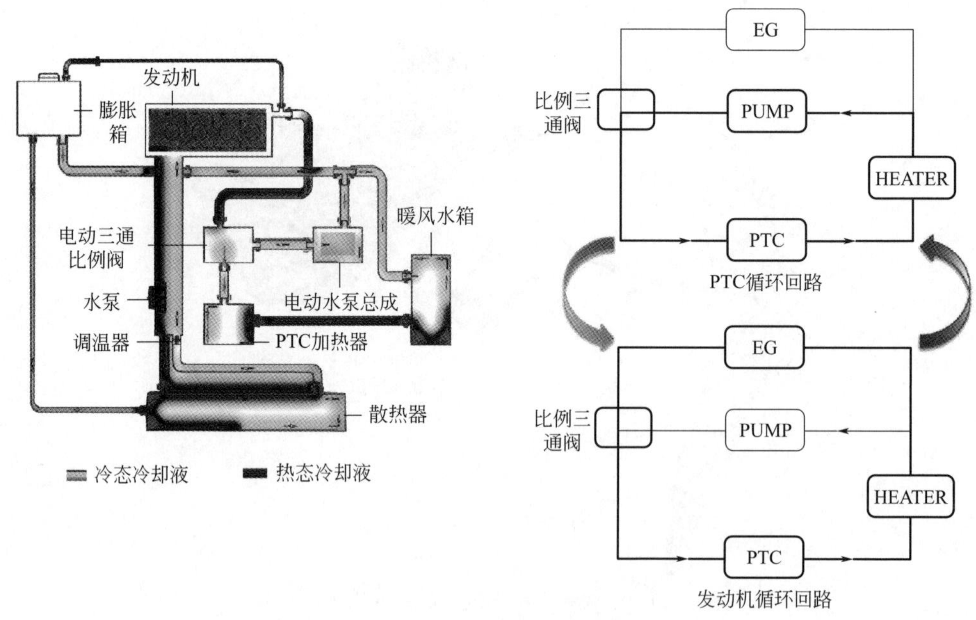

图 7-32 加热器工作原理

7.1.3.1 蔚来 ES6 空调系统

空调系统用于把汽车车厢内空气的温度、湿度、清洁度及空气流动调整和控制在最佳状态，为乘客提供舒适的乘坐环境，减少旅途疲劳；为驾驶员创造良好的工作条件，对确保安全行车起到重要作用。根据需求，空调系统由鼓风机提供动力源，将经空调箱后被加热或冷却的空气，从风道吹向风窗或乘客。

制冷系统的作用是在车外环境温度较高时降低车内温度，使乘客感到凉爽、舒适。冷却装置主要由电动压缩机、冷凝器、截止阀、单向阀、膨胀阀、蒸发箱、高低压管路、电池冷却器等组成。

暖风系统的作用是在车外环境温度较低时升高车内温度，使乘客感到温暖。装置主要由电动压缩机、内部冷凝器、冷凝器、截止阀、单向阀、膨胀阀、低压换热器、高低压管路、PTC（加热器）等组成。

空调系统管路布置如图 7-33 所示。

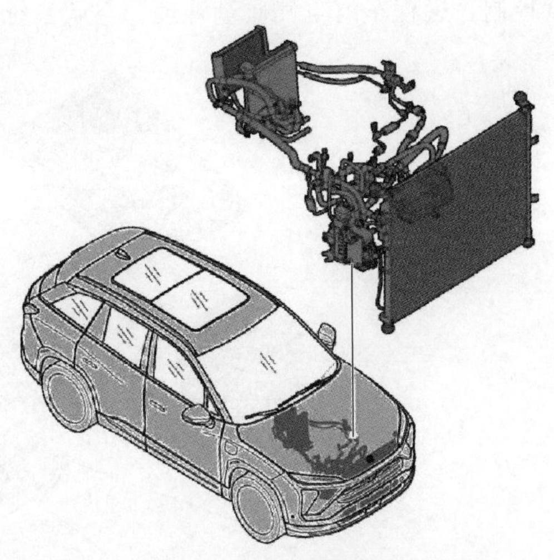

图 7-33　蔚来 ES6 空调系统管路布置图

如图 7-34 所示，空调管路将系统各部件连接在一起，为确保密封可靠，各接口间安装有 O 形圈。为了维持系统的流速，空调管路的直径会有所不同，以适应两种压力/温度状况。低压/低温状况下安装较大直径的管路，高压/高温状况下安装较小直径的管路并将制冷剂加注接口整合在空调管路中，以便于系统维修。

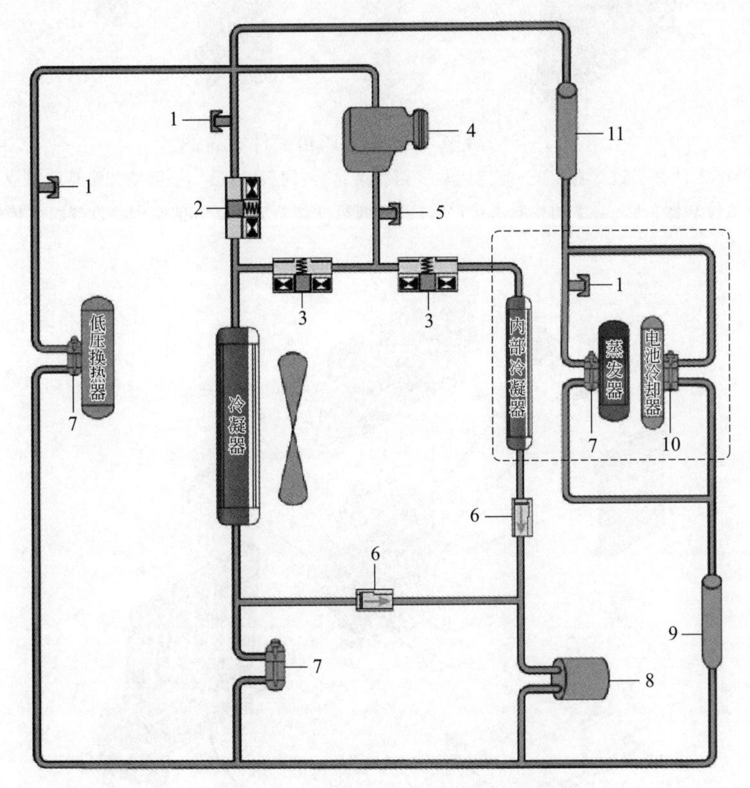

图 7-34　蔚来 ES6 空调管路连接

1—低压力温度传感器；2—截止阀-常闭；3—截止阀-常开；4—电动压缩机；5—高压力温度传感器；6—单向阀；7—膨胀阀；8—干燥储液罐；9—同轴管高压；10—膨胀阀＋截止阀；11—同轴管低压

空调系统主要由空调系统控制器、控制面板、温度传感器、伺服电机等组成。空调控制功能包括车内通风，车内冷却和供暖，挡风玻璃除霜除雾，车内空气质量管理，远程车内温度控制，远程车内空气质量管理。空调系统部件布置如图 7-35～图 7-37 所示。

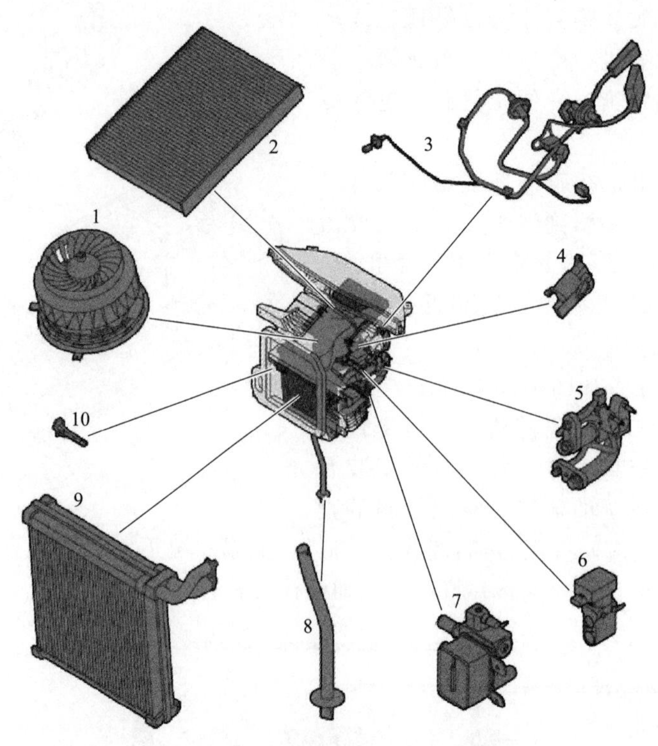

图 7-35　蔚来 ES6 前空调箱部件布置图

1—无刷电机；2—PM2.5 活性炭过滤器；3—前空调蒸发箱线束；4—伺服电机；5—前空调箱管路总成；6—电子膨胀阀；7—电池冷却器；8—前空调冷凝水管；9—前空调蒸发器总成；10—前空调蒸发器温度传感器

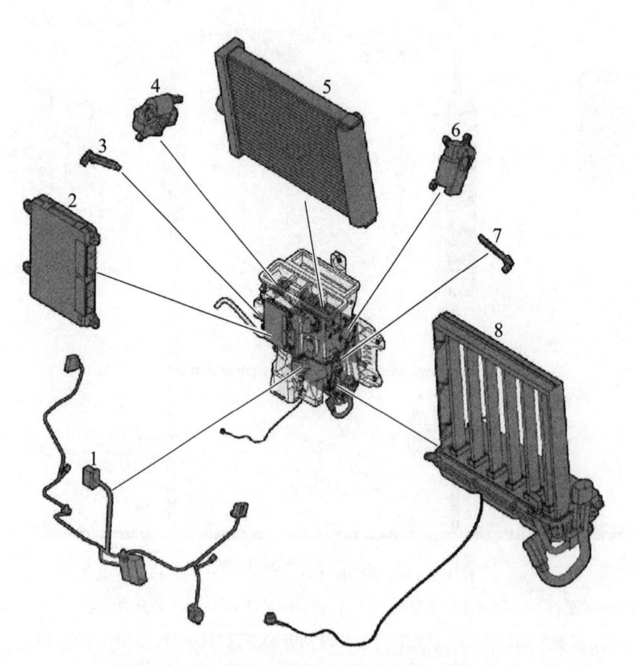

图 7-36　蔚来 ES6 空调分配箱布置图

1—空调分配箱线束；2—空调控制单元；3—风道传感器-左；4—前空调模式伺服电机；5—内部冷凝器；6—前空调旁路伺服电机；7—风道传感器-右；8—前空调双区 PTC 加热器

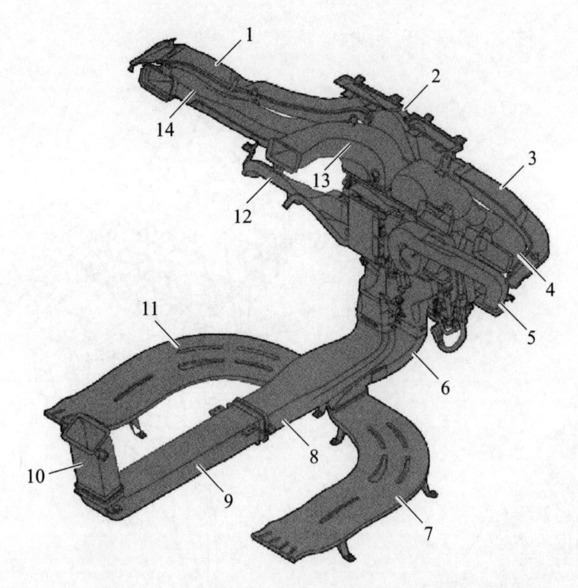

图 7-37　蔚来 ES6 空调出风管布置图

1—除雾风道-左；2—除霜风道；3—除雾风道-右；4—前吹面风道-右；5—前吹脚风道-右；6—连接段-第二排吹脚风道；7—第二排吹脚风道-右；8—进风道-第二排吹面风道；9—中间风道-第二排吹面风道；10—出风道-第二排吹面风道；11—第二排吹脚风道-左；12—前吹脚风道-左；13—前吹面风道-中央；14—前吹面风道-左

7.1.3.2　科莱威 CLEVER 空调系统

科莱威 CLEVER 暖风、通风与空调系统由通风、制冷、暖风及控制部件组成。其中包含空调滤清器总成、空调箱总成（暖风芯体、蒸发器等）、风道、空调控制器、控制面板等。空调箱与风道组成部件如图 7-38 所示。

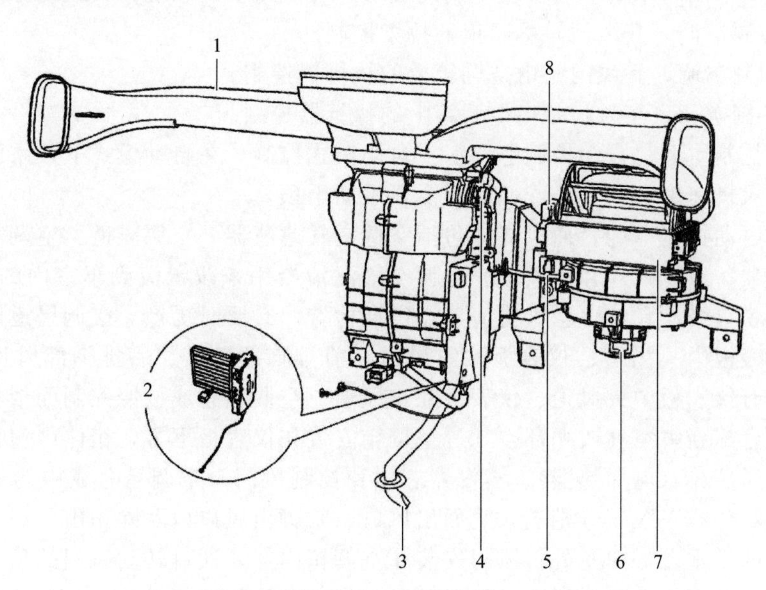

图 7-38　科莱威 CLEVER 空调箱与风道组成

1—仪表板风道；2—高压电加热器；3—空调排水管；4—模式风门执行器；5—鼓风机调速电阻；6—鼓风机总成；7—空调滤芯；8—循环风门执行器

空调制冷系统组成部件如图 7-39 所示。

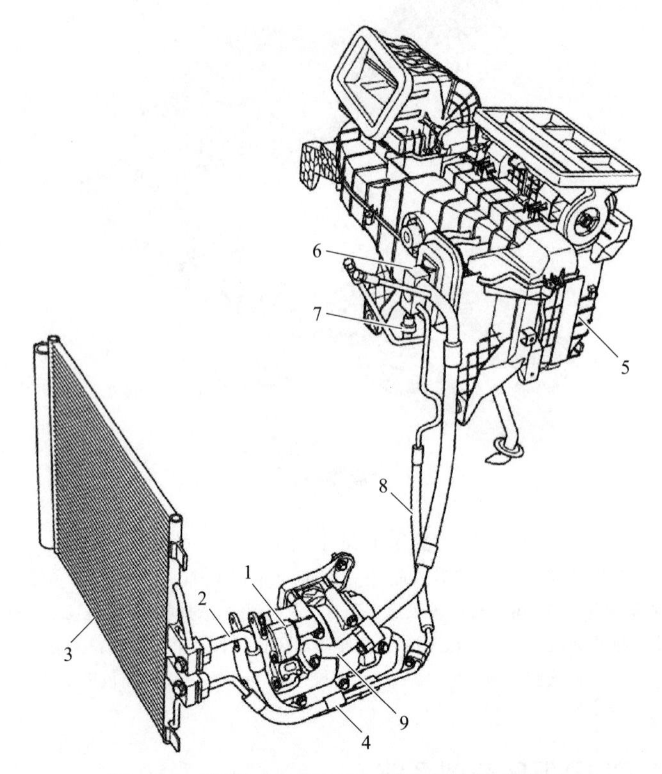

图 7-39　科莱威 CLEVER 制冷系统部件组成

1—压缩机总成；2—压缩机到冷凝器管路总成；3—冷凝器总成；4—冷凝器到蒸发器管路总成；5—蒸发器总成（空调箱中）；6—膨胀阀；7—制冷剂压力传感器；8—蒸发器端管路总成；9—蒸发器到压缩机管路总成

根据车型的不同，车辆上会安装不同的暖风、通风与空调系统，大致可分为以下几类。

- 手动控制空调，其风门是由面板的拉索控制。
- 电动控制空调，其风门是由空调箱上的执行器控制。
- 自动控制空调，其风门是由空调箱上的执行器控制。

相比电动控制空调，自动控制空调多了自动模式控制。在自动模式下，系统自动监控并调节温度、鼓风机速度和空气分配，且不需要手动干预。

该车配有电动控制空调。通风部件包括空调空气滤清器、空调风道、空调箱（壳体、风门、风门执行器、鼓风机）和出风口。空调空气滤清器用来改善流到车室内的空气的质量，过滤灰尘和花粉等细小颗粒。空气滤清器需定期检查，必要时更换。空调风道以空气为输送介质，分为仪表板中央风道、仪表板除霜风道、前排脚部风道、后排脚部风道和中控台风道。该车只配有仪表板中央风道、仪表板除霜风道。空调箱总成按照控制面板上所选择的模式用来加热并分配新鲜空气或循环空气。空调箱安装在仪表板下方，箱体内包含鼓风机、空气滤清器、暖风芯体（电加热器）、蒸发器芯体和控制风门。空调箱总成中的通道引导空气流经箱体并将它分成三股，分别进入吹面出风口、吹脚出风口以及除霜出风口。冷凝水从空调箱总成底部的排水管流向车外。风门安装在空调箱内部，通过转动风门的角度来改变进气源、出风温度以及出风位置。循环风门通过风门拉索或执行器驱动来打开和关闭新鲜空气进气口和循环空气进气口，从而达到控制进气源的目的。温度风门通过风门拉索或执行器驱动来改变冷暖空气的混合比例，从而达到控制空调的出风温度。该车不配有温度风门。模式风

门通过风门拉索或执行器驱动来改变流经空调箱和风道的空气，从而满足使用者不同的出风需求，如吹面、吹脚、吹风窗等。鼓风机是整个通风的动力来源，可驱动车室内的空气流转，或将新鲜空气引入车室内。鼓风机安装在空调箱总成内，鼓风机的风量大小由控制面板上的按钮控制空调箱总成上的鼓风机调速电阻来实现。出风口促进暖风和通风空气顺利流经乘客舱。出风口位于后备厢的左侧和右侧，使乘客舱空气排放到车身和后保险杠之间的遮蔽区域内。通风口是有效的单向阀，每个通风口由软橡胶风门覆盖的格栅组成。风门可根据乘客舱和外部之间的压力差来自动打开和关闭。

压缩机为电动压缩机，如图 7-40 所示。压缩机是制冷剂循环的动力来源。压缩机压缩来自蒸发器的低压、低温蒸气，将其加载成到冷凝器的高压、高温的气态制冷剂。该压缩机是一个定排量的压缩机，安装在变速箱的安装支架下，通过高压电机转速的变化向空调系统提供所需要的制冷剂量。

如图 7-41 所示的冷凝器将制冷剂的热量传递到周围空气中，以使来自压缩机的气态制冷剂转变成液态。冷凝器同时还通过其干燥模块去除制冷剂中的湿气及固态颗粒，并作为液态制冷剂的容器，以适应蒸发器内的热负荷的变化。

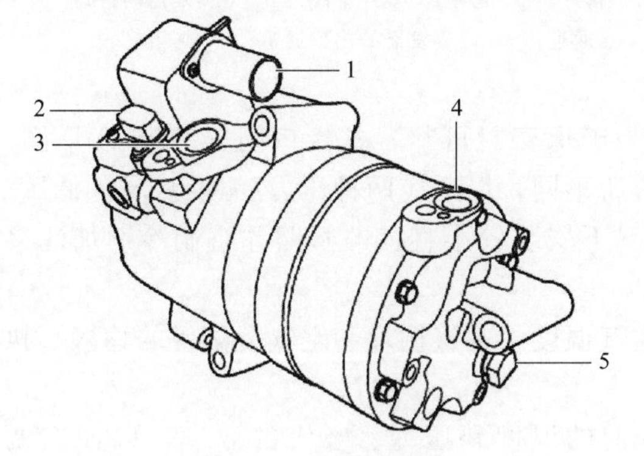

图 7-40　空调压缩机

1—高压线束接口；2—低压线束接口；3—制冷剂进气口；4—制冷剂排气口；5—泄压阀

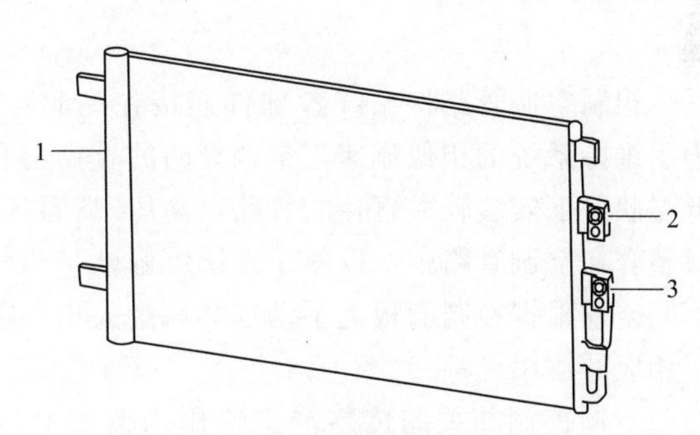

图 7-41　冷凝器及其接口

1—冷凝器；2—进气接口；3—出液接口

膨胀阀可调节制冷剂的流量，使制冷剂流量与通过蒸发器芯体的空气热负荷相匹配。膨胀阀安装在蒸发器的进口接口及出口接口上。该阀有一个铝制的壳体，壳体内有进口及出口通道。在进口通道内安装有计量阀，计量阀由连接在膜片上的热敏管控制。膜片顶部充有制冷剂可感应蒸发器出口压力，而热敏管感应蒸发器出口温度。通过调整热力膨胀阀开度使得受力平衡，保证蒸发器出口的合适的过热度，达到制冷量与空气热负荷平衡。TXV（热力膨胀阀）和蒸发器部件如图 7-42 所示。

液态制冷剂流经计量阀，进入蒸发器。通过计量阀的限制使制冷剂的压力及温度降低，同时将制冷剂从液体变为精细的喷雾，以改善蒸发效果。当制冷剂通过蒸发器时，吸收流经蒸发器芯体周围空气的热量，温度的增加使制冷剂蒸发并增加制冷剂的压力。

离开蒸发器的制冷剂的温度和压力作用在膜片及热敏管上，使膜片及热敏管移动，调节计量阀开度，从而控制通过蒸发器的制冷剂的量。流经蒸发器芯体的空气越热，可用来蒸发制冷剂的热量就越大，从而允许更多的制冷剂通过计量阀。带计量阀的热力膨胀阀结构如图 7-43 所示。

蒸发器安装在暖风机总成的进气口中，用于吸收外部进气或循环进气的热量。高压高温制冷剂在蒸发器中由液体变为蒸气，在该转变状态过程中会吸收大量热量。

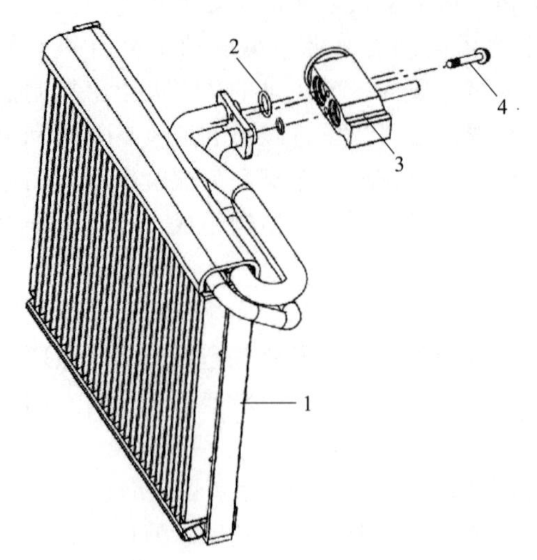

图 7-42　TXV 和蒸发器

1—蒸发器；2—O 形圈；3—TXV；4—螺栓

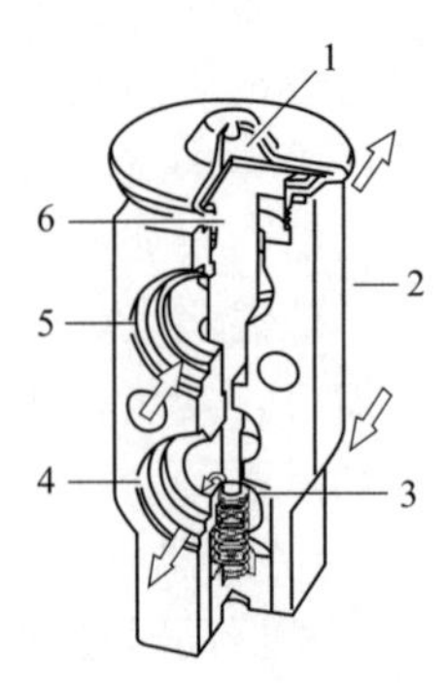

图 7-43　热力膨胀阀结构

1—膜片；2—壳体；3—计量阀；4—至蒸发器的进口通道；5—自蒸发器的出口通道；6—热敏管

铝制空调管路将系统各部件连接在一起，为确保密封可靠，各接口间安装有 O 形圈。为了维持系统的相似流速，空调管路的直径会有所不同，以适应两种压力/温度状况。低压/低温状况下安装较大直径的管路，高压/高温状况下安装较小直径的管路并将制冷剂加注接口整合在空调管路中，以便于系统维修。

空调根据控制面板上手动选择风量大小、空气温度、空气循环和空气分配等的输入，执行相应的输出。

空调控制相关的传感器主要用来监测制冷剂的温度和压力、空气的温度，以便空调控制器保护整个系统和协调各执行器的工作（如风门执行器、鼓风机等）。温度传感器都是负温度系数热敏电阻传感器，随着制冷剂的温度升高或空气的温度升高，传感器的电阻值变小。压力传感器是压敏电阻传感器，随着制冷剂压力的改变而改变。车外温度传感器安装在前保险杠下部格栅上，用于监测车外空气的温度。蒸发器温度传感器安装在蒸发器处，监测蒸发器的表面温度，为防止蒸发器冻结，监测到的温度低于一定值时，就会请求关闭压缩机。电加热器温度传感器安装在空调箱左侧的电加热器附近，用于监测电加热器温度。空调制冷剂压力传感器安装在制冷管路高压管路上，用于监测制冷剂的压力，当压力过小或过大时，系统执行关闭压缩机，从而保护整个制冷剂循环系统。空调系统部件如图 7-44 所示，系统技术参数见表 7-3。

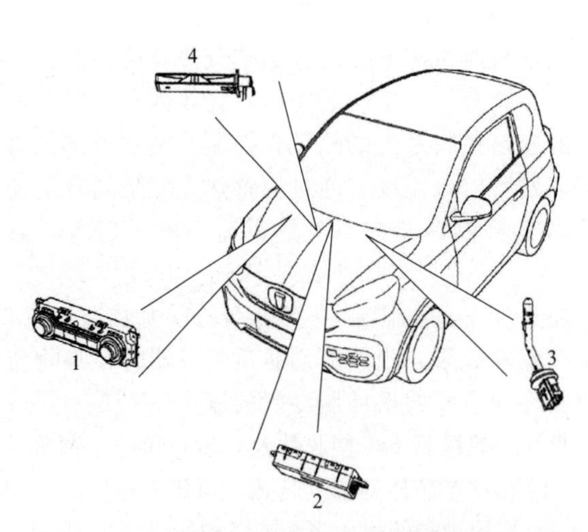

图 7-44　科莱威 CLEVER 空调系统部件布置

1—空调控制器；2—空调面板；3—蒸发器温度传感器；4—高压电加热器温度传感器

表 7-3　空调系统技术参数

项目		参数
制冷剂	类型	HFC-R134a
	加注量/g	450±20
压缩机	排量/(mL/r)	18
	泄压阀压力保护/MPaG	开启压力 3.8±0.1,关闭压力≤3.01
	转速/(r/min)	最小转速 1500,最大连续转速 6000
	高压侧工作电压/V	最小电压 90,最大电压 190
	低压侧工作电压/V	12
系统保护	蒸发器温度/℃	压缩机开启≥5,压缩机关闭<3
	制冷剂压力/MPa	高压保护开启压力≥3.0,高压切断;压力≤2.6,高压接通
		低压保护开启环境温度≥10℃,压力≤0.14MPa,高压切断;压力≥0.2MPa,高压接通。环境温度<10℃,压力≤0.05MPa,高压切断;压力≥0.1MPa,高压接通
更换空调系统各部件所需润滑油量	润滑油类型	SP-A2
	总润滑油量/g	120±10
	更换压缩机	原压缩机剩余润滑油量
	更换蒸发器	30g
	更换冷凝器	30g
	更换制冷管路	更换一根 30g,两根 40g,3 根及以上 50g

7.1.4　空调系统原理

7.1.4.1　蔚来 ES6 空调系统

根据空调系统要求或动力电池包冷却需求，控制制冷剂流经路径。

— 单独流经蒸发箱：有空调制冷请求、没有主动冷却请求时。

— 单独流经电池冷却器：无空调制冷请求，有主动冷却请求时。

— 同时流经蒸发箱和电池冷却器：有空调制冷请求、有主动冷却请求时。制冷与除雾模式下制冷剂循环如图 7-45 所示。

环境控制单元会发请求给 VCU 申请余热回收，VCU 会根据以下情况反馈是否允许热交换器总成工作。

— 电池主动加热。

— 电池温度到达目标值。

— 环境温度过低，乘客舱必须使用余热回收来提高热泵性能。

PTC 开启和关闭条件。

— 当单热泵工作可以满足车内制热需求时，PTC 关闭。

— 当环境温度不允许热泵工作时，PTC 开启。

— 其余情况热泵和 PTC 会同时开启。

根据环境温度和热泵需求，控制制冷剂流经路径如下。

— 单独流经外部冷凝器，冷却风扇开。

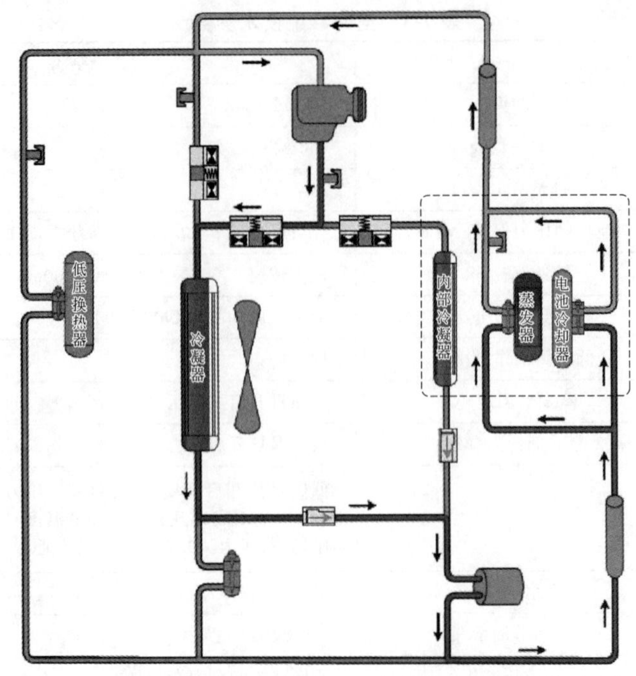

图 7-45　蔚来 ES6 空调系统制冷、除雾模式制冷剂循环回路

— 单独流经低压热交换器，冷却风扇关。

— 同时流经外部冷却器和低压热交换器，冷却风扇开。

暖风、除雾模式下制冷剂循环回路如图 7-46 所示。

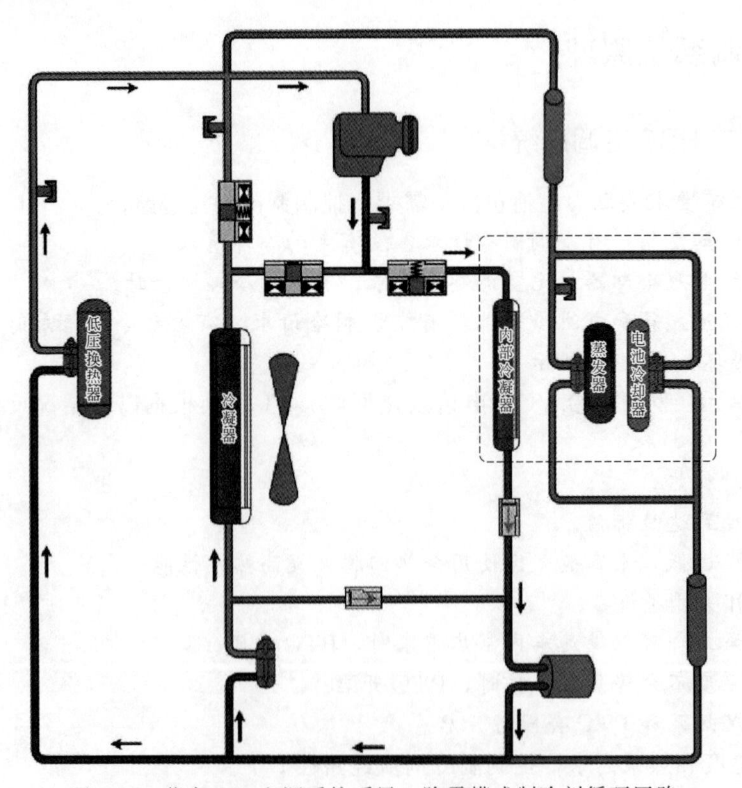

图 7-46　蔚来 ES6 空调系统暖风、除雾模式制冷剂循环回路

除冰模式是清除热泵热交换时凝结在低压热交换器上的冰，在锁车并满足系统要求后开启。此时压缩机工作，冷却风扇关。除冰模式下制冷剂循环回路如图 7-47 所示。

除冰模式判断条件如下所述。

— 环境温度 2℃以上：热泵运行 30min 以上，蒸发温度＜环境温度，持续 1min 以上。

— 环境温度 2℃以下：热泵运行 30min 以上。

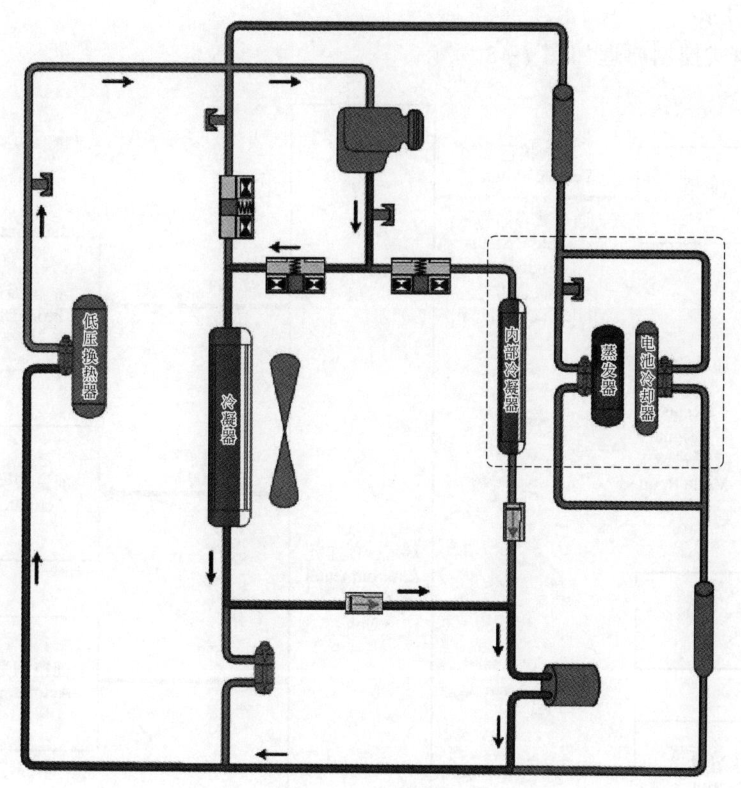

图 7-47　除冰模式

空调系统可以控制车内的温度以及空气质量以达到舒适驾驶环境的目的。空调系统控制功能包括：通风系统控制、制冷系统控制、暖风系统控制、除霜/除雾控制、开启质量控制、远程/预约控制。

手动调节 ICS（中央显示屏）上的驾驶员/乘客温度：环境控制单元接收来自 CDC（多媒体系统主机）发送的温度值请求，控制温度按设置值变化，并发送温度值状态给 CDC 在 ICS 上显示。

手动调节 ICS 上的 AUTO 按钮，可进入自动模式。环境控制单元接收来自 CDC 发送的 AUTO 模式请求，接收环境温度传感器温度信号，接收室内温度传感器温度信号，控制自动模式、压缩机、出风口模式伺服电机、循环模式伺服电机、鼓风机等工作，并发送各状态给 CDC 在 ICS 上显示。

手动调节 ICS 上的 SYNC 按钮，可以实现驾驶员/乘客温度基于驾驶员侧温度设置同步变化，环境控制单元接收来自 CDC 发送的 SYNC 请求，控制乘客侧温度设置跟随驾驶员侧温度设置值变化，并发送 SYNC 状态给 CDC 在 ICS 上显示。环境控制单元接收来自 ACM 的乘客座椅状态，若状态为有乘客，将正常控制；若状态为无乘客，乘客侧温度会随驾驶员侧控制温度一同变化，但显示不变。

手动调节 ICS 上的图标，可实现风向调节。手动调节 ICS 上的图标，也可实现循环模式的调节。循环模式控制逻辑为：外循环—内循环—自动；空调关闭时，自动调节为外循环模式；空调开启时，自动调节为自动模式，会连接 AQS 传感器。

环境控制单元接收来自 CDC 的出风口模式/循环模式请求信号，控制旁路伺服电机来控制出风口位置，或控制模式伺服电机来控制循环风门位置，并发送响应位置状态信号给 CDC 在 ICS 中显示。

空调通风模式控制原理如图 7-48 所示。

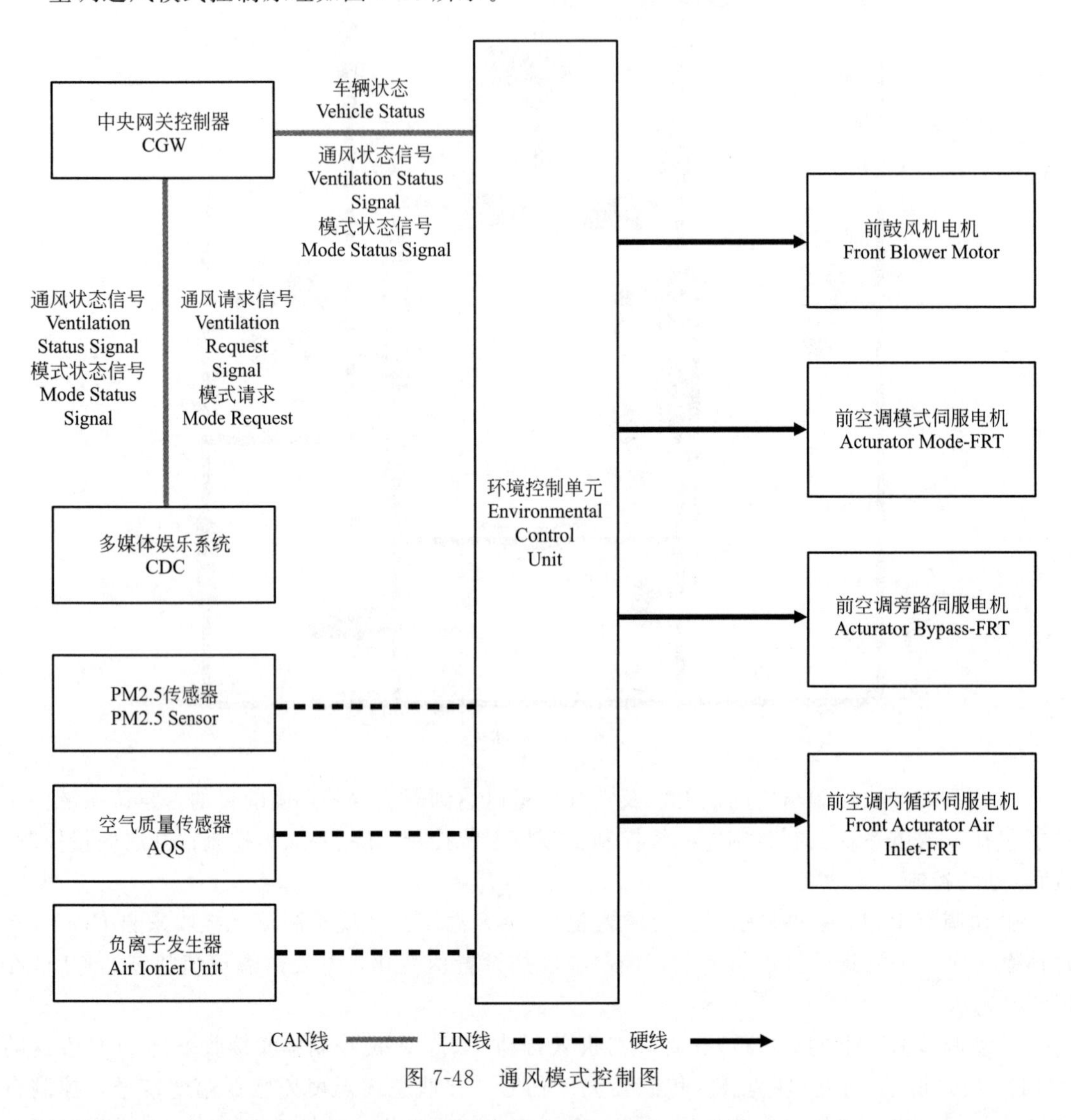

图 7-48　通风模式控制图

在夏季，空调制冷系统可以有效地降低车内温度到达设定温度，并保持在设定温度，给驾驶员/乘客以舒适凉爽的车内环境。

空调制冷系统有以下几个控制功能：自动制冷控制，手动制冷控制，最大制冷控制，干燥净化控制。

CDC 负责记忆空调状态，车辆上电后，环境控制单元接收 CDC 空调记忆状态，执行 ICS 上显示的空调状态。环境控制单元也记忆空调状态，当环境控制单元没有收到 CDC 空调记忆状态时，将使用自身记忆状态执行空调系统控制。

在经济模式下，环境控制单元会控制降低压缩机、鼓风机等功率输出。最大制冷控制功能可以快速降低车内温度，可以通过 ICS 上的 A/C MAX 图标按钮来开启此功能。

空调制冷、除霜系统控制原理如图 7-49 所示。

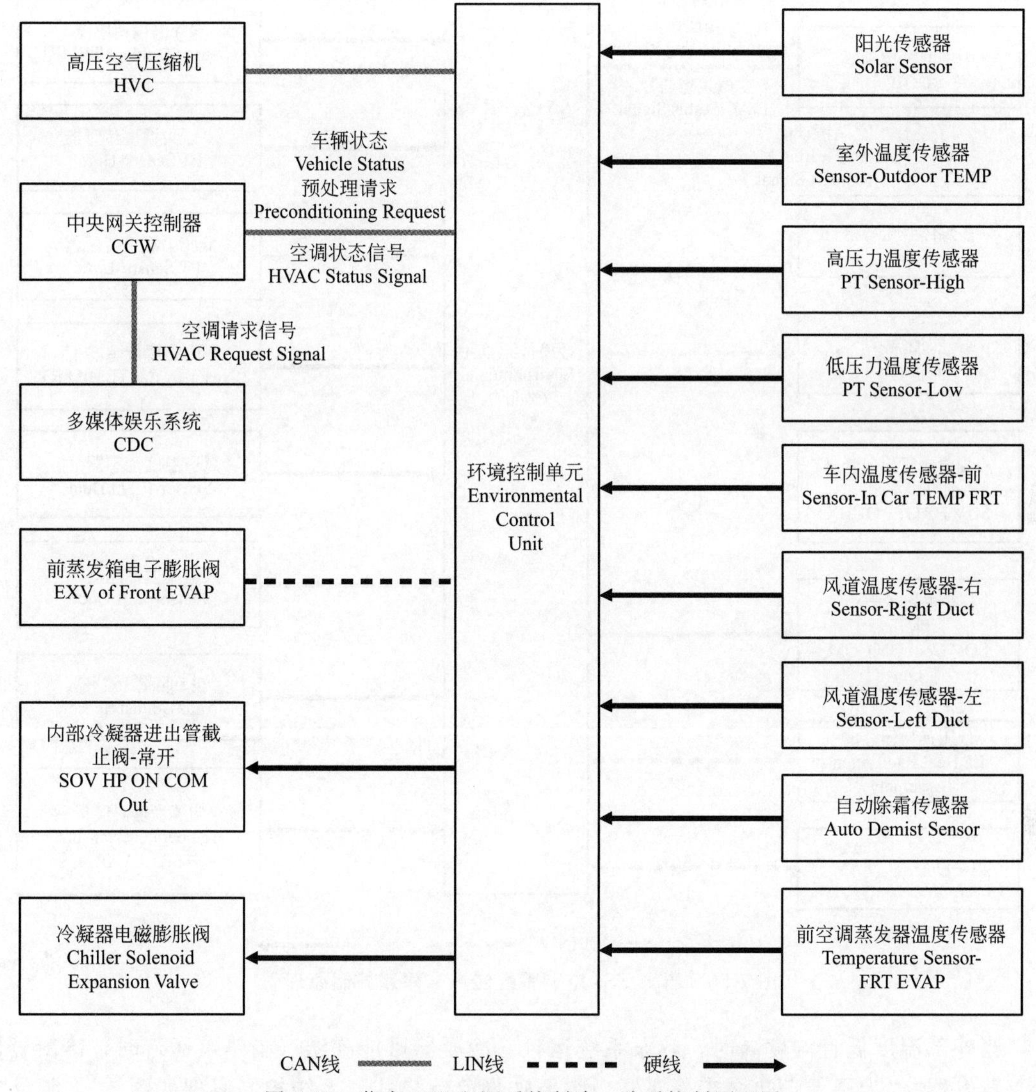

图 7-49 蔚来 ES6 空调系统制冷、除霜控制原理图

在冬季，空调暖风系统可以有效地提升车内温度到达设定温度，并保持在设定温度，给驾驶员/乘客以温暖舒适的车内环境。

空调暖风系统有以下几个控制功能：自动暖风控制，手动暖风控制，最大加热控制，干燥净化控制。

在经济模式下，环境控制单元会控制降低 PTC、鼓风机等功率输出。

除霜/除雾功能可有效去除挡风玻璃/前侧玻璃上的霜冻和雾气，使驾驶员的视线更清晰。当驾驶员想要去除挡风玻璃上的霜冻和雾气时，按下除霜/除雾按钮，除霜/除雾完成后退出。

空调暖风、除霜系统原理如图 7-50 所示。

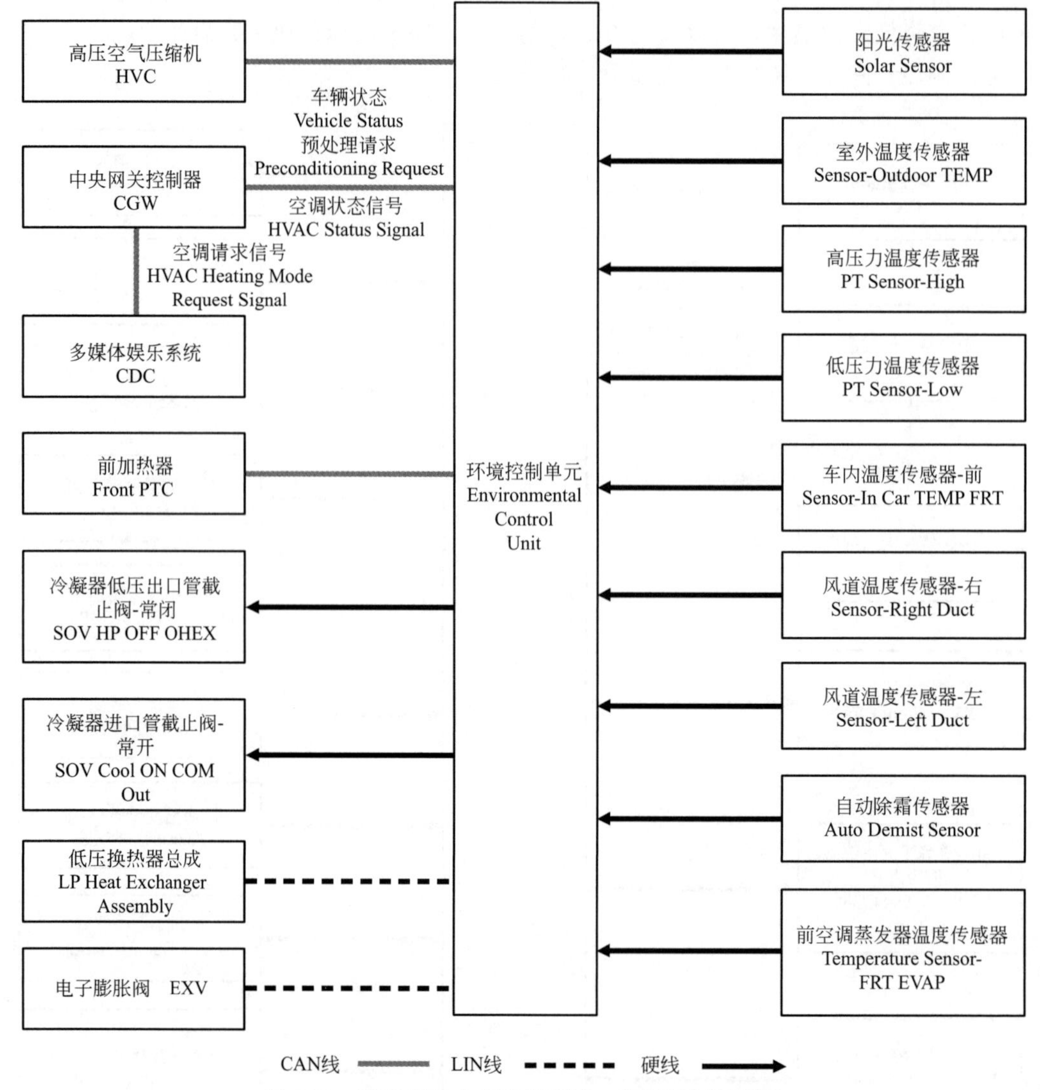

图 7-50　蔚来 ES6 空调系统暖风、除霜控制原理图

当外部温度低且湿度高时，热泵系统运行，冷凝器可能冻结（当热泵运行时，冷凝器功能是蒸发器）。为了保证热泵工作正常，需要选择除冰模式。系统控制原理如图 7-51 所示。

环境控制单元接收来自 CGW 的车辆状态信号，接收来自 CDC 的开关请求信号，接收各传感器信号，控制发出除冰模式请求、冷却风扇请求、AGS（主动进气格栅）开度请求，并控制打开低压热交换器、压缩机、PTC（加热器）、鼓风机等。

VCU 接收来自环境控制单元的除冰模式请求、冷却风扇请求、AGS 开度请求，接收其他车辆控制请求，控制各执行器动作，控制冷却系统循环以保证冷凝器除冰的热交换效率。

动力电池包冷却水循环控制动力电池包冷却水泵工作，当动力电池包不需要加热时，VCU 将控制四通阀为动力电池包内循环，控制动力电池包三通阀流经冷却器侧。当动力电池包需要加热时，VCU 将控制四通阀为动力电池包内循环，控制动力电池包三通阀接通冷却器与 HVH 各 50%。

大冷却水循环控制 3 个冷却水泵一起工作，控制散热器三通阀不流经散热器，控制四通

阀为大循环，控制动力电池包三通阀流经冷却器侧。

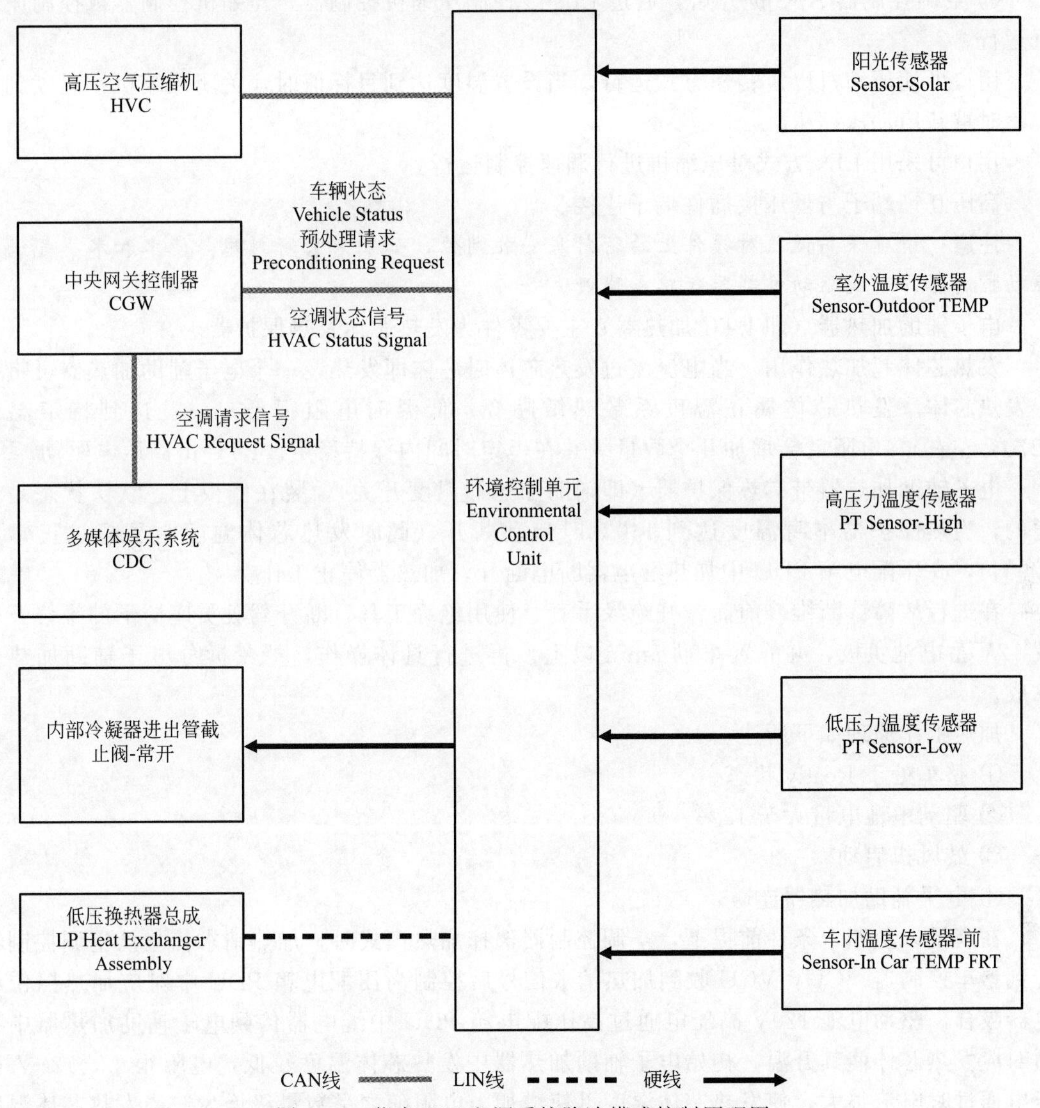

图 7-51 蔚来 ES6 空调系统除冰模式控制原理图

7.1.4.2 五菱宏光 MINI EV 空调压缩机与 PTC

空调压缩机总成由压缩机及压缩机控制器两部分组成，由高压电驱动，在进行诊断维修前需带好绝缘手套，使用绝缘工具，断开动力电池高压线及 12V 蓄电池负极，并静置车辆 5min 以上，再进行具体操作，严禁拆分电动压缩机总成。

电动压缩机冷冻油型号为 POE68，具有良好的电绝缘性能，普通冷冻油达不到电绝缘性能要求，不能互换。

电动压缩机工作原理如下所述。

① 整车处于 Ready 状态。

② 驱动电池电量大于 12%。

③ 从高压配电箱 PDU 输入空调控制器高压电压：100～150V。

④ 从高压配电箱 PDU 输入空调控制器电流：8.5A 左右。

⑤ 空调控制器 A/C 键开启，通过 LIN 线控制压缩机控制器，压缩机控制器再控制压缩机运行。

用户可使压缩机以定转速方式运行，当设置温度达到目标值时，关闭压缩机；温度到复位值时重新启动压缩机。

用户可采用 LIN 方式对压缩机进行调速控制运行。

高压互锁端子与低压接插件端子连接。

注意： 请确保高低压对接件上的密封塞安装到位，如果未装密封塞会使水和水蒸气进入驱动控制器，造成驱动控制器短路或烧毁。

电子辅助加热器（即 PTC 加热器）主要零件为发热芯体及热保护器。

发热芯体起加热作用，当电流流过发热芯体时芯体即发热，一个电子辅助加热器可带多个发热芯体。发热芯体属正温度系数热敏陶瓷，低温时电阻很低，一旦达到特定温度（270℃左右），电阻就会增加几个数量级并在一定时间内保持稳定。PTC 由高压电驱动。

电子辅助加热器带有热保护器（即辅助加热器温度开关），装在侧板上。默认状态是连通的，当热保护器本身温度达到 140℃时自动断开（此时发热芯体温度明显超过正常值 270℃），高压配电箱 PDU 中加热继电器断电断开，加热器停止工作。

在进行故障诊断维修前需戴好绝缘手套，使用绝缘工具，断开驾驶员座椅下的维修开关及 12V 蓄电池负极，并静置车辆 5min 以上，再进行具体操作，严禁拆分电子辅助加热器总成。

加热工作原理如下所述。

① 整车处于 Ready 状态。

② 驱动电池电量大于 12%。

③ 鼓风机启动。

④ 电子辅助加热器连通。

在满足以上四个条件前提下，空调控制器选择加热模式时，加热请求信号从空调控制器传到整车控制器 VCU，VCU 收到加热请求信号后控制高压配电箱 PDU 中对应加热挡位继电器吸合，驱动电池 120V 高压电通过高压配电箱 PDU 中继电器传到电子辅助加热器中导通对应发热芯体使其升温。初始电子辅助加热器中发热芯体温度较低，电阻很小，120V 高压电通过时电流很大，使发热芯体温度迅速增加，电阻随之呈数量级增大。当发热芯体温度到 270℃左右时电阻开始保持稳定，电流不再变化，发热芯体温度随之稳定。加热挡位不同，导通的发热芯体及数量不同，鼓风机使空气流过加热器，经过加热后吹到车内达到加热车内空气的目的。

7.1.4.3 科莱威 CLEVER 空调系统

暖风部件为空调的制热提供了热源。电加热器通过空调面板上的设定，根据不同的工况，空调控制器执行电加热器的开启、关闭和加热等级，其工作的状态不显示在空调显示屏上。该车配有高压电加热器。高压电加热器由动力电池包供电产生热量。空调控制器通过 LIN 线控制高压电加热器的开启、关闭和加热等级。

制冷系统将车辆内部的热量传递到外部大气中，以提供除湿的凉爽空气给空调箱总成。该系统由压缩机、冷凝器、TXV、空调管路和蒸发器组成。系统是制冷剂作为传热介质的封闭回路。制冷剂中添加空调润滑油，以润滑压缩机的内部组件。

为完成热量的传递，制冷剂环绕系统循环，在系统内，制冷剂经历两种压力/温度模式。在每一种压力/温度模式下，制冷剂改变其状态，在改变状态的过程中，吸收与释放最大限度的热量。低压/低温模式从TXV开始，经蒸发器到压缩机，在TXV内，制冷剂降低压力及温度，然后在蒸发器内改变其状态，从中温液态到低温蒸气，以吸收蒸发器周围空气的热量。高压/高温模式从压缩机开始，经冷凝器到TXV，制冷剂在通过压缩机时，增加压力及温度，然后在冷凝器内释放热量到大气中，并改变其状态，从高温蒸气到中高温液态。制冷系统制冷剂工作循环如图7-52所示。

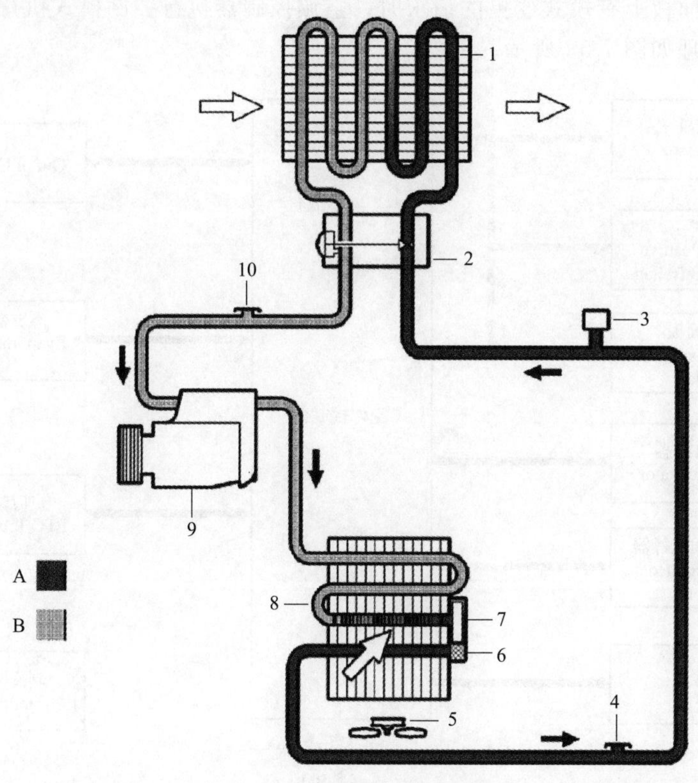

图7-52　空调制冷工作循环

A—液态制冷剂；B—气态制冷剂

1—蒸发器；2—TXV；3—空调压力传感器；4—高压维修接头；5—冷却风扇；6—过滤器；7—干燥剂；8—冷凝器；9—空调压缩机；10—低压维修接头

车辆配备的是电动控制空调。该系统主要由控制部件空调控制器，传感器部件（车外温度传感器、蒸发器温度传感器、电加热器温度传感器、空调制冷剂压力传感器）和执行部件（压缩机、高压电加热器、鼓风机、风门执行器等）组成。

空调系统通过面板上用户的输入，同时结合传感器的相关反馈，经由空调控制器计算，执行相应的执行器的输出，达到出风风量、进气源、出风温度、出风模式等的控制，以此来满足用户的需求。

制冷剂循环系统需要压力保护，过高的压力和过低的制冷剂压力都有可能损坏相关制冷剂循环中的部件，如压缩机等。压缩机在工作时，如出现异常的高压时，压缩机的泄压阀将被打开，释放一定的压力。压力传感器监测到制冷剂压力高于或低于相关阈值时，请求空调控制器关闭空调压缩机。膨胀阀自动调节开度，达到控制制冷剂压力和稳定的作用。空调控制器通过相关温度传感器的输入，自动调节压缩机的转速，以达到相关热负荷的需要。冷却风扇运转来调节换热器的换热量，一定程度上调节制冷剂的压力。

当空调控制面板上有风量变更的请求时，空调控制器通过鼓风机调速电阻，增大或减小鼓风机电机搭铁侧的电压值来控制鼓风机电机的转速。当空调控制面板上有进气源变更的请求时，空调控制器执行控制内外循环执行器，转换风门角度。因空调系统中无温度风门来混合冷风和热风的比例，当空调控制面板上有温度变更的请求时，空调控制器主要依靠调节压缩机的转速（控制制冷量）、调节 PTC 的 PWM 占空比（控制制热量），来控制空调出风温度。当空调控制面板上有模式变更的请求时，空调控制器执行控制模式执行器，驱动风门角度。空调系统原理如图 7-53 所示。

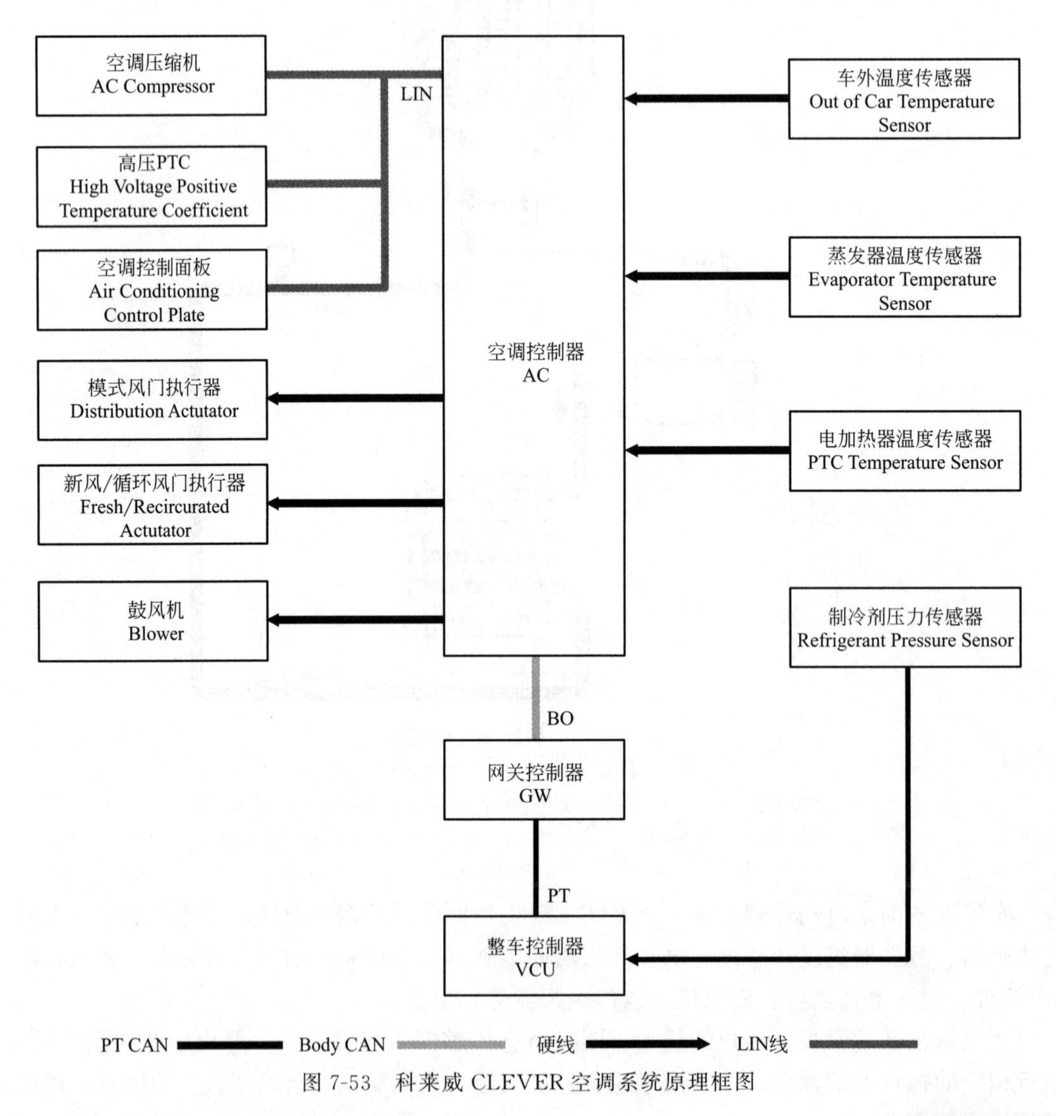

图 7-53　科莱威 CLEVER 空调系统原理框图

7.1.5　温度管理系统电路

扫码查阅温度管理系统电路。

7.1.5.1 比亚迪汉 EV 温度管理系统电路（图 7-54）

7.1.5.2 蔚来 ES6 温度管理系统电路（图 7-55）

7.1.5.3 小鹏 P7 温度管理系统电路（图 7-56）

7.1.5.4 理想 ONE 温度管理系统电路（图 7-57）

7.1.5.5 广汽 Aion S 温度管理系统电路（图 7-58~ 图 7-61）

7.1.5.6 北汽 EU5 温度管理系统电路（图 7-62~ 图 7-64）

7.1.5.7 吉利帝豪 EV Pro 温度管理系统电路（图 7-65~ 图 7-68）

7.1.5.8 五菱宏光 MINI EV 温度管理系统电路（图 7-69）

7.1.5.9 欧拉黑猫温度管理系统电路（图 7-70、图 7-71）

7.1.5.10 科莱威 CLEVER 温度管理系统电路（图 7-72）

7.2 温度管理系统维修

7.2.1 温度管理系统部件拆装

7.2.1.1 奇瑞小蚂蚁冷却系统拆装

小蚂蚁冷却系统部件布置如图 7-73 所示。

(1) 拆装作业注意事项

① 拆装作业应在停机一段时间后进行，以防止冷却液余温烫伤。

② 拆装作业前应佩戴好劳保防护用品，以防被烫伤、划伤。

③ 拆装作业前应断开电源。

④ 拆装作业前应将冷却液放干净，拆冷却水管时应避免溅到高压电器设备上。

(2) 拆卸步骤

① 拆前保险杠、前保险杠横梁。

② 电机和控制器温度低时拧开膨胀箱盖，如图 7-74 所示，用举升机举起车辆，举升注意安全。

③ 准备防冻液收集桶，如图 7-75 所示用卡箍钳松动水泵进出水管总成卡箍，并泄放冷却液。力矩：25Nm±4Nm。

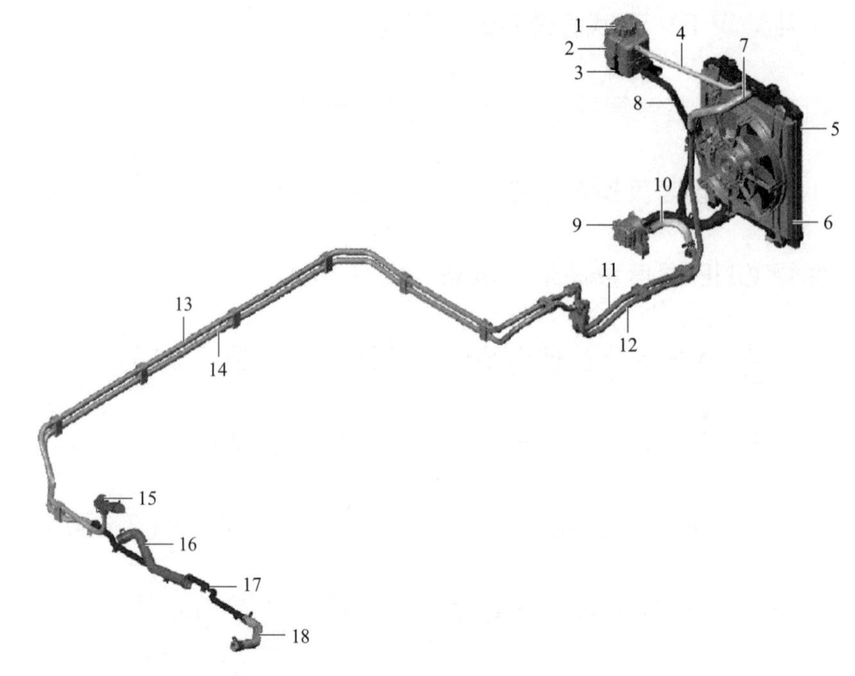

图 7-73　冷却系统结构

1—膨胀箱盖；2—膨胀箱；3—膨胀箱支架；4—散热器除气管；5—散热器总成；6—冷却风扇总成；7—散热器进水管；8—水泵进水管总成；9—电子水泵总成；10—水泵出水管；11—前机舱冷却管Ⅰ；12—前机舱冷却管Ⅱ；13—地板冷却管Ⅰ；14—地板冷却管Ⅱ；15—电机出水管；16—电机进水管；17—后机舱冷却管总成；18—电机控制器进水管

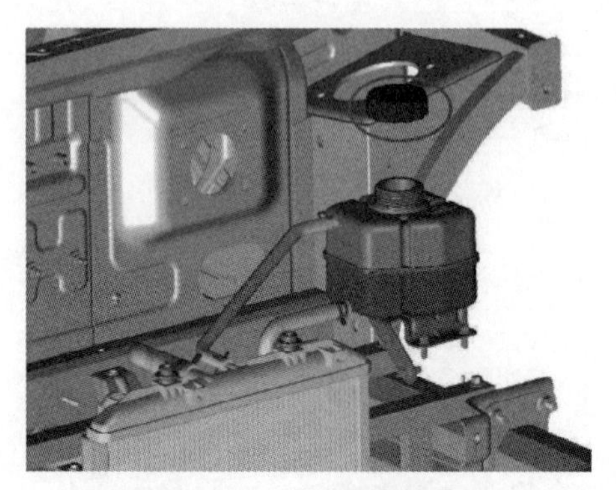

图 7-74　拧开膨胀箱盖

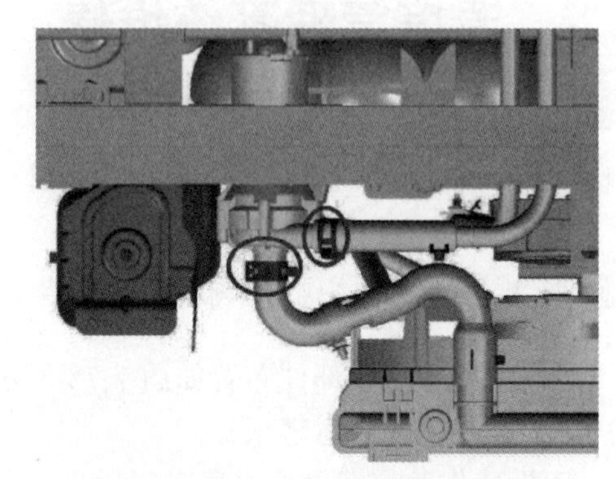

图 7-75　松动水泵进出水管总成卡箍

④ 拔下水泵接插件插头，如图 7-76 所示用 8＃套筒拆电子水泵总成安装螺栓，取下电子水泵总成。

⑤ 拆卸水管接头，拔下水管固定卡扣，如图 7-77 所示。

⑥ 拆电机出水管连接地板冷却排管总成端卡箍，放电机冷却液，如图 7-78 所示。

⑦ 拆电机控制器进水管端连接地板冷却排管总成端卡箍，如图 7-79 所示。

⑧ 如图 7-80 所示拔下后机舱冷却管总成固定卡扣。

⑨ 落车拆下散热器除气管两端卡箍、散热器进水软管卡箍、膨胀壶出水管，如图 7-81 所示。

图 7-76 拆电子水泵总成安装螺栓

图 7-77 拔下水管固定卡扣

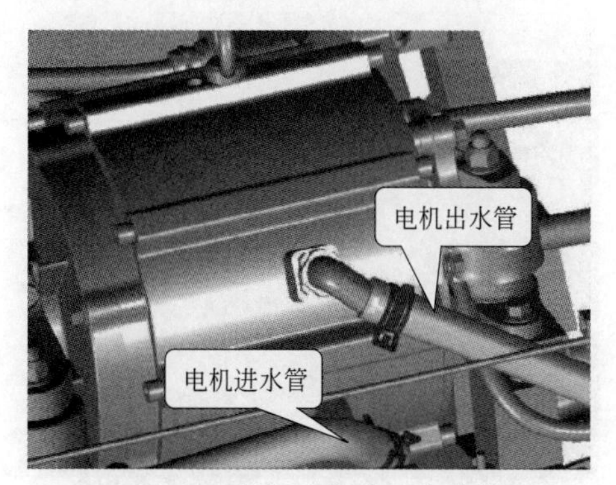

图 7-78 拆卸电机进、出水管

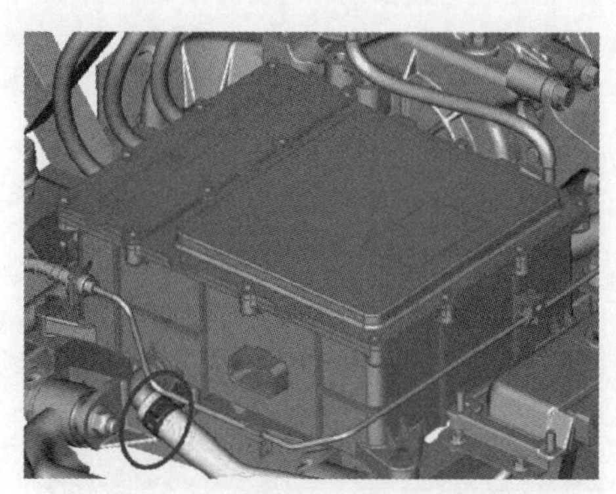

图 7-79 拆电机控制器进水管

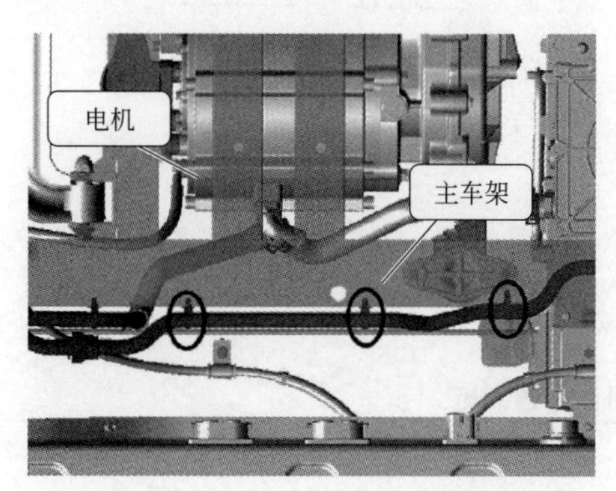

图 7-80 拆下冷却管固定卡扣

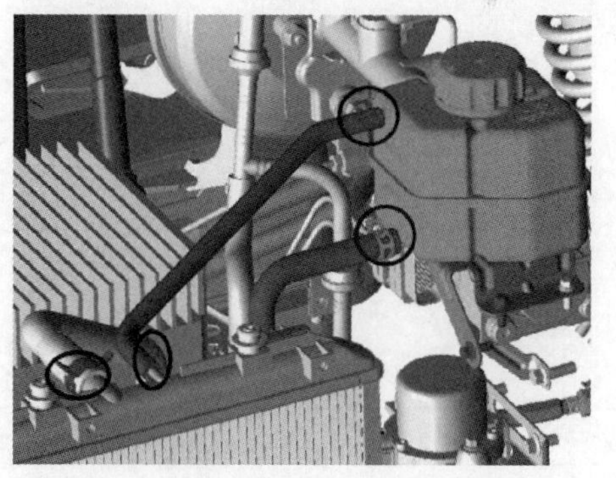

图 7-81 拆卸散热器与膨胀壶连接水管

⑩ 轻掰膨胀壶卡扣取出膨胀壶，用 6＃套筒拆膨胀壶支架，取出支架，如图 7-82 所示。力矩：10Nm±1Nm。

⑪ 用 6＃套筒拆电子风扇上安装螺栓，如图 7-83 所示，拔掉风扇接插件，取出风扇。

⑫ 拆下前保险杠总成、前保险杠下护板、前保险杠横梁总成。

⑬ 抽空调系统冷媒后拆下冷凝器进出管路。

⑭ 拆除散热器上支架上的两个安装螺栓，如图 7-84 所示，取出散热器及冷凝器总成。力矩：10Nm±1Nm。

图 7-82 拆卸膨胀壶支架

图 7-83 拆卸电子风扇安装螺栓

⑮ 从散热器下横梁取出两个安装软垫，如图 7-85 所示。

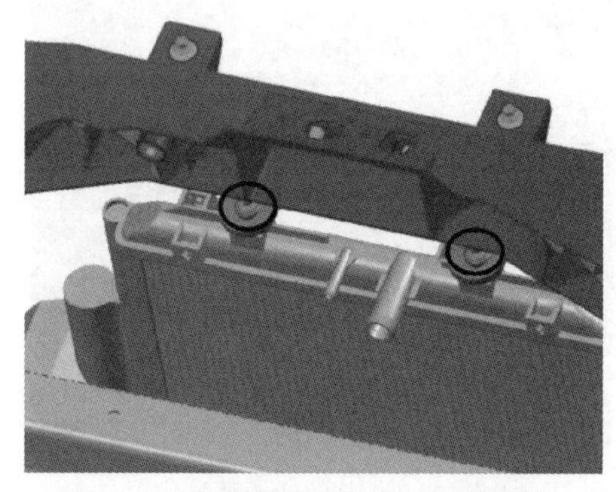

图 7-84 拆卸散热器支架的安装螺栓

图 7-85 取出两个安装软垫

(3) 安装步骤

安装步骤与拆卸步骤相反，注意按规定力矩拧紧相关部件。

7.2.1.2 蔚来 ES6 温度管理系统紧固力矩

ES6 高压冷却系统紧固件拧紧力矩如表 7-4 所示。空调系统紧固件拧紧力矩如表 7-5 所示。

表 7-4 冷却系统紧固件拧紧力矩

紧固部位	拧紧力矩/Nm	紧固部位	拧紧力矩/Nm
螺栓-低温散热与冷凝器连接	20	螺母-四通阀至前后电机管路总成	5
螺栓- 冷却模块总成	6.5	螺钉-轮罩护板	2.5
螺栓-空调管	8	螺母-电池进水管总成	5
螺栓-前端模块支撑杆	20	螺母-前后电机至旁通三通阀管路总成	5
螺栓-膨胀水壶总成	8	螺钉-动力电池加热器	6
螺栓-后轮罩护板总成	4	螺母-四通阀	8
螺栓-高压线束支架	6	螺母-电池回路三通阀	8
螺母-动力电池加热器支架	6		

表 7-5 空调系统紧固件拧紧力矩

紧固部位	拧紧力矩/Nm	紧固部位	拧紧力矩/Nm
螺栓-空调压缩机接地线	4.5	螺栓-高压集成件	20
螺栓-压缩机总成	20	螺母-高压集成件	20
螺栓-压缩机隔振上支架到下支架	8	螺母-高压配电盒	20
螺母—HVH 接地线	5+15°	螺栓-连接空调管总成与冷凝器进口管	8
螺栓-连接空调管总成与压缩机高压排气管	8	螺母-连接空调管总成与冷凝器出口管	8
螺栓-连接空调管总成与压缩机吸气管	20	螺栓-连接低压换热器和储液罐总成	8
螺母-连接空调管总成与 LP CHILLER 低压管	8	螺母-连接低压换热器和储液罐总成	8
内六角螺栓-电子膨胀阀—空调蒸发箱	4.5	螺栓-连接空调管总成与 LP Chi ller 进口	8
螺母-膨胀阀与管路之间	5	螺母-前空调蒸发箱总成	5
螺栓-连接空调管总成与 LP CHILEER 低压管	8	螺钉-空调壳体	1.1
螺母-连接空调管总成与压缩机吸气管	8	螺栓-低压力温度传感器	10
螺母-连接空调管总成与 LP CHILLER 进口	8	螺母-电池冷却器	5
螺栓-连接空调管总成与冷凝器出口管	8	螺母-空调分配箱	5
螺母-连接空调管总成与前舱蒸发器进、出管	8	螺钉-前空调进风口	1.5
螺栓-连接空调管总成与前舱蒸发器进、出管	8	螺栓-前空调进风口	5
螺母-连接空调管总成与压缩机高压排气管	8	自攻钉-香氛模块	1.5
螺母-连接空调管总成与内部冷凝器进出管	8	螺栓-支架	8
螺栓-连接空调管总成与内部冷凝器进出管	8		

7.2.1.3 小鹏 P7 温度管理系统部件拆装

小鹏 P7 温度管理系统紧固力矩如表 7-6 所示。

表 7-6 小鹏 P7 温度管理系统紧固力矩

紧固位置	规格	拧紧力矩/Nm
分装膨胀壶至膨胀水壶支架	六角法兰面螺栓 M6×16	6
分装电池冷却水泵至支架	六角法兰面螺母 M6	10
安装电池冷却水泵分装总成至车身	六角法兰面螺栓 M6×16	10
安装水-水换热器分装总成至车身	六角法兰面螺栓 M6×16	8
安装水-水换热器支架至车身	六角法兰面螺栓 M8×16	20
安装电池换热器高低压管总成至车身	六角法兰面螺栓 M6×25	8
安装电池换热器带电子膨胀阀总成至车身	六角法兰面螺母	10
分装电机冷却水泵至支架	六角法兰面螺母 M6	10
装配电机冷却水泵至前副车架	六角法兰面螺母 M6	10
分装四通换向水阀总成至支架	六角法兰面螺栓 M6×16	10
安装四通阀带水管分装总成至车身	六角法兰面螺栓 M6×12	10
分装三通比例水阀 1 至支架	六角法兰面螺栓 M6×16	10
装配过渡胶管 5 至车身及后刷车架上	六角法兰面螺栓 M6×12	6

续表

紧固位置	规格	拧紧力矩/Nm
安装三通比例水阀 1 分装总成至车身	六角法兰面螺栓 M6×12	10
连接制冷管至冷凝器	六角法兰面螺栓 M8×25	10
分装导风罩本体总成至风扇总成	螺栓 M6×25	6
装配散热器模块分装总成至车身	六角法兰面导向螺栓 M6×40	10
分装散热器总成至冷凝器总成	六角法兰面螺栓 M6×16	10
分装冷凝器总成至风扇总成	六角法兰面螺栓 M6×16	10

低温散热器总成拆装步骤如下。

① 关闭所有用电器，车辆下电。

② 断开蓄电池负极极夹。

③ 拆卸手动维修开关。

④ 排放制冷剂。

⑤ 排放冷却液。

⑥ 拆卸前保险杠总成。

⑦ 拆卸小腿梁焊接总成。

⑧ 拆卸主动进气格栅总成。

⑨ 拆卸低温散热器总成。

a. 旋出连接螺栓（箭头），脱开电池换热器高低压管总成 1、压缩机排气管总成 2 与冷凝器总成连接，如图 7-86 所示。螺栓拧紧力矩：10Nm。

b. 断开水温传感器连接插头（箭头 A）。

c. 脱开电子风扇连接线束 1 固定卡扣（箭头 B）。

d. 脱开散热器旁通管 2 固定卡扣（箭头 C）。

e. 断开电子风扇总成连接插头（箭头 D），如图 7-87 所示。

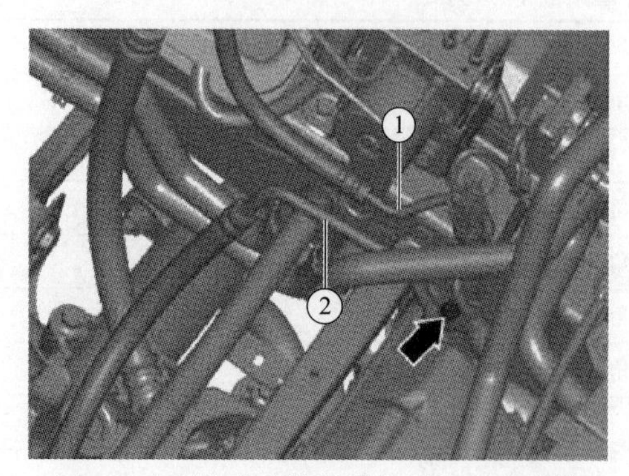

图 7-86 拆卸电池换热器与压缩机连接管

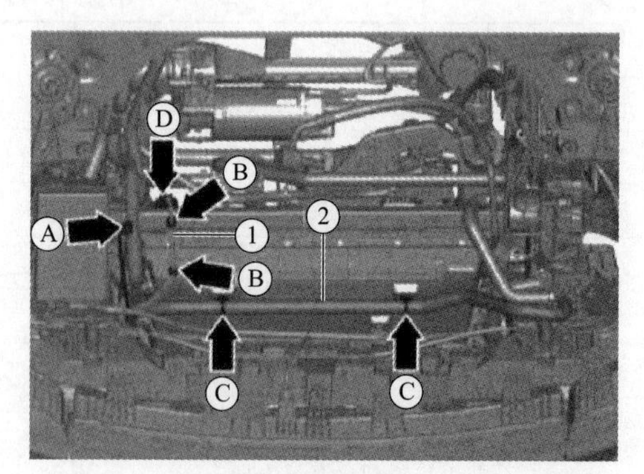

图 7-87 断开传感器与电子风扇电气插头

f. 松开固定卡箍（箭头 A），脱开散热器出水管 1 与低温散热器总成连接。

g. 松开固定卡箍（箭头 B），脱开散热器旁通管 2 与低温散热器总成连接，如图 7-88 所示。

h. 如图 7-89 所示旋出电子风扇总成固定螺栓（箭头），并将低温散热器总成带冷凝器总成带电子风扇总成 1 稍微移出。螺栓拧紧力矩：10Nm。

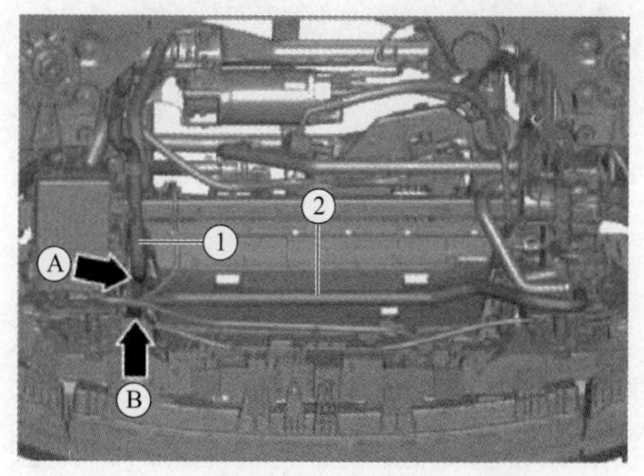

图 7-88　脱开散热器出水管与旁通管

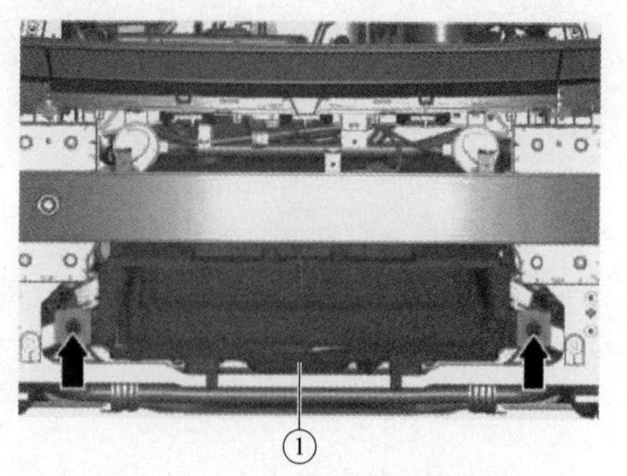

图 7-89　取下固定螺栓

i. 脱开车身线束连接插头固定卡扣（箭头），如图 7-90 所示。

j. 脱开车身线束固定卡扣（箭头），如图 7-91 所示。

图 7-90　脱开车身线路连接卡扣

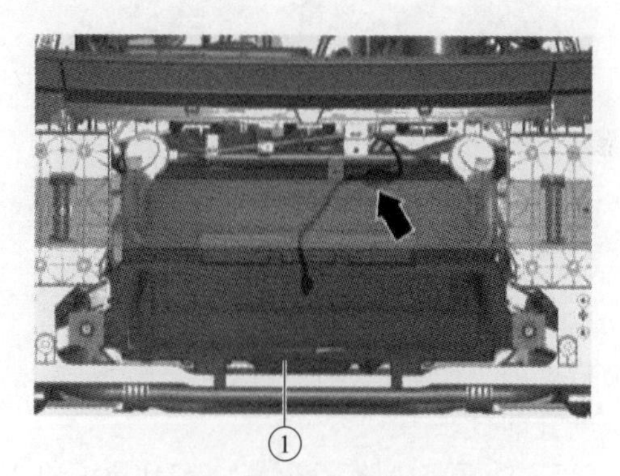

图 7-91　脱开车身线束固定卡扣

k. 松开固定卡箍（箭头），脱开散热器进水管 1 与低温散热器总成连接，如图 7-92 所示。

l. 取出低温散热器总成带冷凝器总成带电子风扇总成 2。

m. 旋出固定螺栓（箭头），拆下导风罩总成 1，如图 7-93 所示。螺栓拧紧力矩：6Nm。

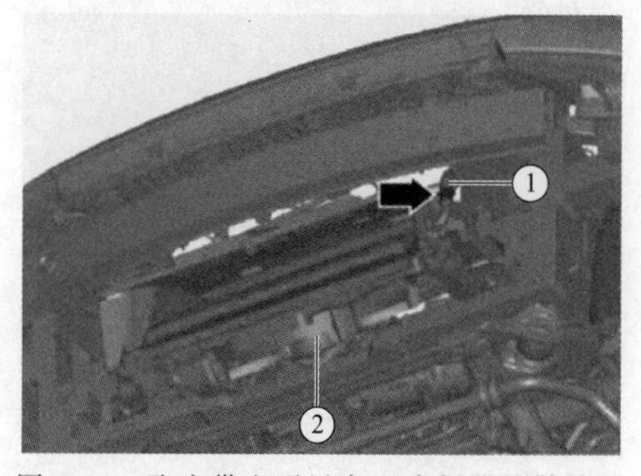

图 7-92　取出带电子风扇和冷凝器的散热器

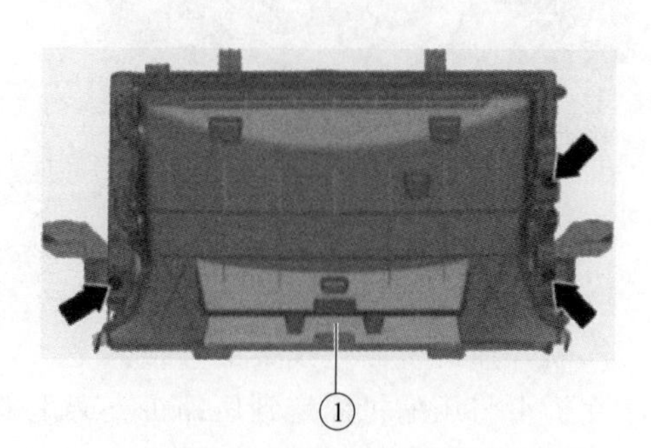

图 7-93　拆下导风罩总成

n. 旋出固定螺栓（箭头），拆下低温散热器总成 1，如图 7-94 所示。螺栓拧紧力矩：10Nm。

o. 旋出固定螺栓（箭头），拆下冷凝器总成 1，如图 7-95 所示。螺栓拧紧力矩：10Nm。

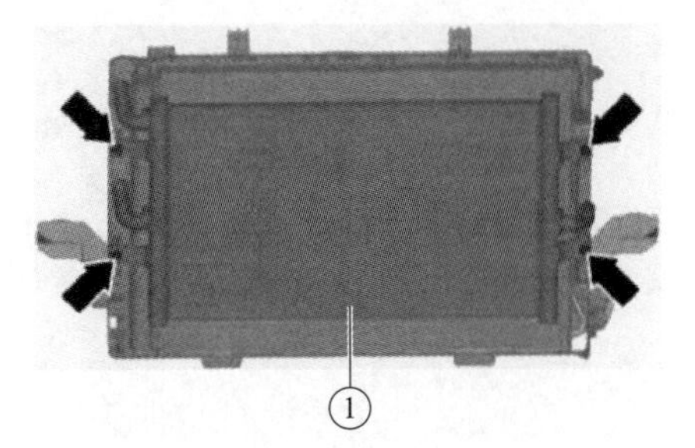

图 7-94　拆下散热器总成

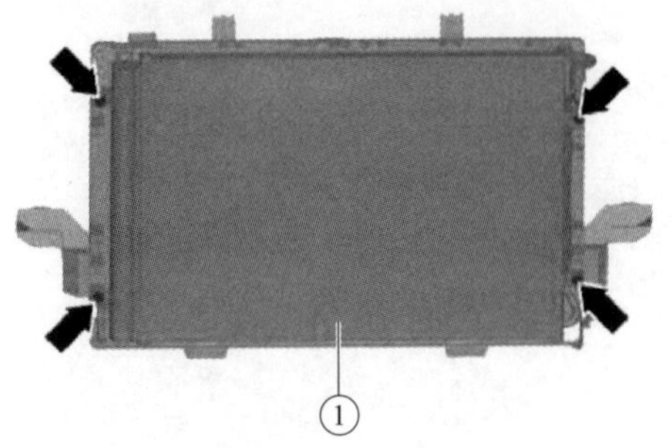

图 7-95　拆下冷凝器总成

p. 取出电子风扇总成 1，如图 7-96 所示。

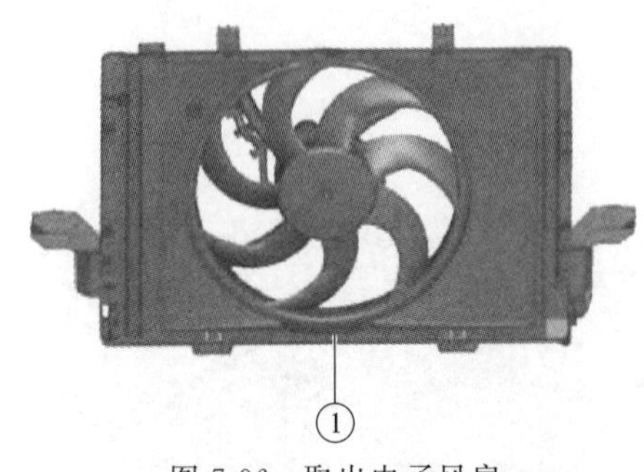

图 7-96　取出电子风扇

安装程序以拆卸倒序进行，同时注意下列事项。

— 安装完成后，加注冷却液。

— 安装完成后，进行空调系统抽真空。

— 安装完成后，加注空调制冷剂。

7.2.1.4　科莱威 CLEVER 空调压缩机拆装

① 断开蓄电池负极。

② 拆下手动维修开关。

③ 回收空调系统制冷剂。

④ 如图 7-97 所示拆下将管路-蒸发器固定到压缩机上的 1 个螺栓（1），断开管路连接，并废弃密封圈。注意做好防护措施，防止污染物进入断开的接头。

⑤ 拆下将管路-冷凝器固定到压缩机上的 1 个螺栓，断开管路连接，并废弃密封圈，如图 7-98 所示。注意做好防护措施，防止污染物进入断开的接头。

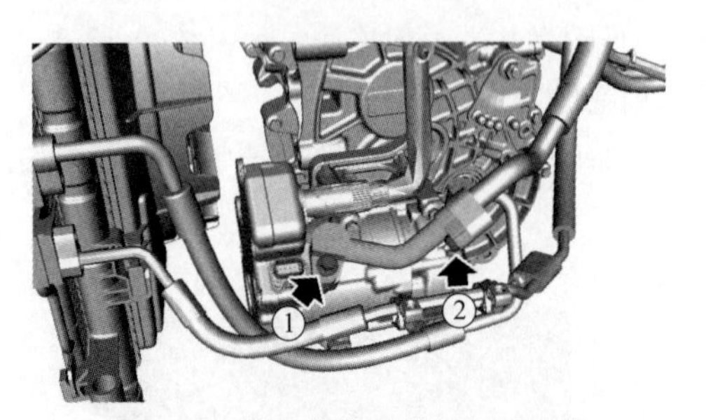

图 7-97　断开蒸发器到压缩机管路

图 7-98　断开压缩机到冷凝器管路

⑥ 断开压缩机低压线束的连接器 1。

⑦ 断开压缩机高压线束的连接器 2。

⑧ 拆下将压缩机固定到压缩机支架上的 4 个螺栓 3，如图 7-99 所示。

⑨ 拆下压缩机。

安装的步骤与拆卸相反。

注意按规定力矩紧固部件：压缩机固定到压缩机支架上的 4 个螺栓拧紧到 19～25Nm；2 个

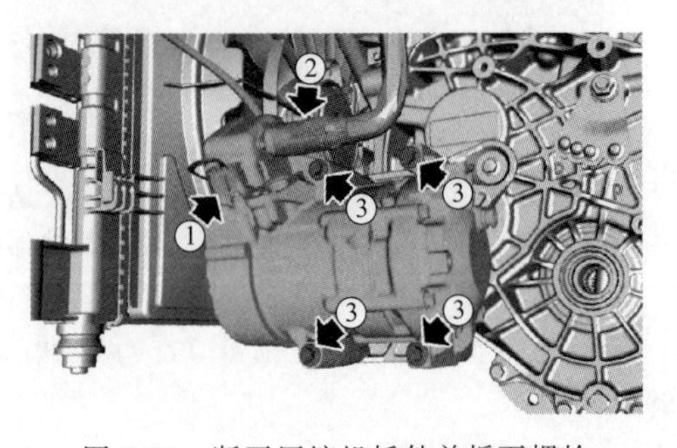

图 7-99　断开压缩机插件并拆下螺栓

管路固定螺栓拧紧力矩为19～25Nm。更换管路上的密封圈，并涂上干净的压缩机油。加注空调系统制冷剂。

7.2.2 温度管理系统电路检修

7.2.2.1 比亚迪秦PLUS DM-i空调控制器端子检测

从右车身控制器B端口、F端口、G端口后端引线，端子分布如图7-100所示。检查连接器各端子，检测参考值见表7-7。

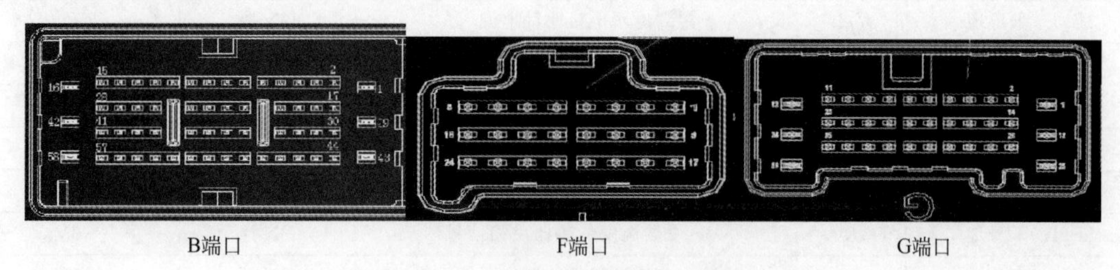

图7-100 空调控制器连接器端子分布

表7-7 空调控制器连接器端子检测参考值

端子号	线色	端子描述	条件	正常值
A1/A2—车身地	R/B	常电	始终	12V
B19—车身地	L/R	电磁阀驱动	ON挡电	0V或5V
B34—车身地	Sb	车外温度传感器采集	ON挡电	0～5V
B53—车身地	R/W	PT传感器压力采集	ON挡电	0～5V
B52—车身地	R/B	PT传感器温度采集	ON挡电	0～5V
B23—车身地	Y/L	PT传感器、压力传感器电源	ON挡电	5V
B51—车身地	L/R	空调压力传感器采集	ON挡电	0～5V
B55—车身地	L	电子膨胀阀C端驱动	ON挡电	0V或12V
B54—车身地	G	电子膨胀阀D端驱动	ON挡电	0V或12V
B39—车身地	W	电子膨胀阀A端驱动	ON挡电	0V或12V
B38—车身地	Y	电子膨胀阀B端驱动	ON挡电	0V或12V
B45—车身地	L	风加热PTC继电器控制信号C	ON挡电	0V或12V
B46—车身地	G	风加热PTC继电器控制信号B	ON挡电	0V或12V
B47—车身地	W	风加热PTC继电器控制信号A	ON挡电	0V或12V
G21A—1-车身地	R	IG4电	ON挡电	12V
B33—车身地	G/B	鼓风机反馈信号	开启空调	—
B32—车身地	G/B	鼓风机控制信号	开启空调	—
B1—车身地	B	车身地	始终	小于1Ω
G26—车身地	W	前车内温度传感器采集信号	ON挡	0～5V
F5—车身地	Y	内外循环电机反馈电源	ON挡	5V
F15—车身地	O	内外循环电机反馈信号	ON挡	0～5V
F1—车身地	L	内外循环电机驱动电源二	ON挡	0V
F10—车身地	Y/B	内外循环电机驱动电源一	ON挡	5V

续表

端子号	线色	端子描述	条件	正常值
F13—车身地	Br	副驾冷暖电机反馈电源	ON 挡	5V
F16 车身地	B/L	副驾冷暖电机反馈信号	ON 挡	0～5V
F18—车身地	R/Y	副驾冷暖电机驱动电源二	ON 挡	0V
F3—车身地	B	副驾冷暖电机驱动电源一	ON 挡	5V
F22—车身地	G/Y	主驾冷暖电机反馈电源	ON 挡	5V
F24—车身地	Br	主驾冷暖电机反馈信号	ON 挡	0～5V
F11—车身地	R/G	主驾冷暖电机驱动电源二	ON 挡	0V
F19—车身地	Y/B	主驾冷暖电机驱动电源一	ON 挡	5V
F21—车身地	W/R	模式风门电机反馈电源	ON 挡	5V
F23—车身地	W	模式风门电机反馈信号	ON 挡	0～5V
F9—车身地	Y	模式风门电机驱动电源二	ON 挡	0V
F17—车身地	Br	模式风门电机驱动电源一	ON 挡	5V
F14—车身地	R	蒸发器温度传感器反馈信号	ON 挡	0～5V
G28—车身地	R	主驾吹脚通道温度传感器反馈信号	ON 挡	0～5V
G30—车身地	Y	副驾吹脚通道温度传感器反馈信号	ON 挡	0～5V
G27—车身地	L	主驾吹面通道温度传感器反馈信号	ON 挡	0～5V
G29—车身地	G	副驾吹面通道温度传感器反馈信号	ON 挡	0～5V
G15—车身地	L	二合一阳光信号	ON 挡	0～5V
G6—车身地	G	阳光传感器电源输出	ON 挡	5V

7.2.2.2 奇瑞小蚂蚁空调系统端子定义

奇瑞小蚂蚁空调控制面板线束连接器端子分布如图 7-101 所示，端子定义见表 7-8。

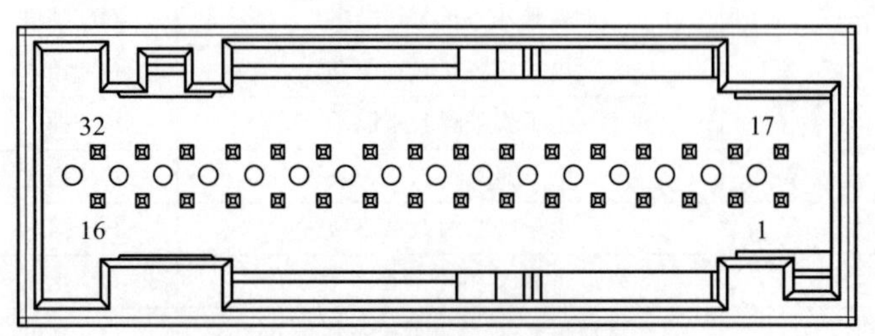

图 7-101　空调控制面板线束连接器端子分布

表 7-8　空调控制面板线束连接器端子定义

端子	定义	端子	定义
1	面板电源	8	信号地
2	按键 AD 检测信号	9	模式电机位置反馈
3	背光(照明灯光)－	10	混风电机位置反馈
4	背光(照明灯光)＋	11	E/S 输出信号(脉冲高电平有效)
6	风机启动继电器控制(低电平有效)	12	13＋/12－转向制冷方向
7	外部参考 5V	13	13－/12＋转向制热方向

续表

端子	定义	端子	定义
14	14+/30－内循环	24	后除霜输出信号(脉冲高电平有效)
17	系统地	25	风机控制信号
18	PTC 请求信号(高电平有效)	26	风机反馈信号
19	CAN-H 通信	27	后雾灯输出信号(低电平有效)
20	CAN-L 通信	28	29+/28－转向吹面方向
21	AC 请求信号(高电平有效)	29	29－/28+转向除霜方向
22	按键地	30	14－/30+外循环
23	后除霜工作信号(低电平有效)		

空调压缩机插件端子分布如图 7-102 所示，端子定义见表 7-9。

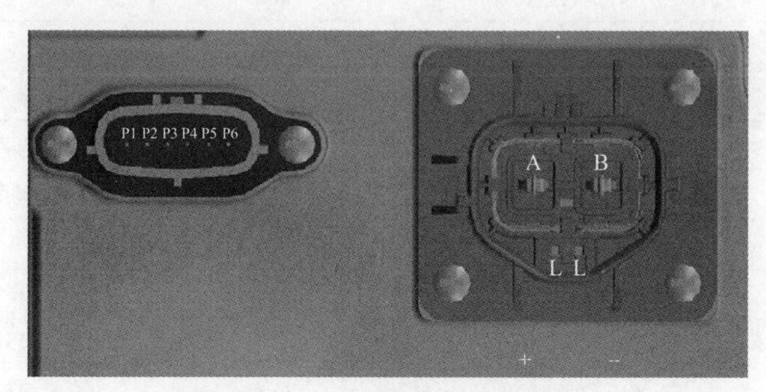

图 7-102　空调压缩机插件端子分布

表 7-9　空调压缩机插件端子定义

端子	定义	端子	定义
A	主电源正极	P2	互锁信号端子
B	主电源负极	P3	互锁信号端子
L	互锁	P4	12V－
L	互锁	P5	CAN-H
P1	12V+	P6	CAN-L

7.2.2.3　五菱宏光 MINI EV 空调控制器端子定义

五菱宏光 MINI EV 空调控制器接插件端子分布如 7-103 所示，端子定义见表 7-10。

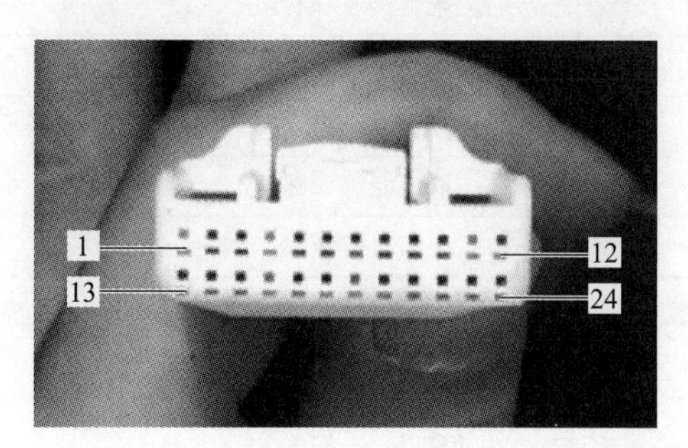

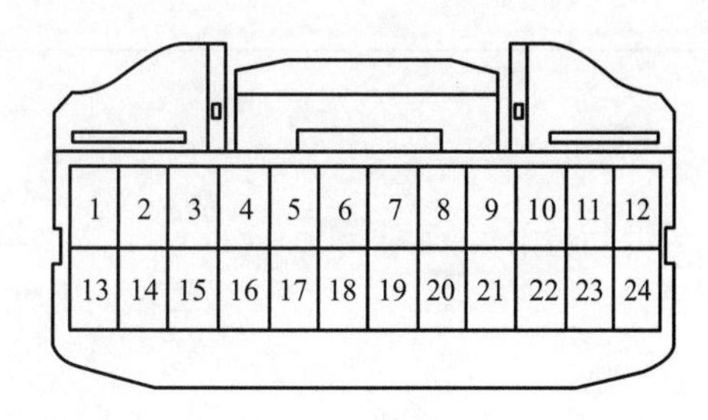

图 7-103　空调控制器接插件端子分布

表 7-10　空调控制器接插件端子定义

端子	导线	线径/mm^2	功能信号
2	OG(橙色)	0.5	IGN 电源
3	YE/BU(黄色/蓝色)	0.5	5V 电源
5	BK/YE(黑色/黄色)	0.5	鼓风机反馈信号
6	BU/RD(蓝色/红色)	0.5	鼓风机控制信号
7	BU/WH(蓝色/白色)	0.5	PTC 加热高挡信号
8	RD/GN(红色/绿色)	0.5	PTC 加热低挡信号
9	GN/WH(绿色/白色)	0.5	压缩机开启信号
10	WH(白色)	0.5	LIN 信号
12	BU/YE(蓝色/黄色)	0.5	模式电机反馈
13	GN/WH(绿色/白色)	0.5	小灯电源
14	BK(黑色)	0.5	接地
15	YE/RD(黄色/红色)	0.5	鼓风机正极反馈
17	RD/GN(红色/绿色)	0.5	蒸发温度传感器信号
18	BU/GY(蓝色/灰色)	0.5	蒸发温度传感器电源负极
20	RD/BU(红色/蓝色)	0.5	接地
21	RD(红色)	0.5	外循环信号-高电平有效
22	GY(灰色)	0.5	内循环信号-高电平有效
23	RD/YE(红色/黄色)	0.5	吹面信号-高电平有效
24	BU(蓝色)	0.5	除霜信号-高电平有效

7.2.3 温度管理系统故障诊断

7.2.3.1 比亚迪秦 PLUS DM-i 空调系统故障诊断

对应故障现象的部件排查如表 7-11 所示。

表 7-11　空调系统故障排查

故障现象	故障可疑部件
空调系统所有功能失效	左域(空调控制器)/面板电源电路
	左域(空调控制器)
	线束或连接器
仅制冷系统失效(鼓风机工作正常)	压力传感器
	请求允许回路
	压缩机熔断器
	压缩机继电器
	压缩机
	线束或连接器

续表

故障现象	故障可疑部件
制冷系统工作不正常(实际温度与设定温度有偏差)	各传感器(车内、车外温度传感器,通道温度传感器)
	左域(空调控制器)
	线束或连接器
鼓风机不工作	前鼓风机熔断器
	前鼓风机继电器
	前鼓风机
	前调速模块
	左域(空调控制器)
	线束或连接器
鼓风机风速不可调(鼓风机工作正常)	前/后鼓风机调速模块
	左域(空调控制器)
	线束或连接器
出风模式调节不正常	出风模式控制电机
	左域(空调控制器)
	线束或连接器
温度调节不正常	冷暖混合控制电机
	左域(空调控制器)
	线束或连接器
内外循环调节失效	循环控制电机
	左域(空调控制器)
	线束和连接器
电除霜失效	电除霜电加热丝熔断器
	电除霜电加热继电器
	电除霜电加热丝
	继电器控制模块
	线束或连接器
冷凝、散热风扇故障	熔断器
	继电器
	风扇
	线束

空调系统故障码及故障部位列表如表7-12所示。

表7-12 空调系统故障码及故障部位

故障码(DTC)	故障码内容	故障部位
B2A2013	车内温度传感器断路	车内温度传感器回路
B2A2111	车内温度传感器短路	车内温度传感器回路
B2A2213	车外温度传感器断路	车外温度传感器回路

续表

故障码(DTC)	故障码内容	故障部位
B2A2311	车外温度传感器短路	车外温度传感器回路
B2A2413	蒸发器温度传感器断路	蒸发器温度传感器回路
B2A2511	蒸发器温度传感器短路	蒸发器温度传感器回路
B2A5813	主驾吹面出风温度传感器断路	主驾吹面温度传感器回路
B2A5811	主驾吹面出风温度传感器短路	主驾吹面温度传感器回路
B2A5913	主驾吹脚出风温度传感器断路	主驾吹脚温度传感器回路
B2A5911	主驾吹脚出风温度传感器短路	主驾吹脚温度传感器回路
B2A5A13	副驾吹面出风温度传感器开路	副驾吹面温度传感器回路
B2A5A11	副驾吹面出风温度传感器对地短路	副驾吹面温度传感器回路
B2A5B13	副驾吹脚出风温度传感器开路	副驾吹脚温度传感器回路
B2A5B11	副驾吹脚出风温度传感器对地短路	副驾吹脚温度传感器回路
B2A2712	阳光传感器短路	阳光传感器回路
B2A4E13	高压管路的压力传感器断路	压力传感器回路
B2A4F11	高压管路的压力传感器短路	压力传感器回路
B2A2A14	模式电机对地短路或开路	模式电机回路
B2A2A12	模式电机对电源短路	模式电机回路
B2A2A92	模式电机转不到位	模式电机回路
B2A2914	除霜电机对地短路或开路	除霜电机回路
B2A2912	除霜电机对电源短路	除霜电机回路
B2A2992	除霜电机转不到位	除霜电机回路
B2A4B14	循环电机对地短路或开路	循环电机回路
B2A4B12	循环电机对电源短路	循环电机回路
B2A4B92	循环电机转不到位	循环电机回路
B2A2B14	主驾冷暖电机对地短路或开路	主驾冷暖电机回路
B2A2B12	主驾冷暖电机对电源短路	主驾冷暖电机回路
B2A2B92	主驾冷暖电机转不到位	主驾冷暖电机回路
B2A2C14	副驾冷暖电机对地短路或开路	副驾冷暖电机回路
B2A2C12	副驾冷暖电机对电源短路	副驾冷暖电机回路
B2A2C92	副驾冷暖电机转不到位	副驾冷暖电机回路
B2A0717	电源电压过压(高于 16V)	蓄电池或供电回路
B2A0716	电源电压欠压(低于 9V)	蓄电池或供电回路
B2A2F09	空调管路处于高压状态或低压状态	空调制冷管路
U014687	与网关失去通信(接收不到水温和车速)	车身 CAN 网络
B2AF614	后排鼓风机对地短路或开路	后排鼓风机回路
B185014	后排鼓风机调整信号对地短路或开路	后排鼓风机回路
B2A3214	前排鼓风机对地短路或开路	前排鼓风机回路
B2A3314	前排鼓风机调整信号对地短路或开路	前排鼓风机回路

续表

故障码(DTC)	故障码内容	故障部位
B2A0D13	电池包进口水温传感器断路	线束/电池包进口水温传感器
B2A0E12	电池包进口水温传感器短路	线束/电池包进口水温传感器
B2A0F13	板式换热器端冷媒温度传感器断路	线束/板式换热器端冷媒温度传感器
B2A1012	板式换热器端冷媒温度传感器短路	线束/板式换热器端冷媒温度传感器
B2A1113	板式换热器端冷媒压力传感器断路	线束/板式换热器端冷媒压力传感器
B2A1212	板式换热器端冷媒压力传感器短路	线束/板式换热器端冷媒压力传感器
U012E87	左域(空调控制器)与电子风扇失去通信	线束/电子风扇
B2A7914	暖风芯体四通水阀电机对地短路或开路	线束/暖风芯体四通水阀电机
B2A7A12	暖风芯体四通水阀电机对电源短路	线束/暖风芯体四通水阀电机
B2A7B92	暖风芯体四通水阀电机转不到位	线束/暖风芯体四通水阀电机
B132816	电池热管电子水泵欠压故障	电源电压/电池热管电子水泵
B132817	电池热管电子水泵过压故障	电源电压/电池热管电子水泵
B132971	电池热管电子水泵堵转故障	电池热管电子水泵
B132A00	电池热管电子水泵空转故障	电池热管电子水泵
U014987	电池热管控制与电池热管电子水泵失去通信	线束/电池热管电子水泵
B2A6700	电动压缩机多次启动失败 (多次启动失败导致请求机械压缩机则报此故障)	线束/电动压缩机
U011187	左域(空调控制器)与BMS失去通信	线束BMS
U025487	与PTC失去通信	线束PTC
U025387	与压缩机失去通信	线束/压缩机
B2AB049	电流采样电路故障	压缩机
B2AB149	电机缺相故障	压缩机
B2AB249	IPM/IGBT故障	压缩机
B2AB349	内部温度传感器故障	压缩机
B2AB41D	内部电流过大故障	压缩机
B2AB573	启动失败故障	压缩机
B2AB64B	内部温度异常	压缩机
B2AB774	转速异常故障	压缩机
B2AB81C	相电压过高故障	压缩机
B2AB997	负载过大故障	压缩机
U2ABB17	负载电压过压故障	压缩机
U2ABC16	负载电压低压故障	压缩机
B2ABA1C	内部低压电源故障	压缩机

7.2.3.2 科莱威CLEVER空调系统故障诊断

如果故障发生但相关控制模块未存储故障码（DTC），并且无法在目视检查中确认故障原因，则应根据表7-13列出的可能原因进行故障诊断及排除。

表 7-13　空调系统故障可能的原因

故障症状	可能的故障零部件(或其他)
空调制冷量不足	制冷剂
	鼓风机调速模块
	鼓风机
	温度执行器和风门
	空调滤清器
	压缩机
	冷凝器
	空调管路
	膨胀阀
	蒸发器
	空调压力开关传感器
	环境温度传感器
	蒸发器温度传感器
空调制暖量不足	冷却液(如是水暖制热)
	鼓风机调速模块
	鼓风机
	温度执行器和风门
	空调滤清器
	暖风水管(如有)
	电加热器继电器(如有)
	电加热器及其线束(如有)
	暖风芯体(如有)
	热泵制热系统(如有)
压缩机不工作	制冷剂
	压缩机及其线路
压缩机不能正常自动停转	空调压力开关传感器
	蒸发器温度传感器
	相关线路或连接器
制冷剂压力异常	制冷剂
	冷凝器
	压缩机及其相关线路
	膨胀阀
	空调压力开关传感器
空调冷凝水泄漏	排水管
	空调箱壳体
出风量不足	鼓风机调速模块
	鼓风机

续表

故障症状	可能的故障零部件(或其他)
出风量不足	温度风门执行器和风门
	空调滤清器
	进气格栅
	出风口
鼓风机不工作	鼓风机调速模块
	鼓风机
	相关线路或连接器
噪声	一般检查
	压缩机
	鼓风机
	冷却风扇

空调系统故障码列表如表 7-14 所示。

表 7-14 空调系统故障码及描述

DTC	描述	故障等级
B13C0	高压电加热器(PTC)低压电压过高	Ⅳ
B13C1	高压电加热器(PTC)低压传感器故障	Ⅳ
B13C2	高压电加热器(PTC)低压电压过低	Ⅳ
B13C3	高压电加热器(PTC)PCB 温度传感器故障	Ⅳ
B13C4	高压电加热器(PTC)PCB 温度过高	Ⅳ
B13C6	高压电加热器(PTC)高压电压过高	Ⅳ
B1411	环境温度传感器对地短路	Ⅲ
	环境温度传感器对电源短路/开路	Ⅲ
	环境温度传感器读数超出范围	Ⅲ
B1414	电加热器(PTC)温度传感器对地短路	Ⅲ
	电加热器(PTC)温度传感器对电源短路/开路	Ⅲ
B1419	蒸发器温度传感器对地短路	Ⅲ
	蒸发器温度传感器对电源短路/开路	Ⅲ
B1431	新鲜/循环风门执行器控制电路对地短路	Ⅲ
	新鲜/循环风门执行器控制电路对电源短路	Ⅲ
B1432	新鲜/循环风门执行器反馈电路对地短路	Ⅲ
	新鲜/循环风门执行器反馈电路对电源短路/开路	Ⅲ
B1433	模式风门执行器控制电路对地短路	Ⅲ
	模式风门执行器控制电路对电源短路	Ⅲ
B1434	模式风门执行器反馈电路对地短路	Ⅲ
	模式风门执行器反馈电路对电源短路/开路	Ⅲ
B1441	模式风门执行器校核错误	Ⅲ

续表

DTC	描述	故障等级
B1442	模式风门执行器堵转错误	Ⅲ
B144B	风门执行器未校核学习	Ⅲ
B144C	新鲜/循环风门执行器校核错误	Ⅲ
B144D	新鲜/循环风门执行器堵转错误	Ⅲ
B1472	前鼓风机模拟控制错误	Ⅲ
B1481	无 LIN 通信	Ⅲ
B1482	LIN 节点丢失-空调压缩机	Ⅲ
B1483	LIN 节点丢失-电加热器(PTC)	Ⅲ
B148D	驾驶员侧模式增加错误	Ⅲ
B14A0	空调压缩机高压电压过低	Ⅲ
B14A1	空调压缩机温度过高	Ⅲ
B14A2	空调压缩机高压电压过高	Ⅲ
B14A5	空调压缩机低压电压故障	Ⅲ
B14A6	空调压缩机通信故障	Ⅲ
B14A7	空调压缩机 LIN 总线故障	Ⅲ
B14A8	空调压缩机温度传感器故障	Ⅲ
B14A9	空调压缩机电流传感器故障	Ⅲ
B14AA	空调压缩机电流传感器短路故障	Ⅲ
B14AB	空调压缩机内部供电故障	Ⅲ
B14AC	空调压缩机转矩停止故障	Ⅲ
B14AD	空调压缩机电压传感器故障	Ⅲ
B14AE	空调压缩机转矩过高	Ⅲ
B14B0	LIN 节点丢失-前面板	Ⅲ
B14B6	前鼓风机速度逻辑错误	Ⅲ
B14B7	前控制面板循环开关错误	Ⅲ
B14B8	压缩机 ON/OFF 开关错误	Ⅲ
B14BD	除霜开关错误	Ⅲ
B14C8	高压电加热器(PTC)加热芯体温度过高	Ⅳ
B14C9	高压电加热器(PTC)加热芯体温度传感器故障	Ⅳ
B14CA	高压电加热器(PTC)高压电流传感器故障	Ⅳ
B14CB	高压电加热器(PTC)高压电流过大	Ⅳ
B14CC	高压电加热器(PTC)高压传感器故障	Ⅳ
B14CD	高压电加热器(PTC)高压电压过低	Ⅳ
B14CE	高压电加热器(PTC)IGBT 开路	Ⅳ
B14CF	高压电加热器(PTC)IGBT 对地短路	Ⅳ
B14E7	外部 5V 供电电路对地短路	Ⅲ
	外部 5V 供电电路对电源短路	Ⅲ

续表

DTC	描述	故障等级
B14F1	网络配置错误	Ⅲ
B14F2	初始化错误	Ⅲ
U0073	CAN 总线关闭	Ⅰ
U0140	与车身控制模块(BCM)失去通信	Ⅱ
U0146	与网关(GW)失去通信	Ⅱ
U0155	与组合仪表(IPK)失去通信	Ⅱ
U1562	蓄电池电压过高	Ⅱ
U1563	蓄电池电压过低	Ⅱ
U2001	电控单元内部故障-EEPROM 校验和错误	Ⅱ
U2002	电控单元内部故障-RAM 错误	Ⅱ

注：故障等级Ⅰ表示立即停车维修；Ⅱ表示小心驾驶至4S店维修；Ⅲ表示尽快维修；Ⅳ表示不需维修或保养时维修。

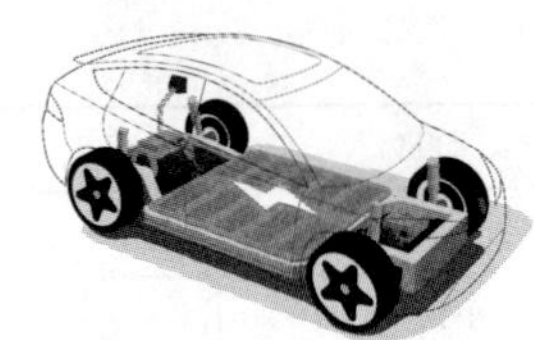

整车控制器

8.1 整车控制器功能原理

8.1.1 整车控制器功能

整车控制器（Vehicle Control Unit，VCU）是整个汽车的核心控制部件，通过硬线或CAN采集电子油门踏板信号、挡位信号、制动踏板信号及其他部件信号，并作出相应判断后，控制下层的各部件控制器的动作，驱动汽车正常行驶。整车控制器所连接到的系统及部件如图8-1所示，零/部件名称及功能说明见表8-1。

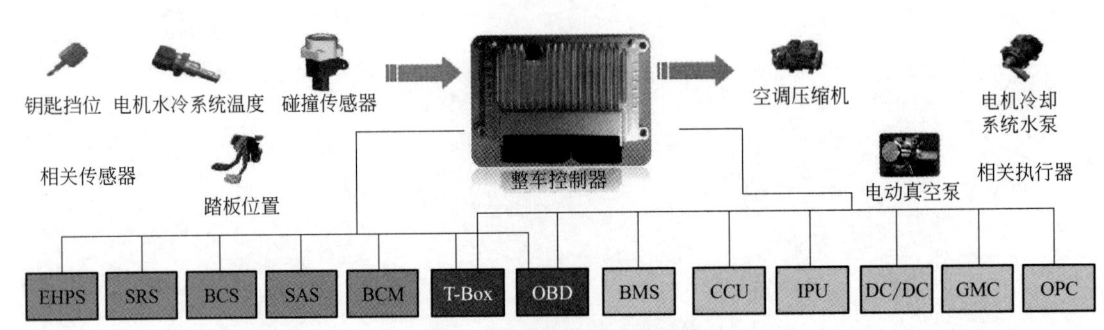

图8-1　整车控制器连接系统

表8-1　零/部件名称及功能说明

零/部件名称	缩写	功能	零/部件名称	缩写	功能
电子控制动力转向系统	EHPS	控制电磁阀的开度，从而满足高、低速时的转向助力要求	电池管理系统	BMS	检测动力电池状态，控制动力电池输入/输出
安全气囊	SRS	被动安全性保护系统，与座椅安全带配合使用，为乘员提供防撞保护	整车控制器	VCU（HCU）	接收整车高压/低压附件信号，对整车进行控制
车身控制系统	BCS	控制ABS/ESP	耦合控制单元	CCU	检查GMC油压/油温，通过控制电磁阀实现离合器吸合/断开

续表

零/部件名称	缩写	功能	零/部件名称	缩写	功能
半主动悬架	SAS	通过传感器感知路面状况和车身姿态,改善汽车行驶平顺性和稳定性的一种可控式悬架系统	电机控制器	IPU	控制驱动电机和发电机
车身控制模块	BCM	设计功能强大的控制模块,实现离散的控制功能,对众多用电器进行控制	直流直流转换器	DC/DC	将动力电池内高压直流电转化为12V,供低压用电器使用
远程监控系统	T-Box	行车时实时上传整车信号至服务器,实现对车辆进行实时动态监控	机电耦合系统	GMC	内置TM、ISG、差减速器,实现整车动力输出
车载诊断系统	OBD	诊断整车故障状态	低压油泵控制器	OPC	辅助控制GMC内部冷却油流动

8.1.1.1 蔚来 ES6 车辆控制器

VCU 通过 4 个螺母安装在副驾驶侧仪表板的前围板上，是整个车辆的核心控制部件。它采集加速踏板信号、挡位信号及其他部件信号等，并在作出相应判断后，控制下层的各部件控制器动作。通过 CAN 总线对网络信息进行管理、调度、分析和运算，实现转矩管理、能量管理、热管理、高压控制、故障诊断等功能，使车辆拥有最好的动力性、驾驶性、舒适性、经济性以及驾驶里程需求。

VCU 主要由控制器主芯片、Flash 存储器和 RAM 存储器、CAN 通信模块、串口通信模块、电源及保护电路模块等组成，工作电压范围为 9～16V，正常工作电压 12V。

VCU 具备电源自锁功能，在收到下电请求后，VCU 能够首先存储相关信息，然后控制系统下电，电源自锁功能时长可以进行标定。VCU 支持 CAN 唤醒和硬线唤醒，比如充电信号的硬线唤醒。

8.1.1.2 小鹏 P7 整车控制器

纯电系统由动力电池、电机控制器、电机、减速器、集成式车载电源三合一、整车控制器、空调压缩机、PTC 等部件组成，具有纯电驱动能量回收、交流充电、交流放电和直流充电等功能。整车控制系统原理简图如图 8-2、图 8-3 所示，零/部件名称、英文简称及主要功能说明见表 8-2。

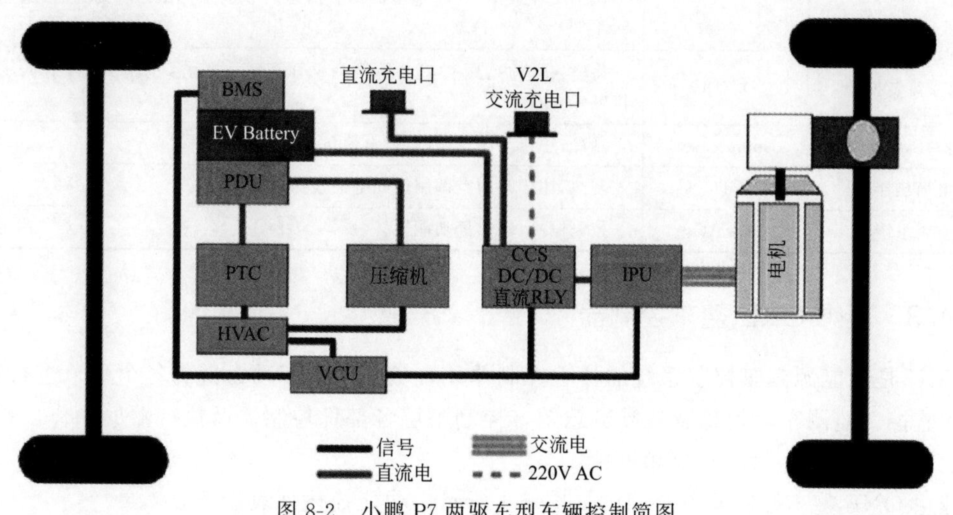

图 8-2　小鹏 P7 两驱车型车辆控制简图

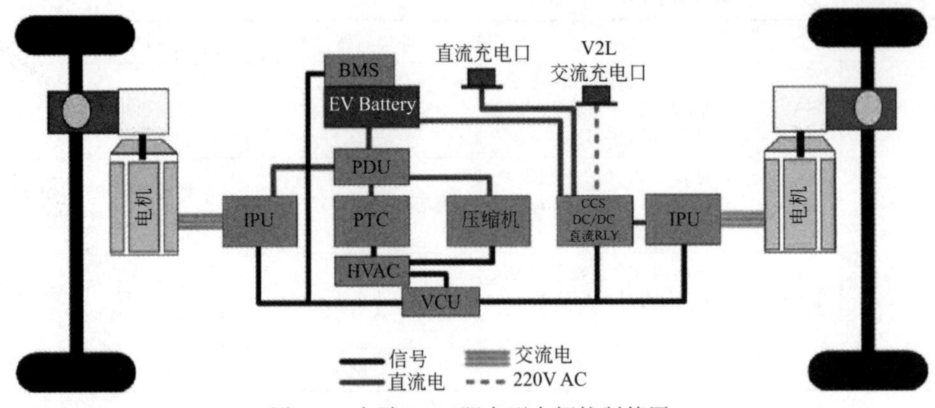

图 8-3 小鹏 P7 四驱车型车辆控制简图

表 8-2 零/部件名称及主要功能说明

零/部件名称	英文简称	主要功能/说明
整车控制器	VCU	控制纯电系统状态，包括高压下电、高压上电、行驶、交流充电、交流放电、直流充电等
		不同驾驶模式下的驱动和能量回收转矩控制
		电动系统热管理
动力电池	EV Battery	为电动系统提供能量
		动力电池包内有继电器组，可以切断动力电池对外连接
动力电池管理系统	BMS	动力电池安全监控，包括过流、过压、过温
		动力电池 SOC 估计、SOH 估计、SOP 估计
		继电器组控制
		交流充电和直流充电控制
电机控制器	IPU	按照 VCU 的转矩请求，控制电机输出转矩，包括驱动和发电两种工作模式
车载充电机	OBC	识别交流充电枪，接收交流充电(AC Charge)口的单相交流电，转换为与电池电压匹配的直流高压电，为电池充电
		识别交流放电枪，将电池高压直流电转换为家用 220V 交流电(适用于高配车型)
直流直流转换器	DC/DC	将输入端的高压直流电转换为低压直流电，为蓄电池充电，为低压负载供电
电动压缩机	Compressor	制冷，用于车内空调制冷、电池包冷却
电加热器	PTC	制热，用于车内空调制热和电池包加热
空调系统	HVAC	控制制冷、制热等功能

8.1.1.3 理想 ONE 整车控制器

VCU 是新能源汽车控制系统的核心控制单元，负责对整车动力链的各个环节进行管理、协调和监控，监测车辆信息及驾驶员意图，控制下层各部件控制器及执行器的动作。以提高整车能量利用效率，确保安全和可靠。

理想 ONE 整车控制器电路简图如图 8-4 所示，功能描述列表见表 8-3。

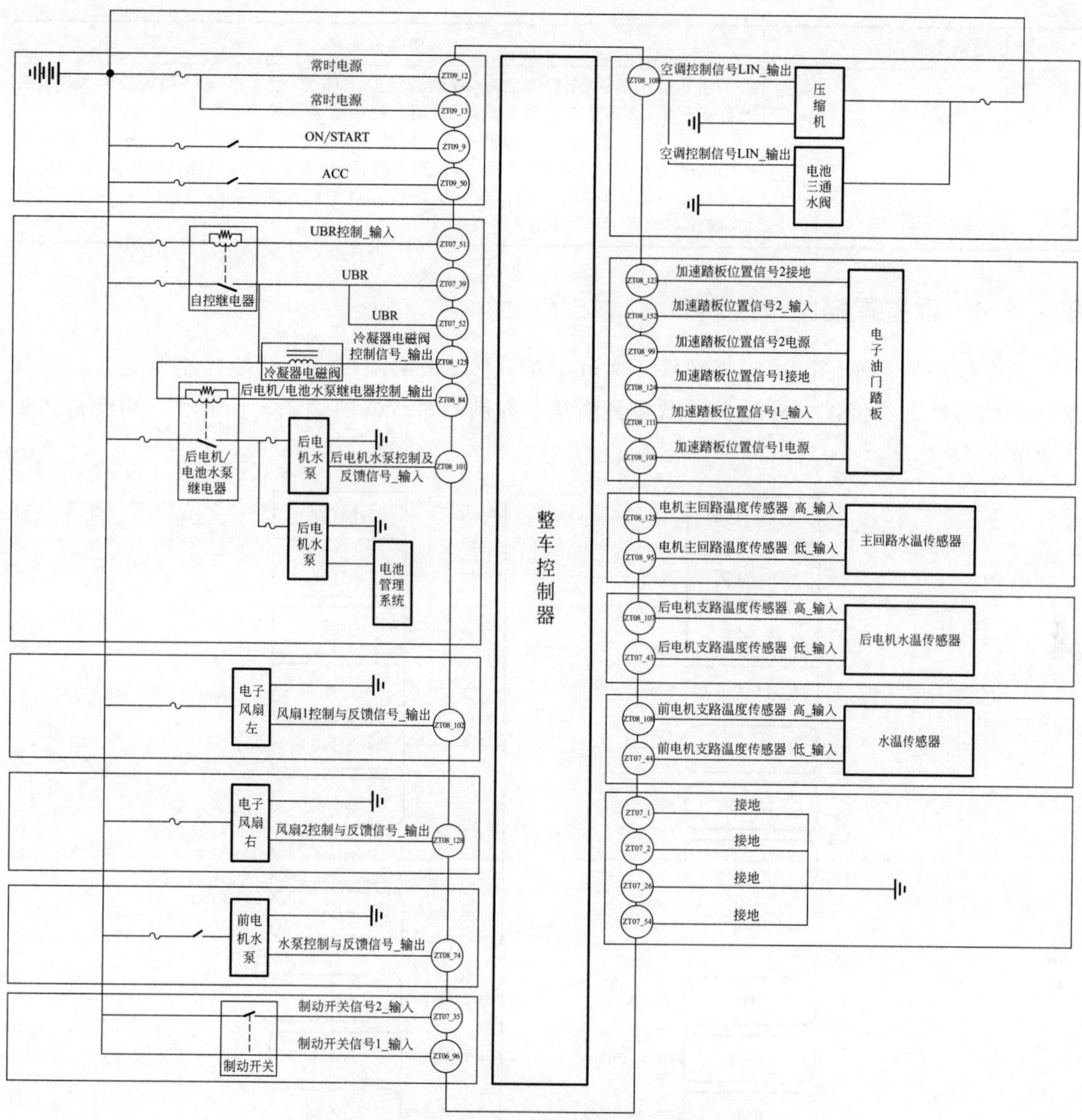

图 8-4 理想 ONE 整车控制系统电路简图

表 8-3 整车控制系统功能列表

序号	项目	功能描述
1	制动能量优化控制	VCU 根据加速踏板和制动踏板的开度以及动力电池的 SOC 值来判断某一时刻能否进行制动能量回馈，如果可以进行，VCU 向电机控制器发出制动指令，回收部分能量
2	整车能量管理	在电池的 SOC 值比较低的时候，VCU 将对某些电动附件发出指令，限制电动附件的输出功率，来增加续驶里程
3	车辆状态的监测和显示	对车辆的状态进行实时检测，并且将各个子系统的信息发送给车载信息显示系统，其过程是通过传感器和 CAN 总线的。检测车辆状态及其各子系统状态信息，驱动显示仪表，将状态信息和故障诊断信息经过显示仪表显示出来
4	增程器控制	增程器控制系统根据当前驾驶工况，控制增程器系统提供目标发电功率，并实现发动机启停，加载卸载的稳定控制，以及发动机最经济工作点控制等
5	整车热管理控制	为实现整车各项性能，各子系统部件需要运行在合理温度范围内

序号	项目	功能描述
6	整车上电与下电过程	①钥匙解锁车辆，车门开启后，或驾驶员坐入座椅，整车电源自动切换为ACC，仪表自动开机，高压系统自动上电，允许用户使用空调和娱乐系统。 ②踩下制动踏板，整车电源模式自动切换为ON模式，整车自动进入Ready模式。 ③驾驶员在ON(Ready)模式下，打开车门，离开驾驶座位，电源自动切换为ACC。 ④驾驶员离开座椅后，关闭车门，电源模式自动切换为OFF，并且电子手刹自动拉起，确保车辆在OFF模式下不溜车

8.1.1.4 欧拉黑猫整车控制器

整车控制器是车辆的核心零部件，通过CAN总线来协调车辆的其他控制单元，以实现整车的动力性、经济性、舒适性。欧拉黑猫整车控制器系统框图如图8-5所示，功能描述列表见表8-4。

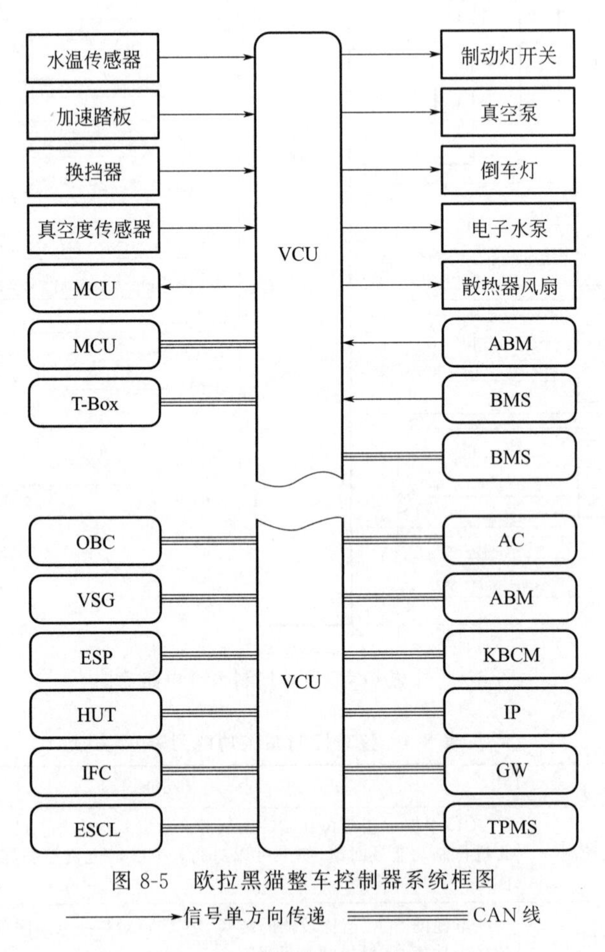

图8-5 欧拉黑猫整车控制器系统框图

——→信号单方向传递 ═══ CAN线

表8-4 整车控制器功能列表

功能	描述
上下电控制功能	整车控制器通过KBCM发送的电源模式和启动请求判断驾驶员的意图，对车辆的上下电进行控制。上电流程：KBCM发送电源模式为ON→系统上低压电→整车控制器自检和故障诊断→KBCM发送启动请求→整车控制器检测系统当前没有故障并满足上高压电的条件→上高压电→电机控制器使能→电机开始准备工作。下电流程与上电流程相反，需要先下高压电，然后再下低压电

续表

功能	描述
充电功能	充电功能包含直流快充和交流慢充两种。直流快充通过外接电源使用直流充电机/站为动力电池包充电。交流慢充是通过车载充电机将公共电网的电能变换为动力蓄电池所需的直流电,并给动力电池包充电
驾驶员意图识别功能	整车控制器根据电源状态、挡杆状态、加速踏板和制动踏板传感器信号等来识别驾驶员的行驶意图,从而保证驾驶员在不同的挡位、车速、加速踏板开度和制动踏板开度下输出不同的转矩
故障诊断及处理功能	故障诊断模块的主要功能是:接收或监测各系统运行状态,判断故障等级,并根据故障级别执行相应的故障处理措施,确保整车安全平稳地运行
转矩控制功能	转矩控制功能是根据驾驶员的行驶意图和车辆的行驶工况,计算输出对应的转矩需求,然后对这些转矩进行限制和协调,输出给电机。该模块包含加速踏板转矩需求计算功能,蠕行功能,转矩限制功能和转矩协调功能。加速踏板转矩需求计算功能主要根据车速和加速踏板位置得到驾驶员的需求转矩。蠕行功能是为了在低速行驶时,减少驾驶员对制动踏板和加速踏板的操作,提高拥堵工况及移车工况时车辆行驶的平顺。转矩限制功能主要是根据整车控制器实时采集电动机系统、高压电源系统状态及故障等级,分析计算电机系统及高压电源系统的承载能力,限制整车控制器计算的原始转矩请求,确保电池不出现过流、欠压等故障。转矩协调功能是根据车辆的工况和驾驶员的意图,确定各转矩需求的优先级,并根据此优先级对当前请求转矩进行协调,输出当前工况下的最优转矩
能量回收功能	能量回收功能主要作用是将车辆制动或滑行过程中的动能通过驱动电机发电模式回馈到动力电池包,从而延长车辆的续驶里程。能量回收分为强、中、弱三个等级,可通过 HUT 对能量回收等级进行设置
续驶里程估算功能	续驶里程估算功能是根据当前剩余电量并结合车辆行驶工况估算车辆当前续驶里程,并发送给组合仪表进行显示,从而给驾驶员提供信息
智能 DC 功能	智能 DC 功能可以避免因车辆长期存放无人使用,导致 12V 蓄电池亏电车辆无法上电的现象。该功能以 VCU 为主控制器,T-Box、GW 和 KBCM 为辅助控制器支持功能实现。整车运行过程中,DC/DC 将自身的工作状态发送给 VCU,VCU 根据 DC/DC 工作状态,在下电休眠前,将内置的唤醒时机发送给 T-Box,T-Box 进行计时,并在满足唤醒时机时唤醒 VCU,VCU 被唤醒后,检测 12V 蓄电池的电压,并根据内部的判断逻辑对电压值进行判断,从而决定是否需要整车建立高压为 12V 蓄电池进行充电

8.1.2 整车控制器原理

8.1.2.1 蔚来 ES6 车辆上下电操作

车辆上电包含 VCU 唤醒、准备上高压和准备使能电机三个阶段。

VCU 唤醒需要满足如下条件之一。

- 接收到网络管理框架信号。
- 接收到 KL15 通电信号。
- 接收到 LIN（本地内部链接网络）线上的 IBS（智能电池传感器）唤醒信号。
- 接收到直流或交流充电的 CP 或 A＋信号。

当 VCU 唤醒时，将首先进行自检，同时唤醒 BMS、PEU_F、PEU_R 和 HVIC 等电子动力单元进行初始化及自检，并通过 CAN 线反馈结果至 VCU。

准备上高压前，VCU 需要读取如下信息反馈。

- 车辆状态为驻车状态（且舒适功能开启）。
- 车内有驾驶员或驾驶状态。
- 车辆状态为软件更新，且收到上高压指令。
- 直流或交流充电需求上高压。

- 低压蓄电池电量小于75%，VCU被LIN唤醒。
- 有暖风或空调开启需求。

当满足如下条件时，VCU控制车辆上高压。

- BMS无故障反馈。
- PEU_F和PEU_R无故障反馈。
- 车辆挡位处于驻车挡P或空挡N。
- 车辆静止或车速小于3km/h。
- 无高压互锁代码。
- 电机罩关闭。

VCU控制执行上高压，BMS控制预充继电器接合。当电流稳定后，主继电器接合，HVIC激活开始工作。

踩下制动踏板，并将挡位切换至前进挡D或倒车挡R时，VCU监测防盗反馈，防盗通过后，CGW设置车辆状态为驾驶状态，IC点亮“READY”指示灯。VCU使能电机，进入驾驶循环。

车辆下电包含准备下高压、下高压和下低压三个阶段。

准备下高压，需要满足如下条件。

- 车辆静止或速度小于3km/h。
- 挡位处于驻车挡P或空挡N。
- 车辆状态为驻车状态（且舒适功能禁用），或软件更新状态且未收到上高压指令。
- 低压蓄电池电量大于93%。
- 无暖风或空调开启需求。
- 无直流充电或交流充电请求。

VCU控制执行下高压，BMS控制主继电器断开，执行绝缘检测。PEU_F和PEU_R执行主动放电，当电压低于60V或执行超时时，VCU接收主动放电故障信号，系统执行被动放电。

常规下电一般在3s内完成，当电流小于10A时，主继电器打开；非常规下电在2.5s内完成，当电流小于15A时，主继电器打开；碰撞紧急下电在150ms内完成，当电流小于50A时，主继电器打开。

8.1.2.2 小鹏P7整车控制系统

高压控制系统主要部件控制策略如表8-5所示。

表8-5 小鹏P7主要部件控制方式

部件	控制方式
VCU	根据驾驶员上下电要求，控制高压上下电
	根据充电枪连接状态、动力电池状态、大屏充电模式，控制充电流程
	根据驾驶员挂挡动作，进行挡位切换
	根据驾驶员踩加速踏板深度、制动踏板深度，动力电池、电机等部件状态，进行转矩控制
	根据驾驶员操作巡航动作，进行巡航控制
	根据驾驶员切换大屏驾驶模式、能量回收模式，进行模式切换
	根据高压部件温度状态，控制水泵、散热风扇，进行热管理
	故障诊断

续表

部件	控制方式
BMS	接收VCU高压上下电指令，控制主正、主负、预充接触器，进行高压上下电
	接收VCU充电指令，慢充时与车载充电机通信，快充时与直流充电桩通信
	SOC(电荷状态)估计，SOH(健康状态)估计，SOP(功率状态)估计
	故障诊断
IPU	接收VCU模式指令，进行模式切换
	转矩控制模式下，接收VCU转矩控制命令，将高压直流电转化为三相交流电驱动电机转动
	防抖功能
	高压断开后的主动泄放和被动泄放
	故障诊断
DC/DC	接收VCU的工作指令和输出电压电流请求，将高压直流电转化为低压直流电，为蓄电池充电和整车低压电器系统供电
	故障诊断
CCS	接收BMS充电使能和充电电压电流信号，将220V交流电转化为高压直流电为动力电池充电
	故障诊断
HVAC	接收大屏、VCU指令，进行空调控制
ACP	接收HVAC控制指令，进行转速调节
PTC	为乘员舱加热。接收HVAC控制指令，根据功率请求，调控内部开关管的导通关闭，进行功率调节
	为电池加热。接收VCU控制指令，根据功率请求，调控内部开关管的导通关闭，进行功率调节

(1) 高压上电

高压上电是指通过控制高压回路继电器的动作，使电池包的电量给高压部件供电，保证高压部件能正常工作的过程。高压下电是指通过控制高压回路继电器的动作，切断高压部件的供电电源，使高压回路处于断开状态，保证正常安全。

高压上电过程如下所述。

① 唤醒：当车身控制模块检测到用户有上电需求后，通过控制KL15继电器吸合，唤醒整车控制器。整车控制器初始化完成后，控制主继电器吸合，给高压系统各部件低压供电。

② 防盗验证：车身控制模块在KL15继电器吸合后将电源模式置成ON，等待一定时间后发起防盗认证请求。当防盗认证通过后，整车控制器判断同时满足以下条件，则发起高压上电请求。

— 蓄电池供电正常。

— 开车门且防盗认证通过，或插入充电枪或插入放电枪或低压畜电池亏电。

— 无高压系统故障。

— 没有锁存碰撞故障。

— 高压系统部件高压线连接正常。

— 车辆通信总线通信正常。

③ 预充：电池管理器收到整车控制器的高压上电请求后，会闭合预充回路，给高压负载进行预充。

④ HVON状态：当预充完成后，电池管理器吸合主正继电器，断开预充回路，高压上

电完成，同时整车控制器会给 DC/DC 发送工作允许指令。

⑤ Ready：处于 HVON 状态后，钥匙在车内，踩下制动踏板并将换挡杆置于可行驶的挡位，整车控制器发送 Ready 指示灯信号给仪表提示用户整车进入可行驶状态；此时用户松开制动，整车能以一定的速度前进或者后退。

（2）高压下电

高压下电过程如下所述。

① 高压下电发起：用户离车，关车门，闭锁，车身控制模块识别到用户的下电意图，断掉 KL15 继电器，整车控制器识别到该信号，认为整车有下电需求。

② 负载关闭：整车控制器识别到整车下电需求后，会先关掉整车负载，让 DC/DC、压缩机、PTC 停机。

③ 高压回路断开：待确认负载停机后，整车控制器发起高压下电请求，电池管理器执行下电动作，断开高压主回路；待高压继电器断开后，整车控制器发送主动放电指令给电机控制器；电机控制器在一定时间内将高压回路的电压降低到安全电压范围以内。当电压小于安全电压值，停止主动放电，靠被动放电将回路剩余的电量消耗掉。

④ 低压回路断开：主动泄放完成后，整车控制器会断开主继电器，此时高压系统各部件将进入休眠状态，待整车网络上满足休眠条件，VCU 进入休眠状态。

高压上下电操作原理如图 8-6 所示。

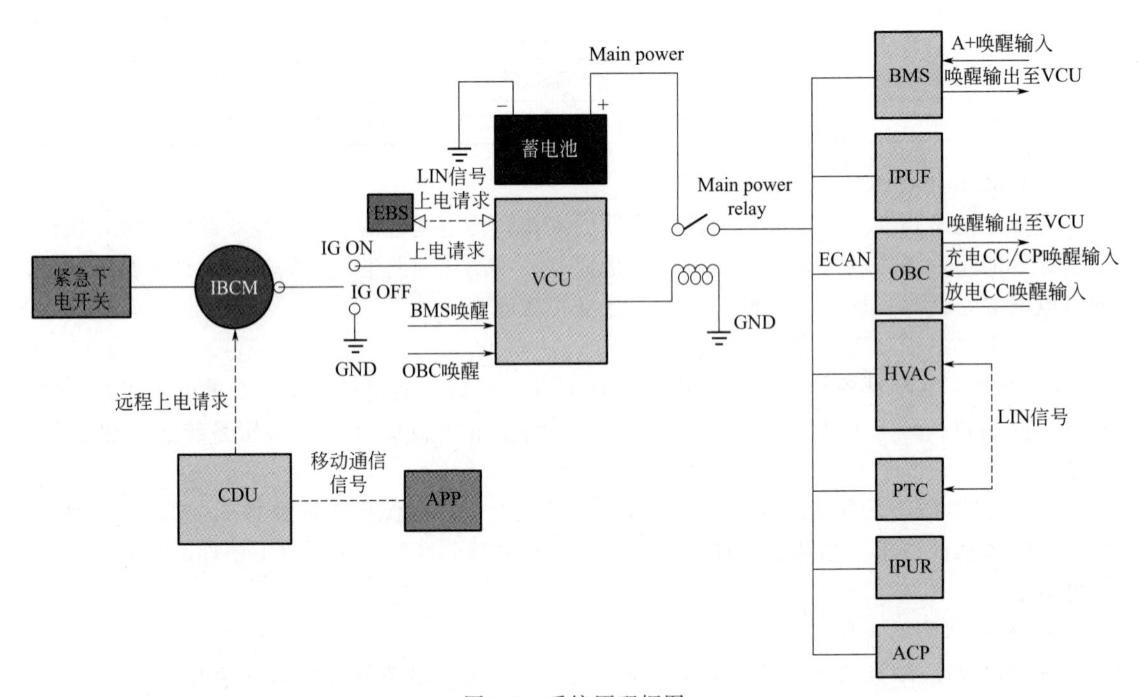

图 8-6 系统原理框图

转矩控制系统通过解析驾驶员的意图，将驾驶员的需求转矩解析到车轮端，驾驶员意图以操作加速踏板、制动踏板等体现。VCU 以加速踏板传感器、制动主缸压力、制动开关及挡位信号作为控制依据，并将转矩控制指令输出至电机控制器，进而控制电机输出转矩。

基本功能有：D 挡或 R 挡，在识别到驾驶员踩加速踏板信号后，驱动车辆行驶（车辆前进与后退）。在无加速踏板和制动踏板输入的情况下，驱动车辆以低速行驶。在加速踏板

处于完全松开的状态或是在制动踏板踩下的状态下（在一定车速范围内）通过电机制动，回收能量并向动力电池充电。

转矩解析的挡位约束功能：在P挡时不允许有任何的驾驶员请求输入，也不响应任何转矩请求，车辆不可移动。在D挡可驱动车辆向前行驶，车辆低速行驶时，只允许有向前的驱动转矩（禁止能量回收）。在R挡可驱动车辆向后行驶，车辆低速行驶时，只允许有向后的驱动转矩（禁止能量回收）。在N挡不允许存在制动能量回收转矩，不允许存在向前向后的转矩。

为了平顺地进行转矩切换，减小抖动，提升驾驶舒适性，需对请求转矩作滤波处理，使VCU发送到电机控制器的转矩请求尽量平滑。根据当前车速、加速踏板深度以及上一周期的请求转矩，计算当前转矩请求。其中电机输出转矩曲线越平滑，对动力性影响越大，滤波相关系数的大小可实车标定。

驾驶员转矩请求最后的仲裁，输出被整个动力系统的转矩能力所限制，动力系统的转矩能力的限制以部件的输出能力、系统故障、部件故障为依据。根据不同的驾驶模式，如普通驾驶模式、自动驾驶模式、定速巡航、自适应巡航模式，对转矩的控制算法进行选择。

转矩解析目的如下：在车辆前进的过程中，基于加速踏板的输入、车速以及动力系统输出能力限制来决定驾驶员前进方向的转矩需求。在车辆后退的过程中，基于加速踏板的输入、车速以及动力系统输出能力限制来决定驾驶员前进方向的转矩需求。在Creep模式驱动车辆行驶过程中，基于车速的大小来决定驾驶员的需求转矩。D挡或R挡，在驾驶员完全松开加速踏板或是踩下制动的情况下，基于车速、电池剩余电量（SOC）以及动力系统能力限制等因素，决定制动能量回收的转矩请求。根据驾驶员输入的挡位（D挡或R挡）、踏板输入（加速踏板和制动踏板）需求进行仲裁，根据动力系统输出能力限制，系统故障等级来限制驾驶员的转矩请求。根据客户对驾驶性的要求，调节滤波系数，对驾驶员请求转矩进行相应的滤波。

当整车发生碰撞事故后，安全气囊控制器通过硬线和CAN线，将碰撞信号发给整车控制器和电池管理器，整车控制器接收到碰撞信号（碰撞CAN信号优先级高于碰撞硬线信号）后，发送紧急下电指令和高压下电指令，电池管理器控制高压继电器动作，断开高压回路，整车控制器通知电机控制器进行主动放电。控制原理如图8-7所示。

① 安全气囊控制器收到碰撞传感器的碰撞信号后，分别输出碰撞硬线信号（PWM形式，高低电平与正常状态相反）和CAN信号发给整车控制器和电池管理器，同时碰撞硬线信号也发给整车控制器和电池管理器，碰撞硬线的形式为PWM信号。正常工况下，200ms高电平，40ms低电平；故障情况下，200ms低电平，40ms高电平，三个周期确认。

碰撞硬线和CAN线诊断须满足以下需求。

CAN信号：整车控制器在收到IG ON报文后1.5s开始诊断安全气囊控制器发来的碰撞CAN信号，电池管理器在收到IG ON报文1.5s后开始诊断安全气囊控制器发来的碰撞CAN信号。

硬线：整车控制器在IG ON后，1.5s开始诊断安全气囊控制器发来的碰撞信号，电池管理器在收到IG ON后1.5s开始诊断安全气囊控制器发来的碰撞信号。

② 整车控制器接收碰撞CAN信号和硬线信号，两种信号有一个为真，则认为碰撞发生。整车控制器收不到安全气囊控制器发来的CAN信号和硬线信号，则走正常高压下电流程。

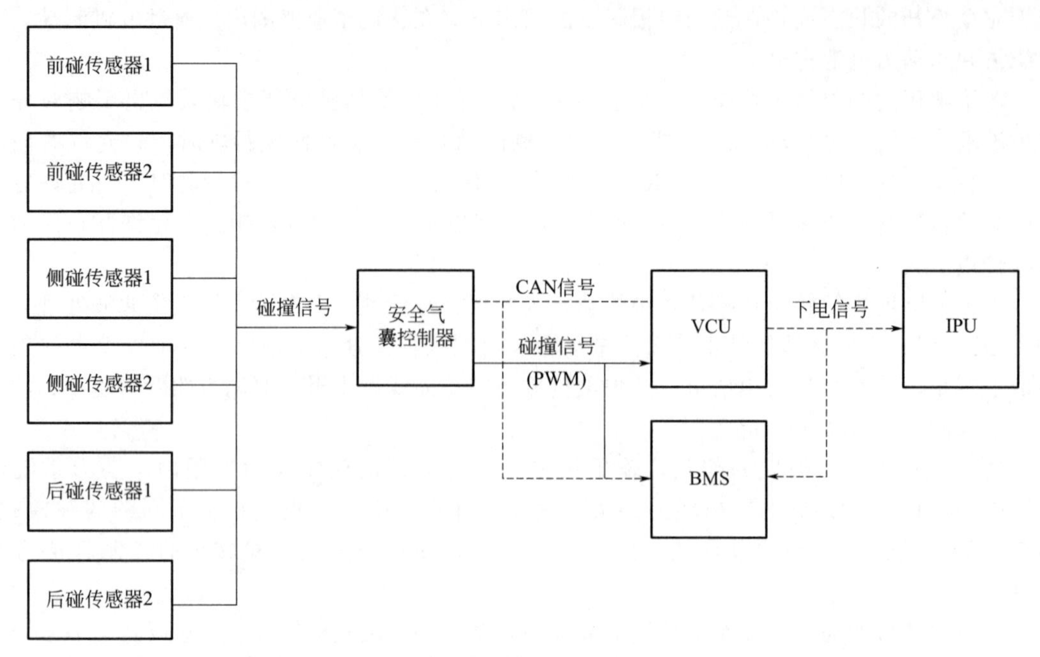

图 8-7　碰撞安全下电控制原理

③ 整车控制器接收到碰撞信号为真，给 DC/DC、HVAC、IPU 等高压控制器使能指令置零，电机转矩指令置 0，同时发送紧急高压下电指令，并且需要将该故障存在存储器里，需要 UDS 清除，否则不让再次上电。

④ 电池管理器接收如下碰撞信号：安全气囊控制器碰撞硬线、CAN 信号、整车控制器的下高压指令、紧急下电 CAN 指令，对碰撞信号的处理方式如下。

整车控制器下高压指令和紧急下电标志，走紧急下电流程，在 100ms 内断开高压回路。

如果 BMS 收到碰撞 CAN 信号或者碰撞硬线信号有一个为真，电池管理器最长等待 100ms，然后在 100ms 内主动断开高压回路；且电池管理器记录故障，需 UDS 清除，不清除不允许再次闭合继电器。

⑤ 碰撞发生后，需要在 1min 内将电机控制器电压降到 60V 以下。

8.1.2.3　科莱威 CLEVER 整车控制器

VCU 主要用于协调控制动力系统。整车控制系统能够根据踏板信号和挡位状态解释驾驶员的驾驶意图，依据动力系统部件状态协调动力系统输出动力。

驾驶员可选择不同的能量回收等级。

- 强（Heavy）：松油门减速时能量回收较多，减速感觉明显。
- 中（Moderate）：松油门减速时能量回收中等，减速感觉适中。
- 轻（Light）：松油门减速时能量回收较少，减速感觉不明显。

当发生碰撞后，VCU 通过 CAN 总线接收来自安全气囊控制模块的信号，断开动力电池包内部继电器，从而切断动力电池包的高压电输出。

整车控制器系统框图如图 8-8 所示，控制器线束连接器端子分布如图 8-9 所示，端子定义见表 8-6。

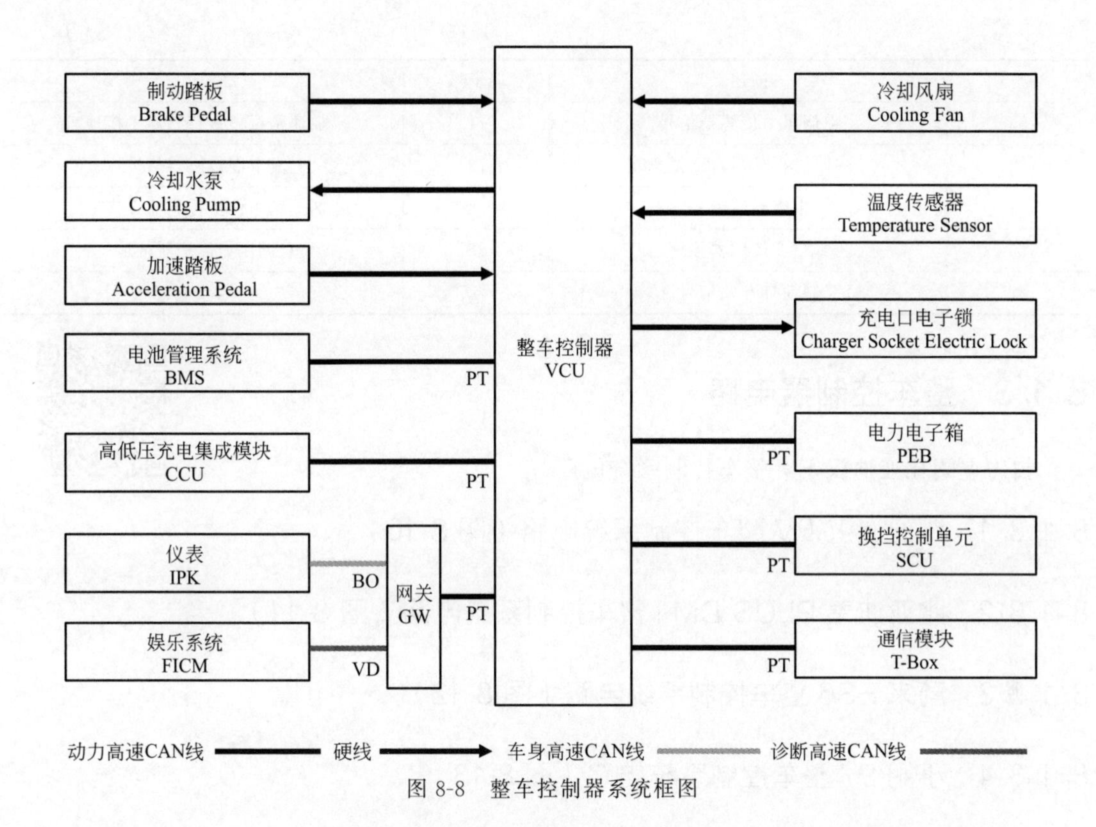

图 8-8 整车控制器系统框图

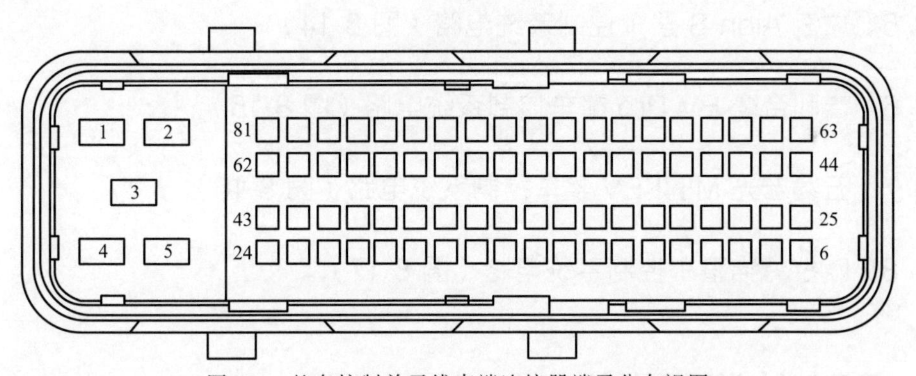

图 8-9 整车控制单元线束端连接器端子分布视图

表 8-6 整车控制器线束连接器端子定义

端子号	描述	端子号	描述
1-3	接地	19	冷却水泵信号
4-5	供电	20	冷却风扇信号输出(高速)
6	整车控制器供电(CRANK/IGN)	26	加速踏板位置传感器 1 供电
14	整车控制器供电(ACC/WakeUp)	27	加速踏板位置传感器 2 供电
15	加速踏板位置传感器 1 信号	40	空调压力传感器供电
16	加速踏板位置传感器 2 信号	41	真空度传感器供电
17	动力高速 CAN 低电平	44	电子真空泵继电器线圈信号
18	动力高速 CAN 高电平	48	制动踏板开关信号

续表

端子号	描述	端子号	描述
53	空调压力传感器信号	71	加速踏板位置传感器1接地
58	冷却风扇信号输出(低速)	72	真空度传感器信号
63	主继电器信号	74	加速踏板位置传感器2接地
65	真空度传感器接地	75	空调压力传感器接地
67	制动灯开关信号		

8.1.3 整车控制器电路

扫码查阅比亚迪汉 EV 整车控制系统电路

8.1.3.1 比亚迪汉 EV 整车控制系统电路（图 8-10）

8.1.3.2 比亚迪秦 PLUS DM-i 整车控制系统电路（图 8-11）

8.1.3.3 蔚来 ES6 整车控制系统电路（图 8-12）

8.1.3.4 小鹏 P7 整车控制系统电路（图 8-13）

8.1.3.5 广汽 Aion S 整车控制系统电路（图 8-14）

8.1.3.6 吉利帝豪 EV Pro 整车控制系统电路（图 8-15）

8.1.3.7 五菱宏光 MINI EV 整车控制系统电路（图 8-16）

8.1.3.8 欧拉黑猫整车控制系统电路（图 8-17）

8.2 整车控制器维修

8.2.1 整车控制器拆装

8.2.1.1 小鹏 P7 整车控制器拆装

① 如更换整车控制器，先用诊断仪进行“模块换件准备”操作。
② 关闭所有用电器，车辆下电。
③ 断开蓄电池负极极夹。
④ 拆卸后排座椅坐垫总成。
⑤ 拆卸整车控制器。
a. 断开整车控制器 1 连接插头（箭头）。

b. 旋出整车控制器 1 固定螺母（箭头 B）。

c. 取出整车控制器 1，螺母拧紧力矩 8Nm，如图 8-18 所示。

安装程序以拆卸倒序进行，同时注意下列事项。

如果更换了整车控制器，需要进行“模块更换”操作程序和整车控制器防盗认证。

8.2.1.2 科莱威 CLEVER 整车控制器拆装

① 断开蓄电池负极。

② 掀开驾驶员座椅下方地毯维修预留口。

③ 断开线束连接器 1。

④ 拆下将整车控制模块固定到车身上的 4 个螺母 2，如图 8-19 所示，并拆下整车控制器。

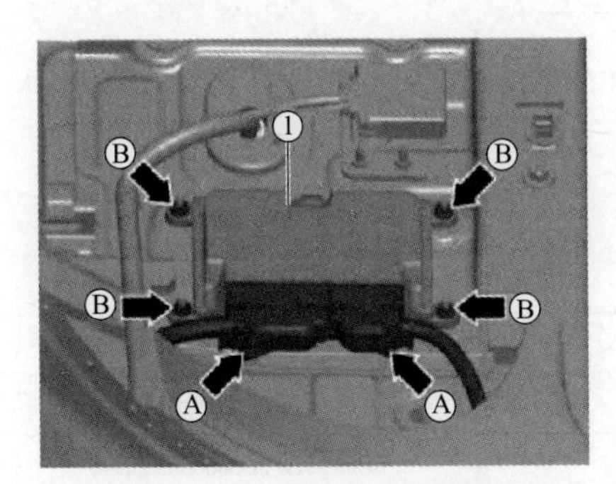

图 8-18 拆卸整车控制器

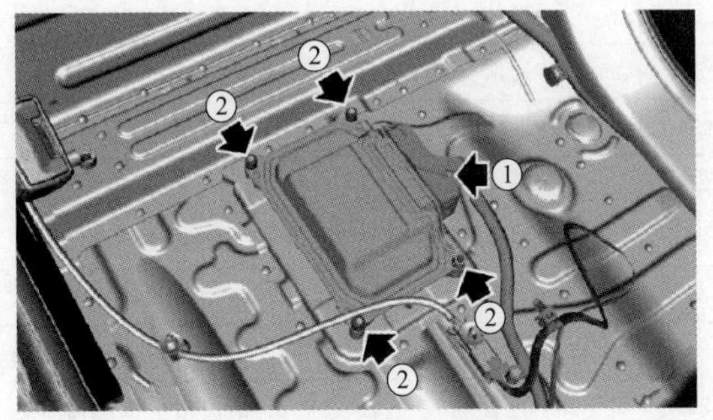

图 8-19 拆卸整车控制器

安装步骤如下。

① 连接整车控制器线束连接器。

② 连接蓄电池负极。

③ 对整车控制器（VCU）进行编程与编码。

④ 将整车控制器固定到车身上，装上 4 个螺母，拧紧到 7～10Nm，并检查转矩。

⑤ 复原地毯。

8.2.2 整车控制器故障诊断

8.2.2.1 比亚迪秦 PLUS DM-i 整车控制器故障诊断

比亚迪秦 PLUS DM-i 整车控制器线束连接器端子分布如图 8-20 所示，端子定义见表 8-7。

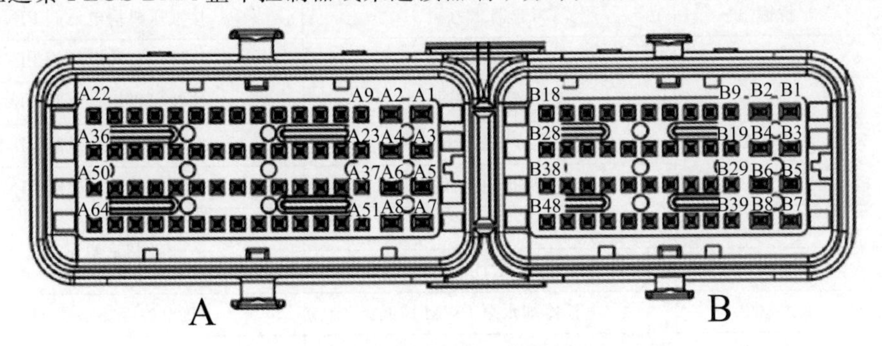

图 8-20 整车控制器线束连接器端子分布图

表 8-7 整车控制器线束连接器端子定义

引脚	端口名称	端口定义	线束接法
A2	受保护电池供电	VCU 功率驱动供电	IG3
A4	受保护电池供电	VCU 功率驱动供电	IG3
A7	蓄电池地	VCU 地	接蓄电池负极
A8	蓄电池地	VCU 地	接蓄电池负极
A11	通信	CAN3-L	接电控子网
A12	通信	CAN3-H	
A13	模拟输入	油门踏板传感器 1 深度信号	接油门踏板传感器 PIN2
A15	通信	CAN4-L	接 ECM 子网
A16	通信	CAN4-H	
A19	通信	CAN2-L	接能量网
A20	通信	CAN2-H	
A25	频率输入	碰撞信号	接 SRS 的 PIN46
A26	模拟输入	油温传感器信号	接油温传感器 PIN2
A29	数字输入	制动灯开关信号输入	接制动灯开关 PIN3
A34	5V 电源地	油门踏板传感器 2 地	接油门踏板传感器 PIN4
A35	5V 电源地	油门踏板传感器 1 地	接油门踏板传感器 PIN5
A38	模拟输入	主压力传感器信号	接主压力传感器信号 PIN3
A39	模拟输入	油门踏板传感器 2 深度信号	接油门踏板传感器 PIN1
A43	模拟输入	油箱压力传感器信号	接油箱压力传感器 PIN3
A49	LIN 通信	发动机水泵 LIN 接口	接发动机水泵 PIN1
A52	5V 电源	油门踏板传感器 1 电源	接油门踏板传感器 PIN3
A53	5V 电源	油门踏板传感器 2 电源	接油门踏板传感器 PIN6
A58	频率输入	电控冷却水泵 PWM 信号反馈	接电控冷却水泵 PIN2
A59	模拟输入	离合器压力传感器信号	接离合器压力传感器 PIN3
A64	屏蔽地	油门踏板屏蔽地	接整车控制器单端屏蔽地
B7	高边输出	散热风扇使能控制	接散热风扇 PIN1
B8	蓄电池供电	蓄电池正	接蓄电池正极
B9	低边输出	电子节温器控制	接电子节温器 PIN2
B16	半桥输出	离合器压力阀	接液压机构电磁阀 PIN5
B17	半桥输出	主压力电磁阀	接液压机构电磁阀 PIN7
B18	半桥电源	离合器压力阀电源	接液压机构电磁阀 PIN4
		主压力电磁阀电源	接液压机构电磁阀 PIN2
		过冷保护电磁阀电源	接液压机构电磁阀 PIN3
B19	通信	CAN1-H	接底盘网
B20	通信	CAN1-L	
B23	低边输出	电控冷却水泵 PWM 控制	接电控冷却水泵 PIN3
B24	低边输出	散热风扇 PWM 控制	接散热风扇 PIN4

续表

引脚	端口名称	端口定义	线束接法
B27	低边输出	炭罐截止阀控制	接炭罐截止阀 PIN2
B28	半桥输出	过冷保护电磁阀	接液压机构电磁阀 PIN6
B29	数字输入	VCU 硬线唤醒信号	IG3
B31	蓄电池地	蓄电池负	接蓄电池负极
B34	5V 电源地	主压力传感器地	接主压力传感器 PIN2
B35	5V 电源地	油温传感器地	接油温传感器 PIN1
B36	5V 电源地	油箱压力传感器地	接油箱压力传感器 PIN2
B40	5V 电源	主压力传感器电源	接主压力传感器 PIN1
B41	5V 电源	油箱压力传感器电源	接油箱压力传感器 PIN1
B42	5V 电源	离合器压力传感器电源	接离合器压力传感器 PIN1
B46	低边输出	发动机水泵 PWM 控制	接发动机水泵 PIN2
B47	5V 电源地	离合器压力传感器地	接离合器压力传感器 PIN2

整车控制器故障码如表 8-8 所示。

表 8-8 整车控制器故障码及定义

序号	故障码	故障定义
1	P2B4500	整车碰撞
2	U110387	与 SRS 通信故障
3	P1D6200	整车控制器巡航开关信号故障
4	P2B5200	整车控制器模式开关信号故障
5	P1D6300	整车控制器水泵驱动故障
6	P1D6400	油门信号故障-1 信号故障
7	P1D6500	油门信号故障-2 信号故障
8	P1D6600	油门信号故障-校验故障
9	P1D7800	稳压故障
10	P1D6E09	发电机故障
11	P2B4300	发动机启动失败
12	P1D7100	BMS 放电不允许
13	P2B4400	严重漏电故障
14	P2B5312	电子节温器对电源短路故障
15	P2B5311	电子节温器对地短路故障
16	P2B5313	电子节温器开路故障
17	P2B5412	发动机电子水泵对电源短路故障
18	P2B5411	发动机电子水泵对地短路故障
19	P2B5413	发动机电子水泵开路故障
20	P2B5419	发动机电子水泵过流
21	P2B5417	发动机电子水泵过压

续表

序号	故障码	故障定义
22	P2B544B	发动机电子水泵过温
23	P2B5407	发动机电子水泵干转
24	P2B5400	发动机电子水泵故障
25	P2B5512	电控水泵对电源短路故障
26	P2B5511	电控水泵对地短路故障
27	P2B5513	电控水泵开路故障
28	P2B5519	电控水泵过流
29	P2B5517	电控水泵过压
30	P2B554B	电控水泵过温
31	P2B5507	电控水泵干转
32	P2B5516	电控水泵低压
33	P2B5571	电控水泵堵转
34	P160D00	离合器 1 打滑
35	P176100	离合器无法分离
36	P176200	离合器无法结合
37	P162300	变速器温度过高
38	P162200	变速器温度传感器故障
39	P2B5F16	离合器压力传感器电压过低
40	P2B5F17	离合器压力传感器电压过高
41	P2B5F00	离合器无法达到目标压力
42	P2B6000	主压力阀控制故障
43	P2B6013	主压力阀开路
44	P2B6011	主压力阀短路到地
45	P2B6012	主压力阀短路到电源
46	P2B6200	离合器阀控制故障
47	P2B6213	离合器阀开路
48	P2B6211	离合器阀短路到地
49	P2B6212	离合器阀短路到电源
50	P2B6100	驱动电机传动比故障
51	P2B6400	发电机传动比故障
52	P2B6313	过冷保护阀开路
53	P2B6311	过冷保护阀短路到地
54	P2B6312	过冷保护阀短路到电源
55	P2B5600	IPB 故障
56	P2B5700	前电机系统故障
57	P2B5800	后电机系统故障
58	P2B5900	双向 DC 故障

续表

序号	故障码	故障定义
59	P2B5A00	LBMS低电量报警
60	P2B5B00	DC/DC故障
61	P2B5B4B	DC/DC过温报警
62	P1D8500	真空泵系统失效1
63	P1D9E00	真空泵系统失效2
64	P1D9F00	真空泵系统失效3
65	P1D6B00	真空泵系统失效4
66	P1D8600	真空泵严重漏气故障
67	P1D8700	真空泵一般漏气故障
68	P1D8800	真空泵达到极限寿命
69	P1D8900	真空泵继电器1故障
70	P1D8A00	真空泵继电器2故障
71	P1D8B00	真空泵继电器1、2故障
72	P1D9A00	真空度传感器故障
73	P1D9900	大气压力传感器故障
74	P2B5D00	电控压差故障
75	P2B5E00	DC/DC压差故障
76	U017A29	车速信号失效
77	U017B29	坡度信号失效
78	U010187	与TCU失去通信
79	U011187	与BMS失去通信
80	U015587	与组合仪表失去通信
81	U010300	与ECM通信故障
82	U012187	与ESP失去通信
83	U012887	与EPB失去通信
84	U029187	与挡位控制器失去通信
85	U016487	与空调失去通信
86	U014087	与BCM失去通信
87	U029887	与DC/DC通信故障
88	U01A500	与前电机控制器通信故障
89	U01A600	与后电机控制器通信故障
90	U021487	与I-KEY失去通信
91	U029487	与EV/HEV开关通信故障
92	U012A87	与EPS通信故障
93	U011287	与发电机通信故障
94	U012287	与LBMS失去通信
95	U100F87	发动机电子水泵LIN通信故障

续表

序号	故障码	故障定义
96	U029F87	与 OBC 通信故障
97	U01F287	与 IPB 通信故障
98	U017087	与双向 DC 通信故障
99	U024587	与多媒体通信故障
100	U023F87	与 SGS 通信故障
101	P2B6500	SGS 模块故障
102	U011787	与 SAS 通信故障
103	P2B6A00	一般漏电故障
104	P2B4000	启动电池故障
105	P2B4100	TCU 故障
106	P2B4271	散热风扇堵转
107	P2B4213	散热风扇开路或被断开
108	P2B4212	散热风扇短路
109	P2B424B	散热风扇过温保护
110	P2B654B	电磁阀驱动桥过温故障
111	P2B6616	主压力传感器电压过低
112	P2B6617	主压力传感器电压过高
113	P2B6700	主油路泄漏(一般)
114	P2B6800	主油路泄漏(严重)
115	P2B6900	主油路无法建压故障
116	P2B6B00	主油路无法泄压
117	P2B6C00	离合器无法建压故障
118	P2B6D00	高压互锁
119	P2B6E00	发动机启动不允许
120	P2B6F00	与 ECM 防盗对码失败
121	P2B5601	EPB 故障
122	P2B534B	电子节温器过温故障
123	P1AF600	动力电池组热失控故障
124	U015687	与 SWS 通信故障
125	P2B5C01	空调压缩机压差故障
126	P2B5C02	前 PTC 压差故障
127	P2B5C03	后 PTC 压差故障
128	P2B5C04	电池加热器压差故障
129	U025387	与空调压缩机失去通信

8.2.2.2 小鹏 P7 整车控制器端子信息

小鹏 P7 整车控制器线束连接器端子分布如图 8-21 所示，端子定义与信号参数见表 8-9。

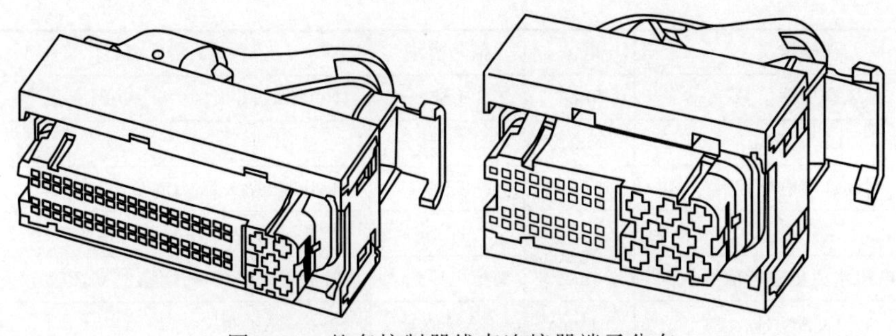

图 8-21　整车控制器线束连接器端子分布

表 8-9　整车控制器线束连接器端子定义

端子	端子定义	电流	信号类型	备注
1	电源地	5A	电源地	0V
2	电源地	5A	电源地	0V
3	搭铁地	10A	搭铁地	0V
4	12V 电源输入	5A	12V 输入	13～14V
5	12V 电源输入	5A	12V 输入	13～14V
6	ECAN-L	100mA	CAN-L	查看 CAN 报文
7	5V 信号地	100mA	5V 信号地	0V
9	直流充电口温度传感器信号 2	3mA	模拟电压输入	常温下采集到电压值 20℃，2.778V；25℃，25V；30℃，2.23V
14	风扇 1_ 速度控制	200mA	LSS	—
15	加速踏板传感器电源 1	15mA	5V 电源	4.9～5.1V
16	加速踏板传感器电源 2	15mA	5V 电源	4.9～5.1V
17	挡位传感器 5V 电源	15mA	5V 电源	4.9～5.1V
19	散热风扇继电器控制	150mA	LSS	输出＜0.5V；断开 13～14V
21	倒车灯电源输出	470mA	HSS	打到倒挡，输出 12～14V； 离开倒挡，断开＜0.5V
25	ECAN-H	100mA	CAN-H	查看 CAN 报文
26	加速踏板传感器接地 1	100mA	5V 信号地	0V
28	直流充电口温度传感器信号 1	3mA	模拟电压输入	常温下采集到电压值 20℃，2.778V；25℃，2.5V；30℃，2.23V
29	交流充电口温度传感器信号 3	3mA	模拟电压输入	常温下采集到电压值 20℃，2.778V；25℃，2.5V；30℃，2.23V
30	加速踏板位置传感器信号 2	12mA	模拟电压输入	松开油门踏板 0.375V；踩下油门踏板 2.295V
31	加速踏板位置传感器接地	100mA	5V 信号地	0V
32	挡位传感器	100mA	5V 信号地	0V
37	碰撞硬线信号	25mA	PWM 信号	正常时，高电平 200ms，低电平 40ms(用万用表测试平均值 10V 左右)
38	电池水泵自诊断信号	5mA	PWM 检测	100Hz，占空比 10%～98%，高电平 11～13V，低电平＜0.5V

续表

端子	端子定义	电流	信号类型	备注
40	风扇反馈信号	5mA	LSS	100Hz,占空比 10%～90%
41	LI N 通信	50mA	LIN 线	
42	制动灯继电器控制	150mA	LSS	断开时,13～14V;能量回收时,<0.5V
43	紧急停止		HSS	断开时,<0.5V;紧急停止时,12～14V
44	电机水温传感器信号	3mA	模拟电压输入	常温下采集到电压值:25℃,25V
47	CCAN-H	100mA	CAN 信号	查看 CAN 报文
48	CCAN-L	100mA	CAN 信号	查看 CAN 报文
50	加速踏板传感器信号 1	12mA	模拟电压输入	松开油门踏板 075V;踩下油门踏板 4.59V
52	高压互锁输入	20mA	PWM 检测	100Hz,50%占空比(用万用表测试平均值 4.2V 左右)
56	充电指示灯 2	20mA	LSS	未使用时,4V 左右 充电照明时,<0.5V
60	电机水泵转速控制 1	6mA	LSS	100Hz,占空比 10%～98%,高电平 11～13V,低电平<0.5V
62	ADCAN-H	100mA	CAN 信号	查看 CAN 报文
64	电池水温传感器信号 2	3mA	模拟电压输入	常温下采集到电压值:25℃,2.5V
65	交流充电口温度传感器信号 1	3mA	模拟电压输入	常温下采集到电压值:20℃,2.778V;25℃,2.5V;30℃,2.23V
66	交流充电口温度传感器信号 2	3mA	模拟电压输入	常温下采集到电压值:20℃,2.778V;25℃,2.5V;30℃,2.23V
67	电机水温传感器接地	100mA	5V 信号地	0V
68	充电指示灯 4	20mA	LSS	未使用时 4V 左右;充电时<0.5V
69	充电指示灯 3	20mA	LSS	未使用时 4V 左右;充电时<0.5V
71	电池水温传感器接地	100mA	5V 信号地	0V
74	电机水泵自诊断	5mA	PWM 检测	100Hz,占空比 10%～98%, 高电平 11～13V,低电平<0.5V
76	水泵继电器控制	150mA	LSS	断开时 13～14V;输出时<0.5V
77	主继电器控制	150mA	LSS	断开时 13～14V;输出时<0.5V
79	电池水泵转速控制	6mA	LSS	100Hz,占空比 10%～98%,高电平 11～13V,低电平<0.5V
80	直流充电口温度传感器接地	100mA	5V 信号地	0V
81	ADCAN-L	100mA	CAN 信号	查看 CAN 报文
82	挡位传感器 N 挡	5mA	模拟电压输入	打到 N1 挡:0.799V;离开 N1 挡:4.283V
84	主继电器状态回采	5mA	HSS	主继电器闭合时,13～14V;主继电器断开时,0V
85	制动开关信号	0.3A	低电平检测	踩下制动踏板,0V;松开刹车踏板,13～14V
86	直流充电唤醒信号	10mA	唤醒电	快充充电唤醒时,13～14V;无效时,<0.5V
87	IG1 电源	0.5A	唤醒电	车辆上电时,13～14V;车辆下电时,<0.5V
88	高压互锁输出		PWM 输出	100Hz,50%占空比(用万用表测试平均值 4.2V 左右)

续表

端子	端子定义	电流	信号类型	备注
90	挡位传感器 D 挡	5mA	模拟电压输入	打到 01 挡：0.799V 离开 01 挡：4.283V
92	制动开关常闭信号	5.25A	低电平检测	踩下制动踏板：13～14V 松开制动踏板：0V
94	交流充电唤醒信号	10mA	唤醒电	慢充充电唤醒时，13～14V；无效时，＜0.5V
101	挡位传感器 P 挡	5mA	模拟电压输入	按下 P 挡开关：1.947V±0.15V 松开 P 挡开关：4.68V±0.15V
104	挡位传感器 R 挡	5mA	模拟电压输入	打到 R1 挡：0.799V；离开 R1 挡：4.283V
114	电源地	5A	电源地	0V
115	电源地	5A	电源地	0V
116	接地	10A	搭铁地	0V
119	12V 电源	5A	12V 输入	13～14V

8.2.2.3 广汽 Aion S 整车控制器故障诊断

广汽 Aion S 整车控制器线束连接器端子分布如图 8-22、图 8-23 所示，端子定义见表 8-10、表 8-11（线经单位为 mm）。

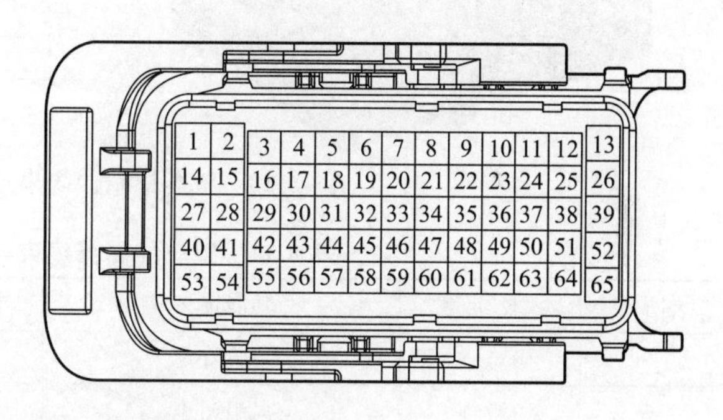

图 8-22 整车控制器线束连接器端子分布之一

表 8-10 整车控制器线束连接器端子定义之一

端子号	线径/颜色	功能定义	端子号	线径/颜色	功能定义
1	0.5/W	电子锁＋	19	0.5/Y	碰撞信号
2	0.5/B	接地	20	0.5/S	电机冷却液温度信号
3	0.5/B	电子锁－	21	0.5/Y	进水温度信号
6	0.5/K	互锁信号反馈	22	0.5/O	L1 温度信号
8	0.5/N	制动深度信号	24	0.5/P	IG1 电源
10	0.5/S	I-PEDAL 信号	25	0.5/N	主继电器控制
12	0.5/U	5V 电源＋	26	0.5/U	12V 电源
17	0.5/S	传感器地	28	0.5/U	传感器接地
18	0.5/S	传感器地	29	0.5/U	传感器接地

续表

端子号	线径/颜色	功能定义	端子号	线径/颜色	功能定义
30	0.5/W	出水温度信号	50	0.5/G	电子锁状态 2 信号
31	0.5/O	传感器接地	51	0.5/W	ACC 电源
38	0.5/K	5V 电源＋	52	0.5/B	接地
39	0.5/U	12V 电源	53	0.5/B	接地
40	0.5/Y	放电开关	54	0.5/B	接地
41	0.5/O	电子锁灯	56	0.5/W	ACAN-H
42	0.5/K	放电指示灯	57	0.5/S	ACAN-L
44	0.5/G	真空压力信号	59	0.5/O	ECAN-L
45	0.5/G	绿灯	60	0.5/G	ECAN-H
47	0.5/S	LIN3	61	0.5/K	ST 信号
48	0.5/N	PCAN-L	64	0.5/K	蓄电池电源
49	0.5/U	PCAN-H	65	0.5/K	蓄电池电源

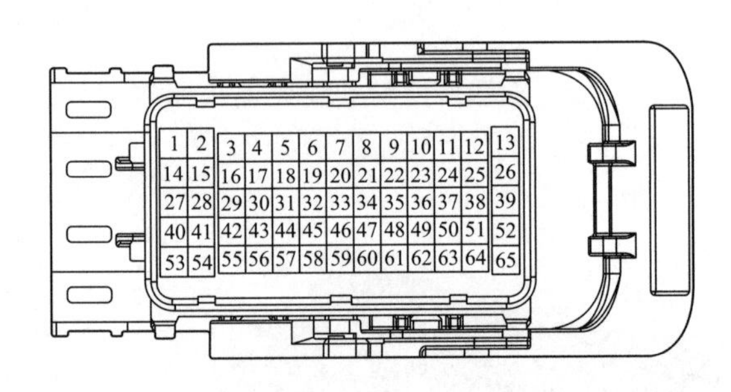

图 8-23 整车控制器线束连接器端子分布之二

表 8-11 整车控制器线束连接器端子定义之二

端子号	线径/颜色	功能定义	端子号	线径/颜色	功能定义
3	0.5/Y	黄灯	36	0.5/W	5V 电源－
5	0.5/Y	风扇调速	37	0.5/W	温度信号
12	0.5/U	电子锁状态 1 信号	42	0.5/W	真空泵控制
14	0.5/Y	紧急下电信号	44	0.5/N	压力信号
15	0.5/G	冷却风扇继电器控制	45	0.5/G	加速踏板信号 2
16	0.5/S	电池水泵调速	46	0.5/U	加速踏板信号 1
18	0.5/R	红灯	48	0.5/W	LIN4
19	0.5/G	制动开关常开	49	0.5/S	DC＋温度信号
22	0.5/U	D 挡信号	50	0.5/K	DC－温度信号
23	0.5/G	N 挡信号	56	0.5/O	外围附件继电器控制
30	0.5/R	电机冷却水泵调速	57	0.5/S	互锁信号输出
31	0.5/K	5V 电源＋	59	0.5/S	5V 电源－
32	0.5/K	5V 电源＋	60	0.5/G	5V 电源－
35	0.5/S	制动信号常闭	62	0.5/P	P 挡信号

续表

端子号	线径/颜色	功能定义	端子号	线径/颜色	功能定义
63	0.5/Y	R挡信号	65	0.5/P	5V电源+
64	0.5/B	接地			

整车控制系统故障码如表8-12所示

表8-12 整车控制系统故障码及可能原因

序号	故障码	故障码描述	可能原因
1	P140196	供电电源1集成故障	①熔断器损坏 ②蓄电池故障 ③CAN总线通信故障 ④整车控制器故障
2	P140117	供电电源1过压	
3	P140111	供电电源1短路到地	
4	P140116	供电电源1欠压	
5	P140296	供电电源2集成故障	
6	P140217	供电电源2过压	
7	P140211	供电电源2短路到地	
8	P140216	供电电源2欠压	
9	P140396	供电电源3集成故障	
10	P140317	供电电源3过压	
11	P140311	供电电源3短路到地	
12	P140316	供电电源3欠压	
13	P146145	内存读取错误	
14	P146245	内存写入错误	
15	P146345	内存溢出	
16	P146401	ADC低压检测(地)	
17	P146501	ADC参考电压检测(电源)	
18	U007488	ACAN总线故障短时	
19	U007688	ECAN总线故障短时	
20	U120088	PCAN总线故障短时	
21	U203408	LIN1通信超时	
22	U203208	LIN2通信超时	
23	P146694	非预期重启	
24	P14A411	三通阀驱动短路到地	三通阀损坏,线束或接口短路到地
25	P14A412	三通阀驱动短路到电源	三通阀损坏,线束或接口短路到电源
26	P14A413	三通阀驱动开路	三通阀损坏,线束或接口开路
27	P14A511	电子水泵1短路到地	电子水泵1损坏,线束或接口短路到地
28	P14A512	电子水泵1短路到电源	电子水泵1损坏,线束或接口短路到电源
29	P14A513	电子水泵1开路	电子水泵1损坏,线束或接口开路
30	P14A611	电子水泵2短路到地	电子水泵2损坏,线束或接口短路到地
31	P14A612	电子水泵2短路到电源	电子水泵2损坏,线束或接口短路到电源

序号	故障码	故障码描述	可能原因
32	P14A613	电子水泵 2 开路	电子水泵 2 损坏，线束或接口开路
33	P14A494	电子水泵 1 干转	电子水泵 1 所在回路冷却液不足或水泵故障
34	P14A594	电子水泵 1 堵转	电子水泵 1 堵转故障
35	P14A498	电子水泵 1 过温	电子水泵 1 温度过高
36	P14A417	电子水泵 1 欠压/过压	电子水泵 1 供电电压异常
37	P14A496	电子水泵 1 内部错误	电子水泵 1 故障
38	P14A491	电子水泵 1 诊断信息 PWM 信号超出范围	电子水泵 1 反馈信息异常
39	P14A694	电子水泵 2 干转	电子水泵 2 所在回路冷却液不足或水泵故障
40	P14A794	电子水泵 2 堵转	电子水泵 2 堵转故障
41	P14A698	电子水泵 2 过温	电子水泵 2 温度过高
42	P14A617	电子水泵 2 欠压/过压	电子水泵 2 供电电压异常
43	P14A696	电子水泵 2 内部错误	电子水泵 2 故障
44	P14A691	电子水泵 2 诊断信息 PWM 信号超出范围	电子水泵 2 反馈信息异常
45	P14D012	放电指示灯短路到电源	放电指示灯损坏
			线束或接口短路到电源
46	P14D011	放电指示灯短路到地	放电指示灯损坏
			线束或接口短路到地
47	P14D111	绿灯控制线短路到地	线束或接口短路到地
			充电绿灯损坏
48	P14D112	绿灯控制线短路到电源	线束或接口短路到电源
			充电绿灯损坏
49	P14D113	绿灯控制线开路	线束或接口开路
			充电绿灯损坏
50	P14D211	红灯控制线短路到地	线束或接口短路到地
			充电红灯损坏
51	P14D212	红灯控制线短路到电源	线束或接口短路到电源
			充电红灯损坏
52	P14D213	红灯控制线开路	线束或接口开路
			充电红灯损坏
53	P14D311	蓝灯控制线短路到地	线束或接口短路到地
			充电蓝灯损坏
54	P14D312	蓝灯控制线短路到电源	线束或接口短路到电源
			充电蓝灯损坏
55	P14D313	蓝灯控制线开路	线束或接口开路
			充电蓝灯损坏
56	P14A011	风扇使能线短路到地	风扇损坏，线束或接口短路到地
57	P14A012	风扇使能线短路到电源	风扇损坏，线束或接口短路到电源

续表

序号	故障码	故障码描述	可能原因
58	P14A013	风扇使能线开路	风扇损坏,线束或接口开路
59	P14A111	风扇控制线短路到地	风扇损坏,线束或接口短路到地
60	P14A112	风扇控制线短路到电源	风扇损坏,线束或接口短路到电源
61	P14A113	风扇控制线开路	风扇损坏,线束或接口开路
62	P14A898	风扇过温	风扇温度过高
63	P14A896	风扇工作异常(欠压、短路、开路、过载、堵转)	风扇故障
64	P14A891	风扇诊断信息 PWM 信号超出范围	风扇反馈信息异常
65	P14A812	风扇短路	风扇供电短路
66	P14A813	风扇开路	风扇供电开路
67	P14A894	风扇堵转	风扇堵转
68	P14A211	保护电源继电器短路到地	保护电源继电器损坏,线束或接口短路到地
69	P14A212	保护电源继电器短路到电源	保护电源继电器损坏,线束或接口短路到电源
70	P14A213	保护电源继电器开路	保护电源继电器损坏,线束或接口开路
71	P144B86	保护电源反馈状态异常	保护电源继电器异常或供电异常
72	P0A0A13	高压互锁使能线开路	高压互锁损坏,线束或接口开路
73	P0A0C11	高压互锁使能线短路到地	高压互锁损坏,线束或接口短路到地
74	P0A0D12	高压互锁使能线短路到电源	高压互锁损坏,线束或接口短路到电源
75	P0A0A01	高压互锁回路硬线异常	高压互锁回路硬线故障
76	P0A0A29	高压互锁异常	高压互锁故障
77	P14E011	紧急下电硬线短路到地	紧急下电硬线损坏,线束或接口短路到地
78	P14E012	紧急下电硬线短路到电源	紧急下电硬线损坏,线束或接口短路到电源
79	P14E013	紧急下电硬线开路	紧急下电硬线损坏,线束或接口开路
80	P14A311	电子锁驱动短路到地	电子锁损坏,线束或接口短路到地
81	P14A312	电子锁驱动短路到电源	电子锁损坏,线束或接口短路到电源
82	P14A319	电子锁驱动过流	电子锁损坏,线束或接口故障
83	P14A313	电子锁驱动开路	电子锁损坏,线束或接口开路
84	P14E577	电子锁落锁失败	电子锁请求不成功或电子锁卡住
85	P14E677	电子锁解锁失败	电子锁请求不成功或电子锁卡住
86	P14D411	电子锁指示灯短路到地	电子锁指示灯损坏,线束或接口短路到地
87	P14D412	电子锁指示灯短路到电源	电子锁指示灯损坏,线束或接口短路到电源
88	P14E162	电子锁状态校验失败	电子锁状态不匹配
89	P141017	进水管温度传感器电压过高	进水管温度传感器故障、线束故障或接口故障
90	P141016	进水管温度传感器电压过低	进水管温度传感器故障、线束故障或接口故障
91	P141117	出水管温度传感器电压过高	出水管温度传感器故障、线束故障或接口故障
92	P141116	出水管温度传感器电压过低	出水管温度传感器故障、线束故障或接口故障
93	P141217	外部温度传感器电压过高	外部温度传感器故障、线束故障或接口故障
94	P141216	外部温度传感器电压过低	外部温度传感器故障、线束故障或接口故障

续表

序号	故障码	故障码描述	可能原因
95	P141317	电机冷却温度传感器电压过高	电机冷却温度传感器故障、线束故障或接口故障
96	P141316	电机冷却温度传感器电压过低	电机冷却温度传感器故障、线束故障或接口故障
97	P144191	CRASH 硬线 PWM 不在合理范围	CRASH 硬线故障、线束故障或接口故障
98	P144C00	车辆发生碰撞故障	车辆发生碰撞故障
99	P141417	制动位置传感器位置反馈线电压过高	制动位置传感器故障、线束故障或接口故障
100	P141416	制动位置传感器位置反馈线电压过低	制动位置传感器故障、线束故障或接口故障
101	P141422	制动真空压力传感器压力反馈线过高	制动真空压力传感器故障、线束故障或接口故障
102	P141421	制动真空压力传感器压力反馈线过低	制动真空压力传感器故障、线束故障或接口故障
103	P141517	加速踏板 1 深度反馈线电压过高	加速踏板 1 深度传感器故障、线束故障或接口故障
104	P141516	加速踏板 1 深度反馈线电压过低	加速踏板 1 深度传感器故障、线束故障或接口故障
105	P141617	加速踏板 2 深度反馈线电压过高	加速踏板 2 深度传感器故障、线束故障或接口故障
106	P141616	加速踏板 2 深度反馈线电压过低	加速踏板 2 深度传感器故障、线束故障或接口故障
107	P143017	巡航按钮电压过低	巡航按钮故障、线束故障或接口故障
108	P143016	巡航按钮电压过高	巡航按钮故障、线束故障或接口故障
109	P141717	PT 传感器温度反馈线电压过高	PT 传感器故障、线束故障或接口故障
110	P141716	PT 传感器温度反馈线电压过低	PT 传感器故障、线束故障或接口故障
111	P141817	PT 传感器压力反馈线电压过高	PT 传感器故障、线束故障或接口故障
112	P141816	PT 传感器压力反馈线电压过低	PT 传感器故障、线束故障或接口故障
113	P141917	快充正极温度反馈电压过高	快充正极温度传感器故障、线束故障或接口故障
114	P141916	快充正极温度反馈电压过低	快充正极温度传感器故障、线束故障或接口故障
115	P141A17	快充负极温度反馈电压过高	快充负极温度传感器故障、线束故障或接口故障
116	P141A16	快充负极温度反馈电压过低	快充负极温度传感器故障、线束故障或接口故障
117	P141B17	慢充 L1 温度反馈电压过高	慢充 L1 温度传感器故障、线束故障或接口故障
118	P141B16	慢充 L1 温度反馈电压过低	慢充 L1 温度传感器故障、线束故障或接口故障
119	P141C17	慢充 N 温度反馈电压过高	慢充 N 温度传感器故障、线束故障或接口故障
120	P141C16	慢充 N 温度反馈电压过低	慢充 N 温度传感器故障、线束故障或接口故障
121	U300088	ECAN-BUS OFF 长时	通信故障
122	U300188	PCAN-BUS OFF 长时	通信故障
123	U300288	ACAN-BUS OFF 长时	通信故障
124	U014687	与网关丢失通信(P-GW)	与网关 GW 的通信故障
125	U044781	接收到来自网关的无效报文	与网关 GW 的通信故障
126	U012987	与 ABS/ESP 丢失通信	与 ABS/ESP 的通信故障
127	U041881	接收到来自 ABS/ESP 的无效报文	与 ABS/ESP 的通信故障
128	U010387	与 GSM 挡位控制器丢失通信	与 GSM 挡位控制器的通信故障

续表

序号	故障码	故障码描述	可能原因
129	U040481	接收到来自GSM挡位控制器的无效报文(P-GSM)	与GSM挡位控制器的通信故障
130	U15A087	与P挡控制器丢失通信(P-PCU)	与P挡控制器的通信故障
131	U15A081	接收到来自P挡控制器的无效报文	与P挡控制器的通信故障
132	U015187	与SRS丢失通信(P-SRS)	与SRS的通信故障
133	U045281	接收到来自SRS的无效报文	与SRS的通信故障
134	U012687	与SAS丢失通信(P-SAS)	与SAS的通信故障
135	U042881	接收到来自SAS的无效报文	与SAS的通信故障
136	U011187	与BMS丢失通信(E-BMS)	与BMS的通信故障
137	U041281	接收到来自BMS的无效报文	与BMS的通信故障
138	U029287	与DCU丢失通信(E-DCU)	与DCU的通信故障
139	U059481	接收到来自DCU的无效报文	与DCU的通信故障
140	U029887	与DC/DC丢失通信(E-DC/DC)	与DC/DC的通信故障
141	U059981	接收到来自DC/DC的无效报文	与DC/DC的通信故障
142	U011287	与OBC丢失通信(E-OBC)	与OBC的通信故障
143	U041381	接收到来自OBC的无效报文	与OBC的通信故障
144	U019887	与T-Box丢失通信(E-TEL)	与T-Box的通信故障
145	U049981	接收到来自T-Box的无效报文	与T-Box的通信故障
146	U025787	与雷达系统丢失通信(P-MRR)	与雷达的通信故障
147	U010481	接收到来自雷达系统的无效报文(P-MRR)	与雷达的通信故障
148	U012887	与EPB丢失通信(BCS)	与EPB的通信故障
149	U041781	接收到来自EPB的无效报文(BCS)	与EPB的通信故障
150	U203487	LIN1通信丢失(长时)	LIN通信故障
151	U203287	LIN2通信丢失(长时)	LIN通信故障
152	P14E277	P挡解锁失败	P挡请求不成功或P挡锁卡住
153	P14E377	P挡挂锁失败	P挡请求不成功或P挡锁卡住
154	P140416	VCU供电电压低于11V	供电电压偏低
155	P140021	低压蓄电池SOC低(高配车辆)	12V蓄电池电量不足
156	P140017	VCU供电电压过高	VCU供电口故障、线束故障或接口故障
157	P140016	VCU供电电压过低	VCU供电口故障、线束故障或接口故障
160	P149001	上电初始化故障	预充条件不满足
161	P149009	上电失败故障	上电超时
158	P143117	EPEDAL按钮电压过高	EPEDAL按钮故障、线束故障或接口故障
159	P143116	EPEDAL按钮电压过低	EPEDAL按钮故障、线束故障或接口故障
162	P144262	制动开关信号不匹配	制动开关信号异常
163	P144362	制动踏板位置传感器信号与制动开关信号不匹配	制动踏板位置传感器信号与制动开关信号所反映的制动踏板状态不一致

续表

序号	故障码	故障码描述	可能原因
164	P144462	两个油门踏板位置传感器信号不匹配	油门踏板位置传感器信号与油门踏板位置传感器2信号所反映的油门踏板状态不一致
165	P144562	油门踏板信号失效 (油门踏板位置传感器1故障且2故障)	油门踏板位置传感器1故障且2故障超过500ms
166	P144662	选挡信号不匹配(P挡请求失效)	选挡信号线0、1、2、3电压信号异常
167	P144787	无法获取挡位(挡位需求失效)	PGCU通信故障且选挡信号不匹配
168	P14E684	制动助力真空度过低	制动真空泵故障、制动真空泵继电器故障、真空制动压力传感器故障
169	P14E700	真空泵老化	真空泵老化
170	P14E77A	真空泵泄漏	真空泵泄漏
171	P14E791	真空泵使用寿命到期	真空泵使用时间过长
172	P14E891	真空泵持续工作时间超时	真空泵连续工作时间过长
173	P14A711	真空泵使能脚短路到地	线束或接插件短路到地
			真空泵损坏
174	P14A713	真空泵使能脚开路	线束或接插件开路
			真空泵损坏
175	P14A712	真空泵使能脚短路到电源	线束或接插件短路到电源
			真空泵损坏
176	P148062	PEPS防盗认证失败-钥匙错误	PEPS与VCU认证失败 钥匙错误
177	P148162	PEPS防盗未匹配故障	Virgin的ECU,尚未经过匹配 匹配过程中出现问题,未匹配成功 ESK丢失
178	P148200	PEPS防盗通信失败-回复不完整	接收GWM(PEPS)数据帧不完整
179	P148300	PEPS防盗通信失败-未收到回复	没有收到PEPS回复
180	P148400	PEPS防盗通信失败-无法发送	VCU发送随机数失败 由于CAN总线故障无法发送防盗帧
181	P148500	PEPS防盗认证失败-防盗器busy	PEPS回复持续busy状态
182	P148600	PEPS防盗认证失败-加密结果错误	PEPS与VCU认证失败 加密结果错误
183	P148700	PEPS防盗认证失败-格式不正确	PEPS回复状态字格式不正确
184	P148800	PEPS安全认证效验失败	使用2E写入ESK时未经过安全访问 使用2E读取ESK时未经过安全访问
185	P149063	下电时电机快速放电超时故障	快速放电超时
186	P144086	外温失效	VCU外度和空调反馈温度均失效
187	P250817	EXV电源过压	
188	P250816	EXV电源欠压	
189	P256812	EXV短路	
190	P256813	EXV开路	

续表

序号	故障码	故障码描述	可能原因
191	P256986	EXV 温度错误	
192	P256900	EXV 其他故障	
193	P256998	EXV 过温故障	
194	P254887	EXV 通信故障	
195	P256196	HVH 加热片组 1 失效	
196	P256296	HVH 加热片组 2 失效	
197	P256396	HVH 加热片组 1 和 2 失效	
198	P256496	HVH 加热片组 3 失效	
199	P256596	HVH 加热片组 1 和 3 失效	
200	P256696	HVH 加热片组 2 和 3 失效	
201	P256096	HVH 加热片组全部失效	
202	P254001	HVH 高压无效	
203	P250016	HVH 欠压	
204	P250017	HVH 过压	
205	P251029	HVH 温度传感器故障	
206	P256798	HVH 过温故障	
207	P254163	HVH 通信超时故障	
208	P256104	HVH 供电无效	
209	P256112	HVH 短路故障	
210	P251011	HVH 电流传感器 STG 故障	
211	P251012	HVH 电流传感器 STB/OL 故障	
212	P251091	HVH 电流传感器超范围故障	
213	P254187	HVH-LIN 通信故障	

8.2.2.4 五菱宏光 MINI EV 整车控制器端子信息

五菱宏光 MINI EV 整车控制器线束连接器端子分布如图 8-24、图 8-25 所示，功能定义见表 8-13、表 8-14。

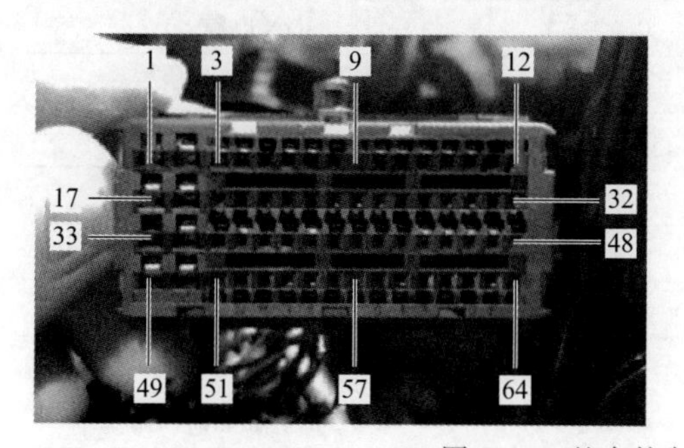

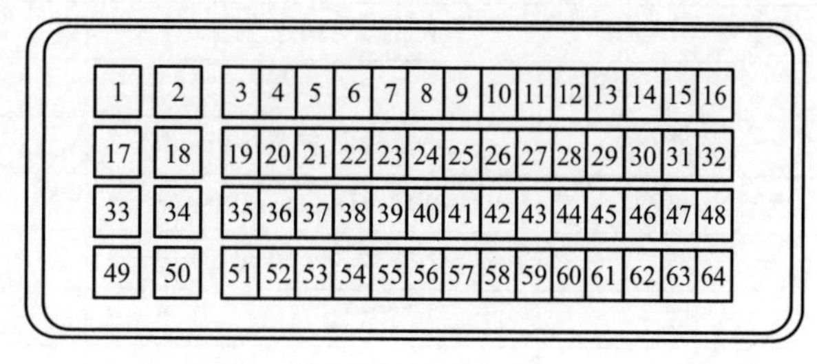

图 8-24 整车控制器线束连接器端子分布之一

表 8-13　整车控制器线束连接器端子定义之一

端子	导线	线径/mm^2	功能信号
1	BU(蓝色)	0.5	主继电器输出端
2	BU(蓝色)	0.5	主继电器输出端
3	RD/GN(红色/绿色)	0.5	PTC 加热低挡信号
4	WH/YE(白色/黄色)	0.5	D 挡信号
6	YE/BN(黄色/棕色)	0.5	手刹信号
7	BK/RD(黑色/红色)	0.5	N 挡信号
9	RD/GN(红色/绿色)	0.5	驾驶模式开关输入信号
10	BU/RD(蓝色/红色)	0.5	加速踏板传感器信号 1 地
11	RD/BU(红色/蓝色)	0.5	高压互锁信号
12	WH/BK(白色/黑色)	0.5	主继电器控制端
13	WH(白色)	0.5	CAN-H
14	BU(蓝色)	0.5	CAN-L
16	YE(黄色)	0.5	CAN-H
17	GN(绿色)	0.5	P 挡信号
18	PK(粉色)	0.5	换挡反馈信号 1
19	BK/WH(黑色/白色)	0.5	加速踏板传感器 2 信号
21	GY(灰色)	0.5	空调开启请求信号
22	BU/WH(蓝色/白色)	0.5	PTC 加热高挡信号
24	BK/GN(黑色/绿色)	0.5	R 挡信号
25	GN/BN(绿色/棕色)	0.5	IGN 电源
26	GN(绿色)	0.5	刹车信号
29	RD/GN(红色/绿色)	0.75	B+电源
30	RD/YE(红色/黄色)	0.5	真空度传感器电源
32	WH(白色)	0.5	CAN-L
34	BK/WH(黑色/白色)	0.5	接地
36	GN/BU(绿色/蓝色)	0.5	加速踏板传感器 1 信号
39	BN(棕色)	0.35	倒车灯继电器控制信号
44	BK/BU(黑色/蓝色)	0.5	加速踏板传感器 1 电源
45	GN/WH(绿色/白色)	0.5	加速踏板传感器 2 电源
46	RD(红色)	0.5	IGN 电源
47	WH/BN(白色/棕色)	0.5	冷却风扇继电器控制信号
49	BK(黑色)	0.75	接地
50	BK(黑色)	1.0	接地
54	WH/RD(白色/红色)	0.5	加速踏板传感器 2 地
55	GN/BK(绿色/黑色)	0.5	PTC 加热器高挡控制
57	WH(白色)	0.5	换挡反馈信号 2
59	BU/YE(蓝色/黄色)	0.5	PTC 加热器低挡控制
63	GN/WH(绿色/白色)	0.5	空调压缩机启停控制信号

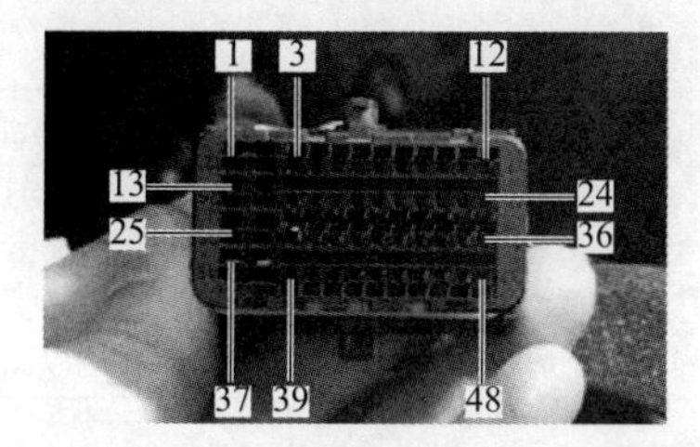

图 8-25　整车控制器线束连接器端子分布之二

表 8-14　整车控制器线束连接器端子定义之二

端子	导线	线径/mm²	功能信号
15	VT(紫色)	0.35	接地
17	OG/GN(橙色/绿色)	0.5	高压互锁信号输出
19	GN/RD(绿色/红色)	0.5	制动助力泵电机继电器控制信号
23	BU(蓝色)	0.35	环境压力传感器信号
24	BK/YE(黑色/黄色)	0.5	真空度传感器信号
27	RD/GN(红色/绿色)	0.5	环境压力传感器电源
37	BK(黑色)	0.5	接地
38	BK(黑色)	0.5	接地

8.2.2.5　奇瑞小蚂蚁车辆控制器故障诊断

整车控制器（VCU）、电机控制器（IPU）和动力电池管理系统（BMS）等关键零部件间的CAN通信和高压线的连接关系，如图8-26所示。

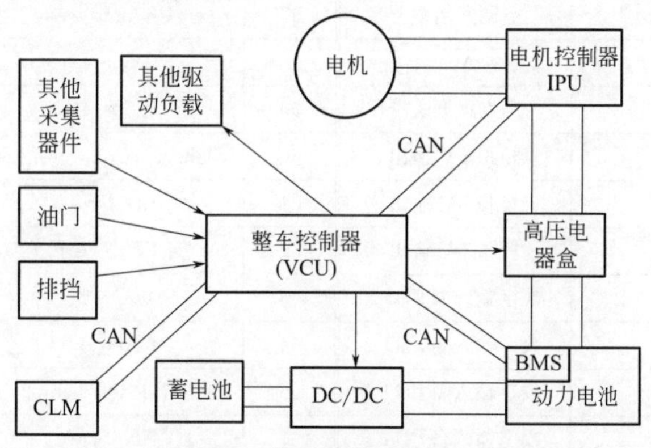

图 8-26　车辆控制器系统框图

eQ1车型VCU线束连接器端子分布如图8-27所示，功能定义见表8-15。

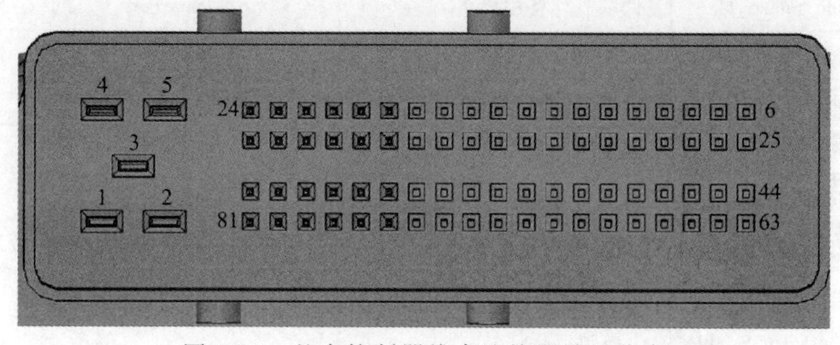

图 8-27　整车控制器线束连接器端子分布

表 8-15　整车控制器端子定义

端子	定义	信号类型	端子	定义	信号类型
1	KL30_supply	KL30 电源信号	39	Highside_Spare_1	高端驱动备用接口 1
2	KL30_supply	KL30 电源信号	40	ED_Spare_5	数字输入备用接口 5
3	Power_GND	电源地信号	41	Analog GND	模拟地
4	KL30_supply_GND	电源地信号	42	Analog GND	模拟地
5	KL30_supply_GND	电源地信号	43	Analog GND	模拟地
6	CAN BUS HIGH SIGNAL	CAN 高	44	DI_ECO_Switch	经济模式开关
7	CAN BUS LOW SIGNAL	CAN 低	45	ED_Spare_6	数字输入备用接口 6
8	EXTAN_Temp_1	热敏电阻采集 1	46	AN_Spare_2	模拟备用接口 2
9	EXTAN_Spare_1	模拟备用口 1	47	AN_Spare_2	模拟备用接口 3
10	EXTAN_Spare_2	模拟备用口 2	48	Lowside_Spare_6	低端输出备用接口 6
11	DC/DC_load_Current	DC/DC 负载电流	49	Lowside_Spare_7	低端输出备用接口 7
12	—	—	50	高端输出备用 2	数字
13	—	—	51	高端输出备用 3	数字
14	AN_Accelarator_1	加速踏板信号 1	52	PWM1	方波脉冲输出 1
15	AN_Accelarator_2	加速踏板信号 2	53	PWM2	方波脉冲输出 2
16	DC/DC_enable	DC/DC 使能	54	PWM3	方波脉冲输出 3
17	DC/DC_ setpoint	DC/DC 输出电压调节	55	Spare5	数字输入备用接口 5
18	CRANK	Ready 信号	56	Spare6	数字输入备用接口 6
19	Air_condition	空调开启信号	57	Charger_wake	数字输入接口
20	附件开关	ACC	58	Spare3	数字输入备用接口 3
21	Ignition	点火开关	59	Spare4	数字输入备用接口 4
22	AN 5V	模拟 5V 输出	60	Charge_Connector_ok	充电连接
23	AN 5V	模拟 5V 输出	61	ED_PWM1	方波脉冲输入 1
24	AN 5V	模拟 5V 输出	62	ED_PWM2	方波脉冲输入 2
25	ED_Spare_1	数字输入备用口 1	63	CAN_B_L	
26	ED_Spare_2	数字输入备用口 2	64	CAN_B_H	
27	ED_Spare_3	数字输入备用口 3	65	EXTAN_Temp2	热敏电阻采集 2
28	ED_Spare_4	数字输入备用口 4	66	AN_Spare3	模拟备用接口 3
29	DC/DC_OK	DC/DC 自检信号	67	AN_Spare4	模拟备用接口 4
30	Brake	刹车信号	68	AN_Spare5	模拟备用接口 5
31	Lowside_Spare_1	低端驱动备用口 1	69	AN_Spare6	模拟备用接口 6
32	Lowside_Spare_2	低端驱动备用口 2	70	AN_Spare7	模拟备用接口 7
33	Lowside_Spare_3	低端驱动备用口 3	71	AN_Spare8	模拟备用接口 8
34	Lowside_Spare_4	低端驱动备用口 4	72	CAN_C_H	总线通信信号
35	Lowside_Spare_5	低端驱动备用口 5	73	CAN_C_L	总线通信信号
36	Reverse lamp driver	倒车灯驱动信号	74	Spare7	数字输入备用接口 7
37	Inverter enable	电机使能信号	75	Spare8	数字输入备用接口 8
38	Battery_contactor_enable	电池连接信号			

eQ1 车辆控制系统故障码列表如表 8-16 所示。

表 8-16 车辆控制系统故障码

序号	故障码	故障名称	故障中文说明
1	U0073	CAN_BUS_FAULT	CAN 总线通信失败
2	P1A51	UNEXPECTED_INTERRUPT	VCU 软件意外中断故障
3	P1A53	GEARPOSITION_FAULT	挡位故障
4	P1A58	PEDAL_POSITION_FAULT	加速踏板位置信号同步故障
5	P1A59	A_SENS_SUPPLY_FAULT	外部传感器供电电压故障
6	P1A5A	VAC_SENS_OC_SC	制动真空压力传感器故障
7	P1A5B	DCDC_CHARGE_FAULT	DC/DC 充电故障
8	P1A5C	LV_BATT_VOLTAGE_FAULT	低压电池电压故障
9	P1A5D	BRAKE_SWITCH_FAULT	制动开关故障
10	P1A5E	VAC_SENS_IMPLAUSIBLE	真空度传感器信号不合理
11	P1A5F	VEHICLE_SPEED_IMPLAUSIBLE	车速信号错误
12	P1A60	FMEM_FAILED	EEPROM 数据丢失
13	P1A61	APP_OVERRUN	VCU 控制器应用程序超限故障
14	P1A62	SW_WATCHDOG_OCCURED	软件狗踢狗故障
15	U0293	MCU_CAN_RX_FAILED	电机系统 CAN 通信接收失败
16	P1A63	MOTOR_POSTION_FAULT	电机位置传感器故障
17	P1A64	PAHSE_OVERCURRENT	相电流过流故障
18	P1A65	INVERTER_FAULT	MCU 逆变器故障
19	P1A66	DCLINK_OVERCUR	直流母线过流故障
20	P1A67	DCLINK_OVERVOLTAGE	直流母线过压故障
21	P1A68	MOTOR_OVER_TEMP	电机过温故障
22	P1A69	INVERTER_OVER_TEMP	MCU 控制器过温故障
23	P1A6A	MOTOR_OVERSPEED	电机超速故障
24	P1A6B	MCU_SENSOR_SUPPLY_FAULT	MCU 内部传感器供电电压故障
25	P1A6C	GATE_SUPPLY_FAULT	门驱动供电电压故障
26	P1A6D	MCU_LV_SUPPLY_FAULT	MCU 控制器供电电压故障
27	P1A6E	MCU_TORQUE_FAULT	MCU 转矩监控故障
28	P1A6F	MCU_MODE_ERROR	MCU 模式故障
29	P1A70	DCLINK_UNDERVOLTAGE	直流母线欠压故障
30	P1A7E	GATE_DRIVER_DESAT_FAULT	门驱动饱和故障
31	P1A81	BMS_HVINTERLOCK_FAULT	动力电池环路互锁故障
32	P1A82	BMS_ISOSUPER_FAULT	动力电池漏电故障
33	P1A83	BMS_CONTACT_FAULT	动力电池管理系统继电器失效
34	P1A84	VCU_POWER_MOSFET_SC	MOSFET 短路故障
35	P1A85	Cooling Pump Drive Fault	冷却泵驱动故障
36	P1A86	Brake EVAC Drive Fault	制动驱动故障

续表

序号	故障码	故障名称	故障中文说明
37	P0A7D	BMS_BATTUNDERSOC_WARNING	动力电池包电量过低报警
38	P0A7E	BMS_BATTOVERTEMP_WARNING	动力电池包严重过温报警
39	P0A9D	BMS_CELLUNDERTEMP_WARNING	动力电池某单体温度严重过低报警
40	P0A9E	BMS_CELLOVERTEMP_WARNING	动力电池某单体温度严重过高报警
41	P0AA9	BMS_CELLUNDERVOLT_WARNING	动力电池某单体电压严重过低报警
42	P0AAA	BMS_CELLOVERVOLT_WARNING	动力电池某单体电压严重过高报警
43	P0ABD	BMS_BATTOVERVOLT_WARNING	动力电池包电压严重过高报警
44	P0ABC	BMS_BATTUNDERVOLT_WARNING	动力电池包电压严重过低报警
45	P0AC2	BMS_BATTOVERCURRENT_WARNING	动力电池包严重过流报警
46	P1A79	BMS_BATTCOMPFLT_WARNING	电池系统集成故障
47	B2173	COMPRESSOR_FAULT	压缩机故障
48	B2127	EVAPORATOR_TEMPERATURE_SENSOR_FAULT	蒸发温度传感器故障
49	B2126	EXTERNAL_TEMPERATURE_SENSOR_FAULT	室外温度传感器故障
50	U0294	BMS_CAN_RX_FAILED	电池系统 CAN 通信接收失败故障
51	U0121	ABS_CAN_RX_FAILED	ABS 系统 CAN 通信接收失败故障
52	C1002	ABS_STATUS_CHECK_FAILED	ABS 状态监测失败故障
53	U0164	CLM_CAN_RX_FAILED	CLM 系统 CAN 通信接收失败故障
54	P0A27	REVERSELAMP_DRIVE_FAULT	倒车灯驱动故障
55	P0A28	LOWCOOLINGFAN_DRIVE_FAULT	低速风扇驱动故障
56	P0A30	INVERTER_DRIVE_OC_SC	变频器驱动故障
57	P0A32	CONTACTOR_DRIVE_OC_SC	接触器驱动故障
58	P0A37	PEDAL1_LOW_FAULT	加速踏板位置信号 1 电压过低
59	P0A38	PEDAL1_HIGH_FAULT	加速踏板位置信号 1 电压过高
60	P0A39	PEDAL2_LOW_FAULT	加速踏板位置信号 2 电压过低
61	P0A40	PEDAL2_HIGH_FAULT	加速踏板位置信号 2 电压过高
62	P0A41	BMS_SERIOUS_FAULT	BMS 严重故障
63	P0A42	BMS_POWERLIMIT_WARNING	BMS 限功率报警
64	P0A43	MCU_POWERLIMIT_WARNING	MCU 限功率报警
65	P0A44	MCU_HVIL_FAULT	MCU 环路互锁
66	P0A45	ATT_HVIL_FAULT	高压附件环路互锁
67	P0A46	CRASH_IMPLAUSIBLE	碰撞开关不合理
68	P0A47	HIGHCOOLINGFAN_DRIVE_FAULT	高速风扇驱动故障
69	P0A48	COMPRESSOR_DRIVE_FAULT	压缩机驱动故障
70	P0A49	PTCRELAY_DRIVE_FAULT	PTC 继电器驱动故障
71	P0A50	DCDC_DRIVE_FAULT	DC/DC 驱动故障
72	P0A51	T_MODUL_FAULT	T-Box 功能故障
73	P0A52	L1_MOTOR_TQ_CHECK_ERROR	电机转矩校验失败

续表

序号	故障码	故障名称	故障中文说明
74	P0A53	L1_MOTOR_MODE_CHECK_ERROR	电机模式校验失败
75	P2A44	MOTOR_BLOCK_WARNING	电机堵转警告
76	P2A45	MCU_HARDWARELOCK_FAULT	MCU 硬件电路互锁故障
77	P2A46	MCU_COOLSYSTEM_FAULT	MCU 冷却系统故障
78	P2A47	MCU_SELFCHECK_FAULT	MCU 自检故障
79	P2A48	MCU_RDCALIGNMENT_FAULT	电机位置角度故障
80	P2A49	MOTORLACKPHASE_FAULT	电机缺相故障
81	P2A50	MCU_LVBATTCHECK_FAULT	MCU 低压电源输入故障
82	P2A51	MCU_SENSORCHECK_FAULT	MCU 传感器自检故障
83	P2A52	MCU_SERIOUS_FAULT	MCU 严重故障
84	P2A53	CLM_LOWCOMPRESSURE_FAULT	压缩机排气压力过小
85	P2A54	MAINCONTRELAY_DRIVE_FAULT	主继电器驱动故障
86	P1A71	DCDC_IP_OVER_CURRENT	DC/DC 输入过流
87	P1A72	DCDC_IP_UNDER_VOLTAGE	DC/DC 输入欠压
88	P1A73	DCDC_IP_OVER_VOLTAGE	DC/DC 输入过压
89	P1A74	DCDC_OP_OVER_CURRENT	DC/DC 输出过流
90	P1A75	DCDC_MD_OVER_TEMP	DC/DC 模块过温
91	P1A76	DCDC_OP_UNDER_VOLTAGE	DC/DC 输出欠压
92	P1A77	DCDC_OP_OVER_VOLTAGE	DC/DC 输出过压
93	U0295	DCDC_CAN_RX_FAILED	DC/DC CAN 信号接收失败

8.2.2.6 科莱威 CLEVER 整车控制系统故障诊断

科莱威 CLEVER 整车控制系统故障码如表 8-17 所示。

表 8-17 车辆控制系统故障码及描述

故障码	描述	故障灯	故障等级
B1491	空调高边压力传感器对电源短路	ON	Ⅱ
	空调高边压力传感器对地短路或开路	ON	Ⅱ
P0692	冷却风扇控制继电器 2 驱动电路对电源短路	ON	Ⅱ
P1A0A	制动真空泵过载	ON	Ⅱ
P1A4D	冷却风扇控制继电器 2SPI 通信故障	ON	Ⅱ
P1A4E	冷却风扇控制继电器 2 反馈频率错误	ON	Ⅱ
P1A4F	冷却风扇控制继电器 2 驱动电路开路	ON	Ⅱ
P1A50	冷却风扇控制继电器 2 驱动电路对地短路	ON	Ⅱ
P1B00	5V1 传感器供电电路对地短路	ON	Ⅱ
	5V1 传感器供电电路对电源短路	ON	Ⅱ
P1B01	5V2 传感器供电电路对地短路	ON	Ⅱ
	5V2 传感器供电电路对电源短路	ON	Ⅱ

续表

故障码	描述	故障灯	故障等级
P1B02	两个加速踏板位置传感器信号均无效	ON	Ⅱ
P1B03	加速踏板位置传感器相互校验故障	ON	Ⅱ
P1B04	加速踏板位置传感器 1 电路对电源短路	ON	Ⅱ
	加速踏板位置传感器 1 电路对地短路或开路	ON	Ⅱ
P1B05	加速踏板位置传感器 2 电路对电源短路	ON	Ⅱ
	加速踏板位置传感器 2 电路对地短路或开路	ON	Ⅱ
P1B06	由于安全气囊打开而紧急下电	ON	Ⅰ
P1B07	动力电池包故障	ON	Ⅰ
P1B08	制动开关交叉检测故障	ON	Ⅱ
P1B16	冷却风扇继电器 1 反馈频率错误	ON	Ⅱ
P1B17	冷却风扇继电器 1 对地短路	ON	Ⅱ
	冷却风扇继电器 1 对电源短路	ON	Ⅱ
	冷却风扇继电器 1 开路	ON	Ⅱ
P1B18	冷却风扇继电器 1SPI 通信错误	ON	Ⅱ
P1B1B	由于 HVAC 数据无效而影响驾驶舒适性	OFF	Ⅲ
P1B1D	由于发送给 BCM 的数据无效而限制远程启动	OFF	Ⅲ
P1B1F	高压 DC/DC 模块故障	OFF	Ⅲ
P1B20	控制器芯片温度传感器信号合理性故障	OFF	Ⅲ
P1B21	控制器芯片温度传感器信号过低	OFF	Ⅲ
	控制器芯片温度传感器信号过高	OFF	Ⅲ
P1B22	核心监控故障	ON	Ⅰ
P1B23	外围时钟开关时序故障	ON	Ⅰ
P1B24	外围时钟信号过低	ON	Ⅰ
P1B25	ECU 重置复位	OFF	Ⅲ
P1B26	ROM 区域一校验错误	ON	Ⅰ
P1B27	ROM 区域二校验错误	ON	Ⅰ
P1B28	ROM 区域三校验错误	ON	Ⅰ
P1B29	安全响应管理模块故障	ON	Ⅰ
P1B2A	控制器软件相关看门狗故障	ON	Ⅱ
P1B2B	控制器硬件相关直接看门狗故障	ON	Ⅰ
P1B2C	控制器硬件相关看门狗故障	ON	Ⅱ
P1B30	驱动电机驱动能力受限	OFF	Ⅲ
P1B31	牵引电机发生警示性故障	ON	Ⅰ
P1B32	牵引电机发生严重性故障	ON	Ⅰ
P1B36	紧急停止开关被按下	ON	Ⅰ
P1B40	动力电池包输出功率受限	OFF	Ⅲ
P1B41	高压系统绝缘故障	ON	Ⅰ

续表

故障码	描述	故障灯	故障等级
P1B43	高压互锁回路断开故障	ON	Ⅰ
P1B44	主继电器驱动电路反馈频率错误	ON	Ⅱ
P1B45	主继电器驱动电路对地短路	ON	Ⅱ
	主继电器驱动电路对电源短路	ON	Ⅱ
	主继电器驱动电路开路	ON	Ⅱ
P1B46	与主继电器驱动电路串行数据接口(SPI)通信故障	ON	Ⅱ
P1B60	水泵PWM反馈频率错误	ON	Ⅱ
P1B61	水泵PWM对地短路	ON	Ⅱ
	水泵PWM对电源短路	ON	Ⅱ
	水泵PWM开路	ON	Ⅱ
P1B62	水泵PWM SPI通信失败	ON	Ⅱ
P1B63	冷却水泵一般性故障	ON	Ⅱ
P1B64	检测到冷却水泵空转	ON	Ⅱ
P1B65	冷却水泵堵转或过流关闭	ON	Ⅱ
P1B66	检测到冷却水泵过温	ON	Ⅱ
P1B67	冷却水泵叶轮转速低于最小速度	ON	Ⅱ
P1B70	挡位位置故障	OFF	Ⅰ
P1B72	转矩监控故障	ON	Ⅰ
P1B74	制动踏板位置信号无效导致系统禁止再生制动及爬行功能	ON	Ⅱ
P1BE0	网关(GW)关键信息丢失	ON	Ⅱ
P1BE1	换挡控制单元(SCU)关键信息丢失	OFF	Ⅱ
P1BE2	驱动电机控制器(TM)关键信息丢失	ON	Ⅰ
P1BE6	动力电池管理系统(BMS)关键信息丢失	ON	Ⅰ
P1BE7	防抱死制动系统(ABS)/动态稳定控制系统(SCS)关键信息丢失	ON	Ⅱ
P3038	电子真空泵(EVP)驱动电路SPI通信错误	OFF	Ⅲ
	电子真空泵(EVP)高端驱动电路对地短路	OFF	Ⅲ
	电子真空泵(EVP)高端驱动电路对电源短路	OFF	Ⅲ
	电子真空泵(EVP)驱动电路开路	OFF	Ⅲ
	电子真空泵(EVP)驱动电路反馈频率错误	OFF	Ⅲ
P3039	真空度传感器对电源短路	OFF	Ⅲ
	真空度传感器对地短路或开路	OFF	Ⅲ
P303C	真空度过低	ON	Ⅱ
P303D	真空助力器漏气	ON	Ⅱ
P303E	真空度传感器信号变化速率过高	ON	Ⅱ
P303F	真空度传感器信号冻结	ON	Ⅱ
U0073	动力总成CAN总线关闭	ON	Ⅰ
U0103	与换挡控制单元(SCU)失去通信	OFF	Ⅱ

续表

故障码	描述	故障灯	故障等级
U0110	与驱动电机控制单元(TC)失去通信	ON	Ⅰ
U0122	与防抱死制动系统(ABS)/动态稳定控制系统(SCS)失去通信	ON	Ⅱ
U0146	与网关(GW)失去通信	ON	Ⅱ
U0151	与安全气囊控制模块(SDM)失去通信	OFF	Ⅲ
U0298	与高压 DC/DC(HVDC/DC)失去通信	OFF	Ⅲ
U0404	从换挡控制模块(SCU)接收到无效数据	OFF	Ⅲ
U0411	从驱动电机控制单元(TC)接收到无效数据	ON	Ⅰ
U0416	从防抱死制动系统(ABS)/动态稳定控制系统(SCS)接收到无效数据	ON	Ⅱ
U0452	从安全气囊控制模块(SDM)接收到无效数据	OFF	Ⅲ
U0599	从高压 DC/DC(HVDC/DC)接收到无效数据	OFF	Ⅲ
U1111	与动力电池管理系统(BMS)失去通信	ON	Ⅰ
U1411	从动力电池管理系统(BMS)接收到无效数据	ON	Ⅰ
U1562	蓄电池电压过高	OFF	Ⅲ
U1563	蓄电池电压过低	OFF	Ⅲ
U2001	电控单元内部故障-EEPROM 校验错误	ON	Ⅰ

注：故障等级Ⅰ表示立即停车维修；Ⅱ表示小心驾驶至 4S 店维修；Ⅲ表示尽快维修或保养时维修；Ⅳ表示不需维修。

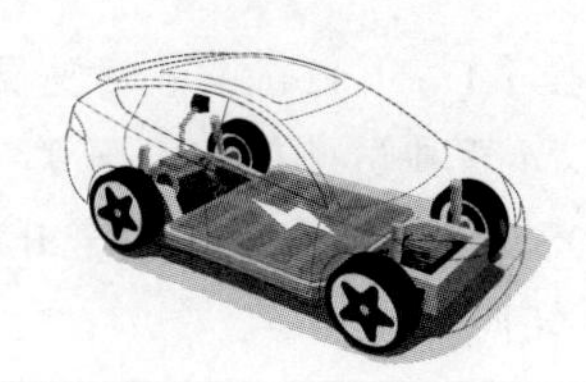

附录 新能源电动汽车常见英文缩略语

A

A 安［培］
ABS 防抱死制动系统
A/C 空调
AC 交流电
ACC 自动温度控制，储能器
ACC 附件
ACC 自适应巡航控制系统
AC/DC 交流/直流转换
ADAS 先进驾驶辅助系统
AEB 自动紧急制动
ALT 交流发电机
ANT 天线
ATC 空气温度控制
ATCU 自动变速器控制单元
ATF 自动变速器油液
AUX 辅助的

B

B Black 黑色
B+蓄电池正极电压
Bare 屏蔽线
BCM 车身控制模块
BCM 电池监控模块（本田）
BCU 电池充电单元（宝马）
BCS 车身控制系统
BDU（Battery Distribute Unit）电池能量分配单元
BEV 蓄电池电动车，纯电动汽车
BIC 电池信息采集器
BMS 电池管理系统
BMU 电池管理单元
Battery Harness 蓄电池电缆
BUS 数据总线
Body Harness 车身线束

C

CAN 控制器局域网
Cav 针（孔）
CCU 耦合控制单元
CCU 高低压充电集成模块
CCU 环境控制单元（蔚来）
Cct 电路
CDC 多媒体系统主机
CDL 中控门锁
CHSML 中央高位制动灯
CNG 压缩天然气
Col 颜色
CSC 电池监控电子装置（宝马）
CYL 气缸

D

DC 直流电
DCU 诊断控制单元
DC/DC 直流转换器

Driver Door Harness 驾驶员车门线束
DDM 驾驶员侧门组合开关
DDSP 驾驶员侧车门组合开关
DI 转向
DIP 近光
DLC 诊断接口
DM-i（Dual Mode intelligent）智能双模技术（比亚迪插电混动系统）
DSC 动态稳定控制
DTC（Diagnostic Trouble Code）诊断故障码
D/STREAM 下游

E

EAC 电动空调压缩机
EAT 电子自动变速器
EBD 电子控制动力分配
eBKV 电控机械式制动助力器
eBOOST 电机助力
ECM 发动机控制模块
ECO 节能经济模式
ECT 发动机冷却液温度
ECU 电子控制单元
eCVT 电动无级变速器
EDS 电子差速锁
EDM 电源分配单元（蔚来）
EEPROM 电子可删除可编程只读存储器
EF 前舱熔断器
EH 电加热装置（宝马）
EHPS 电动液压助力转向系统
EKK 电动制冷压缩机（宝马）
ELR 紧急锁止收缩卷收器
Power Electrics Box Harness 电力电子箱电缆
EPB 电子驻车制动单元
EPIC 电力变频转换器（路虎）
EPS 电动助力转向系统
ETC 电子温度控制单元
EV Eleotdc Vehicle 电动汽车
EVAP 蒸发器
EVP 电子真空泵
e-tron 电动汽车（奥迪）

F

F 乘客舱熔断器
Fast Charger 快速充电口
FCBEV 燃料电池蓄电池电动车；带燃料电池的蓄电池电动车
FCEV 燃料电池电动汽车
FCV 燃料电池汽车
Facia Harness 仪表线束
FM 调频

G

G Green 绿色
Gateway 网关
GIU 变速器接口单元
GMC 机电耦合系统
GND 搭铁
GPS 全球定位系统
GTW 特斯拉网关
GW 网关
g-tron 天然气汽车（奥迪）

H

HCU 车辆控制器
HEV 混合动力电动车；完全混合动力车
HLL 大灯水平
HRW 后风窗加热
HS 高速
HSD 混合动力系统（丰田）
HUD 平视显示系统
HV 混合动力汽车
HV 高（电）压
HVAC 通风和空调
HVB 高压电池（路虎）
HVSU 高压监控模块（比亚迪）
h-tron 氢燃料电池汽车（奥迪）

I

ICE 车载娱乐系统
ICS 充气气帘
ICS 中央显示屏（蔚来）

I/P 仪表板
IGN 点火
ILL/ILLUM 照明
IMA 集成电机辅助（本田）
IMMD 智能多模驱动（本田）
IMMO 防盗
IPK 组合仪表
IPU 智能动力单元（本田）
ISO 国际标准化组织

K

K Pink 粉色

L

LCD 液晶显示屏
LED 发光二极管
LF/FL 左前
LFP 磷酸铁锂电池
LG（Light Green）浅绿色
LH 左侧
LIN 局域互联网络
LKA 车道保持辅助
LOGO logotype 的缩写，徽标或商标
LPG 液化石油气
LSM 灯光控制模块
LU Light Blue 浅蓝色

M

MCM 电机控制模块（本田）
MCU 电机控制模块
MDM 电机驱动模块（本田）
MIC 麦克风
MG 电动-发电机
MKA 疲劳识别系统
MLP 纵置模块化平台（大众-奥迪）
MOS 场效应管，MOSFET 的缩写，金属-氧化物半导体场效应晶体管，简称金氧半场效晶体管（Metal-Oxide-Semiconductor Field-Effect Transistor）
MOST 面向媒体的系统传输总线
MSD（Manual Service Disconnect）手动维修开关
MTF 手动变速器油液

N

N Brown 棕色
NCA 镍钴铝三元锂电池
NCM 镍钴锰三元锂电池
NEDC 新欧洲驾驶循环
NiMH 镍氢电池
NTC 负温度系数

O

O Orange 橙色
OAT 有机酸技术
OBC 车载充电机
OCP 过流保护
OCS 乘员分类系统
OPC 低压油泵控制器
On Board Charger 车载充电机（交流慢充用）
OVP 过压保护
OTP 过温保护

P

P Purple 紫色
Passenger 乘客
PCB 印刷电路板
PCU 动力控制单元（本田）
Passenger Door Harness 副驾驶车门线束
PDC 倒车辅助控制单元
PDU 电源分配单元（配电箱）
PEB 电力电子箱
PHEV 插电式混合动力电动车；带完全混合动力驱动和外部充电设备的车辆
PHV 插入式混合动力汽车
PLA 自动泊车辅助
PMU 电源管理单元
Pos/Poti 位置
PRIUS 普锐斯（丰田混合动力汽车车型）
PT 动力总成（总线）
PTC 正温度系数/高压加热装置
PWM 脉冲宽度调节

PWR 供电

R

R（Red）红色
R 继电器
RC 中后
RCCM 远程气候控制模块（特斯拉）
REC 循环
r/min 转/分
RF 无线电频率
RF/FR 右前
RH 右侧
RL/LR 左后
RR 右后
RXBEV 增程器蓄电池电动车；带附加发动机驱动，用于增加里程（增程器）的蓄电池电动车

S

Slate（Grey）灰色
SAS 半主动悬架
SCCM 转向柱控制模块（特斯拉）
SCU 换挡器控制单元
SCR 屏蔽
SEEV 太阳能电动汽车
SIG 信号
SME 电池电子管理系统（宝马）
SOC 电量状态（电池剩余电量显示）
SOH 健康状态（电池寿命显示）
SP 速度
SPK 扬声器
SRS 保护装置控制单元/辅助约束系统
ST 故障诊断仪，座椅
ST 启动
SW 开关

T

T（Tan）棕褐色
TEMP 温度
TESLA 特斯拉（美国电动汽车品牌）
T-Box 通信模块
TFE 油箱压力电子控制系统（宝马）
Tailgate Harness 尾门线束
THC 温度控制器
THS（Toyota Hybrid System）丰田混合动力系统
TPMS 胎压监测系统
TSRS 特斯拉辅助约束系统
TW 保养插头
TXV 热力膨胀阀

U

U（Blue）蓝色
U/STREAM 上游
UBR 经过主继电器的电压
UDS（Unified Diagnostic Services）统一的诊断服务
UVP 过放保护

V

V 伏（电压）
VCU 整车控制器
VICS 车辆信息通信系统
VIN 车辆识别代号
VSC 车辆监控控制器（路虎）
VSG 虚拟发声器（宝马）
VTOG 双向交流逆变式电机控制器
VTOL（Viecle to Livewire）输出 220V 交流电
VTOV（Viecle to Viecle）车辆对车辆放电（给别的车充电）

W

W（White）白色
WS 轮速

Y

Y（Yellow）黄色